SPX
EN DIGITAL

Licencia de activación

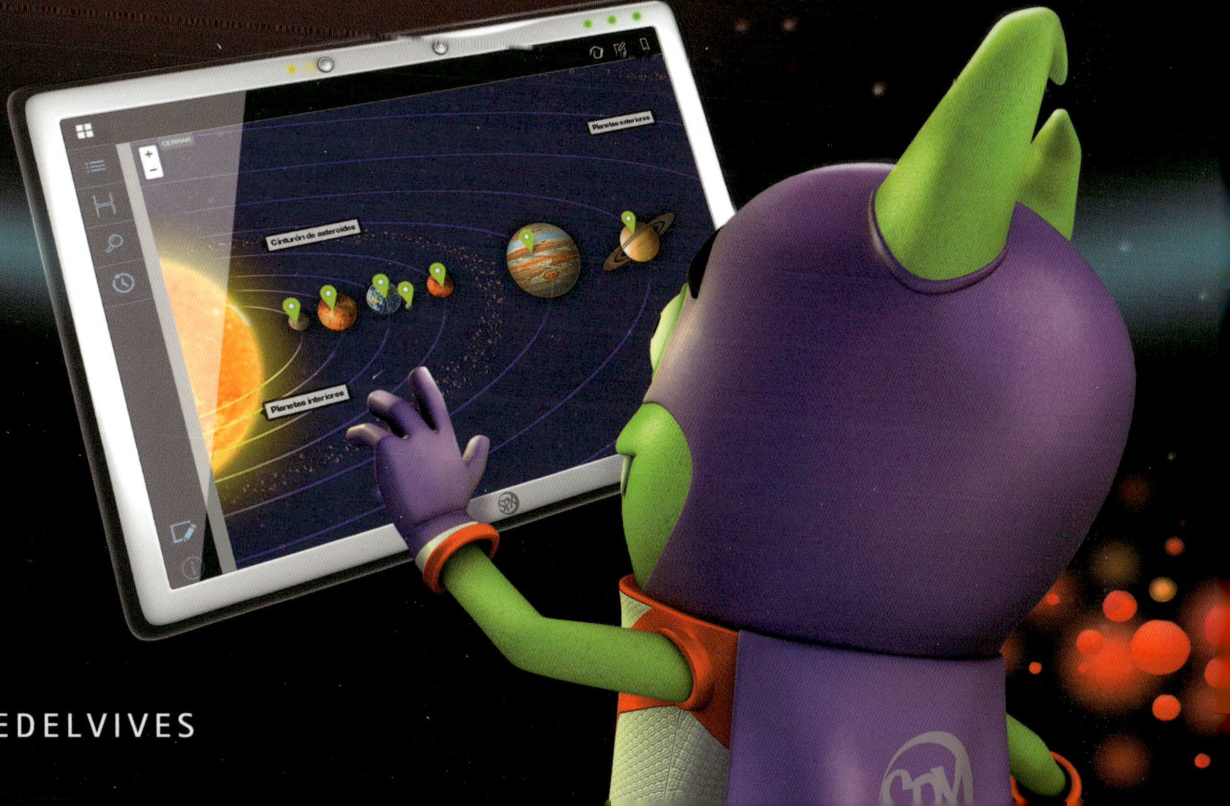

PRIMARIA EDELVIVES

Estrenas libros este año.

¿Los has olido? Los libros nuevos huelen de manera muy especial.
Tan especial como el regalo que aquí vas a encontrar.

Sigue las instrucciones atentamente y podrás disponer de tu **libro digital**.

Podrás acceder desde tu ordenador y descargártelo en tu tableta.
Podrás usarlo en casa o en el colegio.

¿Qué vas a encontrar en tu **libro digital**?

- Las unidades didácticas de tu libro.
- Actividades interactivas.
- Test de evaluación.
- Recursos multimedia.
- Buscador de palabras clave.

Y muchas cosas más que podrás ir descubriendo

Te damos la bienvenida a SPX EN DIGITAL

Si lo vas a hacer en casa, necesitas que tu papá o a tu mamá te acompañen y sean ellos los que creen la cuenta que se solicita.

Si lo vas a utilizar en el colegio, sigue las indicaciones de tu profesor, él se encargará de organizar la clase.

¿Usas un ordenador?

1. Visita **www. superpixepolis.com**, haz clic en **SPX en digital**, elige idioma y accederás al **Quiosco**.

2. Al abrir el Quiosco, haz clic en **licencias** y después en **Crear Cuenta**.

   Al acceder por primera vez, la plataforma solicita unos **datos de inscripción** (correo electrónico y contraseña).

3. Una vez realizada la inscripción, el sistema solicita introducir la **licencia de activación** de tu libro que encontrarás al final de esta página.

4. De manera automática accederás al libro digital desde la zona de **Mis apps**. Cuando pinches ahí tendrás tu libro disponible para ser usado.

¿Usas una tableta?

1. Acceder a la tienda correspondiente en función del sistema operativo de tu tableta

   Descárgalo en el App Store si es Ipad

   Android app on Google play si es Android

   Windows Phone si es Windows

   Descargar e instalar la **aplicación Grupo Edelvives** en tu dispositivo. Abrir la aplicación.

2. Al abrir la aplicación, haz clic en **licencias** y después en **Crear Cuenta**.

   Al acceder por primera vez, la plataforma solicita unos **datos de inscripción** (correo electrónico y contraseña).

3. Una vez realizada la inscripción, el sistema solicita introducir la **licencia de activación** de tu libro que encontrarás al final de esta página.

4. De manera automática se descargará tu libro digital en la zona de **Mis apps**. Cuando pinches ahí tendrás tu libro disponible para ser usado.

Durante todo el proceso, se deberá prestar atención a las políticas de privacidad y demás avisos legales proporcionados por el Grupo Edelvives.

¿necesitas ayuda?

puedes escribirnos a: digital@edelvives.es

Licencia de activación:

5DjgprW2

SuperPixéPolis

www.superpixepolis.com

1 PRIMARIA

Ciencias Sociales

SuPerPixéPoLis

Autoras

Susana Gonzalo Gamo
Raquel Mancheño González

Lecturas

Roberto Aliaga Sánchez

Aprendizaje cooperativo

Pere Pujolàs Maset
Pedro Ángel Jiménez Velando

Emprendimiento

César García-Rincón de Castro
Jerónimo García Ugarte

Revisor técnico

Juan Francisco Moreno Palomo

EDELVIVES

El 0,7% de la venta de este libro se destina a proyectos de desarrollo de la ONGD SED (www.sed-ongd.org).

	Procedimientos	Valores
En familia	Decidimos entre todos	Jugamos todos juntos
Seguro de viaje	¿Qué nos dicen las señales?	¡No te despistes!
Emprendo y aprendo	**Cooperamos para aprender**	
La Tierra es de todos	Conocemos nuestro paisaje	El agua, un tesoro escaso
Conocemos el clima	Exploradores del tiempo	Cuidamos la naturaleza
Emprendo y aprendo	**Cooperamos para aprender**	
Representamos la Tierra	Espías del espacio	El Sol, un amigo de cuidado
Todo cambia	Un paseo por el tiempo	Colaboramos en casa
Emprendo y aprendo	**Cooperamos para aprender**	

¡El primer día de Trota!

Señala la profesión de Trota.

- profesora
- médica
- reportera
- piloto

Coloca los objetos dentro de la maleta.

¿Qué tres objetos enseñarías tú en clase?

¿Quién es mi compañero?

1 Completa la ficha.

Mi compañero se llama ____________________

Tiene ☐ años. ¿Tiene hermanos? ☐ Sí ☐ No

2 Señala lo que ha hecho tu compañero este verano.

3 ¿Con quién vive mi compañero? Dibuja.

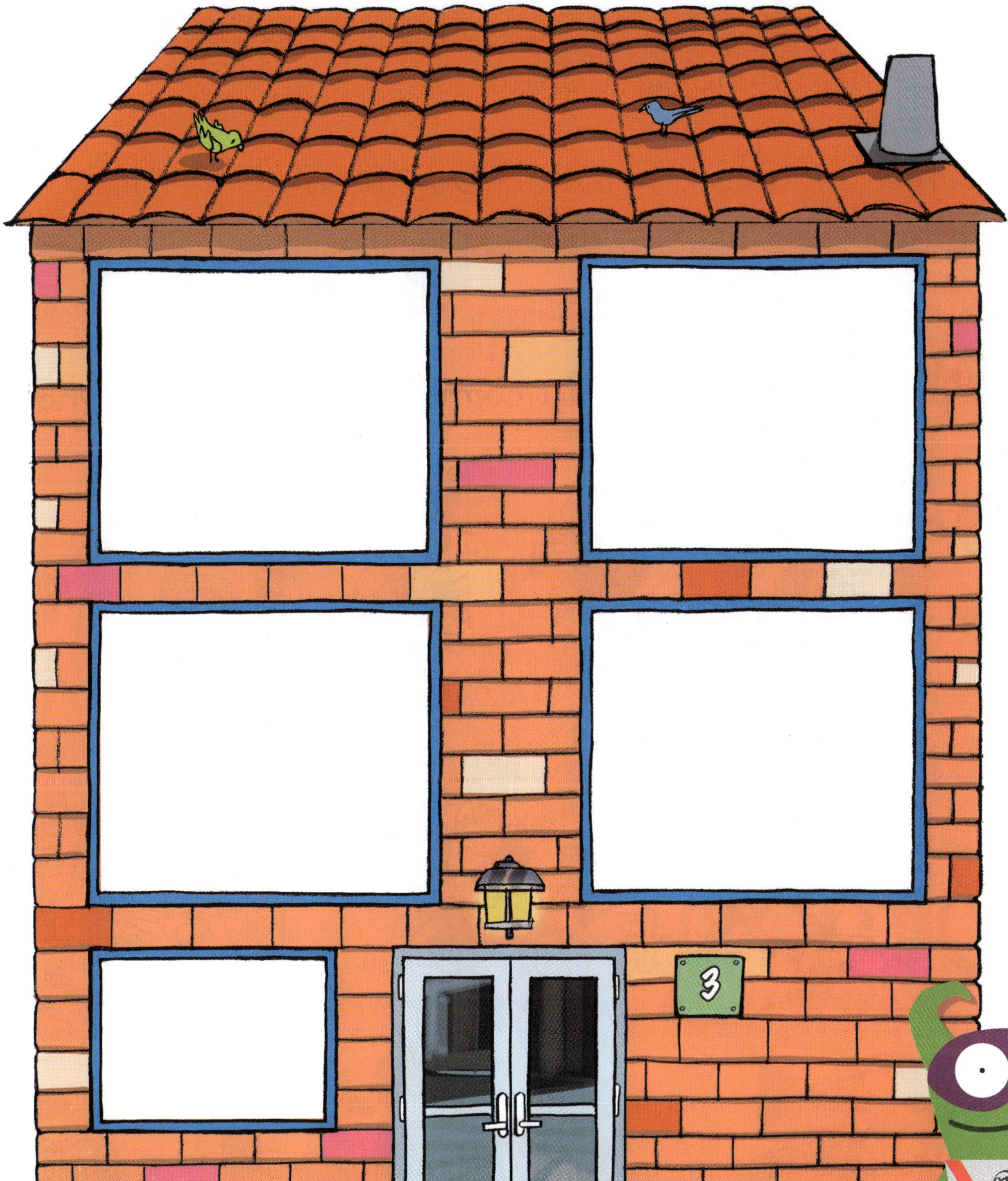

Aprendemos juntos

1 Rodea con el color correspondiente.

- (rojo) Cómo ha llegado tu compañero al colegio.
- (azul) Cómo has llegado tú.

2 ¿En qué lugares ha estado tu compañero? Marca.

3 ¿Tu compañero y tú conocéis los mismos lugares? ¿Cuál os gusta más?

1 Nos vemos en el cole

¿En qué aula estudiaba Trota? Marca.

☐ aula 1 ☐ aula 2 ☐ aula 3

Coloca el mapa encima de la estantería.

Subraya lo que llevan los niños al colegio.

juguetes sillas mochilas

Conocemos el colegio

1 Rodea según corresponda.

patio comedor gimnasio

aula aseo

2 Colorea lo que utilizas en clase para aprender.

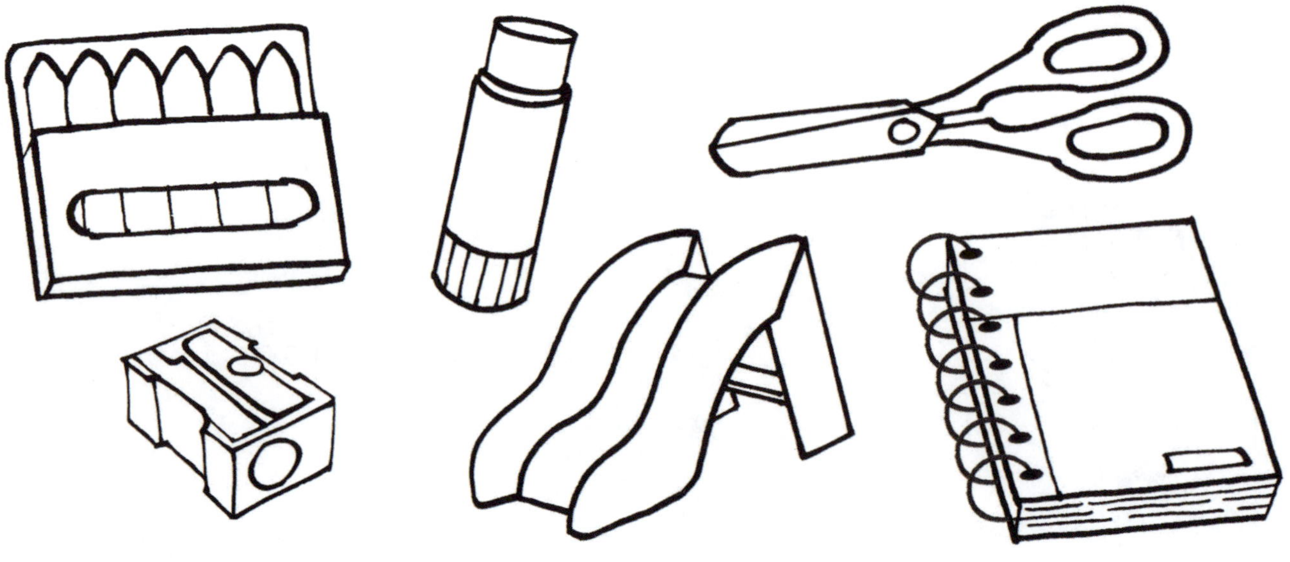

3 ¿Quién trabaja en cada lugar? Repasa.

maestro

directora

cocinera

conserje

4 Describe los trabajos de la anterior actividad. ¿Por qué son importantes quienes trabajan en el colegio?

!

El **colegio** tiene varias **partes** y en él **trabajan** muchas personas.

Amigos y compañeros

1 ¿Cómo puedes hacer nuevos amigos? Ordena.

2 Subraya lo que harías tú en estas situaciones.

- Utilizar las cosas de los demás sin permiso.
- Decir por favor y gracias.
- Compartir con los demás.

- Avisar a un adulto.
- Burlarme del niño que se ha caído.
- Ayudar a mi compañero.

3 ¿Qué hacen estos niños? Observa y repasa.

Escuchan a su compañera
y esperan su turno
en silencio.

4 Rodea lo que debes hacer en el colegio.

!

En el **colegio** hacemos amigos, **compartimos** nuestras cosas y **respetamos** a los compañeros y al maestro.

¡Por fin en casa!

1 Relaciona con números.

☐ piso ☐ adosado ☐ chalé

2 Une cada palabra con la habitación de la casa.

cocina

dormitorio

escalera

pasillo

salón

baño

terraza

recibidor

3 Describe cómo es tu casa.

4 Copia cada palabra en su lugar.

dormimos   reunimos   aseamos

En el salón nos ______. 

 En el baño nos ______.

En el dormitorio ______. 

5 Repasa para qué sirve una casa.

convivir

protegerse

descansar

!

Vivimos en **casas** que nos protegen.

Las casas tienen **diferentes habitaciones.**

Cada una de ellas cumple una **función.**

1 Completa el árbol familiar.

abuelo hija madre
hijo abuela padre

2 ¿Cómo es tu familia?

3 Relaciona lo que hace cada uno en esta familia.

El hijo	plancha.
La madre	cose.
La abuela	barre.
El padre	lee.

4 Escribe tu nombre y apellidos.

!

Vivimos en **familia**, nos **queremos** y **compartimos** las tareas de casa.

Decidimos entre todos

¿Qué necesitamos?

1

Elegid entre todos las normas de clase.

2

Escribe una norma en la *ficha 1* y dibuja.

Norma: Colgamos bien la ropa al entrar.

Esta norma es sobre:

☒ orden ☐ limpieza ☐ convivencia

Dibujo:

1 ¿Cómo habéis elegido las normas de clase?

2 Pegad todas las fichas en un mural.

Jugamos todos juntos

1 ¿Por qué una niña no quiere jugar? Escucha y marca.

- [ ] Porque es un juego que no conoce.
- [ ] Porque le aburre ese juego.

2 ¿Qué harías tú en esa situación?

3 Juega con tus compañeros a este juego en el recreo.

¡Atención, preguntas!

1 Repasa y completa el esquema.

Los tipos de casas son

- ch
- p
- a

2 Observa los dibujos y completa.

Los ________ están en la ________.

Los ________ están ordenando el ________.

3 ¿Quién enseña en el colegio? Colorea.

cocinera	conserje	maestro

4 Rodea dónde están estos objetos en el colegio.

aula comedor gimnasio aseo

5 Señala con una X a los que no actúan bien.

¿Qué haces cuando no entiendes una pregunta?

2 ¡Buen viaje!

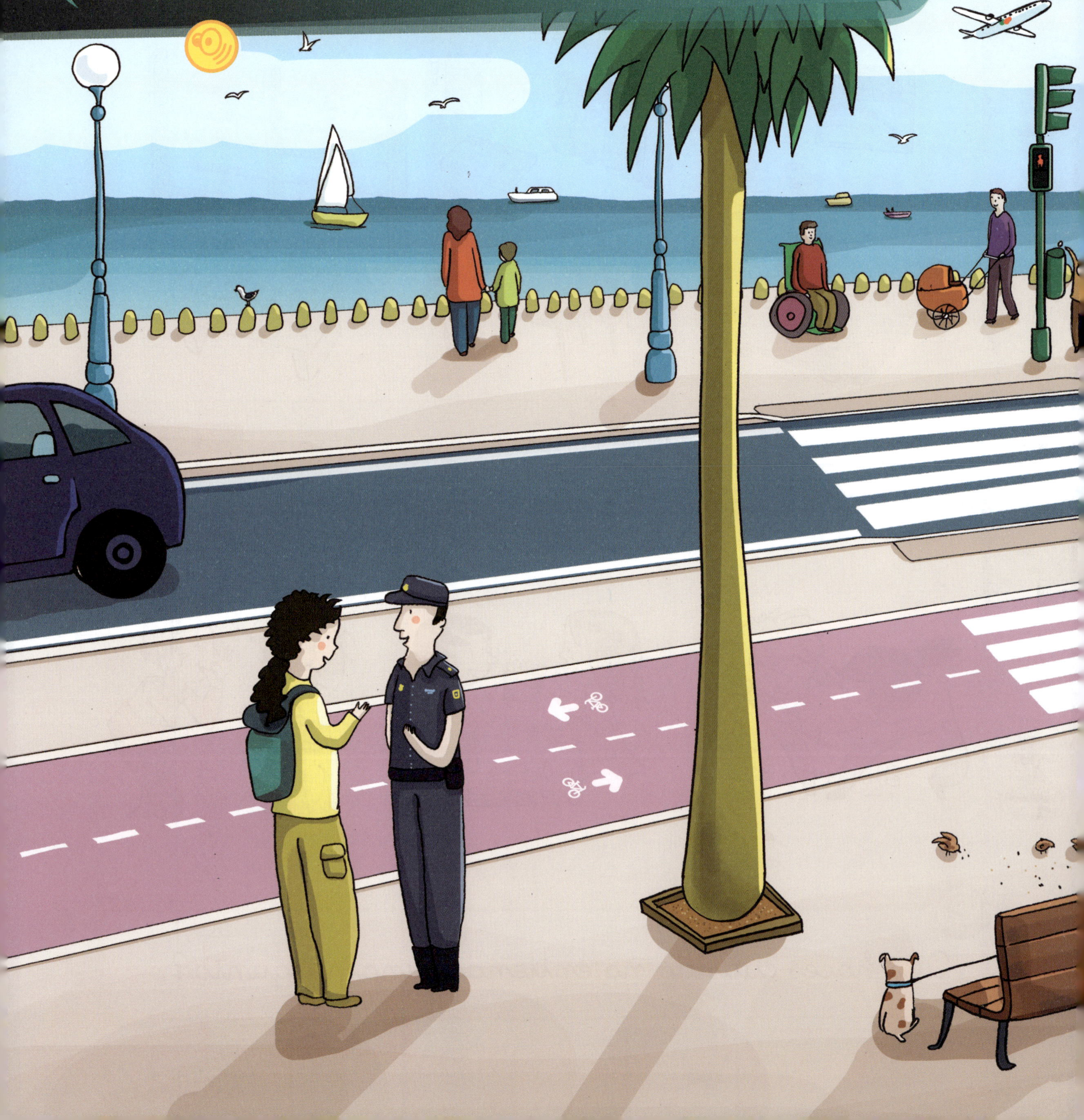

¿De qué muelle sale el transbordador? Escribe.

Coloca cada vehículo donde corresponda.

¿Por dónde se desplaza cada medio de transporte? Rodea.

por la tierra

por el aire

por el agua

Caminamos por la calle

1 Rodea lo que puedes encontrar en la calle.

2 Copia cada palabra donde corresponda.

calzada
acera
peatón
bordillo

3 Relaciona cada lugar con su nombre.

☐ plaza ☐ calle ☐ avenida

4 Lee el texto y coloca las pegatinas donde corresponda.

En la calle Inventores número 2 hay un museo. Puedes comprar el pan en la calle Aviadores número 6 y libros en el número 8.

!

Las **calles** están formadas por viviendas, tiendas y otros edificios. Cada calle tiene un **nombre** y cada edificio, un **número**.

Del pueblo a la ciudad

1 Rodea según el código.

ciudad

pueblo

edificios bajos

calles estrechas

calles anchas

muchas personas

muchos coches

pocos coches

edificios altos

pocas personas

2 Repasa y relaciona con números los edificios.

1 ayuntamiento

2 hospital

3 biblioteca

4 teatro

3 ¿De qué se encarga cada trabajador? Colorea.

cartero | barrendero | policía

seguridad | correo | limpieza

4 Recorta y pega donde corresponda.

calle | barrio | ciudad

5 ¿En qué localidad vives? ¿Cuál es el nombre de tu calle y de tu barrio?

!

Los **pueblos** son más pequeños que las **ciudades**. Las ciudades se dividen en **barrios** y ofrecen **muchos servicios**.

Nos ponemos en marcha

1 ¿Reconoces estos transportes? Escucha y escribe.

1 ______ 2 ______

3 ______ 4 ______

2 ¿Qué transportan estos vehículos? Colorea.

mercancías personas

3 ¿Cómo transportarías estas mercancías? Relaciona.

agua muebles arena

4 Rodea cada transporte en el dibujo según corresponda.

Transporte individual	Transporte colectivo
Lleva a una o a pocas personas.	Lleva a muchas personas.

!

Los **medios de transporte** desplazan **personas** y **mercancías**. Utilizamos unos u otros según nuestras necesidades.

Seguro de viaje

1 Colorea los trayectos según el código adecuado.

- El más seguro
- El más largo
- El más corto

2 Relaciona mediante números.

1. paso de peatones
2. señal
3. semáforo

3 Señala las acciones correctas.

4 Ordena del 1 al 3.

cruzamos esperamos miramos

!

Debemos respetar los **semáforos** y las **señales**, y cumplir las normas de seguridad vial para **evitar accidentes.**

¿Qué nos dicen las señales?

¿Qué necesitamos?

1 Pinta las señales de la ficha 2 como estas.

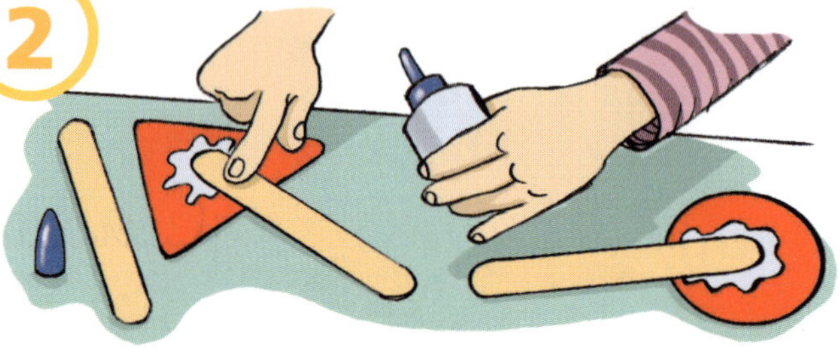

2 Pega el palito por detrás de cada señal.

3 Coloca cada señal sobre una bola de plastilina.

1 ¿Qué indican las señales que has coloreado?

2 ¿Para qué sirven las señales de tráfico? Marca.

- [ ] Hacen que el tráfico sea más rápido.
- [ ] Indican las normas de circulación.

¡No te despistes!

1 ¿Qué ha ocurrido? Subraya.

- El chico ha cruzado en rojo.
- El coche ha cruzado en rojo.

2 ¿Cómo actúas tú? Señala.

- [ ] Cruzo con precaución por donde quiero.
- [ ] Cumplo las indicaciones de los semáforos.
- [ ] Miro a los lados y me salto el semáforo.

¡Atención, preguntas!

1 Completa el esquema sobre los medios de transporte.

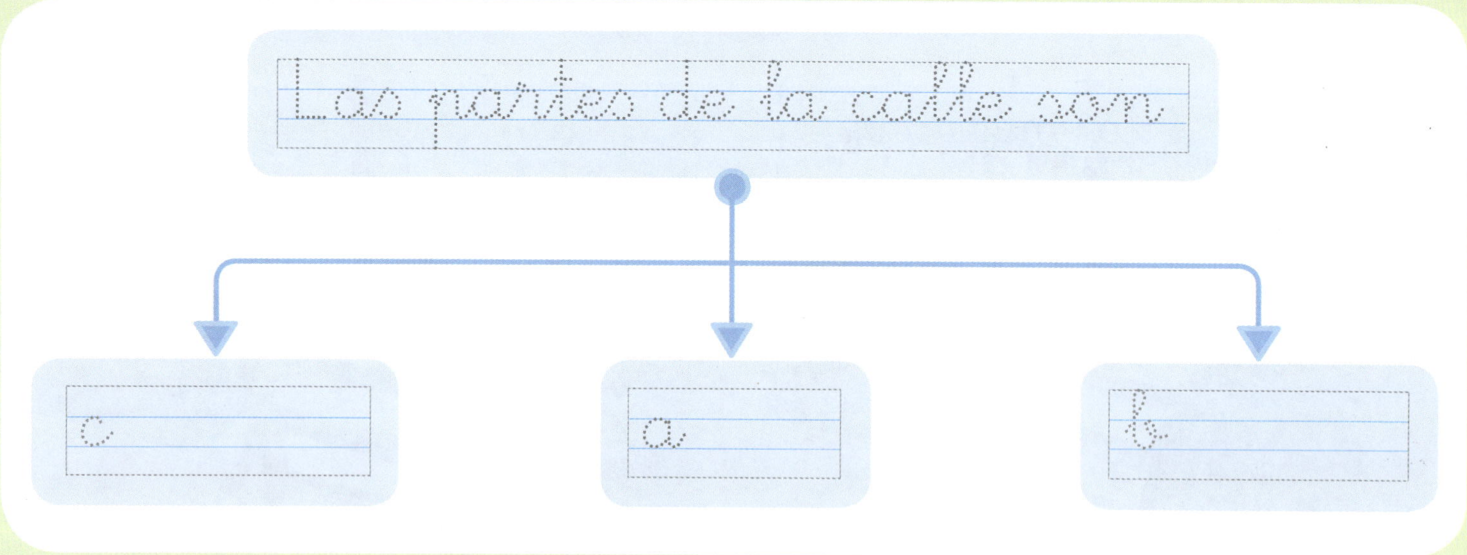

2 Relaciona.

pueblo

ciudad

3 Colorea el camino más seguro para llegar al colegio.

4 Señala con una X donde corresponda.

	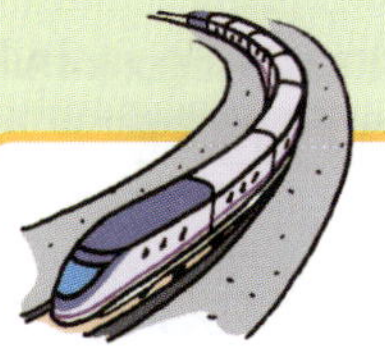		
Transporta mercancías.			
Transporta personas.			
Transporte individual.			
Transporte colectivo.			

5 ¿Quién pone en peligro la seguridad? Rodea.

¿Para hacer los deberes recuerdas lo que aprendiste en clase? ¿Por qué?

Uso las TIC

Con un **ordenador** conectado a **Internet** podemos hacer muchas cosas.

Trabajar

Divertirnos

Aprender

Comunicarnos

1 ¿Para qué usas tú el ordenador? Marca.

- ☐ Hacer los deberes.
- ☐ Ver vídeos y películas.
- ☐ Hablar con familiares.
- ☐ Escribir un correo.
- ☐ No lo uso nunca.
- ☐ Escuchar música.
- ☐ Escribir un texto.
- ☐ Jugar.

También podemos hacer las mismas cosas **sin ordenador.**

Trabajar

Divertirnos

Aprender

Comunicarnos

2 ¿Qué puede ocurrir si pasas mucho tiempo con el ordenador? Colorea.

No pasa nada. | Me pierdo muchas cosas.

3 ¿Prefieres estar con el ordenador o jugar con tus amigos? ¿Por qué?

1 ¿Qué espacios reconoces en este plano?

1

2

3

4

2 ¿Quién es el padre de mi madre? Escribe.

3 Colorea el semáforo de la derecha de manera que indique que los peatones pueden cruzar.

4 Rodea los elementos que normalmente no encuentras en una ciudad.

edificios altos	tractor	amplias avenidas
rebaño de ovejas	metro	campos de cultivo

5 ¿Qué vehículo transporta solamente pasajeros? Marca.

☐ tren ☐ barco ☐ autobús ☐ avión

Emprendo y aprendo

Imagina que eres arquitecto y tienes que edificar un colegio.

6 ¿Podrías construir tú solo el edificio? ¿Por qué?

7 ¿Qué habitaciones pondrías en tu colegio? Escribe.

Cooperamos para aprender

¿Recuerdas lo que has aprendido sobre las casas? En pequeños grupos, realizaremos un mural.

¿Qué necesitamos?

1 Elegid cuatro habitaciones para vuestra casa.

baño | salón | dormitorio

cocina | recibidor | estudio

2 Decidid la habitación que va a dibujar cada miembro del equipo.

3 En una cartulina grande, cada miembro dibujará la habitación que le ha tocado.

4 Reúnete con los compañeros de los otros equipos que hayan dibujado la misma habitación que tú.

5 Comentad todos los usos que tiene la habitación que os ha tocado.

6 Explica a los compañeros de tu equipo lo que has aprendido.

7 Escribe junto a tu dibujo el nombre de la habitación y sus funciones.

¡Enhorabuena! Trabajando en equipo habéis recordado las habitaciones de la casa.

3 ¡Paisaje a la vista!

Colorea lo que come Trota para recuperar fuerzas.

Coloca las islas en el mar.

Rodea en la lámina los elementos construidos por las personas.

1 ¿Cómo es el paisaje de interior? Relaciona.

- [ ] llanura
- [ ] valle
- [ ] montaña
- [ ] río
- [ ] lago

2 ¿Qué elementos del paisaje tienen esta forma? Escribe.

 → ______

 → ______

 → ______

 → ______

3 Colorea el agua y subraya la respuesta correcta.

- El río nace en el mar y desemboca en la montaña.
- El río nace en la montaña y desemboca en el mar.

4 Colorea según el código.

paisaje de montaña — paisaje de llanura

relieve

ríos

vegetación

fauna

!

Los **paisajes de interior** están lejos del mar.
Incluyen montañas, valles, llanuras, lagos y ríos.

Vamos a la playa

1 Corta y pega los elementos del paisaje de costa.

acantilado   playa   isla

2 Copia cada palabra donde corresponda.

ríos   salada   mares   dulce

- El agua de los ________ y océanos es ________.

- El agua de los ________ y lagos es ________.

3 ¿Qué agua pueden beber las personas? Subraya.

Del mar   Del grifo de casa   Agua embotellada

4 ¿En qué se diferencian estos paisajes? Subraya.

a

b

- En a hay vegetación y en b, no.
- En a hay un bosque y en b, plantas pequeñas.

5 Rodea los elementos intrusos.

!

Los paisajes de costa están cerca del mar.
En ellos hay acantilados, playas e islas.

Cambiamos el paisaje

1 Lee y coloca en el lugar adecuado los elementos construidos por las personas.

- Las personas cruzan el río por el puente.
- El pueblo está encima de la montaña.
- Las vías del tren y el túnel cruzan el valle.

2 Ordena del 1 al 3 cómo ha cambiado este paisaje.

3 Escribe natural o humanizado según corresponda.

4 Colorea los elementos humanizados de este paisaje.

!

Los paisajes **humanizados** o **artificiales** son los que han sido modificados por las **personas**.

1 Rodea a los que ensucian el paisaje.

2 Observa y escribe lo que ha ocurrido en este bosque.

Han construido una ______________.

Los ______________ han desaparecido

y han cortado los ______________.

3 ¿Quién ayuda a reducir el consumo de energía? Marca.

4 ¿Qué hace cada persona? Relaciona.

Recicla materiales.	Reutiliza objetos.	Reduce el consumo.

!

Con la ayuda de todos podemos **proteger el paisaje** y evitar su deterioro.

Conocemos nuestro paisaje

¿Qué necesitamos?

1

Observa el paisaje en el que vives y busca fotos.

2

Aprende cómo se rellena la ficha 3.

- El paisaje en el que vivo es:

☐ de montaña ☐ de llanura ☒ de costa

- Dibujo:

- Elementos naturales:

☐ montaña ☐ río
☒ playa ☒ mar
☐ llanura ☐ lago

- Elementos artificiales:

faro, sombrilla

1 Sigue los pasos anteriores y completa la ficha 3.

El agua, un tesoro escaso

1 ¿Para qué se depura el agua sucia? Subraya.

- Para devolver el agua limpia a la naturaleza y para reutilizarla.
- Para recoger agua limpia de la naturaleza.

2 ¿Por qué es importante depurar el agua? Marca.

- [ ] Porque se ahorra en el consumo de agua.
- [ ] Porque se evita contaminar la naturaleza.

3 ¿Cómo reducirías la contaminación del agua?

¡Atención, preguntas!

1 Completa los elementos del paisaje de interior.

En el paisaje de interior encontramos

- v
- m
- r
- ll
- l

2 Escribe los siguientes elementos del paisaje de costa.

- Tierra rodeada de mar por todas partes: ______.
- Parte de la costa bañada por el mar y formada por arena: ______.

3 Subraya las acciones que protegen la naturaleza.

Reciclar y reutilizar las cosas. Encender todas las luces. Utilizar el transporte público. Arrojar basura al mar.

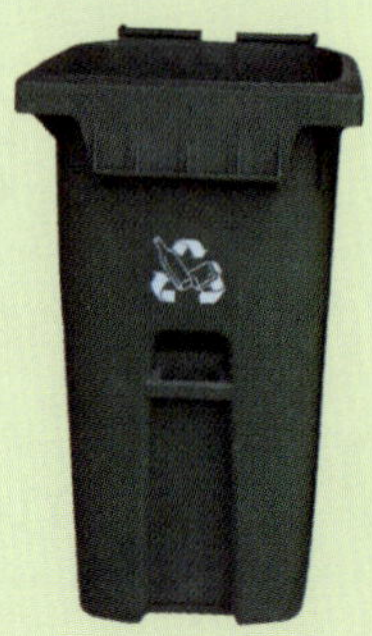

4 ¿Qué tipo de paisaje es? Colorea según corresponda.

llanura · montaña · costa

5 Rodea los elementos transformados por las personas.

¿Te ayudan las fotografías a estudiar el paisaje? ¿Por qué?

4 En las nubes

Escribe lo que va a fotografiar Trota.

Coloca las nubes donde corresponda.

Imita con tus manos cómo pasa
el aire entre dos montañas.

Gota a gota

1 Rodea a los que necesitan agua para vivir.

2 Subraya cómo es el agua que bebes.

- Es líquida.
- Tiene color.
- Tiene sabor.
- Tiene olor.

3 Escribe frío o calor según corresponda.

- El agua líquida  pasa al estado sólido 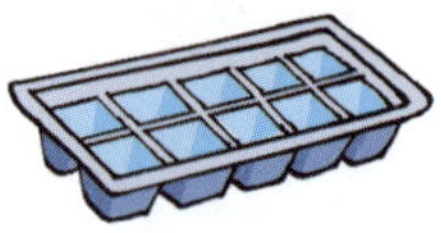 aplicando ______.
  Se convierte en vapor de agua  cuando recibe mucho ______.

4 ¿Para qué utilizamos el agua? Escribe.

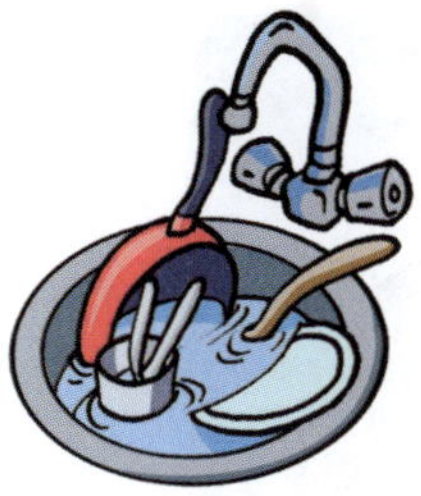

5 Colorea los comportamientos adecuados.

!

El **agua** es necesaria para la **vida**. Debemos usarla de forma **responsable**, pues es escasa.

1 ¿Qué hay dentro de las pompas? Observa y señala.

- ☐ Están llenas de jabón.
- ☐ Están vacías.
- ☐ Están llenas de aire.

2 ¿En qué notas que el aire se mueve? Rodea.

3 Tacha el objeto que no utiliza el aire para moverse.

4 Completa la oración.

seres vivos   aire   oxígeno

En el ______ hay ______
que respiramos los ______.

5 Colorea a los que necesitan oxígeno para vivir.

!

El **aire** está por todas partes y ocupa un **espacio**. Cuando se mueve, hay **viento**. Los seres vivos necesitamos el **oxígeno** del aire para **vivir**.

1 Copia cada palabra donde corresponda.

nieve calor vapor lluvia nubes

Con el ______ del sol,
el agua se convierte
en ______ de agua.
Al ascender, el vapor
se enfría y se forman
las gotitas que componen
las ______. De las nubes
cae la ______, el granizo y la ______.

2 Relaciona cada símbolo con su significado.

tormenta nieve lluvia nubes

3 ¿Qué tiempo hace? Marca las opciones correctas.

☐ granizo ☐ viento ☐ lluvia ☐ truenos

4 ¿Cómo es el tiempo? Subraya las oraciones correctas.

Es un día soleado y hace calor. Hay bastante viento. Ha nevado.

Es un día nublado. Llueve. Hace bastante frío. Hay un fuerte viento.

5 ¿Qué tiempo hace hoy? ¿En qué te has fijado?

!

La lluvia, la nieve, el sol, las nubes y el viento indican el **tiempo** que hace.

Conocemos el clima

1 Dibuja el símbolo que corresponde al tiempo que hace.

2 ¿Qué indica cada instrumento? Relaciona.

veleta 

termómetro 

El frío o calor que hace.

La dirección del viento.

3 Recorta y pega cada tipo de clima en su lugar.

Casi siempre hace frío y nieva.	Llueve por épocas y las temperaturas son suaves.	Normalmente hace calor y llueve poco.
clima frío	clima templado	clima cálido

4 ¿Cómo es el clima de la zona donde vives?

!

Medimos el **tiempo atmosférico** y lo representamos en **mapas**. El **clima** es el tiempo que hace en un lugar durante un periodo largo de tiempo.

Exploradores del tiempo

¿Qué necesitamos?

1

Dibuja y recorta piezas como estas.

2

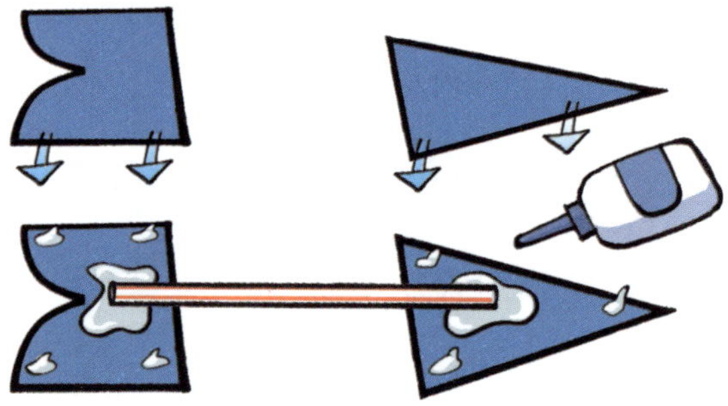

Pega las piezas a la pajita.

3

Atraviesa la pajita y el vaso con el palito de brocheta.

4

Clava en la base del palito una goma de borrar.

1. Saca la veleta al exterior y comprueba cómo funciona.

2. ¿En qué situaciones es útil utilizar una veleta?

1 Escribe dos elementos que contaminan el aire.

2 ¿Qué pasa si respiramos aire contaminado? Marca.

- [ ] Nuestra salud puede empeorar y la naturaleza se deteriora.
- [ ] La naturaleza se deteriora, pero no afecta a nuestra salud.

3 ¿Cómo podemos reducir la contaminación del aire?

¡Atención, preguntas!

1 Completa los estados del agua.

Los estados del agua son

- ______
- ______ de agua.
- ______

2 Señala con X donde corresponda.

	aire	agua
Contiene oxígeno, necesario para respirar.		
No tiene color, no huele y no sabe.		
Es necesario para la vida.		
Si se mueve, se llama viento.		

3 Colorea lo que no contamina el aire ni el agua.

4 Relaciona.

clima cálido

Es seco y llueve poco.

clima frío

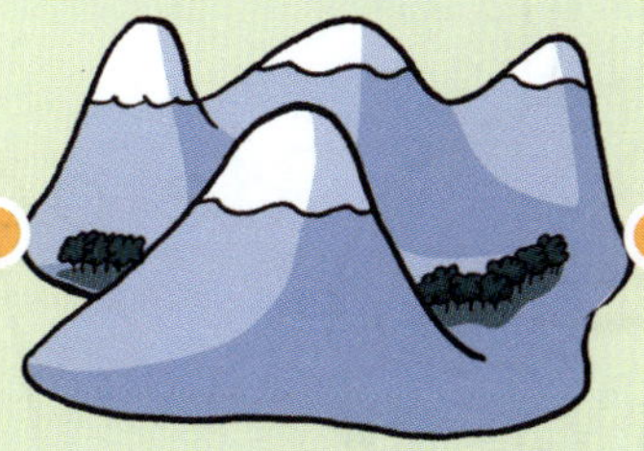

Es húmedo y llueve mucho.

clima templado

Es frío y nieva.

5 Completa las oraciones.

Con el ______________ medimos si hace frío o calor. Con la ______________ sabemos la dirección del viento.

¿En qué te fijas para saber el tipo de clima que hay en un lugar?

Uso las TIC

El uso incorrecto del **ordenador** puede **dañar nuestra salud.**

El **tiempo** pasa deprisa sin que nos demos cuenta.

Una mala postura puede **dañar la espalda.**

La pantalla emite luz que **cansa la vista.**

1 ¿Qué te gusta hacer en tu tiempo libre? Colorea.

poco   bastante   mucho

- ◯ Jugar a videojuegos.
- ◯ Jugar con mis amigos.
- ◯ Hacer deporte.
- ◯ Dibujar.
- ◯ Leer.
- ◯ Ver la tele.

Para cuidar nuestra salud, debemos tomar algunas **precauciones.**

Tener suficiente **luz.**

Descansar cada **media hora.**

Mantener la **espalda recta** en la silla.

2 Observa la imagen y escribe lo que hace mal este niño.

Conquista PISApolis

1 Escribe el nombre de los elementos del paisaje.

2 ¿En qué situación aparecerá vapor de agua? Señala.

3 Rodea el elemento humanizado que se ha colado en el paisaje natural de la derecha.

4 ¿Qué símbolo indica que hay tormenta? Señala.

☐ 

☐ 

☐ 

5 Escribe los tres tipos de clima.

Emprendo y aprendo

En el lugar donde vivimos trabajan muchas personas para que todo funcione.

6 ¿Qué profesión te gustaría tener de mayor? Escribe.

7 ¿Por qué has elegido esa profesión?

Cooperamos para aprender

¿Qué forma tiene el aire?
En grupos, lo vamos a averiguar mediante un experimento.

¿Qué necesitamos?
- Recipiente transparente
- Vaso
- Botella
- Agua

1 ¿Qué hay dentro de la botella vacía? Escribe.

2 Seguid este proceso:

1 Llenamos con agua un recipiente transparente de tamaño grande.

2 Introducimos en ese recipiente un vaso lleno de agua puesto boca abajo.

3

Metemos la botella vacía y sin tapón boca abajo. Procuramos que no entre agua.

4

Inclinamos la botella y la colocamos debajo del vaso como muestra el dibujo.

3 **¿A dónde ha pasado el aire que había en la botella?**

4 **Señala la oración correcta.**

- [ ] El aire siempre tiene la misma forma.
- [ ] El aire adopta la forma del recipiente que lo contiene.

¡Enhorabuena! Trabajando en equipo habéis aprendido que el aire no tiene forma.

5 Luces en el cielo

Une las estrellas que forman Tauro.

Coloca la Luna a la izquierda de la estrella más brillante.

¿Por qué para ver las estrellas han ido de noche al campo? Señala.

☐ Porque, por el día, la luz del Sol impide ver las estrellas.

☐ Porque, por la noche, la luz de las ciudades impide ver las estrellas.

☐ Las dos respuestas anteriores son correctas.

¿Qué hay en el cielo?

1 **Recorta y pega los astros donde corresponda.**

planeta	Luna	estrellas	Sol

2 **¿Qué astros emiten luz? Marca.**

☐ estrellas ☐ planetas ☐ Sol

3 **Completa las oraciones.**

Sol esfera Tierra
astros estrella

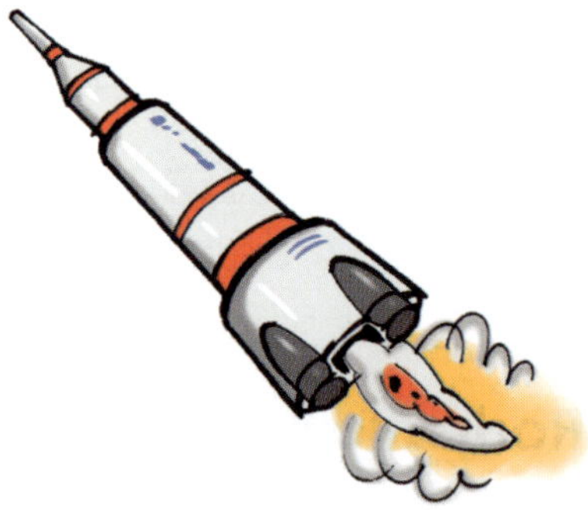

- Las estrellas, la Luna y los planetas son ______ y tienen forma de ______.
- La ______ es el planeta en el que vivimos. Desde ella vemos el ______, que es la ______ más cercana.

4 **Observa y subraya las oraciones verdaderas.**

- El Sol da vueltas alrededor de la Tierra.
- Ocho planetas dan vueltas alrededor del Sol.
- La Tierra es el tercer planeta más cercano al Sol.
- Marte está más cerca del Sol que la Tierra.

5 **Rodea lo que el Sol proporciona a la Tierra.**

calor   agua   aire   luz   tierra

!

El **Sol** es una estrella. Hay ocho **planetas** que dan vueltas a su alrededor. Uno de ellos es la **Tierra,** el planeta en el que vivimos.

¿De día o de noche?

1 Marca el final correcto para la oración.

La Tierra da vueltas sobre sí misma como…

☐ una peonza. 

☐ un yoyó. 

2 Observa y escribe día o noche según corresponda.

En a es de ______ y en b es de ______.

- Unas horas después, la tierra ha girado:

En a es de ______ y en b es de ______.

3 **Repasa y completa con las palabras que faltan.**

anochecer	mediodía	atardecer

amanecer

4 **¿Qué actividades realizas en cada momento del día?**

!

En las zonas de la Tierra iluminadas por el Sol es **de día,** mientras que en las no iluminadas es **de noche.**

Realizamos actividades diferentes en cada **momento del día.**

La Tierra, la Luna y las estrellas

1 **Relaciona cada dibujo con su oración correspondiente.**

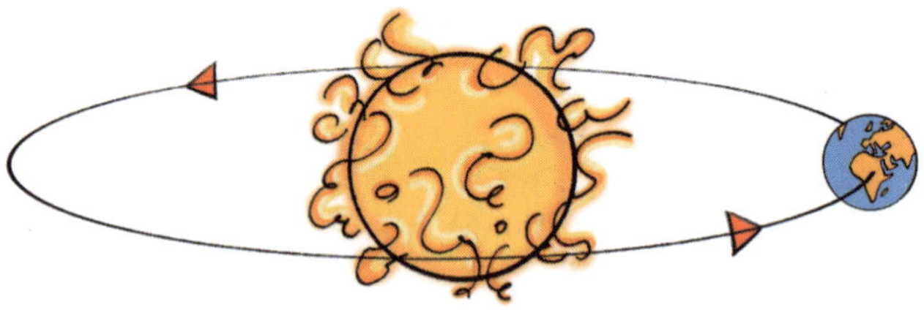

La Tierra gira alrededor del Sol.

La Luna gira alrededor de la Tierra.

2 **Completa con las palabras que faltan.**

planetas   Sol   Marte   Luna   Tierra

Los __________, como la __________ y __________, dan vueltas alrededor del ______. La __________ gira alrededor de la Tierra.

3 **Ordena del 1 al 3, de mayor a menor tamaño.**

☐ 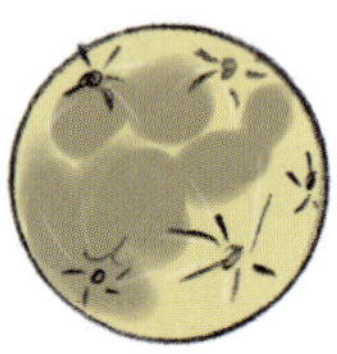

Luna

☐ 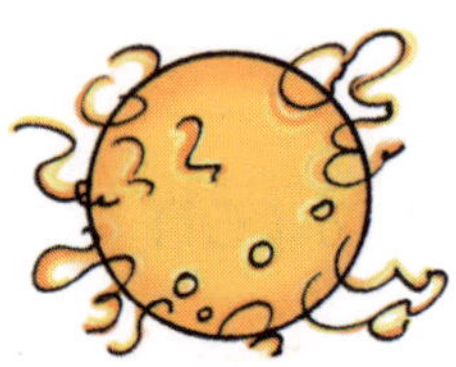

Sol

☐ 

Tierra

4 **¿Cómo vemos la Luna? Relaciona con números.**

1 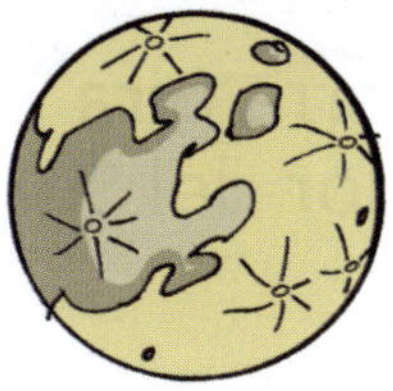
luna llena

2 
cuarto menguante

3 
luna nueva

4 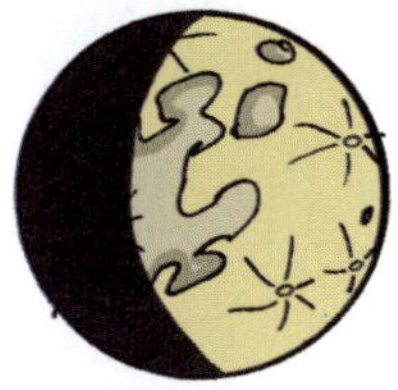
cuarto creciente

- ◯ Se ve con forma de C.
- ◯ No se ve.
- ◯ Se ve redonda.
- ◯ Se ve con forma de D.

5 **Señala la respuesta correcta.**

- ☐ La Luna se ve más grande que las estrellas porque está más cerca de la Tierra.
- ☐ La Luna se ve más grande que las estrellas porque es más grande que las estrellas.

!

De **noche** vemos la **Luna** y la **luz de las estrellas.**

Desde la Tierra vemos la Luna con **diferentes formas,** según la luz que le llega del Sol.

Representamos la Tierra

1 **Relaciona cada dibujo con lo que representa mediante números.**

- ☐ planisferio
- ☐ plano
- ☐ mapa
- ☐ globo terráqueo

1

2

3

4
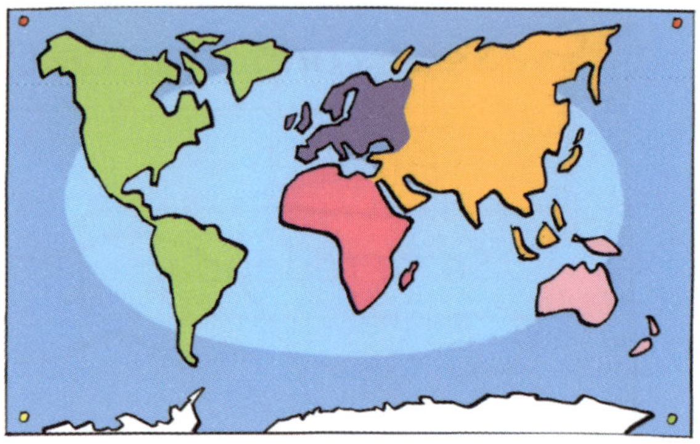

2 **¿Qué representación de la Tierra mantiene su misma forma? Rodea**

plano globo terráqueo mapa planisferio

3 **Relaciona en el dibujo cada parte de nuestro planeta.**

- aire
- agua
- continente

4 **Observa el plano y completa las oraciones.**

norte	sur	este	oeste

- La cueva está en el ______.
- La feria está en el ______.
- La Montaña Pelada está en el ______.
- La carretera está en el ______.

!

Los **globos terráqueos** representan la Tierra con su forma real, mientras que los **planisferios** la representan con forma plana.

Los **planos** y **mapas** representan partes de la Tierra.

Espías del espacio

¿Qué necesitamos?

- Linterna y rotulador
- Chupachús

①

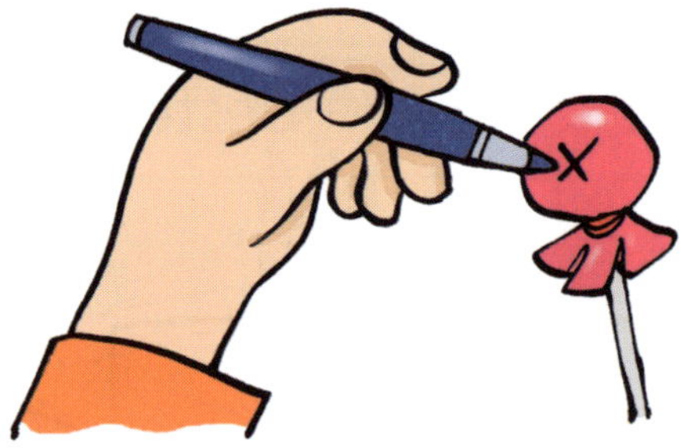

El chupachús será la Tierra y la linterna, el Sol. Señala un punto en el envoltorio.

②

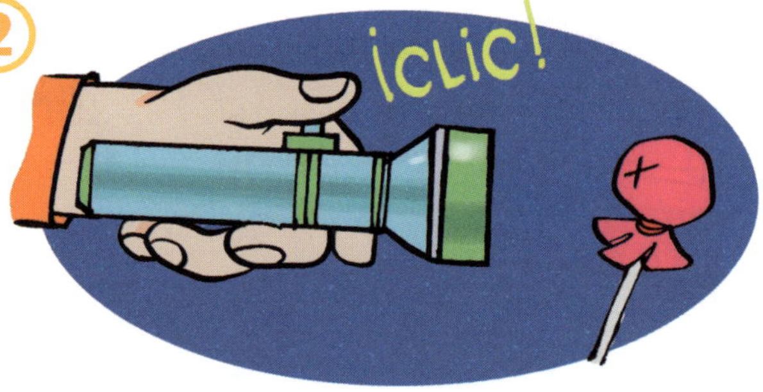

Con la habitación a oscuras, enciende la linterna y coloca el chupachús frente a la luz.

③

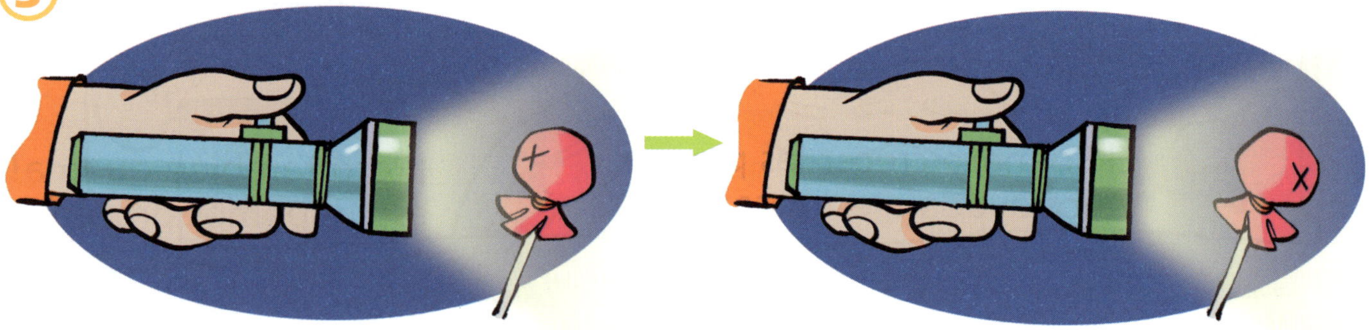

Gira despacio el chupachús. Cuando el punto pasa de la luz a la oscuridad, **anochece** en él. Cuando regresa a la luz, **amanece.**

1. **Cuando en un punto de la Tierra anochece, ¿qué ocurre en el punto opuesto?**

2. **¿En qué se parece el Sol a una linterna?**

☐ Se enciende y se apaga. ☐ Da luz y calor.

El Sol, un amigo de cuidado

1 **¿Cómo sería la vida en la Tierra si no hubiera Sol? Marca.**

- [ ] Habría pocos seres vivos.
- [ ] No habría seres vivos.
- [ ] Igual que con Sol, pero haría más frío.

2 **Rodea los objetos que usas para protegerte del Sol.**

¡Atención, preguntas!

1 **Completa el esquema.**

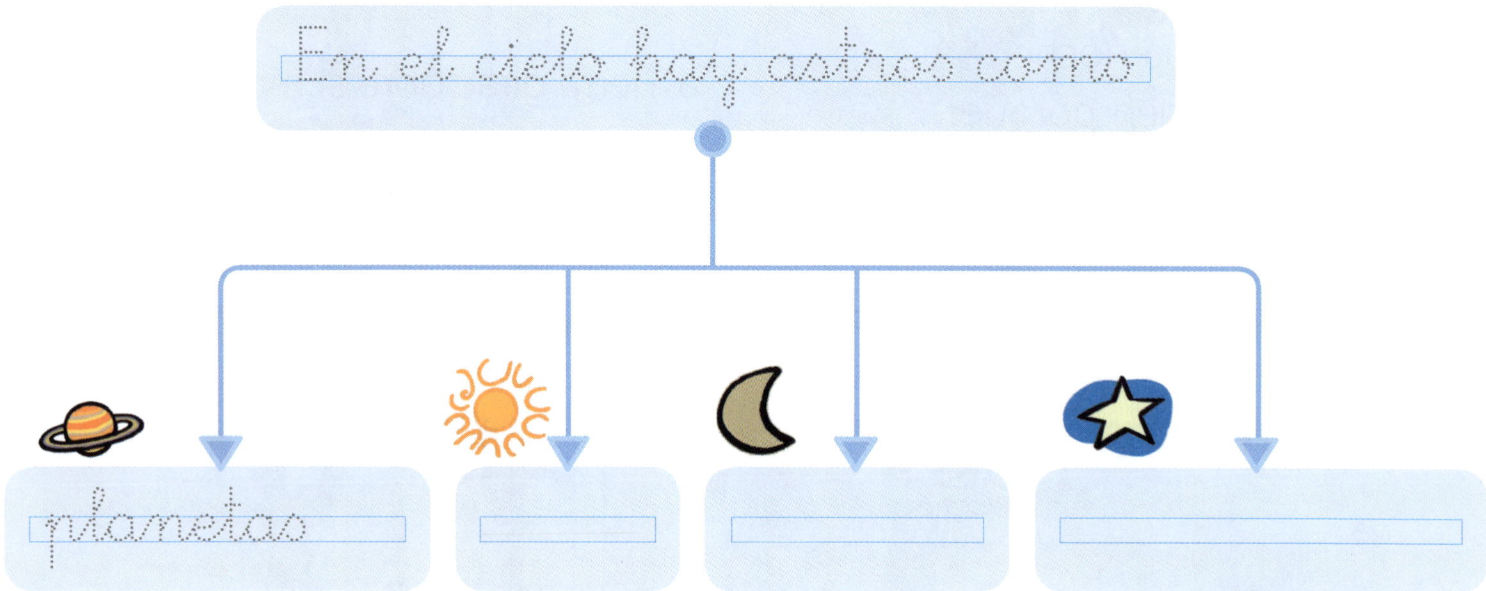

2 **Colorea según el código.**

Sol | Tierra | Luna

Gira alrededor de la Tierra. | Es una estrella.

Es un planeta. | Emite luz y calor. | Gira alrededor del Sol.

3 **¿Qué forma muestra la Luna? Observa la fotografía y marca.**

- ☐ cuarto menguante
- ☐ luna nueva
- ☐ cuarto creciente
- ☐ luna llena

4 **Subraya un final para la oración.**

- El día y la noche se suceden porque…

la Tierra gira alrededor del Sol.
la Tierra gira sobre sí misma.
el Sol se enciende y se apaga.

5 **Observa y rodea la opción correcta en cada oración.**

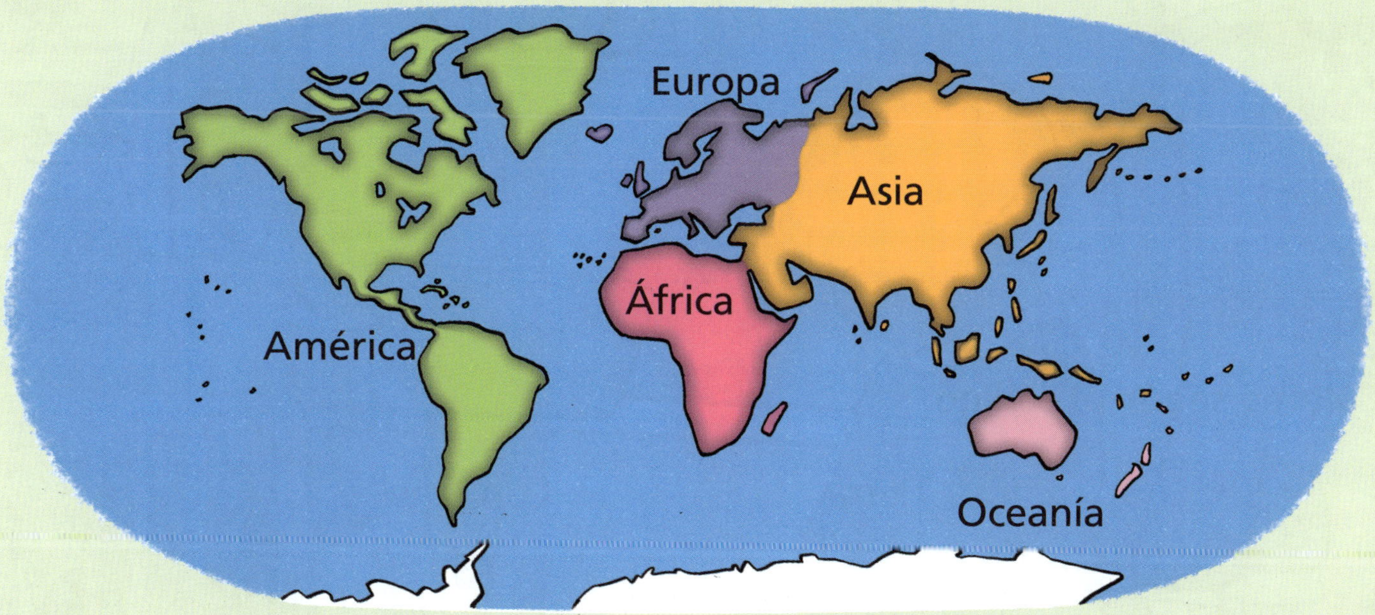

- Es un **plano – globo terráqueo – mapa.**
- Europa está al **norte – sur** de África.
- Europa está al **este – oeste** de Asia.

Si esta unidad no tuviera ningún dibujo, ¿te resultaría más fácil o más difícil de estudiar? ¿Por qué?

6 Érase una vez el tiempo

Rodea a las personas que han preparado el pastel.

Coloca el retrato familiar a la izquierda del espejo.

Imita los movimientos y gestos que haces cuando recibes una tarta de cumpleaños.

Ayer, hoy y mañana

1 **Observa los dibujos y completa las oraciones.**

Antes Ahora Después

- ______ estaban comiendo juntos.
- ______ están recogiendo la mesa.
- ______ descansarán en el sofá.

2 **Relaciona.**

Fuimos bebés. Somos niños. Seremos jóvenes.

futuro presente pasado

3 **¿Cómo es un día de colegio? Repasa y completa.**

pasado   presente   futuro

Antes estuve desayunando.
Fue en el ____________.

Ahora estoy en clase.
Es el ____________.

Después me iré a casa.
Será el ____________.

4 **Escribe lo que te gustaría hacer el próximo fin de semana.**

____

____

!

El **pasado** es todo lo que ha ocurrido **antes.** El **presente** es lo que está ocurriendo **ahora.** Y el **futuro** es lo que ocurrirá **después.**

Medimos el tiempo

1 **Relaciona cada imagen con el momento del día que le corresponde.**

tarde   mañana   noche   mediodía

2 **¿Cuántas horas tiene un día? Rodea.**

17   31   8   7   24   29   32

3 **¿Qué actividades realizas en cada momento del día?**

4 **Escribe los nombres de los días de la semana y rodea de rojo los días en los que no vas al colegio.**

5 **Observa esta hoja de calendario y responde a las preguntas.**

DICIEMBRE						
Lunes	Martes	Miércoles	Jueves	Viernes	Sábado	Domingo
1	2	3	4	5	6	7
8	9	10	11	12	13	14
15	16	17	18	19	20	21
22	23	24	25	26	27	28
29	30	31				

- ¿Qué día de la semana será el 25? ¿Y el 31?

- ¿Por qué el 25 y el 31 están señalados en rojo, si no caen en domingo?

6 **¿Cuáles son los meses del año?**

!

Un **día** tiene veinticuatro horas. Siete días forman una **semana.** Las semanas se agrupan en **meses** y doce meses forman un **año.** En los calendarios representamos y organizamos los **días,** las **semanas** y los **meses** del año.

Las estaciones

1 ¿Con qué mes se corresponde cada imagen? Relaciona con números.

☐ agosto   ☐ enero   ☐ octubre

2 Escribe el nombre de cada estación debajo del dibujo que le corresponde.

primavera   verano   otoño   invierno

3 **Copia en orden los meses que faltan en los recuadros de cada estación.**

enero	noviembre	julio	abril
octubre	febrero	agosto	mayo

Invierno

diciembre

Primavera

marzo

Verano

junio

Otoño

septiembre

4 **¿Cómo es cada estación del año? ¿En qué se diferencian unas de otras?**

!

Cada año se suceden las cuatro estaciones: **primavera, verano, otoño** e **invierno.**

Todo cambia

1 **Recorta y pega en orden las imágenes sobre esta línea del tiempo.**

¿Qué ha cambiado con el paso del tiempo?

2 **Rodea todo aquello que te puede ayudar a conocer tu pasado.**

3 **Escribe la fecha de tu cumpleaños.**

4 Escribe pasado o presente donde corresponda.

______________ ______________

¿Cómo ha cambiado la ciudad con el paso del tiempo?

5 Colorea solamente los objetos que no pertenecen a la época actual.

6 ¿En qué lugares puedes conocer el pasado de una ciudad? Escribe.

____

!

Conocemos **nuestro pasado** a través de objetos, imágenes y personas. Con el **paso del tiempo,** cambiamos nosotros y lo que nos rodea.

Un paseo por el tiempo

¿Qué necesitamos?

- Ficha 4
- Lápiz
- Tijeras y pegamento

① 

Con ayuda de un adulto, busca y selecciona fotos tuyas y de tus familiares para elaborar un árbol familiar.

② 

Fotocopia o imprime las fotos. Recórtalas y pégalas en la **ficha 4.** Finalmente, escribe el nombre de cada uno.

1 **¿Por qué crees que se llama árbol familiar? Señala.**

- ☐ Porque se reproduce como las plantas.
- ☐ Porque tiene ramas, como un árbol.

2 **Investiga el lugar y el año de nacimiento de cada familiar y apúntalo en tu árbol.**

3 **Pide a algún familiar mayor que recuerde algo alegre de su infancia. Después, cuéntalo ante tus compañeros.**

Colaboramos en casa

1 **Comenta quién realiza cada tarea.**

2 **¿Cuándo hay que colaborar en las tareas de casa?**

- ☐ A veces, pero solo cuando la tarea es muy fácil.
- ☐ Siempre, aunque no sea nuestra casa, en lo que podamos.
- ☐ Nunca, los niños no tienen que ayudar en casa.

3 **Escribe una tarea en la que tú ayudes en casa.**

¡Atención, preguntas!

1 **Completa el esquema.**

Las estaciones del año son

- ____________
- ____________
- verano
- ____________

2 **Completa las siguientes oraciones.**

- Un ________ tiene veinticuatro horas.
- Una ________ tiene siete ________.
- Un año tiene doce ________.

3 **Relaciona según corresponda.**

antes	ahora	después
futuro	pasado	presente

4 **Rodea según el código.** pasado presente

5 **Observa la imagen y señala la respuesta correcta.**

- La estación del año es:

  ☐ primavera ☐ otoño ☐ invierno

- El mes anterior fue:

  ☐ diciembre ☐ febrero

- No hay clase porque...

  ☐ es domingo. ☐ es un día festivo.

Si no existieran las cámaras de fotos, ¿cómo podríamos conocer nuestro pasado?

Uso las Tic

Para averiguar algo que no sabemos, podemos **investigar en Internet.**

¡! Para investigar en Internet, pide ayuda a un adulto.

1. Elegimos un **buscador** y escribimos las **palabras clave.**

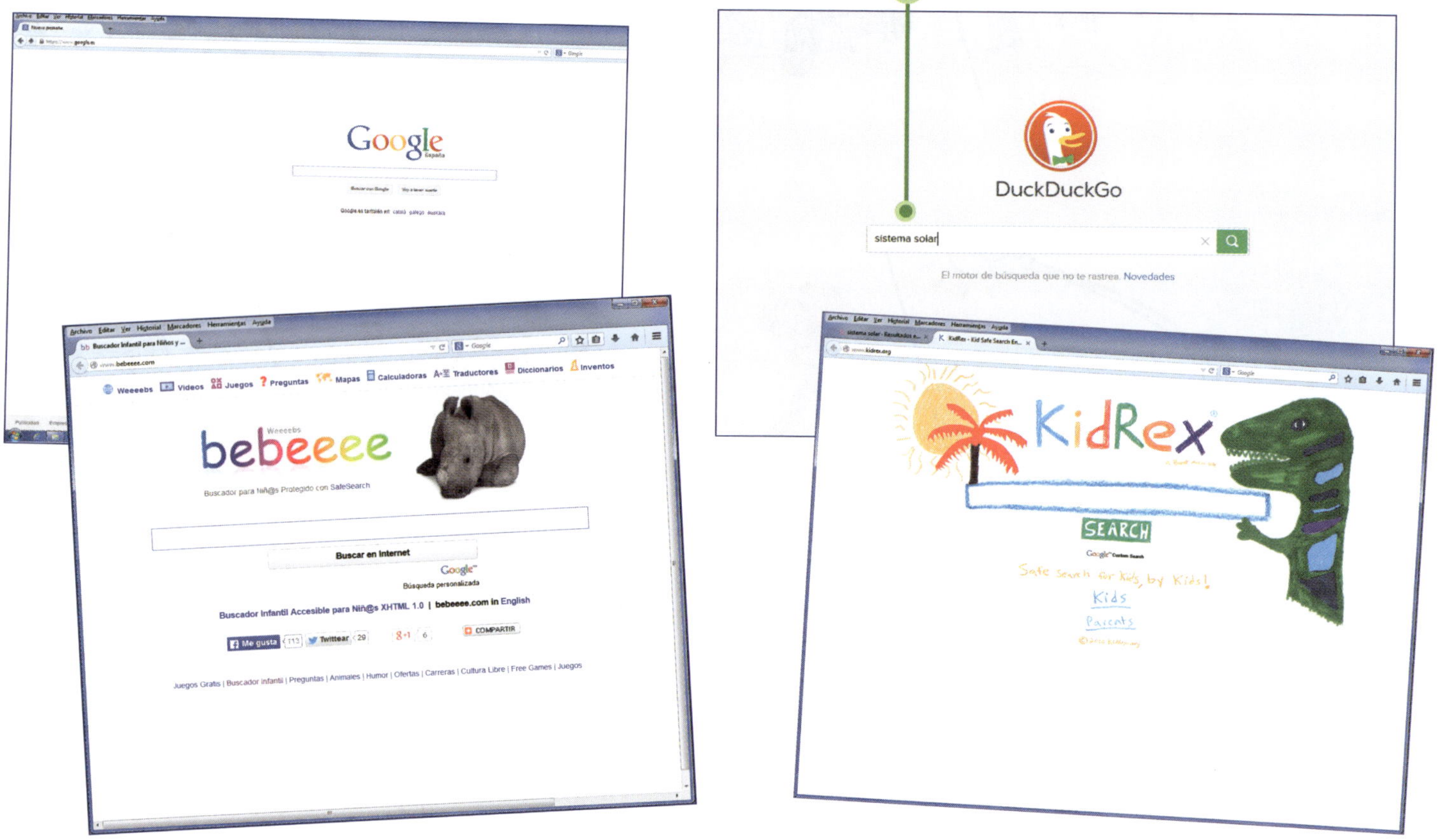

1 **Busca en Internet el número de planetas que hay en el sistema solar y completa.**

En el sistema solar hay ☐ planetas. Sus nombres son:

____

____

____

② Con el ratón, hacemos **clic** sobre las **páginas web** de la lista para buscar las respuestas a nuestras preguntas.

2 **¿Por qué se llama sistema solar? Investiga en Internet y colorea las respuestas correctas.**

Porque el Sol es su única estrella.	Porque los planetas giran alrededor del Sol.
Porque el Sol gira alrededor de la Tierra.	Porque el Sol es su único elemento.

3 **Busca en Internet imágenes del sistema solar y dibújalo.**

1 **Así se ve la Tierra desde el espacio.**

- Escribe con qué se corresponde la parte azul.

____

- Marca la forma que tienen la Tierra y el resto de planetas.

☐ plana ☐ redonda ☐ cuadrada

2 **Subraya la oración correcta.**

- De noche no hay astros en el cielo.
- Los astros están siempre en el cielo.
- A veces, algunos astros desaparecen del cielo.

3 **El Sol es una estrella de tamaño mediano. ¿Por qué parece mucho más grande que las demás? Marca.**

☐ Porque brilla más.

☐ Porque está más lejos.

☐ Porque está más cerca.

4 **¿Qué imágenes muestran a esta mujer en el pasado? Marca.**

5 **Ordena del 1 al 4, de menor a mayor.**

◯ año ◯ semana ◯ día ◯ mes

6 **¿Qué celebras en tu cumpleaños? Escribe.**

7 **¿Qué día de la semana va justo antes del sábado? Rodea.**

domingo lunes viernes jueves

Emprendo y aprendo

Imagina que vas a realizar un dibujo de una de las estaciones del año y contesta las preguntas.

8 **¿Cuánto tiempo dedicarás a cada una de las siguientes actividades? Rodea.**

- Elegir el material: 1 2 3 4 5 minutos.
- Pensar mo lo voy a dibujar: 1 2 3 4 5 minutos.
- Hacer el dibujo: 1 2 3 4 5 10 15 20 25 minutos.

9 **¿Por qué es bueno hacer los trabajos siguiendo un orden?**

Cooperamos para aprender

¿Sabéis cómo ha cambiado el lugar en el que vivís? En grupos, haremos un mural sobre el paso del tiempo.

¿Qué necesitamos?

- Papel continuo
- Lápices de colores

1 **Cada grupo escoge un lugar. Escribid su nombre.**

2 **Buscad fotografías del lugar elegido, en Internet y en la biblioteca, tanto del pasado como actuales.**

3 **Clasificad las fotografías como en el ejemplo.**

Pasado

Presente

4 **¿Qué diferencias hay entre las fotografías del pasado y las actuales? Comenta y señala.**

- [ ] Transportes
- [ ] Monumentos
- [ ] Edificios
- [ ] Vestidos
- [ ] Calles
- [ ] Mobiliario

5 **Cada uno imagina cómo será ese lugar en el futuro y lo dibuja en una hoja aparte.**

6 **Pegad en orden las fotografías y los dibujos, como en el ejemplo.**

¡Enhorabuena! Trabajando en equipo habéis aprendido cómo pasa el tiempo.

Planeta PixéPolis

Anika

Superbruja

Además de ser listísima, puede volar con su escoba y hacer conjuros.

Marcos

Supermonstruo

El más valiente, se vuelve invisible como un camaleón siempre que lo desea.

Macarena

Superaraña

La mascota del grupo. Si le haces cosquillas crece y se hace gigante.

Mamadú

Superfantasma

Aunque a veces es un poco torpe, ¡puede atravesar paredes sin inmutarse!

Planeta Tierra

Yin, Yang y el abuelo

Bruno, sus padres y la tía Trota

U 6 P 100

U 5 P 80

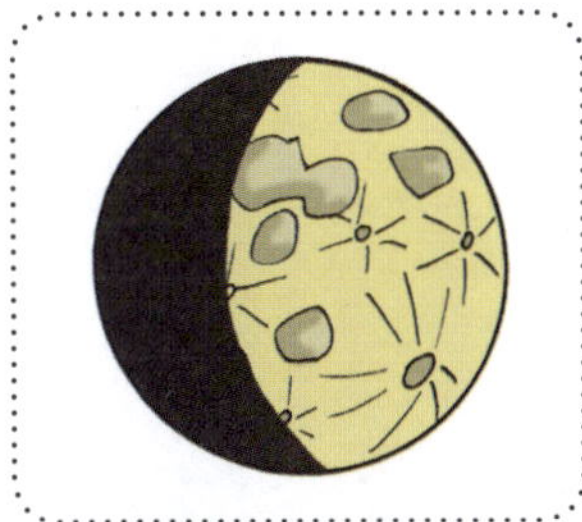

U 4 P 67

U 3 P 48

U 2 P 29

U 0 P 4-5

U 1 P 10-11

U 2 P 24-25

U 2 P 27

U 3 P 44-45

U 4 P 58-59

U 5 P 78-79

U 3 P 50

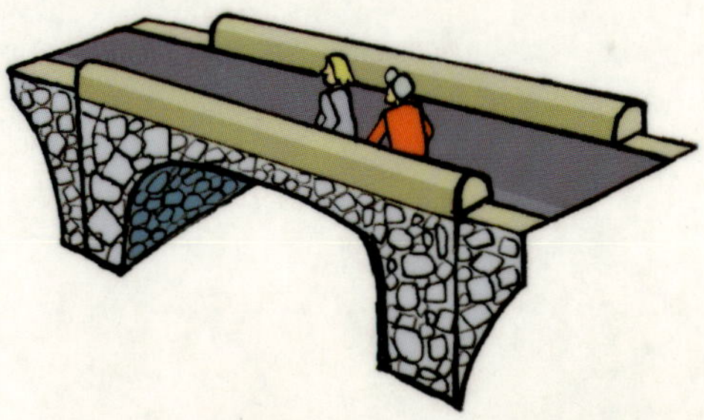

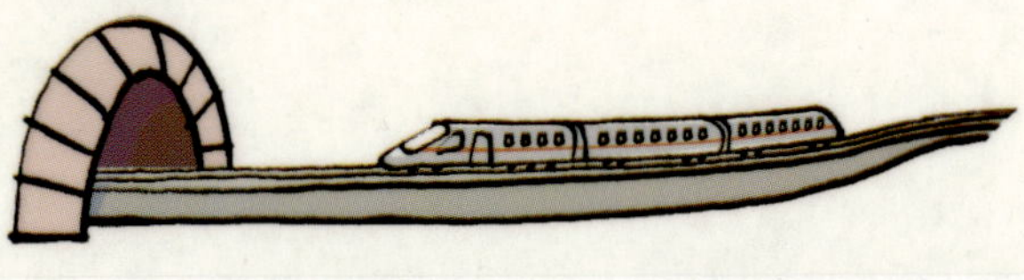

U 6 P 92-93

- **En usage collectif,** pour animer la classe et vidéoprojeter les activités et les corrections.
- **En usage individuel** pour motiver et faire travailler les élèves sur poste informatique.

W0392732

COMMENT ACCÉDER À VOTRE i-Manuel ÉLÈVE

Pour ACTIVER votre i-Manuel

▶ Transmettez votre clé d'activation imprimée ci-dessous à votre enseignant qui, en retour, vous communiquera vos **identifiant** et **mot de passe**. GDURand3 gdurand4/2/2

votre clé d'activation élève

BP24-A2A8U-23HP6

PRONOTE.net
Votre établissement est équipé de Pronote.net : activez et accédez à votre i-Manuel avec vos identifiants Pronote depuis Pronote.net

Ensuite, pour vous CONNECTER

▶ Rendez-vous sur **www.i-manuel.fr** et connectez-vous à votre espace élève avec vos **identifiant** et **mot de passe**.

À SAVOIR

- Votre clé d'activation élève est unique et personnelle, une fois utilisée, elle ne sera plus valide. Elle offre un accès à un seul élève pour une période de 24 mois (à compter de la première activation) et ne peut être réutilisée par d'autres élèves les années suivantes.
- L'activation des licences i-Manuel des élèves est laissée au libre choix de l'enseignant et l'ouvrage imprimé peut toujours être utilisé seul.

Pour l'enseignant : rendez-vous sur **www.nathan.fr/i-manuel** pour contacter votre délégué pédagogique Nathan, disposer de toutes les informations pratiques pour créer vos classes, activer les licences de vos élèves et équiper vos élèves de nouvelles licences.

LES PROCESSUS CG

BTS CG 1re et 2e années

PROCESSUS 4

Gestion des relations sociales

Sous la direction de Christine Tronquoy

Olivier Brunet

Jean-Pierre Cluniat

Olivier Couret-Delègue

Atika Pirabeau

Christine Tronquoy

Nathan
TECHNIQUE

Crédits photographiques

p. 5 : Andrey Popov/Fotolia ; **p. 6 h et b :** sylv1rob1/Fotolia ; **p. 7 :** sylv1rob1/Fotolia ; **p. 10 :** herreneck/Fotolia ; **p. 15 :** zuchero/Fotolia ; **p. 16 :** Tyler Olson/Fotolia ; **p. 17 :** Andrey Popov/Fotolia ; **p. 19 :** Tyler Olson/Fotolia ; **p. 21 :** auremar/Fotolia ; **p. 22 h :** sylv1rob1/Fotolia ; **p. 22 b :** Robert Kneschke/Fotolia ; **p. 23 h :** goodluz/Fotolia ; **p. 23 b :** sylv1rob1/Fotolia ; **p. 25 h :** Robert Kneschke/Fotolia ; **p. 25 b :** goodluz/Fotolia ; **p. 35 :** pkchai/Fotolia ; **p. 36 g :** Rui Vale de Sousa/Fotolia ; **p. 36 m :** Driving South/Fotolia ; **p. 36 d :** duckman76/Fotolia ; **p. 39 :** photophonie/Fotolia ; **p. 40 h :** Yann Poirier/Fotolia ; **p. 40 b :** sylv1rob1/Fotolia ; **p. 41 h :** goodluz/Fotolia ; **p. 41 b :** sylv1rob1/Fotolia ; **p. 43 h :** Yann Poirier/Fotolia ; **p. 43 b :** goodluz/Fotolia ; **p. 52 :** ftrouillas/Fotolia ; **p. 55 :** contrastwerkstatt/Fotolia ; **p. 56 :** and.one/Fotolia ; **p. 59 :** Jacob Lund/Fotolia ; **p. 60 :** momius/Fotolia ; **p. 61 :** WavebreakmediaMicro/Fotolia ; **p. 62 h et b :** sylv1rob1/Fotolia ; **p. 63 h :** AntonioDiaz/Fotolia ; **p. 63 b et 64 :** sylv1rob1/Fotolia ; **p. 65 :** AntonioDiaz/Fotolia ; **p. 66 :** imacture/Fotolia ; **p. 73 :** auremar/Fotolia ; **p. 74 :** JJAVA/Fotolia ; **p. 75 et 77 :** auremar/Fotolia ; **p. 78 h :** Kadmy/Fotolia ; **p. 78 b :** lev dolgachov/Fotolia ; **p. 79 :** jcfotografo/Fotolia ; **p. 80 :** Rostislav Sedlacek/Fotolia ; **p. 81 :** Paul Vinten/Fotolia ; **p. 82 hg :** Robert Kneschke/Fotolia ; **p. 82 hd, 82 b et 83 h :** sylv1rob1/Fotolia ; **p. 83 b :** highwaystarz/Fotolia ; **p. 85 :** sylv1rob1/Fotolia ; **p. 85 bd :** Robert Kneschke/Fotolia ; **p. 86 :** sylv1rob1/Fotolia ; **p. 87 :** highwaystarz/Fotolia ; **p. 95 h :** moccabunny/Fotolia ; **p. 95 b :** minicel73/Fotolia ; **p. 96 :** contrastwerkstatt/Fotolia ; **p. 97 :** Kzenon/Fotolia ; **p. 98 :** Marzky Ragsac Jr./Fotolia ; **p. 100 :** JackF/Fotolia ; **p. 101 :** Jipé/Fotolia ; **p. 102 :** FOOD-micro/Fotolia ; **p. 103 :** AntonioDiaz/Fotolia ; **p. 104 et 105 :** sylv1rob1/Fotolia ; **p. 106 :** Daniel Ernst/Fotolia ; **p. 108 h :** Robert Kneschke/Fotolia ; **p. 108 b :** monticellllo/Fotolia ; **p. 127 :** lulu/Fotolia ; **p. 128 :** celeste clochard/Fotolia ; **p. 130 h et b :** .shock/Fotolia ; **p. 132 h et b :** JackF/Fotolia ; **p. 133 :** WavebreakmediaMicro/Fotolia ; **p. 134 h :** Robert Kneschke/Fotolia ; **p. 134 m et b :** sylv1rob1/Fotolia ; **p. 135 h :** theartofphoto/Fotolia ; **p. 135 m :** highwaystarz/Fotolia ; **p. 135 b :** monticellllo/Fotolia ; **p. 136 :** sylv1rob1/Fotolia ; **p. 137 :** Robert Kneschke/Fotolia ; **p. 139 :** sylv1rob1/Fotolia ; **p. 140 :** theartofphoto/Fotolia ; **p. 141 h :** highwaystarz/Fotolia ; **p. 141 b :** Atlantis/Fotolia ; **p. 142 h :** monticellllo/Fotolia ; **p. 142 b :** sylv1rob1/Fotolia ; **p. 155 h :** chaloemphan/Fotolia ; **p. 155 b :** BillionPhotos.com/Fotolia ; **p. 157 :** graphlight/Fotolia ; **p. 158 :** Pavel Losevsky/Fotolia ; **p. 160 et 161 b :** paultarasenko/Fotolia ; **p. 161 h :** Marie-Thérèse Guihal/Fotolia ; **p. 162 :** Jeanette Dietl/Fotolia ; **p. 163 :** Romolo Tavani/Fotolia ; **p. 164, 165, 169 g, mg et m :** sylv1rob1/Fotolia ; **p. 169 md :** highwaystarz/Fotolia ; **p. 169 d :** monticellllo/Fotolia ; **p. 185 :** deniskarpenkov/Fotolia ; **p. 187 :** Tony Baggett/Fotolia ; **p. 189 :** contrastwerkstatt/Fotolia ; **p. 190 :** sylv1rob1/Fotolia ; **p. 191 h :** monticellllo/Fotolia ; **p. 191 b :** sylv1rob1/Fotolia ; **p. 199 :** highwaystarz/Fotolia ; **p. 200 :** Jacques Palut/Fotolia ; **p. 203 :** schoki_01/Fotolia ; **p. 205 :** Pavel Timofeev/Fotolia ; **p. 206 et 207 :** sylv1rob1/Fotolia ; **p. 211 :** Photographee.eu/Fotolia ; **p. 212 :** Photocreo Bednarek/Fotolia ; **p. 221 :** kalpis/Fotolia ; **p. 222 :** fottoo/Fotolia ; **p. 224 :** guitou60/Fotolia ; **p. 225 :** contrastwerkstatt/Fotolia ; **p. 226 :** sylv1rob1/Fotolia ; **p. 228 :** industrieblick/Fotolia ; **p. 237 :** joserpizarro/Fotolia ; **p. 238 :** LuckyImages/Fotolia ; **p. 239 :** uzkiland/Fotolia ; **p. 240 :** Dmitry Vereshchagin/Fotolia ; **p. 241 :** hxdyl/Fotolia ; **p. 243 :** Rawpixel.com/Fotolia ; **p. 245 :** Kzenon/Fotolia ; **p. 246 et 249 :** sylv1rob1/Fotolia ; **p. 255 :** Gilles Paire/Fotolia

Édition : Julie Besné

Coordination artistique : Isabelle Jalfre

Fabrication : Camille Friquet

Conception couverture : Vincent Rioult

Conception intérieure : Anne-Danièle Naname

Infographies : Vincent Landrin, Didier Pujos, Lo Yenne

Mise en pages : Didier Pujos et Lo Yenne

ISBN : 978-2-09-163800-3

Sommaire

Chapitre 1

La conduite de la veille sociale

Activité	Situations de travail	Compétences
4.1. Conduite de la veille sociale	**4.1.1.** Réalisation d'une veille juridique nécessaire au respect des obligations sociales **4.1.2.** Adaptation des procédures et des traitements internes **4.1.3.** Mise à jour de l'échéancier social	– Mettre à jour la documentation sociale interne après avoir identifié les évolutions juridiques ayant des conséquences pour l'organisation et ses salariés – Adapter les procédures et traitements internes aux résultats de la veille sociale – Repérer et mettre à jour les échéances en matière d'obligations sociales

Situation professionnelle

La société Esthétique et Santé (E&S) est une société par actions simplifiée qui s'est développée dans le secteur du soin corporel. Le fondateur, M. Lange, a créé un concept de soin global alliant soins esthétiques, fitness et développement personnel. La société commercialise également des produits de remise en forme, des cosmétiques et des vêtements de sport. Le siège social est situé à Bordeaux, qui est aussi le lieu du premier institut. Elle dispose actuellement de deux établissements, le premier à Bordeaux et le second, qui va bientôt ouvrir, à Nice. La société désire ouvrir dix autres centres l'année prochaine dans de grandes villes françaises puis, en cas de succès, développer le concept à l'étranger.

Son effectif est de 9 salariés, tous en CDI. Mme Jeanne Karine est la responsable administrative de la société. Elle se charge de la gestion des ressources humaines et des obligations sociales de l'entreprise.

M. Lange s'inquiète de l'organisation actuelle face au développement envisagé et vous demande d'étudier le respect des règles sociales par l'entreprise.

Mission

Vous assistez M. Lange et Mme Karine dans la recherche des règles applicables dans l'entreprise en lien avec les futures embauches. Ils pensent que vont se poser certains problèmes de procédure de recrutement. De plus, l'augmentation des effectifs risque de changer le statut de l'entreprise en matière de représentation des salariés. Enfin, ils ont l'impression de ne pas être au courant de toutes les nouveautés juridiques.

Travail à faire

I Repérer et hiérarchiser les sources du droit social

Les perspectives d'activité font penser à M. Lange qu'il va devoir embaucher des salariés très bientôt. Ces arrivées feront passer l'effectif de l'entreprise à 11 salariés dans un premier temps. Il sait qu'à partir de certains seuils, l'entreprise a des obligations liées à la représentation des salariés.

1. **Selon la loi, de quel type de représentant des salariés l'entreprise Esthétique et Santé (E&S) doit-elle se doter ? Combien faudra-t-il en élire ?**
2. **Cherchez la convention collective du secteur de l'esthétique (ou consultez l'extrait de convention collective en annexe 4).**
3. **Comment s'assurer que la convention s'applique bien à l'entreprise ?**
4. **Que prévoit cette convention en matière de délégué du personnel ?**
5. **Les partenaires sociaux qui ont rédigé cette convention auraient-ils pu prévoir l'élection de deux délégués titulaires ?**
6. **Auraient-ils pu supprimer l'élection d'un suppléant ?**

Annexe 1
Annexe 2
Annexe 3
Annexe 4

Fiche ressource 1
Fiche ressource 2

II Organiser la veille sociale

Pour suivre l'actualité du droit social, Mme Karine s'est abonnée à une lettre d'information numérique. Elle a reçu récemment deux courriers électroniques concernant le CDD (annexe 5) et le taux de cotisation à l'AGS (annexe 8).

7. **Quelle était la règle en matière de renouvellement du CDD avant la loi du 17 août 2015 ?**
8. **Qu'en est-il depuis l'entrée en vigueur de cette loi ?**
9. **À la vue des contrats des salariés de la société E&S, cette information est-elle utile à l'entreprise ?**
10. **Qu'est-ce que l'AGS ? Quel était le taux de cotisation avant le 1er janvier 2016 ?**
11. **Quel changement le courrier électronique reçu par Mme Karine (annexe 8) apporte-t-il ? Quelle est l'utilité de cette information pour l'entreprise ?**
12. **Conseillez Mme Karine pour organier sa veille sociale.**

Annexe 5
Annexe 6
Annexe 7
Annexe 8

Fiche ressource 2

III Valider les procédures internes

En prévision des futures embauches, M. Lange a mis en place une procédure de recrutement qu'il souhaite utiliser très prochainement (annexe 9).

13. **Quels sont les avantages à prévoir les procédures et à les matérialiser ?**
14. **Sur le plan juridique, quels éléments de la procédure de recrutement vous paraissent poser problème ?**
15. **Que peut-on penser de la durée prévisible de cette procédure ?**

Annexe 9
Annexe 10

Fiche ressource 3

IV Gérer l'échéancier social

L'obligation d'organiser les élections des délégués du personnel inquiète M. Lange. Il n'a aucune expérience en la matière et craint d'oublier une étape.

16. **Quel est le délai pour organiser les élections des délégués du personnel quand l'entreprise franchit le seuil de 11 salariés ?**

17. **Préparez un calendrier des opérations électorales si M. Lange prévoit que le 1er tour de l'élection aura lieu le 15 mars N.**

Annexe 11
Fiche ressource 4

Données de la situation

Annexe 1 Extraits du Code du travail

Article L2312-1

– Le personnel élit des délégués dans tous les établissements d'au moins onze salariés.

Article L2312-2

– La mise en place des délégués du personnel n'est obligatoire que si l'effectif d'au moins onze salariés est atteint pendant douze mois, consécutifs ou non, au cours des trois années précédentes.

Article L2314-1

– Le nombre des délégués du personnel est déterminé selon des bases fixées par décret en Conseil d'État, compte tenu du nombre des salariés.

Il est élu autant de délégués suppléants que de titulaires.

Annexe 2 Extrait du décret n° 2008-244 du 7 mars 2008 (article 5)

Le nombre des délégués du personnel prévu à l'article L2314-1 est fixé comme suit :

1° de 11 à 25 salariés : un titulaire et un suppléant ;

2° de 26 à 74 salariés : deux titulaires et deux suppléants ;

3° de 75 à 99 salariés : trois titulaires et trois suppléants ;

4° de 100 à 124 salariés : quatre titulaires et quatre suppléants ;

5° de 125 à 174 salariés : cinq titulaires et cinq suppléants ;

6° de 175 à 249 salariés : six titulaires et six suppléants ;

7° de 250 à 499 salariés : sept titulaires et sept suppléants ;

8° de 500 à 749 salariés : huit titulaires et huit suppléants ;

9° de 750 à 999 salariés : neuf titulaires et neuf suppléants ;

10° à partir de 1 000 salariés : un titulaire et un suppléant par tranche supplémentaire de 250 salariés.

Annexe 3 Données concernant l'entreprise E&S

RAISON SOCIALE	ESTHÉTIQUE et SANTÉ	CODE NAF	9602B
FORME JURIDIQUE	Société par actions simplifiée	ADRESSE	158, cours de la Guadeloupe – 33000 BORDEAUX
CAPITAL SOCIAL	400 000 €	CODE URSSAF	330 126536889
DATE DE CRÉATION	1er mars 2012	N° PÔLE EMPLOI	8796529310
DIRIGEANT	Monsieur François Lange – Président non salarié	BANQUE	BPSO – 25, cours de la Guadeloupe – 33000 BORDEAUX
NUMÉRO SIRET	23654895000023	N° COMPTE BANCAIRE	70719823420

Annexe 4 Extrait de la convention collective

Article 6. Droit syndical

4. Délégués du personnel

Dans chaque établissement occupant plus de 10 personnes, il sera institué des délégués du personnel titulaires et suppléants, dont le nombre est fixé comme suit :

– de 11 à 25 salariés : 1 titulaire et 1 suppléant ;

– de 26 à 74 salariés : 2 titulaires et 2 suppléants ;

– de 75 à 99 salariés : 3 titulaires et 3 suppléants ;

– de 100 à 124 salariés : 4 titulaires et 4 suppléants ;

– de 125 à 174 salariés : 5 titulaires et 5 suppléants ;

– de 175 à 249 salariés : 6 titulaires et 6 suppléants.

La direction mettra à la disposition des délégués un local approprié ainsi que le matériel nécessaire pour leurs réunions, des panneaux d'affichage syndicaux dans chaque établissement.

Annexe 5 Lettre d'information numérique reçue le 28 août 2015

LOI REBSAMEN [1] :
Du nouveau pour le renouvellement des CDD

Les contrats à durée déterminée peuvent être renouvelés deux fois au lieu d'une seule. C'est la nouveauté de la loi Rebsamen. Celle-ci ne modifie pas la durée maximale légale de ces contrats (18 mois, voire 9 ou 24 mois suivant les cas de recours), qu'il y ait un ou deux renouvellements inclus. Ainsi, pour les cas de recours au CDD où la durée maximale légale est de 18 mois, la durée totale ne pourra pas excéder 18 mois, inclus les deux renouvellements.

(1) Loi n° 2015-994 du 17 août 2015 relative au dialogue social et à l'emploi, *JO* du 18, art. 55.

Annexe 6 Extrait du Code du travail avant le 17 août 2015

Article L122-1-2

I - Le contrat de travail à durée déterminée doit comporter un terme fixé avec précision dès sa conclusion.

Ce contrat peut être renouvelé une fois pour une durée déterminée qui, ajoutée à la durée du contrat initial, ne peut excéder la durée maximale prévue au paragraphe II du présent article. […]

Annexe 7 L'Association pour la gestion du régime de garantie des créances des salariés (AGS)

ags
LA GARANTIE DES SALAIRES

Notre vocation

Créée à l'initiative des employeurs, au nom de la solidarité interprofessionnelle, l'AGS intervient en faveur des salariés et des employeurs en procédure collective.

Ce régime a été mis en place pour pallier l'insuffisance de la protection des salariés résultant de trois facteurs :

- la longueur des délais nécessaires aux opérations de liquidation ;
- l'existence de créances primant certaines créances salariales ;
- les limites financières imposées par les fonds disponibles.

Nos missions

[...] La délégation Unédic AGS assure trois missions fondamentales :

LES AVANCES DES SOMMES DUES DANS LES MEILLEURS DÉLAIS
Elle met, à la disposition des mandataires judiciaires, les fonds nécessaires au règlement des créances salariales permettant l'indemnisation rapide des bénéficiaires. Elle intervient en cas de redressement, de liquidation judiciaire de l'entreprise ou encore, sous certaines conditions, en procédure de sauvegarde.

LES RÉCUPÉRATIONS POUR CONTRIBUER À L'ÉQUILIBRE DU RÉGIME DE GARANTIE
Elle procède à la récupération des fonds avancés, à partir du suivi des plans, et de la réalisation des actifs des entreprises dans le cadre des opérations de liquidation judiciaire. Elle gère les cotisations versées par les employeurs dont le recouvrement et l'encaissement sont assurés par l'Agence centrale des organismes de Sécurité sociale (Acoss).

LE CONTENTIEUX, POUR VEILLER À LA DÉFENSE DES INTÉRETS DU RÉGIME DE GARANTIE

www.ags-garantie-salaires.org

Annexe 8 Lettre d'information numérique reçue le 8 janvier 2016

AGS : BAISSE DU TAUX DE COTISATION

Le conseil d'administration de l'AGS a décidé de baisser le taux de 0,30 % à 0,25 % au 1er janvier 2016.

Annexe 9 Extraits du Code du travail et du Code civil

Article L1132-1 du Code du travail

Aucune personne ne peut être écartée d'une procédure de recrutement ou de l'accès à un stage ou à une période de formation en entreprise [...] en raison de son origine, de son sexe, de ses mœurs, de son orientation ou identité sexuelle, de son âge, de sa situation de famille ou de sa grossesse, de ses caractéristiques génétiques, de son appartenance ou de sa non-appartenance, vraie ou supposée, à une ethnie, une nation ou une race, de ses opinions politiques, de ses activités syndicales ou mutualistes, de ses convictions religieuses, de son apparence physique, de son nom de famille, de son lieu de résidence ou en raison de son état de santé ou de son handicap.

Article L1221-9 du Code du travail

Aucune information concernant personnellement un candidat à un emploi ne peut être collectée par un dispositif qui n'a pas été porté préalablement à sa connaissance.

Article 9 du Code civil

Chacun a droit au respect de sa vie privée.

Annexe 10 Procédure de recrutement

E&S Procédure de recrutement	
ÉTAPES	**COMMENTAIRES**
Définition du poste	– Type d'emploi, horaires… – Attentes et exigences de l'entreprise au sujet des candidats (âge maximal 30 ans, diplômes suffisants…)
Lancement de l'offre	– Rédaction de l'annonce – Transmission au journal local (Sud-Ouest)
Réception des candidatures	– CV et lettre de motivation manuscrite – Délais de 2 mois avant la clôture des candidatures
Processus de sélection	– Lecture des CV et lettres de motivation – 1er tri pour garder 4 ou 5 candidats – Consultation des profils Facebook des candidats retenus – Délai de réflexion de 15 jours
Entretien	– Convocation des 2 meilleurs candidats – Entretien en présence du responsable administratif
Choix	– Après un délai d'une semaine, choix du candidat retenu – Prise de contact téléphonique

Annexe 11 Organisation des élections des délégués du personnel (DP)

L'employeur informe tous les 4 ans le personnel de l'organisation des élections. Le document diffusé précise la date envisagée pour le premier tour. Le premier tour doit se tenir, au plus tard, le 45e jour suivant le jour de la diffusion.

Par dérogation à la règle mentionnée ci-dessus, pour l'entreprise qui, pour la première fois, franchit le seuil de 11 salariés (pendant 12 mois consécutifs ou non, au cours des 3 années précédentes), le délai de 45 jours mentionné ci-dessus est porté à 90 jours.

Sont informées, par tout moyen, de l'organisation des élections et invitées à négocier le protocole d'accord préélectoral et à établir les listes de leurs candidats aux fonctions de délégués du personnel, les organisations syndicales qui satisfont aux critères de respect des valeurs républicaines et d'indépendance, légalement constituées depuis au moins deux ans et dont le champ professionnel et géographique couvre l'entreprise ou l'établissement concernés.

[…] Dans le cas d'un renouvellement de l'institution, cette invitation est effectuée deux mois avant l'expiration du mandat des délégués en exercice. Le premier tour des élections a lieu dans la quinzaine précédant l'expiration de ce mandat.

L'invitation à négocier mentionnée au présent article doit parvenir au plus tard quinze jours avant la date de la première réunion de négociation.

Le deuxième tour doit avoir lieu dans un délai de 15 jours après le 1er tour.

Fiche ressource 1

Les sources du droit social

Le droit social est composé du droit du travail et du droit de la Sécurité sociale qui définit les obligations de couverture sociale pour les employeurs et les salariés.

I Les sources légales

1. La constitution de la 5e République

Elle énonce des principes qui concernent le droit social et attribue des droits.

> Exemple
> Article 7 du préambule de la constitution de 1946 (repris dans celle de 1958) : « Le droit de grève s'exerce dans le cadre des lois qui le réglementent. »

2. Les règlements et directives européens

Les directives européennes doivent être transposées dans le droit national. Les règlements s'appliquent en France au même titre qu'une loi.

3. Les lois

Elles fixent les règles applicables à tous les employeurs et salariés. Elles sont regroupées dans deux codes : le Code du travail et le Code de la Sécurité sociale.

4. La jurisprudence

Ce sont les décisions des tribunaux qui influent sur le droit. Elle permet de préciser l'application de la loi.

> Exemple
> Les parties au contrat de travail sont libres de rédiger les clauses qu'elles souhaitent. La jurisprudence a souvent permis de définir les conditions de validité de ces clauses.

II Les sources conventionnelles

Elles sont le résultat des négociations entre employeurs et salariés au niveau individuel ou collectif. Elles permettent d'adapter la loi aux particularités des métiers et des entreprises.

1. Les conventions collectives

Elles sont négociées et signées par les représentants d'une branche d'activité. Elles couvrent un grand nombre de domaines et ont de plus en plus d'importance dans le droit social. Le code NAF de l'entreprise permet de savoir de quelle convention collective elle dépend.

> Exemple
> La convention collective nationale de la librairie s'applique aussi bien aux vendeurs de livres neufs (code NAF 4761Z) qu'aux vendeurs de livres d'occasion (code NAF 4779Z).

2. Les accords d'entreprise

Ce sont des conventions signées par l'employeur et les représentants locaux des salariés. Ils fixent des règles spécifiques à l'entreprise.

3. Le contrat de travail

Il s'agit d'une convention individuelle qui fixe des règles dans la relation de travail entre l'employeur et le salarié.

III La hiérarchie des sources

Les sources de droit sont hiérarchisées. En cas de contradiction entre deux sources, on doit appliquer le principe de faveur : on choisit la source la plus favorable au salarié.

Néanmoins, certains accords collectifs peuvent comporter des clauses dérogatoires moins favorables que le droit commun.

> Exemple
> La convention collective de l'industrie et du commerce de récupération prévoit un taux de 10 % pour les 4 premières heures supplémentaires et de 25 % au-delà, alors que la loi prévoit 25 % pour les 8 premières heures et 50 % au-delà.

Fiche ressource 2

La mise en place de la veille sociale

I L'importance de l'actualisation de l'information sociale

Les évolutions constantes du droit social obligent les entreprises à actualiser en permanence leurs connaissances en la matière. Il s'agit de se tenir au courant des nouveautés dans la législation sociale. La multiplicité des sources nécessite une organisation rigoureuse et un travail parfois assez lourd. Il est indispensable de mobiliser un temps considérable pour la veille, quels que soient la taille de l'entreprise, le nombre de salariés et la diversité de leurs statuts, l'activité de l'entreprise…

La veille doit aboutir à la production d'une synthèse de l'information qui doit être la plus pertinente possible. Cette synthèse devra être datée car les évolutions sont rapides et l'information se périme.

II L'organisation de la veille

1. La recherche d'informations

a) Recherche ponctuelle

Les sources sont nombreuses et variées :

- Ouvrages spécialisés : mémento Francis Lefebvre (social, paie), Lamy social…
- Codes : le site legifrance.gouv.fr permet une recherche par thème dans les Codes du travail, social, civil… Ce site permet aussi une recherche dans les conventions collectives.
- Revues spécialisées : *Revue fiduciaire, Liaisons sociales*…
- Sites Internet : lexisnexis.fr, editions-tissot.fr, urssaf.fr, infoprudhommes.fr…

b) Actualisation permanente

La vitesse rapide d'évolution de la règlementation et la multiplicité des sources nécessite un suivi permanent des nouveautés juridiques. Plusieurs outils sont à la disposition du responsable de la veille. Certains outils numériques sont particulièrement efficaces.

- Lettres d'information numériques (*e-newsletters*) : certains sites proposent des abonnements et envoient régulièrement les nouveautés sociales (juritravail.com, lexisnexis.fr, editions-tissot.fr…).
- Sites de veille : ils permettent de paramétrer une recherche permanente sur un thème donné dans un certain nombre d'autres sites. Les résultats sont ensuite regroupés sur la page de l'utilisateur (netvibes.com, pearltrees.com…).

2. La fiabilité des sources

La grande quantité d'information disponible, en particulier sur le plan numérique, oblige le professionnel rigoureux à s'assurer de la fiabilité de l'information. Les sites officiels doivent être privilégiés.

> **Exemples**
> Les sites « travail-emploi.gouv.fr » ou « service-public.fr » sont des émanations de l'État, ce qui donne à l'entreprise une garantie assez grande sur la justesse de leur contenu.

De nombreux autres sites sérieux existent, mais il faut s'assurer qu'ils sont gérés par des professionnels compétents et que l'information qu'ils délivrent est actualisée.

Fiche ressource 3

Les procédures sociales internes

I L'utilité des procédures internes

On entend par procédure une méthode, une marche à suivre pour aboutir à un objectif qui nécessite plusieurs étapes ou qui subit plusieurs contraintes.

En matière sociale, les procédures à mettre en place dans l'entreprise sont très nombreuses car la complexité de la réglementation est forte (multiplicité des sources, évolution rapide). De plus, la conformité des procédures aux exigences légales est indispensable pour éviter la mise en cause de l'entreprise et les erreurs préjudiciables tant aux salariés qu'à l'employeur. Des procédures rigoureuses doivent être mises en place pour l'embauche des salariés, la rupture du contrat, le décompte des heures de travail, l'organisation des congés payés…

Les procédures relèvent à la fois du bon fonctionnement de l'entreprise et de la conformité au droit. Elles permettent une meilleure organisation du travail et des gains de temps. Elles évitent des dysfonctionnements coûteux pour l'entreprise. Sur le plan pratique, elles servent aussi à la transmission du travail d'un salarié à l'autre en cas de remplacement. Il est donc indispensable qu'elles fassent l'objet d'un écrit (éventuellement électronique). L'utilisation d'un PGI permet de rattacher la plupart des opérations sociales à la même base de données (en particulier celles qui relèvent de la paye).

> **Exemple**
> La préparation des congés payés des salariés nécessite :
> – la connaissance des règles légales de calcul et de prise des congés ;
> – les vœux des salariés (qui doivent connaître le nombre de jours auxquels ils ont droit).
> Il est donc nécessaire de mettre en place une procédure pour le calcul et l'organisation des congés payés (demande de vœux, élaboration du planning, transmission des dates aux salariés).

II La validation des procédures internes

Les procédures relèvent de l'organisation interne, mais elles sont soumises au droit. Elles nécessitent donc une validation interne et une validation juridique.

1. L'efficacité interne

La procédure doit produire le résultat attendu avec la qualité maximale et dans les délais nécessaires.

> **Exemple**
> Une procédure de recrutement doit permettre d'embaucher le salarié le meilleur pour le poste à pourvoir. La méthode et les outils de recrutement doivent être adaptés. La durée de la procédure doit aussi être satisfaisante : si le poste est vacant, l'embauche ne peut pas attendre trop longtemps. Il faut donc être attentif à bien définir les étapes (définition du besoin, rédaction d'une offre, réception des candidatures, sélection…) et la durée de chacune d'elles.

2. La légalité des procédures

Chaque étape de la procédure doit faire l'objet d'une vérification rigoureuse de sa légalité en lien avec les résultats de la veille sociale. Cette vérification doit être régulièrement actualisée.

> **Exemple**
> Les étapes d'une procédure de recrutement méritent toutes une attention particulière pour s'assurer de leur légalité. La rédaction de l'offre ne doit pas comporter de mention discriminatoire, les méthodes de sélection doivent être conformes au niveau du poste à pourvoir…

Fiche ressource 4

L'échéancier social

Les très nombreuses obligations sociales de l'entreprise rendent nécessaire la mise en place d'une gestion rigoureuse des échéances.

I Le caractère périodique des obligations sociales

1. La variété des obligations

Qu'il s'agisse d'obligations internes (élections, négociation…) ou externes (déclarations, paiements…), la vie sociale de l'entreprise est rythmée par le calendrier des traitements. De plus, les procédures juridiques imposent souvent des délais qui conduisent les responsables de la gestion sociale à construire un échéancier précis.

Les obligations n'étant pas les mêmes selon les entreprises, il n'existe pas d'échéancier modèle. Selon la taille (et, en particulier, le nombre de salariés) et selon l'activité, les dates à respecter ne sont pas toujours les mêmes.

2. Les risques en cas de non-respect de l'échéance

Les retards de paiement ou de déclaration entraînent des pénalités. Le non-respect des délais dans certaines procédures peut conduire à leur annulation.

> **Exemple**
> Lors d'une procédure de licenciement personnel, il faut un délai de 5 jours entre la présentation de la lettre de convocation à l'entretien préalable au licenciement et l'entretien lui-même. Le non-respect de ce délai entraîne l'irrégularité de la procédure et une indemnité à verser au salarié.

II Les différents échéanciers

On peut distinguer quelques exemples d'échéance selon leur périodicité.

1. Les échéances pluriannuelles

Les élections des institutions représentatives du personnel (délégué du personnel, comité d'entreprise…) doivent être organisées par l'employeur.

> **Exemples**
> L'entreprise doit organiser les élections des membres du comité d'entreprise tout les 4 ans.
> Les entreprises de plus de 300 salariés ont une obligation de négociation collective triennale portant principalement sur la gestion prévisionnelle des emplois et des compétences (GPEC).

2. Les échéances annuelles

Plusieurs déclarations sociales doivent être transmises à l'administration ou aux organismes sociaux pendant l'année : déclaration annuelle des données sociales (DADS), déclaration relative à l'emploi des travailleurs handicapés… La plupart des déclarations sont remplacées par la déclaration sociale nominative (DSN) au 1er janvier 2016. Il existe aussi une obligation annuelle de négociation collective sur les salaires, la durée du travail…

3. Les échéances mensuelles

Les opérations de paye font l'objet d'un calendrier qui se répète tous les mois : décompte des heures, rédaction des bulletins de paye, versement des salaires.

Certaines déclarations ont une échéance mensuelle (ou trimestrielle) : déclaration unifiée des cotisations sociales (DUCS).

III Les outils de gestion des échéances

Certains éditeurs ou sites de droit social proposent des échéanciers (LexisNexis, net-entreprises…). Des outils de gestion de planning existent aussi et permettent le respect rigoureux des échéances (Google Agenda, Lotus Organizer). Enfin, la plupart des progiciels de gestion intégrés ont une fonction agenda.

Applications

1 Veille sociale sur la période d'essai

La société Sports Events est une SA qui organise des événements sportifs (meeting d'athlétisme, compétitions de judo...). Elle est située à Montpellier. Elle emploie 25 salariés permanents et de nombreux salariés en CDD lors des rencontres sportives. Son activité est en plein développement et elle prévoit de multiplier son chiffre d'affaires par deux d'ici un an. Elle est donc sur le point d'embaucher plusieurs salariés.

Lors d'un recrutement précédent, un conflit a eu lieu avec le salarié à propos de la durée de la période d'essai. Cette période a lieu au début du contrat : elle permet de tester le salarié. Pendant cette période, le contrat peut être rompu à tout moment, sans motif particulier.

M. Roger Daltrais, le dirigeant, souhaite que vous recherchiez les règles à ce sujet. Il souhaite aussi, que, à cette occasion, vous organisiez une procédure de veille sociale pour l'entreprise.

1. **Recherchez sur Internet toutes les sources possibles en matière de durée de la période d'essai. Pour chaque source trouvée, conservez bien l'adresse Internet.**
2. **Les sources utilisées vous paraissent-elles fiables (utilisez le document) ?**
3. **Quelle est la convention collective dont dépend cette entreprise ?**
4. **Classez les sources pour déterminer celle qu'il faudra utiliser.**
5. **Réalisez sur un traitement de texte une note à l'attention de M. Daltrais pour synthétiser le résultat de vos recherches et le guider dans le choix de la durée de la période d'essai pour les futures embauches.**
6. **Proposez des moyens de diffusion de ces informations.**

Document Évaluer la qualité des sources

Il est important de pouvoir se fier à l'information que l'on a repérée, qu'elle soit imprimée ou électronique. On doit faire preuve de jugement critique pour en évaluer la qualité et il faut garder en tête que toute information dont on ignore la provenance devrait a priori être écartée.

Pour évaluer la qualité des sources, on se posera les questions suivantes :

QUI ? Quelle est la provenance du document et qui en est l'auteur ?

C'est la crédibilité de la source qui est évaluée. Ce critère est souvent plus facile à établir lorsqu'il s'agit de documents imprimés que lorsqu'il s'agit d'informations trouvées sur le Net.

POURQUOI ? Quel est l'objectif poursuivi par l'auteur de l'information ?

On s'interroge ici sur la validité et plus particulièrement sur son objectivité.

COMMENT ? Les documents sont-ils basés sur des recherches ou s'agit-il de textes d'opinion ?

C'est à nouveau la validité de l'information qui est ici évaluée ou plus particulièrement son exactitude.

QUAND ? À quelle date, époque, les documents ont-ils été publiés, créés ?

C'est encore de la validité de l'information qu'il s'agit ou plus particulièrement de son actualité.

OÙ ? Dans quel pays ou quelle région les documents ont-ils été publiés ?

On évalue la validité de l'information d'un point de vue géographique.

ICHEC Brussels Management School,
« Évaluer la qualité et la pertinence des sources »,
//bibliotheque.ichec.be, 2014

2 Hiérarchie des sources en droit social

La SARL Fourcados est spécialisée dans la boucherie en gros : elle achète des carcasses qu'elle découpe avant de revendre aux détaillants. Elle emploie une soixantaine de salariés en CDI et CDD. Le 1er septembre N, M. Kogg vient d'être embauché en tant qu'employé d'entretien en CDI à temps plein (151,67 heures par mois). Il a été convenu sur son contrat qu'il serait payé au SMIC. M. Kogg, qui cherche à savoir combien il va réellement toucher, a trouvé la convention collective (document 1).

D'autre part, Mme Lanta arrive au terme de son CDD. Elle a bénéficié d'un bilan de compétence il y a un mois, et elle se pose des questions sur son indemnité de précarité (documents 2 et 3).

1. **Recherchez le montant du SMIC horaire en vigueur.**
2. **Calculez le salaire brut de M. Kogg.**
3. **Comparez ce résultat au salaire prévu dans la convention collective. Quelle source sera choisie dans ce cas ?**
4. **Quel sera le mode de calcul de l'indemnité de précarité de Mme Lanta si on applique la loi ?**
5. **Que prévoit l'accord d'entreprise à ce sujet ? Quelle source sera choisie dans ce cas ?**
6. **Que peut-on conclure sur la hiérarchie des normes en droit social ?**

Document 1 Extrait de la convention collective de la boucherie

Salaires conventionnels en vigueur au 1er juin 2015

Niveau	Échelon	Classification	Salaire brut mensuel (151,67 heures)
I	A	Plongeur	1 554 €
		Employé d'entretien	1 554 €
	B	Chauffeur-livreur	1 572 €
		Employé administratif	1 572 €

Document 2 Extrait du Code du travail

Article L1243-8
Lorsque, à l'issue d'un contrat de travail à durée déterminée, les relations contractuelles de travail ne se poursuivent pas par un contrat à durée indéterminée, le salarié a droit, à titre de complément de salaire, à une indemnité de fin de contrat destinée à compenser la précarité de sa situation.

Cette indemnité est égale à 10 % de la rémunération totale brute versée au salarié.

Elle s'ajoute à la rémunération totale brute due au salarié. Elle est versée à l'issue du contrat en même temps que le dernier salaire et figure sur le bulletin de salaire correspondant.

Document 3 Extrait de l'accord d'entreprise en vigueur

ARTICLE 12 : L'indemnité de précarité est abaissée à 6 % des montants perçus lors du CDD si un bilan de compétence a été offert au salarié au cours de son contrat.

3 Mise en place d'une veille sociale

Le cabinet d'expertise comptable Jbirane & Associés, société indépendante d'experts-comptables et de commissaires aux comptes, existe depuis 1975. Elle est certifiée ISO 9001 depuis 2010 et démontre ainsi sa volonté de garantir la maîtrise de ses procédures internes et d'améliorer en continu ses outils de travail et de communication. Implantée à Brest, Jbirane & Associés regroupe une équipe dynamique, souple et compétente organisée en pôles de compétences comprenant cinq experts-comptables et commissaires aux comptes associés pour 33 collaborateurs (document 1 : organigramme).

La société traite aujourd'hui :

- 500 dossiers clients en expertise ;
- 180 dossiers clients en gestion et administration de la paie ;
- 125 mandats de commissariat aux comptes.

Collaborateur chez Jbirane & Associés, dans le service de gestion sociale, vous êtes chargé(e) de gérer la veille sociale. Jusqu'à présent, la veille sociale était réalisée en consultant les textes réglementaires via le site Légifrance et les ouvrages spécialisés.

Madame Jbirane souhaite moderniser cette activité de veille.

1 **À l'aide des documents 2 et 3 et de vos recherches sur Internet, expliquez ce que sont les flux RSS et les agrégateurs de flux.**

2 **Réalisez un comparatif des modules d'extension permettant l'agrégation des flux RSS dans votre navigateur Internet et proposez-en un.**

3 **À quelle condition peut-on ajouter des flux RSS ?**

4 **Sur quels critères faut-il se baser pour sélectionner les sites Internet qui feront l'objet d'abonnement de flux RSS ?**

5 **Recherchez des sites Internet pouvant être utiles pour une veille et susceptibles d'intéresser les différents services de la société.**

6 **Ajoutez un abonnement de flux RSS sur votre navigateur (document 3).**

7 **Quel est l'inconvénient de cet outil ?**

Afin de pouvoir diffuser et partager l'information avec les différents services, vous allez choisir un outil de curation de contenus Web.

8 **Après avoir pris connaissance du document 4, dans un tableau comparatif listez les outils de curation.**

9 **Vérifiez sur Internet s'il en existe d'autres et complétez votre liste.**

10 **Proposez un outil adéquat aux besoins de la société. Justifiez.**

11 **Informez dans une note de service de la mise en place de cet outil.**

Document 1 **Organigramme du cabinet Jbirane & Associés**

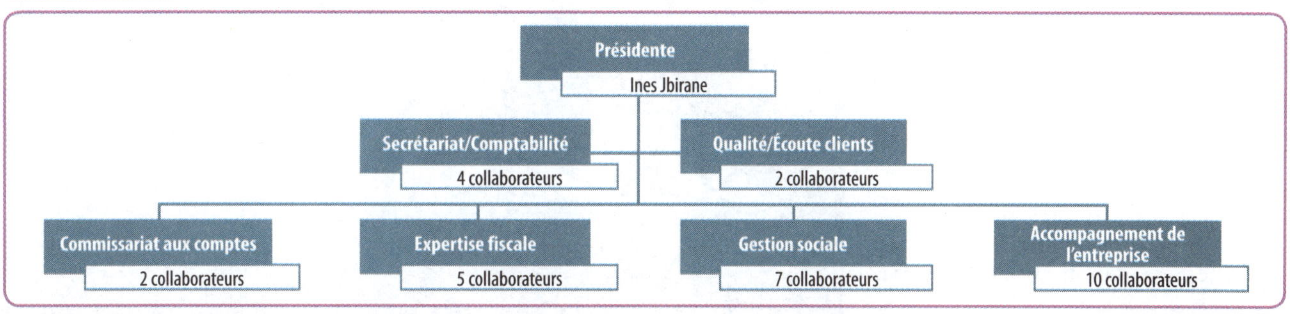

Document 2 Les flux RSS (*Really Simple Syndication*)

Qu'est-ce qu'un flux RSS ?

RSS est un format dit de « syndication de contenu Internet ».

La syndication permet d'établir des échanges d'informations (textes, liens, images) entre sites Internet, qui sont automatiquement mis à jour.

Ce dispositif permet notamment d'afficher sur un site des informations issues d'un autre site tout en conservant sa propre mise en page et sa propre charte graphique (on parle de publication en marque blanche). RSS est un acronyme pour *Rich Site Summary* ou pour *Really Simple Syndication* (syndication vraiment simple). Le RSS se fonde sur le standard XML. Tous les fichiers RSS doivent être conformes à la spécification XML 1.0, publiée sur le site Web du World Wide Web Consortium (W3C).

www.economie.gouv.fr

Document 3 Ajouter un flux RSS sur Firefox

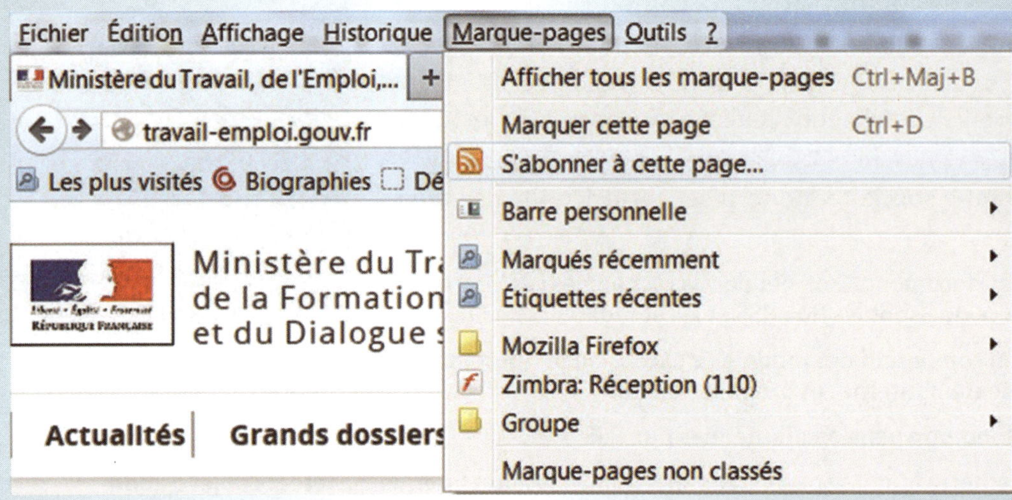

Document 4 Extrait d'un entretien avec Jean-Luc Raymond : Les outils de curation

Jean-Luc Raymond est consultant indépendant en projets numériques citoyens, chargé de cours au CELSA, formateur et ancien journaliste en agence de presse. […]

01netPro : Quels sont les outils que vous utilisez ?

Jean-Luc Raymond : Des outils très basiques. Je travaille essentiellement avec des flux RSS. J'ai plus de 800 sources qui proviennent de blogs, de sites, de flux spécialisés et thématisés par mots-clés ou extraction. Ce qui fait que je traite au quotidien environ 6 000 articles. C'est assez rapide à traiter en lecture rapide. J'utilise pour cela Sharp Reader, un agrégateur de première génération qui est le seul capable de gérer autant de flux, aussi bien en quantité qu'en archivage. […]. Ensuite, j'utilise des listes Twitter thématiques dans Tweetdeck.

01netPro : Des expériences avec d'autres outils ?

J.-L.R. : En termes de visualisation, Pearltrees a trouvé un mode de représentation très intéressant. On peut travailler à plusieurs sur des arbres de connaissances.

Le mode journal est sympa, certes […]. Avec Scoop.it, la curation est facile mais les sources sont très concentrées, peu de nouvelles sources sont à découvrir. De plus, son mode push est très intrusif, comme avec Paper.li. […]

Pierre Tran, « Le guide de la curation »,
01 Business Forum, 24 mars 2011

4 Gérer les échéances sociales

Vous venez d'être embauché(e) dans le service des ressources humaines de l'entreprise Rapid'Courses qui offre un service de livraison express (1 heure) sur Paris et sa banlieue de tout type de petits colis. Son effectif total est de 25 salariés, elle a réalisé 870 000 € de chiffre d'affaires. Les bulletins de paie sont établis le premier jour ouvrable du mois suivant.

La DRH, Madame Paname, souhaite travailler avec un agenda partagé et vous charge de gérer les échéances sociales.

1. **À l'aide de recherches Internet, complétez le document 1 pour préparer votre échéancier.**
2. **Paramétrez les alertes sur un agenda partagé de type Google Agenda ou sur votre PGI (document 2).**

Document 1 Les échéances sociales obligatoires (modèle)

Déclaration	Objectifs	Date d'échéance

Document 2 Planifier des échéances sur Google Agenda

1 Choisir l'agenda concerné, puis créer l'événement

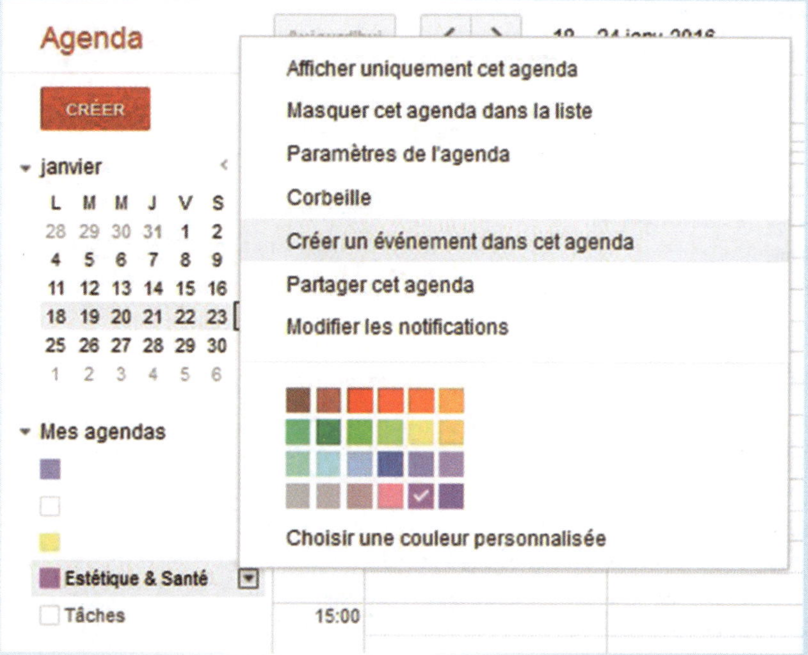

Document 2 (suite)

2 Paramétrer la récurrence

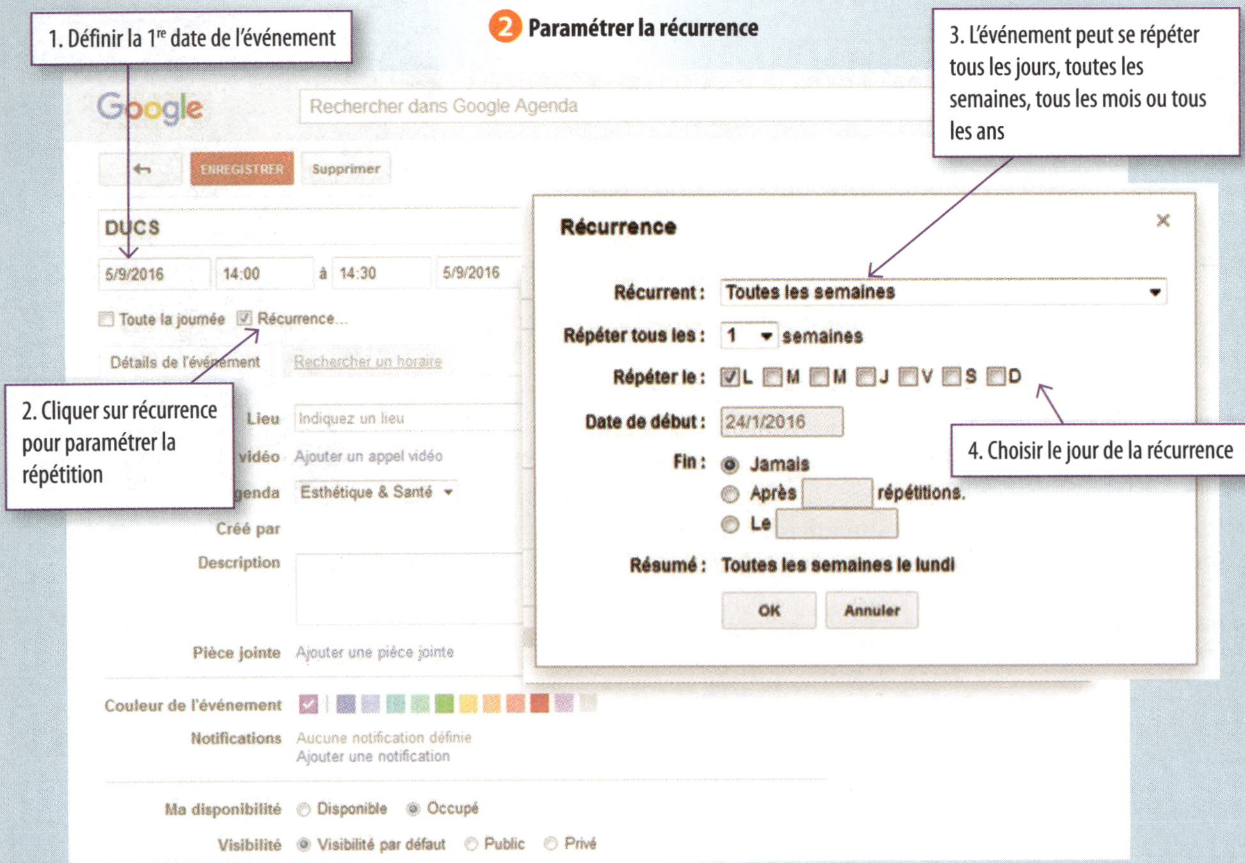

3 Choisir le type d'alerte et partager l'événement créé

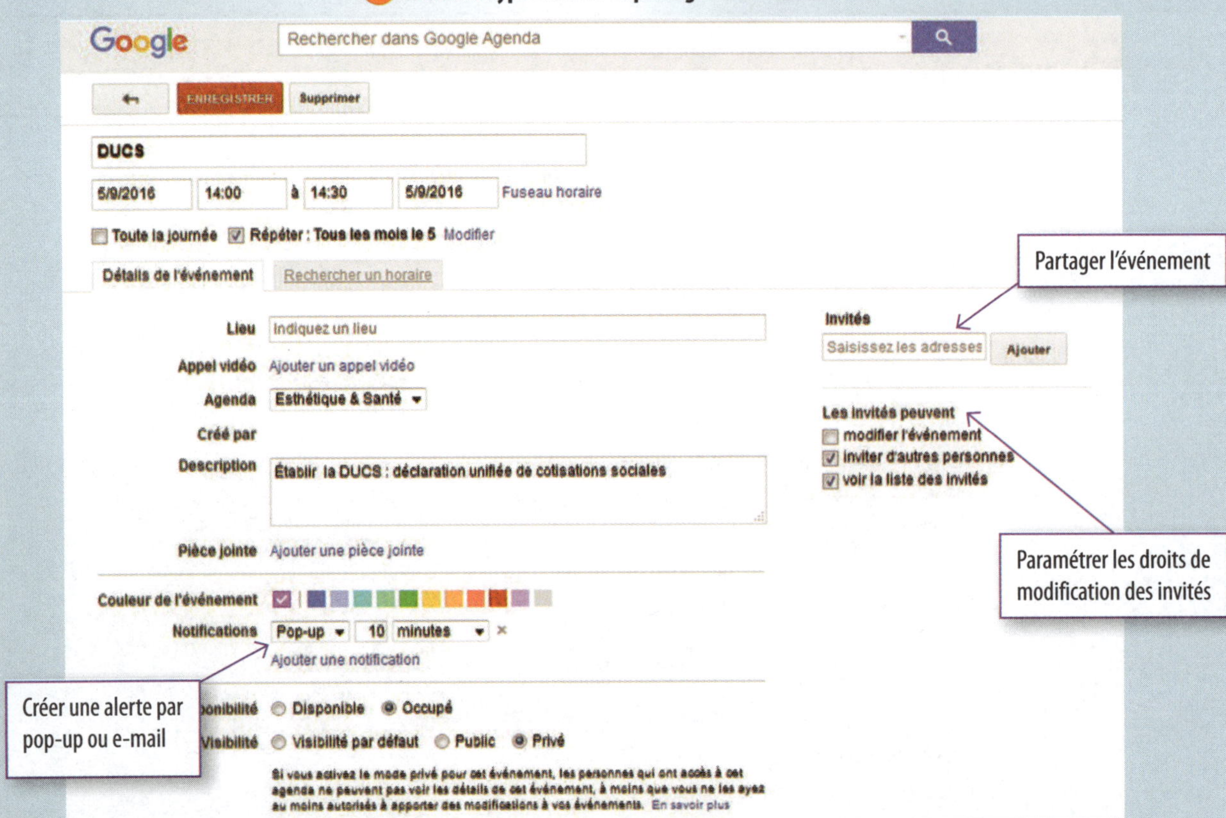

Chapitre 2

Les formalités d'embauche

Activité	Situation de travail	Compétence
4.2. Préparation des formalités administratives de gestion du personnel et information des salariés	**4.2.1.** Établissement des formalités d'embauche et de départ	Produire et transmettre les documents sociaux obligatoires pour l'embauche et le départ

Situation professionnelle

La SAS Esthétique et Santé, spécialisée dans le coaching personnel et la santé, veut poursuivre son développement. L'établissement de Bordeaux fonctionne bien et les prévisions d'activité sont prometteuses. L'ouverture du site de Nice doit être soigneusement préparée. M. Lange, le fondateur de la société, compte s'impliquer personnellement en s'installant sur place à partir du 15 janvier et pour les premiers mois. Il souhaite embaucher un salarié qui l'assistera pour les travaux de mise en place du nouvel établissement. Ce salarié restera ensuite pour diriger l'équipe de Nice. D'autre part, dans l'optique d'ouvertures futures, et pour améliorer la notoriété de la société, M. Lange a l'intention de louer des stands sur certains salons. Pour commencer, le salon du bien-être qui a lieu à Nice du 3 au 15 janvier. La société embauchera un commercial pour la durée de ce salon.

Mission

Mme Karine est chargée du recrutement des deux salariés. Elle vous demande de l'aider tout au long du processus de recrutement. Il s'agit de participer à la rédaction des contrats de travail et de réaliser les formalités d'embauche.

Travail à faire

I Proposer un contrat adapté au poste

Le poste à pourvoir à Nice est un emploi stable et permanent. Les fonctions du futur salarié seront de diriger l'établissement et d'animer l'équipe de salariés sur place (esthéticiennes, masseur, coach...).

1. Quel type de contrat va-t-on choisir pour le nouveau cadre commercial ? Pourquoi ?

Fiche ressource 1

2. Quelles seront les dates de début et de fin de contrat ?

Pour le salon du bien-être, le commercial que M. Lange souhaite embaucher ne travaillera que pendant la durée du salon (deux jours avant le début pour la préparation). Mme Karine en a conclu que le contrat à durée déterminée (CDD) était la bonne solution.

3. Ce type de contrat peut-il être utilisé dans ce cas ? Quel cas de recours le justifie ?

Fiche ressource 2

4. Quelles seront les dates de début et de fin de contrat ?

5. La date de fin doit-elle obligatoirement figurer sur le contrat ?

6. Le recours au travail temporaire est-il possible dans ce cas ?

Fiche ressource 3

7. Pourquoi parle-t-on de relation triangulaire à propos du travail temporaire ?

8. Si la SAS Esthétique et Santé choisit le contrat de travail temporaire, qui devra verser son salaire à l'employé ?

II Rédiger un projet de contrat de travail

La société a retenu la candidature de M. Joachim Paget. Il sera embauché en CDI avec le statut de cadre pour l'établissement de Nice. Vous assistez Mme Karine dans la rédaction du contrat.

9. Faut-il obligatoirement rédiger un contrat écrit ?

10. M. Lange souhaite intégrer dans le contrat une clause de non-concurrence. Quelles sont les conditions pour qu'une telle clause soit valable ?

Fiche ressource 1

11. Est-il possible de faire effectuer à M. Paget une période d'essai ? Si oui, de quelle durée ?

12. Complétez le contrat de M. Paget.

Annexe 1
Annexe 2
Annexe 3
Annexe 4
Annexe 5

Pour le salon du bien-être de Nice, M. Lange a décidé d'engager Mme Hélène Plantalie en CDD. Vous préparez le contrat avec Mme Karine.

13. Le contrat est-il obligatoirement écrit ?
14. Quelles mentions devront figurer sur ce contrat ?
15. Quelle sera la durée du contrat ?
16. Peut-on imposer à Mme Plantalie la même période d'essai qu'à M. Paget ?
17. Si le salon de Nice se passe bien, M. Lange pense participer aussi au salon de Bordeaux qui aura lieu du 19 au 28 janvier. Dans ce cas, pourra-t-on renouveler le contrat de Mme Plantalie ?
18. Sera-t-il possible de transformer le contrat en CDI si Mme Plantalie donne satisfaction ?

▶ Annexe 4
▶ Fiche ressource 2

III Réaliser les formalités d'embauche

Mme Karine vous demande maintenant de l'aider dans les différentes formalités à accomplir au moment de l'embauche.

19. Qu'est-ce que la déclaration préalable à l'embauche (DPAE) ?
20. Par quels moyens s'effectue la déclaration ?
21. À quelles dates les DPAE de M. Paget et de Mme Plantalie doivent-elles être transmises ?
22. De quel service de santé au travail l'entreprise Esthétique & Santé dépend-elle ? Est-il possible qu'elle crée son propre service de santé ?
23. Renseignez le formulaire Cerfa n° 14738*01 pour la déclaration de Mme Plantalie.
24. Que doit faire la société Esthétique & Santé en matière de visite médicale ?
25. Mettez à jour le registre du personnel pour Mme Plantalie.
26. Créez un registre du personnel informatisé pour l'établissement de Nice. Inscrivez-y M. Paget.
27. Créez les deux fiches salariés sur le PGI de l'entreprise.

▶ Fiche ressource 4
▶ Annexe 1
▶ Annexe 4
Annexe 6
▶ Annexe 7

Données de la situation

Annexe 1 Informations concernant l'entreprise

Raison sociale : Esthétique & Santé
Forme juridique : SAS
Numéro SIRET : 23654895000023
Code APE – NAF : 9602B
Adresse : 158, cours de la Guadeloupe
33000 BORDEAUX

Numéro de téléphone : 05 56 46 48 44
Numéro de fax : 05 56 46 48 50
Service de santé au travail interentreprise :
SSTI Bordeaux
262, bd du Président Wilson 33000 BORDEAUX
Code : 027

Annexe 2 Validité de la clause de non-concurrence

La clause de non-concurrence est une clause insérée dans le contrat de travail visant à limiter la liberté d'un salarié sortant d'exercer des fonctions équivalentes chez un concurrent ou à son propre compte. [...]

Conditions de validité

Pour qu'elle soit applicable, la clause de non-concurrence doit répondre à certains critères cumulatifs définis par la jurisprudence et qui conditionnent sa validité.

En cas de non-respect d'un de ces critères, la clause de non-concurrence est nulle et ouvre droit au paiement de dommages et intérêts au bénéfice du salarié.

■ Légitimité de la clause

La validité de la clause de non-concurrence est conditionnée par la légitimité de son but. L'objectif de la clause de non-concurrence est de protéger les intérêts légitimes de l'entreprise (quand le salarié est en contact direct avec la clientèle, par exemple) et non pas d'empêcher le salarié de trouver un emploi ailleurs.

■ Limitation de la clause

La clause de non-concurrence doit être limitée :

- dans le temps (sans que la durée soit excessive) ;
- dans l'espace (une zone géographique doit être prévue) ;
- à une activité spécifiquement visée (coiffeur, par exemple).

■ Contrepartie de la clause

La clause de non-concurrence doit prévoir une contrepartie financière (ou indemnité compensatrice) pour le salarié.

Cette contrepartie doit être réelle et ne peut pas être :

- dérisoire ;
- conditionnée (exclue en cas de faute grave ou de démission, par exemple).

www.service-public.fr

Annexe 3 Convention collective nationale de l'esthétique-cosmétique (extrait)

ARTICLE 7. §2. Période d'essai

A. – Période d'essai pour le personnel des entreprises de la branche autre que le personnel des écoles d'esthétique

Afin de faciliter l'accès direct au contrat à durée indéterminée, en permettant à l'employeur d'évaluer les compétences du salarié dans son contrat, notamment au regard de son expérience, et au salarié d'apprécier si les fonctions occupées lui conviennent, il est institué une période d'essai dont la durée est :

– pour les employés, de 2 mois avec la possibilité de prolonger de 1 mois lorsque le salarié n'aura pu être évalué sur l'une des tâches ou activités propres à ses fonctions citées dans le contrat de travail ;

– pour les agents de maîtrise, de 3 mois avec la possibilité de prolonger de 1 mois ;

– pour les cadres, de 4 mois avec la possibilité de prolonger de 2 mois.

La période d'essai du contrat de travail à durée indéterminée et la possibilité de la prolonger d'un commun accord entre les parties dans les conditions fixées ci-dessus ne se présument pas. Ces conditions doivent figurer expressément dans la lettre d'engagement ou dans le contrat de travail.

La période d'essai pourra être prolongée, par accord exprès et écrit des parties intervenu au cours de la période initiale.

La durée totale de la période d'essai, renouvellement compris, ne pourra dépasser :

– 3 mois pour les employés ;

– 4 mois pour les agents de maîtrise ;

– 6 mois pour les cadres.

Annexe 4 Fiches des nouveaux salariés

Nom salarié(e)	PAGET	Date naissance	12/05/1981
Nom de naissance	PAGET	Lieu de naissance	Istres (13)
Prénom salarié(e)	JOACHIM	Pays	France
Emploi	Cadre dirigeant	Nationalité	Français
Contrat à temps plein	Oui	Situation familiale	Marié
Adresse	15, rue des Palmiers	Nombre d'enfants	0
Code postal / Ville	06000 NICE	N° SS	181051304728925
Domiciliation bancaire	BNP Nice	N° Tél.	06 25 88 74 10
Code agence	1140	Salaire mensuel	2 500 €
N° compte	5580798851	Nombre d'heures par mois	151,67
Date d'entrée société	15/01/20N	Type de contrat	CDI

Nom salarié(e)	PLANTALIE	Date naissance	28/11/1992
Nom de naissance	MARTINEZ	Lieu de naissance	Brest (29)
Prénom salarié(e)	HÉLÈNE	Pays	France
Emploi	Commerciale	Nationalité	Française
Contrat à temps plein	Oui	Situation familiale	Mariée
Adresse	121, avenue Thiers	Nombre d'enfants	2
Code postal / Ville	06000 NICE	N° SS	292112901914712
Domiciliation bancaire	ING DIRECT	N° Tél.	06 52 12 47 00
Code agence	2150	Salaire mensuel	1 850 €
N° compte	2214768023	Nombre d'heures par mois	151,67
Date d'entrée société	01/01/20N	Type de contrat	CDD

Annexe 5 Modèle de CDI

Entre les soussignés :
La Société Esthétique et Santé........, située 158 cours de la Guadeloupe, 33000 Bordeaux,
immatriculée au Registre du Commerce et des Sociétés de Bordeaux sous le numéro 236.54.8.550.00023
représentée par M. Lange................, agissant en sa qualité de président.............................,
D'une part,

Et : Mme/M. Paget........................, de nationalité Française......., Né(e) le 12/05/81 à Istres...
N° SS : 181051304728925, demeurant 15, rue des Palmiers 06000 Nice.......................,
D'autre part,

Il est arrêté et convenu ce qui suit :

Article 1 – Engagement

Sous réserve des résultats de la visite médicale d'embauche décidant de l'aptitude de M. Paget....
au poste proposé, M. Paget...................... est engagé par la société S.A.S Esthétique et santé.....
en qualité de ....
Ce contrat prend effet à compter du .... à ....

Article 2 – Convention collective

L'ensemble des dispositions de la Convention nationale collective ....
s'applique au présent contrat et ceci tant que ces dernières resteront opposables de droit à l'entreprise.

Un exemplaire de la présente convention collective est à la disposition de M. ....
au sein de l'établissement.

•••

Annexe 5 **(suite)**

Article 3 – Période d'essai

Le présent contrat est conclu pour une durée indéterminée. Il ne deviendra définitif qu'à l'expiration d'une période d'essai de ....

Si pendant l'exécution de ladite période d'essai, le contrat de travail de M. .... devait être suspendu pour quelque motif que ce soit, cette période d'essai serait prolongée d'une durée identique à la période de suspension.

Jusqu'à cette date, il sera possible à M. ...., comme à l'entreprise, de rompre le contrat de travail sans indemnité.

Article 4 – Fonctions

M. .... en sa qualité de .... sera plus particulièrement chargé de

....

Cette liste de tâches est non exhaustive et pourra être complétée en fonction des besoins de l'entreprise.

Article 5 – Lieu de travail

M. .... exercera ses fonctions sur le site de ....

Article 6 – Rémunération

La rémunération mensuelle brute sera de .... euros pour un horaire mensualisé de .... heures. Pour toute heure effectuée au-delà de ...., une majoration sera accordée et calculée conformément aux dispositions légales et conventionnelles en vigueur.

Article 7 – Discipline et Sécurité

M. .... reconnaît avoir pris connaissance du règlement intérieur en vigueur dans l'établissement. Tout manquement au présent règlement pourrait donner lieu à des poursuites disciplinaires et à un éventuel licenciement pour faute.

M. .... s'engage à observer toutes les instructions et consignes particulières de travail qui lui seront données et à respecter une stricte obligation de discrétion sur tout ce qui concerne l'activité de l'entreprise.

Article 8 – Congés payés

M.................................... bénéficiera des droits à congés payés conformément aux dispositions légales ou conventionnelles en vigueur.

Article 9 – Obligations professionnelles

M. .... s'engage à informer la société de tout changement le concernant, notamment en cas de changement de domicile. La nouvelle adresse sera transmise dès que possible au bureau du personnel.

M. ....s'engage à déclarer tout accident du travail survenu sur les lieux du travail ou tout accident survenu sur le trajet dans les 48 heures à l'autorité hiérarchique.

M. .... s'engage à informer sans délai la société de toute absence et de justifier des raisons de celle-ci dans les 48 heures par tout justificatif utile (certificat médical le cas échéant).

M. .... s'engage à conserver une discrétion absolue sur tous les fichiers et documents internes à la société pendant toute la durée du présent contrat et après la rupture de celui-ci quelle que soit la cause.

Fait en double exemplaire à ...., le ....

(Signature des parties précédée de la mention « lu et approuvé »)

Signature du salarié | Signature de l'employeur

Annexe 6 Modèle de DPAE (Cerfa 14738*01)

URSSAF
PÔLE EMPLOI
CARSAT

Services de santé au travail
CPAM

DÉCLARATION PRÉALABLE À L'EMBAUCHE

cerfa N° 14738*01

Cette déclaration unique doit être adressée à votre Urssaf OBLIGATOIREMENT AVANT L'EMBAUCHE, sous peine de sanctions (art. L.1221-10, L.1221-11 et L.8221-5 du code du travail)

A • ÉTABLISSEMENT EMPLOYEUR

N° SIRET 236548950 00023 **Code NAF** 96 02B

NOM, prénoms ou DÉNOMINATION ESTHETIQUE ET SANTÉ

ADRESSE DE L'ÉTABLISSEMENT 158 COURS DE LA GUADELOUPE

33000 BORDEAUX
Code postal — Commune

Numéro de Téléphone : 0556464850 **Numéro de Télécopie :** 0556464850

SERVICE DE SANTÉ AU TRAVAIL

Si l'entreprise ou l'établissement possède un service de santé au travail, ou si le salarié embauché travaille en un lieu éloigné de l'établissement, cochez l'une des 2 cases suivantes :

☒ **Service de santé au travail de l'entreprise ou de l'établissement** ☐ **Service de santé au travail spécifique pour les salariés éloignés**

À défaut, précisez votre "service de santé au travail interentreprises" :

0C8 — SSTI
Code — Nom
↳ Disponible sur le site internet indiqué au verso — 262 . BD WILSON 33000 BORDEAUX
Adresse

B • FUTUR SALARIÉ

NOM de famille (nom de naissance) MARTINEZ

NOM d'usage (s'il y a lieu) PLANTALIE

Prénoms (dans l'ordre de l'état civil) HELENE **Sexe** F (M ou F)

N° Sécurité sociale (voir carte d'immatriculation) 2 92 11 29 013 147 14 (Clé)

Date de naissance 28 11 1992 (Jour Mois Année)

Lieu de naissance 29 BREST
Département · Commune (pour Paris, Lyon et Marseille, préciser l'arrondissement)
FRANCE
Pays de naissance

C • L'EMBAUCHE ET L'EMPLOI

DATE PRÉVISIBLE D'EMBAUCHE 01 01 20NN (Jour Mois Année) **HEURE PRÉVISIBLE D'EMBAUCHE** 08 00 (Heure Minutes)

Durée de la période d'essai (en jours) Si le salarié est embauché au moyen d'un contrat à durée indéterminée ou d'un contrat à durée déterminée dont le terme ou la durée minimale est supérieur à 6 mois, renseignez la case suivante : 02

TYPE DE CONTRAT ☐ Contrat à durée indéterminée ☒ Contrat à durée déterminée ☐ Contrat de travail temporaire

Si CDD, renseignez la date de fin du contrat : 15 01 20NN (Jour Mois Année)

Modèle S 1225

À : Bordeaux Le : 27/12/20N-1 Signature : [signature]

La loi n° 78-17 du 6 janvier 1978 modifiée relative à l'informatique, aux fichiers et aux libertés, s'applique aux réponses faites sur ce formulaire. Elle garantit un droit d'accès et de rectification pour les données vous concernant auprès de notre organisme.

© Nathan – La photocopie non autorisée est un délit

Annexe 7 Extrait du registre du personnel

NOM : ESTHÉTIQUE & SANTÉ
Adresse : 158, cours de la Guadeloupe
Code Postal : 33000
Ville : Bordeaux
SIRET : 23654895000023
NAF – APE : 9602B
Établissement : Bordeaux

Nom de naissance	Vermeil	Starkinez		
Nom d'usage	Cazeau	Plantalie		
Prénom	Armelle	Hélène		
Sexe	Féminin	Féminin		
Nationalité	Française	Française		
Titre (salarié étranger)				
Date de naissance	25/04/1965	28/11/1992		
Emploi	Esthéticienne	Commerciale		
Qualification	Employée	Employée		
Date d'entrée	01/11/2012	01/01/N		
Date de sortie				
Type de contrat	CDI	CDD		
Quotité de durée du travail	Temps plein	Temps Plein		

Fiche ressource 1

Le contrat à durée indéterminée (CDI)

Le CDI est le contrat de droit commun. Il peut être conclu à temps complet ou à temps partiel. Il doit être utilisé pour pourvoir durablement un emploi permanent.

I La conclusion du contrat

1. La forme

L'écrit n'est pas obligatoire (sauf s'il est imposé par la convention collective). Il est cependant vivement conseillé, car il permet de détailler les droits et obligations des parties. En l'absence d'écrit, la copie de la déclaration préalable à l'embauche (DPAE, voir Fiche ressource 4) et le premier bulletin de paie permettent de se conformer aux obligations d'information du travailleur sur les conditions applicables au contrat ou à la relation de travail (directive européenne du 14 octobre 1991). Le contrat est rédigé en deux exemplaires et en français.

2. Le contenu

Le contrat comporte des mentions obligatoires : identification des parties, date de prise de fonction, qualification, rémunération, durée du travail, lieu de travail, libellé de la convention collective applicable. Les parties peuvent insérer toutes clauses particulières sur lesquelles elles se sont mises d'accord.

II La période d'essai

Les parties peuvent convenir d'une période d'essai qui permet à l'employeur d'évaluer les compétences du salarié. Cette période permet aussi au salarié de voir si l'emploi lui convient.

1. Les conditions d'utilisation

Tous les CDI peuvent commencer par une période d'essai. Celle-ci doit cependant figurer dans le contrat (le CDI avec période d'essai est donc obligatoirement écrit).

2. La durée

La durée doit figurer dans le contrat. Elle doit respecter les durées maximales légales et conventionnelles. Elle peut être renouvelée si la convention collective le prévoit, sous condition de durée, et avec l'accord du salarié.

Catégories de personnel	Durée initiale maximale	Durée maximale, renouvellement compris
Ouvriers et employés	2 mois	4 mois
Agents de maîtrise et techniciens	3 mois	6 mois
Cadres	4 mois	8 mois

Les conventions collectives prévoient parfois des durées spécifiques pour la période d'essai.

> **Exemple**
> La convention collective des salariés des cabinets d'avocat prévoit une période d'essai de 1 mois pour les employés, 2 mois pour les agents de maîtrise et 3 mois pour les cadres. Un renouvellement est possible, mais il ne doit pas excéder la période initiale.

Les suspensions de contrat pendant la période d'essai (maladie, congé sans solde…) prolongent la période d'une durée égale à la suspension.

3. La rupture du contrat pendant la période d'essai

Les deux parties peuvent rompre le contrat à tout moment pendant la période d'essai. Cette rupture ne nécessite pas de formalisme particulier. Pour des raisons de preuve, il est conseillé d'utiliser la lettre recommandée avec accusé de réception.

Un délai de prévenance est à respecter. Il dépend de la durée de présence du salarié dans l'entreprise (entre 24 heures et 1 mois).

Aucune indemnité n'est due au salarié en cas de rupture du contrat par l'employeur pendant la période d'essai. Il n'est pas obligatoire d'informer le salarié des motifs de la rupture. Ces motifs ne peuvent être que professionnels.

III Les clauses spécifiques du contrat de travail

Les parties jouissent d'une grande liberté dans la rédaction du contrat de travail. De nombreuses clauses peuvent donc venir s'ajouter aux éléments obligatoires du contrat. Ces clauses doivent être équilibrées et écrites. La jurisprudence et les conventions collectives ont permis de dégager des conditions de validité qui permettent le plus souvent de respecter les droits des deux parties.

> **Exemple**
> La clause de mobilité n'est valable que si elle fixe une zone géographique et si un délai de prévenance est respecté lors de l'exécution de la clause.

Voici quelques exemples de clauses pouvant figurer dans un contrat de travail.

1. Les clauses relatives à l'exécution du contrat

La clause d'exclusivité empêche un salarié de travailler pour un autre employeur, la clause de confidentialité renforce l'obligation de discrétion, la clause de mobilité engage le salarié à accepter une modification du lieu de travail.

2. Les clauses relatives à la rémunération

La clause d'objectifs fixe au salarié les objectifs à atteindre (quota de vente, chiffre d'affaires...), la clause de variation de la rémunération permet d'adapter le salaire aux résultats du salarié.

3. Les clauses relatives à la rupture du contrat

La clause de non-concurrence empêche le salarié de faire concurrence à son employeur lorsqu'il quitte l'entreprise, la clause de dédit-formation protège l'entreprise qui a engagé des frais de formation pour son salarié, la clause « parachute » fixe l'indemnité de rupture que percevra le salarié...

Certaines clauses sont illicites : la clause d'indexation de la rémunération, la clause attributive de compétence juridictionnelle, les clauses dérogeant à l'égalité homme-femme...

Fiche ressource 2

Le contrat à durée déterminée (CDD)

Le CDD est un contrat dont le terme est fixé à l'avance. Il obéit à des règles précises dont le non-respect entraîne sa transformation en CDI.

I Les conditions de recours

1. Les conditions générales

L'utilisation du CDD doit présenter un caractère exceptionnel. Il doit être utilisé pour faire face à l'exécution d'une tâche précise et temporaire.

2. Les cas de recours

Le CDD ne peut être utilisé que dans les cas suivants :
- remplacement d'un salarié (absence, suspension du contrat de travail…) ;
- accroissement temporaire d'activité de l'entreprise ;
- emplois saisonniers ;
- remplacement du chef d'entreprise (commercial, artisanal, libéral, agricole…) ;
- réalisation d'un objet défini (mission définie dans un accord collectif).

II La durée

1. Les CDD à terme précis

Ils doivent être utilisés en cas d'accroissement d'activité, de commande exceptionnelle à l'exportation, de travaux urgents… Leur durée ne peut excéder 18 mois. Le CDD peut être renouvelé deux fois, mais sans pour autant dépasser la durée maximale.

> **Exemple**
> Un CDD de 6 mois pourra être renouvelé deux fois. Mais un CDD de 8 mois ne peut être renouvelé qu'une fois. Un éventuel deuxième renouvellement ne pourra pas excéder 2 mois (deux contrats de 8 mois et un de 2 mois).

2. Les CDD à terme imprécis

Ils sont autorisés pour les remplacements de salariés, les emplois saisonniers, les remplacements de chef d'entreprise. Le contrat doit fixer une durée minimale et l'événement qui en fixe le terme.

> **Exemple**
> Le contrat est conclu pour une durée minimale de 2 mois et finira au retour du salarié absent.

Le CDD à terme imprécis n'a pas de durée maximale, à l'exception des contrats saisonniers qui ne peuvent excéder 8 mois.

III La conclusion du contrat

1. La forme

Le CDD est obligatoirement écrit. En plus des mentions que doit comporter le CDI, il doit comporter obligatoirement les mentions suivantes :
- motif de recours (remplacement, accroissement d'activité…) ;
- nom et qualification du salarié éventuellement remplacé ;
- durée : date d'échéance du terme, clause de renouvellement, durée minimale si le contrat n'a pas de terme précis.

2. La période d'essai

Sauf dispositions conventionnelles contraires, la durée de la période d'essai d'un CDD est de 1 jour par semaine de contrat. Mais cette durée ne peut excéder 2 semaines pour les contrats inférieurs ou égaux à 6 mois, et 1 mois dans tous les autres cas.

Fiche ressource 3

Le travail temporaire ou intérimaire

Il s'agit d'une relation triangulaire entre une entreprise utilisatrice de main-d'œuvre, une entreprise de travail temporaire et une personne qui travaille (l'intérimaire).

I Les cas de recours et les interdictions

Le recours au travail temporaire est soumis aux mêmes règles que l'utilisation de CDD. Les cas de recours sont les mêmes. L'utilisation d'intérimaire est interdite pour remplacer des salariés en grève et pour effectuer des travaux particulièrement dangereux.

II Le contrat de mise à disposition

1. Le type de contrat

C'est un contrat de type commercial entre l'entreprise utilisatrice et l'entreprise de travail temporaire. Il mentionne obligatoirement le motif de recours au travail temporaire, la durée (précise ou imprécise), les caractéristiques du poste occupé, la qualification, la rémunération.

2. La mise à disposition d'une personne compétente

Il est de la responsabilité de l'entreprise d'intérim de s'assurer que le salarié possède bien la qualification nécessaire pour le poste occupé.

III Le contrat d'intérim ou contrat de mission

1. La forme et le contenu

C'est un contrat conclu entre l'intérimaire et l'entreprise de travail temporaire. Il est réalisé à l'occasion d'une mission que le salarié va exécuter dans une entreprise cliente. Ce contrat est obligatoirement écrit. Il doit comporter la reproduction des clauses du contrat de mise à disposition, ainsi que la qualification du salarié, sa rémunération (y compris l'indemnité de fin de mission), la période d'essai éventuelle. Un exemplaire du contrat est remis au salarié dans les deux jours suivant la mise à disposition.

2. La période d'essai et la durée de la mission

Une période d'essai peut figurer dans le contrat. Sa durée varie selon la durée de la mission.

Celle-ci doit être fixée précisément (date ou réalisation de l'objet de la mission). Elle est, en général, de 18 mois maximum, renouvellement compris.

3. L'indemnité de fin de mission

Pour compenser la situation précaire des salariés intérimaires, ceux-ci bénéficient d'une indemnité de fin de mission égale à 10 % de la rémunération totale brute due au salarié. Cette indemnité est considérée comme un complément de salaire.

IV Le statut du travailleur temporaire

Le salarié intérimaire doit bénéficier des mêmes conditions de travail que celle des salariés de l'entreprise utilisatrice (durée, repos, hygiène et sécurité...). Pour sa part, l'intérimaire est soumis au respect du règlement intérieur et aux règles d'hygiène et de sécurité. La rémunération est versée par l'entreprise de travail temporaire. Elle ne peut en aucun cas être inférieure à celle que percevrait un salarié de l'entreprise utilisatrice, à ancienneté et qualification égales. Le salarié intérimaire perçoit une indemnité compensatrice de congés payés.

Remarque : le 6 mars 2014 est entré en vigueur le CDI intérimaire. Il s'agit d'un contrat dans lequel le salarié intérimaire est lié à l'entreprise de travail temporaire sans limite de durée. Les périodes entre deux missions sont rémunérées et peuvent être consacrées à de la formation.

Fiche ressource 4

L'embauche

I La recherche de salarié

La recherche de salarié est libre, mais quelques règles doivent être respectées :

- certains salariés sont prioritaires dans leur entreprise pour des emplois de leur catégorie ;

  Exemple
  Priorité de réembauche après certains licenciements.

- l'entreprise peut être soumise à certaines obligations d'emploi ;

  Exemple
  Travailleurs handicapés.

- l'utilisation de critères discriminatoires est interdite ;
- les méthodes de sélection doivent être pertinentes et transparentes.

II Les formalités d'embauche

1. La déclaration préalable à l'embauche (DPAE)

Tous les employeurs doivent déclarer nominativement leurs nouveaux salariés dans les 8 jours précédant l'embauche.

a) L'intérêt de la DPAE

Elle est transmise à un seul organisme : l'URSSAF. Mais cette déclaration permet de regrouper plusieurs demandes et de simplifier les formalités :

- immatriculation de l'employeur lors de la première embauche ;
- affiliation au régime de l'assurance chômage ;
- demande d'adhésion à un service de santé au travail ;
- demande d'examen médical d'embauche.

La DPAE est transmise à l'URSSAF qui communique ensuite les informations aux autres organismes.

b) Le contenu de la DPAE

La déclaration doit comporter des informations concernant l'employeur : nom, adresse, n° SIRET, code NAF. Il faut aussi mentionner comment est effectué le suivi de la santé du salarié : service de santé interne ou service de santé interentreprise. Pour le salarié, il faut indiquer les nom, prénom, date et lieu de naissance, ainsi que le numéro de sécurité sociale.

c) La transmission de la DPAE

La DPAE est transmise à l'URSSAF prioritairement par voie électronique (via le site Net-entreprises.fr). Le formulaire papier peut cependant être utilisé (courrier recommandé avec accusé de réception). Une copie est fournie au salarié.

Les entreprises qui ont envoyé plus de 50 déclarations au cours de l'année civile ont l'obligation d'utiliser la procédure dématérialisée, sous peine de pénalité.

2. La visite médicale d'embauche

Tout salarié doit être soumis à une visite médicale au moment de son embauche, quelle que soit la nature de son contrat. Cette visite se fait auprès du médecin du travail, qui doit déterminer si le salarié est apte à occuper le poste de travail. La visite doit avoir lieu au plus tard avant la fin de la période d'essai.

L'organisation de cette visite est de la responsabilité de l'employeur. La DPAE permet d'effectuer la demande de visite médicale, mais l'employeur doit s'assurer que l'examen médical a bien lieu.

3. Le registre unique du personnel

Quel que soit l'effectif de l'entreprise, l'employeur doit tenir un registre unique du personnel sur lequel figurent, par ordre d'arrivée, les salariés employés par l'entreprise. Il faut établir un registre par établissement.

a) Les salariés concernés

Tous les salariés employés par l'entreprise, quels que soient leur nationalité et le type de contrat, doivent figurer dans le registre, y compris les travailleurs temporaires et les salariés à domicile.

b) Les mentions obligatoires

Pour chaque salarié, le registre doit contenir nom, prénom, nationalité, date de naissance, sexe, emploi, qualification, date d'entrée et de sortie, type de contrat, quotité de temps de travail (complet, partiel). Pour les salariés étrangers, le registre doit mentionner le document autorisant l'activité du salarié (titre de séjour…) et son numéro.

c) La forme du registre

Aucune forme n'est imposée. Le registre unique du personnel peut être informatisé. Les données doivent être conservées pendant 5 ans.

Applications

1 Organiser la visite médicale

La société Toubio est un centre commercial bio, qui va ouvrir ses portes dans 15 jours, 39 boulevard Pierre de Coubertin à Nantes. Monsieur Marelle, directeur commercial de l'enseigne, va embaucher Monsieur Ventout, chef de rayon et cadre, en CDI. L'entreprise n'est pas affiliée à un organisme de santé au travail. Il vous confie cette mission (document).

1. **Quelles sont les obligations de l'employeur en matière de sécurité et santé lors de l'embauche ?**
2. **Monsieur Marelle peut-il organiser dans ses locaux la visite médicale ?**
3. **Recherchez sur Internet le service de santé susceptible de réaliser cette visite médicale.**
4. **Rédigez le mail à envoyer pour adhérer à l'organisme choisi et demandez une visite médicale pour Monsieur Ventout.**

Document La visite médicale

Elle est obligatoire et engage la responsabilité de l'employeur. Elle doit permettre notamment de s'assurer que le salarié est médicalement apte à son poste de travail.

La visite médicale doit être réalisée **avant la fin de la période d'essai** (ou dans les 2 mois s'il s'agit d'un apprenti).

Cependant, la visite médicale doit avoir lieu **avant l'embauche**, si la personne embauchée bénéficie d'une surveillance médicale renforcée :

- jeune âgé de moins de 18 ans ;
- travailleur handicapé ;
- travailleur de nuit ;
- femme enceinte ;
- travailleur exposé à certains risques : amiante, plomb, rayonnements ionisants, bruit, vibrations, agents biologiques, cancérigènes ou toxiques, risque hyperbare…

La DPAE vaut demande, auprès du service de santé au travail dont relève l'employeur, de visite médicale pour le salarié embauché.

www.service-public.fr

2 L'embauche de salariés

La Conserverie coopérative du Lot fabrique des conserves de légumes variés selon la saison. Dirigée par Madame Vitalis, elle existe depuis plus de 10 ans et a un effectif de 15 salariés. Pour la fabrication des conserves de tomates et de maïs, elle embauche tous les étés des salariés en CDD. Ces derniers travaillent 6 jours/7 afin de remplacer les salariés en congé et palier l'augmentation de l'activité. Vous êtes chargé(e) de réaliser les formalités d'embauche pour trois salariés (document 1).

1. **Quels seront ici les motifs de recours des CDD ?**
2. **Quelles sont les différentes formalités d'embauche à prévoir ?**
3. **Complétez la DPAE pour la salariée Ndiae sur votre PGI ou téléchargez le formulaire Cerfa n° 14738 et complétez-le.**
4. **À qui est destiné ce formulaire ?**

La durée du contrat ne peut être clairement déterminée à l'avance, elle dépend de la durée de la saison, environ 3 mois.

5 **Faut-il prévoir un terme précis ? Déterminez la durée des contrats et déduisez-en la date prévisionnelle des visites médicales.**

6 **Rédigez le mail adressé aux salariés les convoquant 4 jours après la date d'embauche à la visite médicale qui aura lieu à Cahors, 107 quai Cavignac, auprès de l'organisme Santé et Travail du Lot.**

7 **Déterminez la durée de la période d'essai pour chaque salarié. Justifiez votre réponse.**

8 **Avec les documents 1 et 2, complétez le contrat du salarié Gautier (document 3).**

Madame Vitalis complétait jusqu'à présent les contrats et le registre unique du personnel à la main, elle souhaite automatiser ces tâches.

9 **À l'aide de votre texteur, rédigez et automatisez le modèle du contrat à partir de la liste des salariés fournie à saisir au préalable (document 1).**

10 **Proposez une maquette de registre unique du personnel.**

Quelques jours après la signature des contrats, un concurrent s'est installé à 30 kilomètres de la conserverie. Le salarié Blanchard ayant été affecté à la chaîne de production des conserves cuisinées, Mme Vitalis s'inquiète de la divulgation éventuelle de ses recettes.

11 **Quelles évolutions pourriez-vous proposer à Madame Vitalis pour ce contrat de travail ?**

Document 1 **Liste des salariés**

Nom	Gautier	Ndiae	Blanchard
Prénom	Bernard	Zineb	Julien
Adresse	3 avenue du Pont de Fer 46140 Castelfranc	23 rue du Dr Rouma 46700 Puy-l'Évêque	Chemin Depaules 46800 Saint-Daunès
Date de naissance	25/11/1988	18/02/1972	01/06/1983
N° sécurité sociale	1 88 11 16 350 198 02	2 72 02 99 487 185 26	1 83 06 46 485 789 22
Mail	b.gautier@gmail.com	ndiaezineb@yahoo.fr	j.blanchard4@laposte.net
Nationalité	Française	Marocaine	Française
Emploi	Ouvrier	Ouvrier	Ouvrier qualifié – Remplacement de Mme Landari en congé
Risques sécurité-santé	Bruit	Bruit	Bruit
Date d'embauche	1/06/N	1/06/N	5/06/N
Durée prévue du contrat	4 mois	6 mois	1 mois
Durée hebdomadaire	39 h	39 h	39 h
Salaire brut	SMIC en vigueur	SMIC en vigueur	1 750 €
Montant de la prime	150 €	150 €	200 €
Caisse de retraite	Caisse départementale de la mutualité sociale agricole du Lot	Caisse départementale de la mutualité sociale agricole du Lot	Caisse départementale de la mutualité sociale agricole du Lot
Convention collective	Conserveries coopératives et SICA (n° 7003)	Conserveries coopératives et SICA (n° 7003)	Conserveries coopératives et SICA (n° 7003)

Document 2 Affiliation au régime de retraite

● RETRAITE COMPLEMENTAIRE
agirc et arrco

Régime Arrco : Toutes les personnes exerçant une activité salariée, quels que soient leurs fonction et niveau hiérarchique, la nature et la durée de leur contrat de travail (contrat à durée indéterminée, contrat à durée déterminée…), le montant de leur rémunération, sont affiliées à une institution de retraite Arrco.

Régime Agirc : Tous les cadres sont affiliés à une institution de retraite Arrco. Les salariés relèvent d'une institution Agirc dès lors qu'ils exercent une activité répondant aux critères de classification définis par les partenaires sociaux qui gèrent le régime Agirc.

Document 3 Contrat à durée déterminée

ENTRE LES SOUSSIGNÉS :

La Conserverie coopérative du Lot	
SIRET :	519 460 364 00037
Code APE / NAF :	9499Z : Autres organisations fonctionnant par adhésion volontaire
Siège social :	Pouloulou – 46700 Puy-l'Évêque
Représentée par :	Madame Vitalis, agissant en qualité de directrice de la coopérative

D'UNE PART,

ET

Nom prénom	
Adresse :	
Né(e) le :	
N° sécurité sociale :	
Nationalité :	

D'AUTRE PART.

IL A ÉTÉ CONVENU CE QUI SUIT :

ARTICLE 1 : Motif

Monsieur (ou Madame) .... est engagé(e) par l'entreprise en vue de ....

ARTICLE 2 : Emploi occupé

Monsieur (ou Madame) .... est employé(e) en qualité de ....
suivant le coefficient hiérarchique .... (Prévu en général par la convention collective).
Il (ou elle) aura pour mission .... (Définir l'emploi à occuper, les pouvoirs accordés à l'intéressé(e)…).

ARTICLE 3 : Durée

Ce contrat est conclu à partir du : .... / .... / .... jusqu'au .... / .... / ....
ou ce contrat est conclu pour la durée de l'absence de M./Mme ....
et pour une durée minimale de .... Il prendra fin au retour de M/ Mme ....
Le contrat ne deviendra définitif qu'à l'issue d'une période d'essai de .... jour(s), au cours de laquelle chacune des parties pourra rompre le contrat sans indemnité.

Document 3 (suite)

ARTICLE 4 : Renouvellement

Il pourra être renouvelé une fois pour une durée égale au plus à celle du contrat initial dans la limite de la durée de la saison. En tout état de cause, la durée de l'engagement ne pourra excéder 8 mois (ou 6 mois pour les étrangers).

ARTICLE 5 : Lieu de travail

Le lieu de travail est situé à ....

ARTICLE 6 : Durée du travail

Les horaires seront établis selon un planning déterminé une semaine avant.

ARTICLE 7 : Rémunération

En contrepartie de ses fonctions, Monsieur (ou Madame) .... percevra une rémunération brute mensuelle de .... euros (......................... €) pour un horaire hebdomadaire moyen de .... heures. Elle lui sera versée à la fin de chaque mois civil.

Il (ou Elle) percevra en outre :

– (s'il y a lieu) une prime de salissure de .... €.

ARTICLE 8 : Indemnité de fin de contrat

À l'issue de son contrat, le ou la salarié(e) bénéficiera d'une indemnité de fin de contrat (indemnité de précarité) égale à 10 % de la rémunération brute totale (art. L 1243-8 du Code du travail).

ARTICLE 9 : Retraite complémentaire

Monsieur (ou Madame) .... bénéficiera des lois sociales instituées en faveur des salariés notamment en matière de sécurité sociale et en ce qui concerne le régime de retraite complémentaire.

La caisse de retraite complémentaire est ....

ARTICLE 10 : Convention collective

Pour toutes les dispositions non prévues par les présentes, les parties déclarent se référer à la convention collective applicable à l'entreprise :...

ARTICLE 11 : Rupture anticipée pour faute grave ou force majeure

Chacune des parties se réserve mutuellement le droit de mettre fin au contrat immédiatement en cas de faute grave de l'autre partie ou de force majeure.

Fait en double exemplaire,

À ....

Le ....

(Signatures de l'employeur et du salarié précédées de la mention manuscrite « lu et approuvé »)

Chapitre 3

Le départ des salariés

Activité	Situation de travail	Compétence
4.2. Préparation des formalités administratives de gestion du personnel et information des salariés	**4.2.1.** Établissement des formalités d'embauche et de départ	Produire et transmettre les documents sociaux obligatoires pour l'embauche et le départ

Situation professionnelle

La société Esthétique et Santé, en période de croissance, est tenue d'ajuster ses effectifs. Elle est amenée à procéder à des embauches, en utilisant différents types de contrats de travail. Elle a récemment procédé à des recrutements, ce qui porte les effectifs de la société à 13 salariés. De même, pour des motifs qui tiennent à la volonté de la direction ou aux souhaits des salariés, elle va enregistrer des départs.

Mission

Comme elle rencontre des difficultés pour gérer plusieurs situations liées au départ d'un salarié, Mme Karine vous demande de l'aider à analyser les différents cas et à préparer les documents nécessaires pour procéder au départ de certains salariés.

Travail à faire

I Comprendre le motif de départ d'un salarié et en mesurer les conséquences

La journée du samedi 24 janvier a été assez mouvementée à l'institut de Bordeaux. En effet, Armelle Cazeau, esthéticienne, a brusquement quitté son poste alors que des clientes l'attendaient. Les relations entre l'entreprise et la salariée sont visiblement dégradées et Mme Karine pense que la situation va évoluer en une rupture de contrat, même si elle ne sait pas encore comment. Elle vous demande d'évaluer les différents cas possibles pour se préparer à toute éventualité.

1. **Pourquoi le cas d'Armelle Cazeau peut-il évoluer en un départ à l'initiative du salarié ou en un départ à l'initiative de l'employeur ?**
2. **Que doit remettre Armelle Cazeau à l'entreprise si elle décide de partir ? Sous quelle forme ?**
3. **Devra-t-elle accomplir un préavis ? De quelle durée ?**
4. **Quelles seraient les suites pour Mme Cazeau ?**
5. **Quelle serait la nature des sommes à lui verser ?**
6. **Quel motif la société E&S pourrait-elle invoquer si elle envisageait de licencier Mme Cazeau ? Quels seraient les risques en cas de contestation ?**
7. **Dans ce deuxième cas, Mme Cazeau devrait-elle accomplir un préavis ? De quelle durée ?**

Annexe 1
Annexe 2
Annexe 3
Fiche ressource 1
Fiche ressource 2
Fiche ressource 4

Mme Karine a fait le point sur l'agenda de la semaine. Elle évalue que si la société entame une procédure de licenciement contre Mme Cazeau, la lettre de convocation à l'entretien préalable pourrait lui être remise en mains propres le vendredi 30 janvier.

8. **Quelle serait alors, au plus tôt, la date de l'entretien ?**
9. **Si l'entretien se déroule le lundi 10 février, à partir de quelle date peut-on envoyer la lettre de licenciement ?**
10. **Quelle serait dans ce cas la date de fin du préavis ?**
11. **La société E&S peut-elle dispenser Mme Cazeau d'accomplir son préavis ? Quelles seraient alors les conséquences ?**
12. **Quelles seraient les suites pour Mme Cazeau ?**
13. **Quelle serait la nature des sommes à lui verser ?**

Annexe 2
Fiche ressource 4

Mme Karine sait que le départ d'un salarié peut être un dossier complexe. Outre la perte d'une esthéticienne expérimentée et salariée depuis plusieurs années, elle se demande à quelles conséquences la société E&S pourrait être exposée.

14. **Du point de vue de l'entreprise, lequel des deux motifs de départ serait le moins risqué ? Pourquoi ?**
15. **Comparez le coût des deux procédures précédentes. Quelle est celle dont le coût pour l'entreprise est le plus faible ?**
16. **Quel autre scénario serait envisageable pour mettre fin au contrat entre Mme Cazeau et l'entreprise E&S ?**
17. **Comment faudrait-il alors procéder ?**
18. **Cet autre type de rupture du contrat serait-il moins coûteux pour l'entreprise ? Justifiez votre réponse.**

Annexe 2
Annexe 3
Fiche ressource 4
Fiche ressource 5
Fiche ressource 6

II Produire et transmettre les documents sociaux obligatoires

Le salon du bien-être de Nice et le salon de Bordeaux sont finis et Mme Hélène Plantalie arrive au terme de son contrat. Il n'est pas prévu de le renouveler, bien que tout le monde soit satisfait de son travail. Mme Karine, trop occupée par l'affaire Armelle Cazeau, vous demande de faire le nécessaire.

19. De quel type de rupture de contrat s'agit-il ?
20. Quelles seront les suites de cette rupture pour Mme Plantalie ?
21. Quels sont les documents à lui remettre ?
22. Quelle est la nature des sommes à lui verser au moment du départ ?
23. Que se serait-il passé si Madame Plantalie avait donné sa démission ?
24. Sous quelle forme l'entreprise E&S doit-elle établir l'attestation Pôle emploi ?
25. Complétez le certificat de travail, le reçu pour solde de tout compte et l'attestation Pôle emploi pour Mme Plantalie.

Annexe 4
Annexe 5
Fiche ressource 3
Fiche ressource 6

Annexe 6
Annexe 7
Annexe 8
Annexe 9

III Mettre à jour le fichier du personnel

Mme Cazeau ayant rapidement trouvé un nouvel emploi dans une ville voisine, elle décide finalement de démissionner. Madame Karine vous demande de mettre à jour le fichier des salariés, compte tenu du départ de Mme Cazeau et de Mme Plantalie.

26. Intégrez les données concernant le départ de Mme Cazeau et de Mme Plantalie dans le PGI.

Annexe 3
Annexe 4

Données de la situation

Annexe 1 Le litige avec Mme Armelle Cazeau

Mme Karine a envoyé le rapport suivant à M. Lange.

Nous avons eu un incident pendant une journée de travail avec une des esthéticiennes, Armelle Cazeau. En effet, dans l'après-midi du samedi 24 janvier, Mme Cazeau a quitté son poste de travail brusquement, sans avertir personne, alors que plusieurs clientes avaient encore rendez-vous avec elle. Les autres salariées ont dû la remplacer au pied levé, décaler certains traitements et rallonger leur journée de travail.

À son retour le lundi matin, Mme Cazeau a déclaré qu'elle ne se sentait pas bien le samedi précédent et que, de toute façon, les cadences de travail étaient beaucoup trop élevées et les journées trop longues. Comme je lui reprochais d'avoir agi trop personnellement, sans avertir la direction ou ses collègues, le ton est monté et Mme Cazeau est partie en déclarant qu'elle quittait l'entreprise et en claquant la porte.

M. Lange trouve l'incident inacceptable et envisage de mettre fin au contrat de travail de Mme Cazeau.

Annexe 2 **Extraits de la convention collective nationale de l'esthétique-cosmétique**

ARTICLE 8 – Rupture du contrat de travail

1 – Démission

La rupture du contrat de travail à l'initiative du salarié fera l'objet d'une notification écrite par lettre recommandée avec avis de réception.

La période de préavis est, sauf dispositions particulières, fixée comme suit :

- pour le personnel ayant moins de 6 mois d'ancienneté dans l'entreprise, à 1 semaine ;
- pour le personnel ayant au moins 6 mois d'ancienneté, à 1 mois.

Dans le cas de l'inobservation du délai-congé par le salarié démissionnaire, celui-ci pourra être condamné par une décision de justice à une indemnité correspondant aux heures de travail qu'il aurait dû effectuer.

2 – Licenciement

Avant de procéder à un licenciement individuel, l'employeur s'entourera des avis et informations susceptibles de le guider dans sa décision. Après la période d'essai, il y aura lieu d'appliquer la procédure légale.

3 – Préavis

La période de préavis est, sauf dispositions plus favorables, fixée comme suit :

- pour le personnel ayant moins de 6 mois d'ancienneté dans l'entreprise, à 1 semaine ;
- pour le personnel ayant de 6 mois à 2 ans d'ancienneté, à 1 mois ;
- pour le personnel ayant au moins 2 ans d'ancienneté dans l'entreprise, à 2 mois.

Dans le cas où l'employeur décidera de ne pas faire effectuer tout ou partie du préavis par le salarié, celui-ci recevra une indemnité égale à la rémunération qu'il aurait perçue pendant la durée du préavis restant à courir s'il avait travaillé.

3.1 Heures pour rechercher un emploi

Dans le cadre d'un licenciement, les salariés sont autorisés, pendant la période de préavis, à s'absenter pour rechercher un emploi pendant un nombre d'heures égal, par mois de préavis, à la durée hebdomadaire du travail du salarié dans l'établissement.

4 – Indemnité de licenciement

Tout travailleur salarié lié par un contrat de travail à durée indéterminée et licencié après 1 an d'ancienneté ininterrompue au service du même employeur a droit (sauf faute grave ou lourde de sa part) à une indemnité distincte du préavis, s'établissant comme suit, pour tout salarié, sans distinction de catégorie :

Après 1 an d'ancienneté dans l'entreprise, 1/5e de mois par année de présence auquel s'ajoutent 2/15e de mois par année au-delà de 9 ans d'ancienneté.

Le salaire servant de base est le salaire moyen des 12 derniers mois, sauf si ce dernier est inférieur à la moyenne des 3 derniers mois.

Annexe 3 Extrait du fichier des salariés

Nom salarié(e)	CAZEAU	Date naissance	25/04/1965
Nom de naissance	VERMEIL	Lieu de naissance	Dax (40), France
Prénom salarié(e)	Armelle	Nationalité	Française
Emploi	Esthéticienne	Situation familiale	Mariée
Adresse	20, rue Fabro	Nombre d'enfants	2
Code postal / Ville	33170 Gradignan	N° SS	265044011204525
Domiciliation bancaire	Société Générale	N° tél.	0556894512
Code agence	5562	Salaire mensuel	1 825 €
N° compte	213998133247	Nombre d'heures par mois	151,67
Date d'entrée société	01/11/N-4	Type de contrat	CDI

Annexe 4 Extrait du fichier des salariés

Nom salarié(e)	PLANTALIE	Date de naissance	28/11/1992
Nom de naissance	MARTINEZ	Lieu de naissance	Brest (29), France
Prénom salarié(e)	Hélène	Nationalité	Française
Emploi	Commerciale	Situation familiale	Mariée
Adresse	121, avenue Thiers	Nombre d'enfants	2
Code postal / Ville	06000 Nice	N° SS	292112901914712
Domiciliation bancaire	ING DIRECT	N° tél.	06 52 12 47 00
Code agence	2150	Salaire mensuel	1 850 €
N° compte	2214768023	Nombre d'heures par mois	151,67
Date d'entrée société	01/01/20N	Type de contrat	CDD

Annexe 5 Informations sur le contrat de Mme Plantalie

Madame Plantalie a été embauchée en CDD pour travailler sur deux salons, celui de Nice, du 1er janvier au 15 janvier et celui de Bordeaux, du 19 janvier au 28 janvier.

Compte tenu de la qualité de son travail, le salaire de base a été fixé, pour les deux salons, à un montant de 1 850 €, auxquels on a ajouté une prime de 100 €. Par ailleurs, la société lui doit une prime de précarité et l'indemnité compensatrice de congés payés.

Enfin, E&S lui rembourse des frais de déplacement en train (aller-retour entre Nice et Bordeaux) pour un montant de 165 €.

Annexe 6 Données concernant l'entreprise E&S

Raison sociale	ESTHÉTIQUE & SANTÉ	Code NAF	9602B
Forme juridique	Société par actions simplifiée	Adresse	158, cours de la Guadeloupe 33000 Bordeaux
Capital social	400 000 €	Code URSSAF	330 126536889
Date de création	1er mars 2012	N° Pôle emploi	8796529310
Dirigeant	Monsieur François Lange – Président non salarié	Banque	BPSO – 25, cours de la Guadeloupe 33000 Bordeaux
N SIRET	23654895000023	N° compte	70719823420

Annexe 7 **Modèle de certificat de travail**

[Nom et adresse de l'employeur]

Je soussigné ...., certifie que :

M. .... demeurant à .... a travaillé dans l'entreprise .... du .... *[date d'embauche]* au .... *[date de sortie, préavis effectué ou non]* en qualité de .... *[nature de l'emploi ou des emplois successifs]*. et nous quitte, ce jour, libre de tout engagement.

M. .... bénéficie du maintien des garanties offertes par la mutuelle mise en place dans l'entreprise dans les conditions exposées dans .... *[préciser le titre du document fourni au salarié exposant les modalités de cette portabilité]*.

M. .... bénéficie du maintien des garanties offertes par le contrat de prévoyance mis en place dans l'entreprise dans les conditions exposées dans .... *[préciser le titre du document fourni au salarié exposant les modalités de cette portabilité]*.

Fait à .... *[lieu]*, le .... *[date]*

Signature de l'employeur

Annexe 8 **Modèle de « Reçu pour solde de tout compte »**

Je soussigné(e) Madame/Monsieur *[nom et prénom du salarié]* : ....

demeurant *[adresse du salarié]* : ....

....

employé de *[nom de l'employeur]* :.. ....

demeurant *[adresse de l'employeur]* : ....

....

reconnais avoir reçu pour solde de tout compte la somme de *[montant en chiffres et en lettres]* :

....

....

Cette somme m'a été versée, pour solde de tout compte, en paiement de *[nature des sommes dues]* :

- ....
- ....
- ....
- ....

Je reconnais que, du fait de ce versement, tout compte entre

[nom de l'employeur] : ....

et moi-même se trouve définitivement apuré et réglé.

Je suis informé qu'en application de l'article L.1234-20 du Code du travail, je peux dénoncer le présent reçu et que cette dénonciation doit intervenir dans un délai de six mois à compter de ce jour. Passé ce délai, je ne serai plus en droit de le contester.

Ce reçu de solde de tout compte a été établi en deux exemplaires, dont un m'a été remis.

Fait à : ....

Le : .... / .... / ....

SIGNATURE DU SALARIÉ : SIGNATURE DE L'EMPLOYEUR :

Annexe 9 Attestation Pôle emploi (extraits)

ATTESTATION D'EMPLOYEUR DESTINÉE À Pôle emploi

A remplir par l'employeur et à délivrer au salarié avec son dernier bulletin de paie *(Art. R. 1234-9 du C. du T.)*. Un exemplaire doit en être adressé au centre de traitement : BP 80069 - 77213 AVON CEDEX

Unédic

ATTENTION : le salarié joindra lui-même un exemplaire de cette attestation à la demande d'allocations d'assurance chômage qui lui sera adressée, s'il s'inscrit comme demandeur d'emploi (voir bas de la page 3).
IL NE DOIT EN AUCUN CAS LA RETOURNER SEULE.

1. l'employeur

Nom ou raison-sociale : ....

Adresse : ....

Code postal : |_|_|_|_|_| Ville : ....

Téléphone : |_|_|_|_|_|_|_|_|_|_|

Statut juridique : ....

N° SIRET : |_|_|_|_|_|_|_|_|_|_|_|_|_|_| Code APE/NAF : |____|

N° d'affiliation à Pôle emploi (anc' Assédic) ou à l'organisme ayant recouvré les cotisations d'assurance chômage :
(En cas de paiement groupé des cotisations, indiquez le n°d'affiliation à l'Assédic (ou Pôle Emploi) de recouvrement)

- ❑ Pôle emploi (anc' Assédic) de ....
- ❑ Garp (Pôle emploi services) .... } N° |____|
- ❑ Autre *(précisez)* ....

(CMSA, URSSAF, CCVRP, organisme centraliseur des paies dans chaque port pour les dockers)

Nombre total de salariés dans l'établissement au 31.12 écoulé : |____|

ne rien inscrire dans ce cadre

2. le salarié

❑ M ❑ Mme ❑ Mlle

Nom de naissance : .... Prénom : ....

Nom d'usage (nom d'épouse, etc.) : ....

Adresse : ....

.... Code postal : |_|_|_|_|_|

NIR : |_|_|_|_|_|_|_|_|_|_|_|_|_|_|_| Date de naissance : |_|_| |_|_| |_|_|_|_|

Le salarié a-t-il un lien de parenté avec le chef d'entreprise ? .... ❑ oui ❑ non

Si oui, lequel ? (conjoint, enfant, etc.) : ....

Niveau de qualification : .... |_|_| Statut cadre ou assimilé : ❑ oui ❑ non
(code : voir notice)

[...]

4. emploi

- Durée d'emploi salarié : ____ du |_|_| |_|_| |_|_|_|_| au |_|_| |_|_| |_|_|_|_|
- Dernier emploi tenu : ____ Dernier lieu de travail : .... Dépt |_|_|
- Date d'engagement de la procédure de licenciement ou de notification de la démission ou de signature de la convention de rupture conventionnelle : ____ |_|_| |_|_| |_|_|_|_|
- Préavis : ❑ effectué : ____ du |_|_| |_|_| |_|_|_|_| au |_|_| |_|_| |_|_|_|_|
  - ❑ non effectué } ❑ payé : ____ du |_|_| |_|_| |_|_|_|_| au |_|_| |_|_| |_|_|_|_|
  - ❑ non payé : ____ du |_|_| |_|_| |_|_|_|_| au |_|_| |_|_| |_|_|_|_|
  - (motif) : ....
- En cas d'affiliation à un régime spécial de sécurité sociale, indiquez la caisse : ____ et le numéro d'affiliation : |____|
- Le salarié relève-t-il du régime local d'Alsace Moselle ? ____ ❑ oui ❑ non
- Catégorie d'emploi particulier : ❑ intérimaire ❑ intermittent ❑ travailleur à domicile ❑ expatrié ❑ employé de maison ❑ assistante maternelle ❑ autre : .... *(précisez)*
- Horaire de travail : hebdomadaire | annuel
  - dans l'entreprise suite à un accord, une convention collective : ____ |____| |____|
  - du salarié : ____ |____| |____|
  - motif en cas de différence : ❑ travail à temps partiel ❑ autre motif : .... *(précisez)*
- Nature du contrat : ❑ contrat à durée indéterminée ❑ contrat à durée déterminée
- Contrat de type particulier : ❑ apprentissage ❑ professionnalisation ❑ orientation ❑ qualification ❑ adaptation ❑ emploi-solidarité ❑ emploi jeunes (dispositif 1997) ❑ contrat jeunes en entreprise (dispositif 2002) ❑ CIE ❑ CAE ❑ contrat d'avenir ❑ autre : .... *(précisez)*
- Statut particulier : ❑ gérant ❑ administrateur/PDG/DG ❑ Mbre/Pdt du Directoire ❑ Mbre du Cons. de surveillance ❑ Pdt d'une association ❑ Mbre d'un GIE ❑ associé/actionnaire ❑ autre : .... *(précisez)*

Annexe 9 (suite)

[...]

6. motif de la rupture du contrat de travail

11 ❑ licenciement suite à redressement ou liquidation judiciaire
12 ❑ licenciement suite à fermeture définitive de l'établissement
14 ❑ licenciement pour motif économique

Salarié licencié à l'âge de 55 ans ou plus
Si une convention FNE a été conclue par l'entreprise, l'intéressé a-t-il refusé la proposition d'adhérer à la convention ? 10 ❑ oui 21 ❑ non

15 ❑ licenciement pour fin de chantier
20 ❑ licenciement pour autre motif,
(précisez) : ....
25 ❑ autre rupture pour raison économique *(Art. L. 1233-3 al.2 du C. du T.)*
31 ❑ fin de contrat à durée déterminée
32 ❑ fin de mission d'intérim
81 ❑ fin de contrat d'apprentissage
82 ❑ résiliation judiciaire du contrat
83 ❑ rupture pour force majeure ou fait du prince
84 ❑ rupture d'un commun accord d'un contrat à durée déterminée ou d'un contrat d'apprentissage
34 ❑ fin de période d'essai à l'initiative de l'employeur
35 ❑ fin de période d'essai à l'initiative du salarié
36 ❑ rupture anticipée d'un contrat à durée déterminée ou d'un contrat d'apprentissage à l'initiative de l'employeur
37 ❑ rupture anticipée d'un contrat à durée déterminée ou d'un contrat d'apprentissage à l'initiative du salarié
38 ❑ mise à la retraite par l'employeur
39 ❑ départ à la retraite à l'initiative du salarié
59 ❑ démission *(motif) :* ....
88 ❑ rupture conventionnelle *(Art. L. 1237-14 du C. du T.)*
60 ❑ autre motif : *(précisez) :* ....

[...]

7.3 sommes versées à l'occasion de la rupture (solde de tout compte)

salaire
(versé après le dernier mois civil mentionné au cadre 7.1)

Période du	Période au	Date de paiement	Nb. d'heures travaillées	Salaire brut	Montant du précompte Assurance chômage *(part salariale)*

indemnité compensatrice de préavis
Montant : ________ | EUR |

indemnité compensatrice de congés payés
Montant : ________ | EUR |
Jours ouvrables : ________
Indemnité due par une caisse professionnelle
(précisez laquelle) : ....

total des sommes ou indemnités légales, conventionnelles ou transactionnelles inhérentes à la rupture .... | EUR |
• Montant correspondant aux indemnités légales (voir notice) : ________ | EUR |
dont indemnités :

❑ légale de licenciement ________
(Art. L. 1234-9 du C. du T.)
❑ minimale de rupture conventionnelle ________
(Art. L. 1237-13 du C. du T.)
Montant correspondant à celui de l'indemnité légale de licenciement)
❑ de fin de contrat à durée déterminée ________
❑ de fin de mission ________
❑ de départ à la retraite ________
❑ spéciale de licenciement ________
❑ spécifique de licenciement ________
(Art. L. 1235-15 du C. du T.)
❑ due aux journalistes ________
❑ légale de clientèle ________
❑ légale due au personnel navigant de l'aviation civile ________
❑ versée à l'apprenti en application de l'article L. 6225-5 al.2 du C. du T. ________
❑ due en raison d'un sinistre ________
❑ autres indemnités légales ________

• Montant correspondant aux indemnités conventionnelles (convention collective) : ________ | EUR |
• Montant correspondant aux indemnités transactionnelles(transaction) : ________ | EUR |
Une transaction est-elle en cours ? ❑ oui* ❑ non
**Si d'autres sommes sont versées après l'établissement de cette attestation, vous devez les déclarer à Pôle emploi.*

Fiche ressource 1

Les motifs de départ du salarié résultant d'une décision de l'employeur

I Le licenciement individuel pour motif personnel

De nombreux motifs peuvent être invoqués. Dans tous les cas, une procédure précise doit être suivie rigoureusement par l'employeur.

1. Le licenciement disciplinaire pour faute

L'employeur estime que le salarié a commis une faute à l'occasion de l'exécution du contrat de travail et il le sanctionne. On distingue traditionnellement la *faute simple ou légère*, la *faute grave* et la *faute lourde*. Le motif de licenciement doit être réel et suffisamment sérieux pour justifier le licenciement.

2. Le licenciement pour insuffisance professionnelle ou pour inaptitude

L'employeur estime que le salarié n'accomplit pas les tâches prévues par le contrat de travail. Ceci peut résulter de compétences jugées trop limitées ou d'une inaptitude, généralement physique. Ici aussi, il faudra apporter des éléments de preuve.

3. Le refus du salarié d'une modification de son contrat de travail

L'employeur dispose d'un pouvoir de direction, il est libre d'affecter le salarié à des tâches prévues par le contrat de travail. Il peut aussi être amené à demander une modification de ce contrat pour les besoins de l'activité. Si le salarié refuse, un licenciement peut être envisagé.

II Le licenciement économique

Il s'agit d'un cas vraiment différent. La cause de la rupture du contrat de travail individuel est à chercher dans la situation de l'entreprise. Celle-ci peut rencontrer des difficultés économiques et financières qui l'obligent à diminuer son personnel. Il peut également s'agir du cas de réorganisation ou de restructuration de l'entreprise qui se traduit par des suppressions de postes.

Dans ce cas de figure, des procédures longues et complexes doivent être mises en place pour essayer de ne pas procéder à des licenciements « secs » : mise en place d'un plan de sauvegarde de l'emploi (PSE) qui peut contenir des départs volontaires, des départs à la retraite, des mutations géographiques, des transferts sur d'autres postes, par exemple.

La réglementation encadre de façon stricte les procédures à réaliser. Ces procédures sont sujettes à des modifications fréquentes, ce qui impose à l'entreprise de procéder à une veille réglementaire très attentive.

III La mise à la retraite du salarié

Lorsque le salarié a atteint l'âge de 70 ans, l'employeur peut le mettre à la retraite d'office. Avant cet âge, il ne peut le faire qu'avec l'accord du salarié.

Fiche ressource 2

Les motifs de départ du salarié résultant d'une décision du salarié

C'est le salarié qui décide de rompre le contrat de travail pour des raisons personnelles.

I La démission du salarié

Le salarié choisit de rompre son contrat de travail de sa propre initiative. Pour éviter qu'il s'agisse d'un licenciement déguisé, il doit manifester clairement sa volonté de démissionner.

1. La forme de la démission

Elle peut être verbale, écrite ou résulter d'un comportement sans ambiguïté du salarié. Il est toutefois souhaitable de remettre sa démission par écrit, de préférence par lettre recommandée avec avis de réception. C'est souvent ce que prévoient les conventions collectives.

2. Le préavis lié à la démission

Sauf dispense accordée par l'employeur, ou prévue par la convention collective, le salarié doit continuer à travailler pendant une certaine durée, pour que l'entreprise ne soit pas soudainement désorganisée. C'est ce qu'on appelle couramment accomplir un préavis.

La durée du préavis résulte le plus souvent de dispositions contenues dans les accords collectifs de travail. Le contrat de travail peut prévoir un préavis plus court que le préavis conventionnel, mais pas plus long.

3. Les suites de la démission

En principe, la démission n'ouvre pas droit à une indemnisation au titre de l'assurance chômage sauf si elle est considérée comme légitime : par exemple, démission pour suivre son conjoint qui occupe un nouvel emploi, en cas de non-paiement des salaires.

II Le départ à la retraite du salarié

La loi fixe un âge minimum de départ à la retraite, mais le départ effectif résulte d'un libre choix du salarié.

1. Les conditions du départ du salarié

Les conditions de départ à la retraite font l'objet de modifications fréquentes. Par exemple, un salarié né en 1955 ne pourra partir en retraite qu'à l'âge de 62 ans.

2. Les suites du départ à la retraite

Lorsqu'il aura pris sa retraite, le salarié recevra une pension de retraite. Le montant de cette pension va dépendre du nombre de trimestres de cotisation aux régimes de retraite, donc du nombre d'années de travail salarié et de l'année de naissance.

Si le salarié prend sa retraite sans avoir travaillé suffisamment, sa pension de retraite sera minorée. Si, par contre, il part tardivement, elle sera majorée.

Cette retraite de base sera complétée par le régime de retraite complémentaire dont dépend le salarié. Tout au long de sa carrière professionnelle, un salarié cotise en général à plusieurs caisses de retraite complémentaire. Chacune contribuera au versement de la pension de retraite.

Fiche ressource 3

Les motifs de départ du salarié résultant d'une décision conjointe de l'employeur et du salarié

I Le terme d'un contrat à durée déterminée (CDD)

Arrivé au terme prévu par son contrat, sauf en cas de renouvellement autorisé par la loi, le salarié bénéficiant d'un CDD va quitter l'entreprise. Il reçoit alors une indemnité de fin de contrat appelée communément indemnité ou prime de précarité.

L'indemnité de fin de contrat est égale au minimum à 10 % de la rémunération brute totale versée durant le contrat. Toutefois, ce pourcentage peut être limité à 6 % par un accord collectif. L'indemnité est versée à l'issue du contrat en même temps que le dernier salaire et doit figurer sur le bulletin de paye correspondant.

	Versement de la prime de précarité	Calcul de la prime de précarité
Règle	OUI, à l'issue du CDD, en même temps que le dernier salaire.	10 % de la rémunération brute totale versée durant le contrat.
Exceptions	NON, dans les cas suivants : • embauche en CDI à l'issue du CDD ; • démission du salarié ; • rupture anticipée du contrat due à la faute grave (ou faute lourde) du salarié ; • rupture du CDD au cours de la période d'essai ; • CDD d'usage (hôtellerie, bâtiment, artistes du spectacle vivant, par exemple) ; • contrat aidé (contrat unique d'insertion – CUI, contrat de professionnalisation, emploi d'avenir, emploi d'avenir professeur, CDD senior) sauf si une convention collective prévoit le contraire ; • contrat conclu avec un jeune pendant ses vacances scolaires ou universitaires.	Ce pourcentage peut être limité à 6 % par une convention ou un accord collectif de branche étendu (ou par un accord d'entreprise ou d'établissement).

II La transaction

C'est une procédure prévue par le Code civil. En cas de litige concernant un licenciement contesté par un salarié, avant de porter l'affaire devant les tribunaux, il peut y avoir une transaction qui va se caractériser par un compromis. Par exemple, le salarié accepte le licenciement et renonce à un procès, en contrepartie du versement d'une indemnité. La plupart des transactions sont conclues de façon discrète.

III La rupture conventionnelle

La rupture conventionnelle est une procédure qui permet à l'employeur et au salarié de négocier les conditions de la rupture du contrat de travail qui les lie. Elle n'est possible que pour les contrats de travail à durée indéterminée (CDI).

Le détail de la procédure est indiqué en fiche ressource 5.

Fiche ressource 4

La procédure de licenciement pour motif personnel

I Les causes du licenciement pour motif personnel

Tout licenciement pour motif personnel doit être motivé et justifié par une cause réelle et sérieuse :

- réelle, c'est-à-dire qui repose sur des faits objectifs, vérifiables et non sur une impression ou un jugement subjectif ;
- sérieuse, c'est-à-dire suffisamment grave pour rendre inévitable le licenciement. Il convient d'apprécier les événements au cas par cas, selon leur ampleur, leurs conséquences sur la bonne marche de l'entreprise, les « états de service » du salarié.

S'il résulte d'une faute, celle-ci peut, selon son importance (simple, grave ou lourde), dispenser l'employeur du versement de certaines indemnités.

1. La faute simple

Les absences non autorisées, des indiscrétions, certaines fautes professionnelles... peuvent, selon les circonstances, constituer une faute simple, mais suffisante pour justifier le licenciement, ou une faute grave.

2. La faute grave

La faute grave est celle qui provoque des troubles sérieux ou des pertes pour l'entreprise et qui rend impossible le maintien du salarié dans l'entreprise. Dans ce cas, aucun préavis ni indemnité de licenciement ne sont dus.

3. La faute lourde

La faute lourde a toutes les caractéristiques de la faute grave, renforcée par l'intention du salarié de nuire à l'employeur ou à l'entreprise (vol, détournement de fonds). Elle est privative également de l'indemnité de congés payés, à compter de la date de la faute.

4. L'absence de faute : licenciement abusif

En l'absence de faute, le licenciement est qualifié de licenciement abusif. Le conseil de prud'hommes peut ordonner la réintégration du salarié, avec son accord. Il peut aussi condamner l'employeur à verser une indemnité au salarié. Dans les entreprises d'au moins 11 salariés, l'indemnité minimale est fixée à 6 mois de salaire pour les salariés ayant au moins 2 ans d'ancienneté.

Si ces deux conditions ne sont pas remplies, l'indemnité est fixée par le juge en fonction du préjudice subi.

II La procédure de licenciement pour faute

L'employeur qui envisage de licencier un salarié pour motif personnel doit respecter la procédure légale prévue en matière de licenciement. Les étapes à respecter sont les suivantes :

1) convocation du salarié à un entretien préalable au licenciement ;

2) déroulement de l'entretien ;

3) envoi d'une lettre de licenciement.

1. La convocation

La convocation du salarié à l'entretien préalable au licenciement est réalisée par lettre recommandée ou par lettre remise en main propre contre décharge.

2. L'entretien préalable au licenciement

L'entretien ne peut avoir lieu moins de cinq jours ouvrables après la présentation de la lettre recommandée de convocation ou de sa remise en main propre.

Au cours de l'entretien, l'employeur doit exposer les motifs du licenciement envisagé et recueillir les explications du salarié. L'employeur ne doit en aucun cas annoncer sa décision de licencier le salarié durant l'entretien.

3. La notification du licenciement

Le licenciement doit être notifié au salarié par lettre recommandée avec accusé de réception (LRAR), au moins deux jours ouvrables après la date de l'entretien.

La lettre doit être signée par l'employeur (ou, à défaut, par une personne habilitée à prononcer le licenciement du salarié).

La lettre doit énoncer avec précision le ou les motifs du licenciement, qui doivent être matériellement vérifiables. L'absence de motifs dans la lettre ou leur manque de précision rend le licenciement sans cause réelle et sérieuse.

4. Le préavis de licenciement (délai congé)

Le salarié reste tenu d'exécuter un préavis, sauf dans certains cas (dispense accordée par l'employeur, licenciement pour inaptitude, faute grave ou faute lourde).

Au terme du préavis, le contrat de travail prend fin. À la date de fin du contrat, le salarié perçoit, en complément de son dernier salaire et s'il y a droit, les sommes suivantes :

- l'indemnité de licenciement ;
- les indemnités compensatrices de préavis et de congés payés ;
- la contrepartie financière prévue en cas de clause de non-concurrence.

5. Le non-respect de la procédure : licenciement fautif

Si l'employeur ne respecte pas la procédure prévue, le tribunal pourra lui imposer de l'accomplir. Par ailleurs, si l'entreprise emploie au moins 11 salariés et si le salarié a au moins 2 ans d'ancienneté, il a toujours droit à une indemnité pouvant aller jusqu'à 1 mois de salaire brut, même s'il n'en fait pas la demande. Dans le cas contraire, le montant de l'indemnité est évalué par le juge en fonction du préjudice subi par le salarié.

La procédure de rupture conventionnelle

La rupture conventionnelle est une procédure qui permet à l'employeur et au salarié de convenir en commun des conditions de la rupture du contrat de travail qui les lie. Elle n'est possible que pour les contrats de travail à durée indéterminée (CDI).

La rupture conventionnelle est exclusive du licenciement ou de la démission ; elle ne peut pas être imposée par l'une ou l'autre des parties.

I La signature d'une convention

Cette rupture résulte d'une convention signée par les parties au contrat, c'est-à-dire l'employeur et le salarié. Cette convention est soumise aux dispositions impératives fixées par le Code du travail, destinées à garantir la liberté du consentement des parties. Selon la Cour de cassation, l'existence d'un différend entre les parties au contrat de travail n'affecte pas par elle-même la validité de la convention de rupture conventionnelle.

II Les entretiens de négociation

L'employeur et le salarié conviennent du principe d'une rupture conventionnelle lors d'un ou plusieurs entretiens. Le salarié peut se faire assister. Chaque partie peut se rétracter dans un délai de 15 jours calendaires.

III L'homologation par la DIRECCTE

La convention doit ensuite être homologuée par le directeur régional de la DIRECCTE (Direction régionale des entreprises, de la concurrence, de la consommation, du travail et de l'emploi). La demande est présentée au moyen d'un formulaire Cerfa.

IV L'indemnité de rupture conventionnelle

À l'occasion de la rupture conventionnelle de son contrat de travail, le salarié doit percevoir une « indemnité spécifique de rupture conventionnelle » dont le montant, éventuellement négocié avec l'employeur, ne peut être inférieur au montant de l'indemnité légale de licenciement.

Fiche ressource 6

Les formalités liées au départ du salarié

I Les documents à remettre au salarié

Lorsque le contrat de travail arrive à son terme, quel que soit le motif, l'employeur doit remettre au salarié les documents suivants :
1) un certificat de travail ;

2) une attestation destinée à Pôle emploi pour faire valoir ses droits éventuels aux allocations de chômage ;

3) un reçu pour solde de tout compte à faire signer par le salarié ;

4) un état récapitulatif de l'ensemble des sommes et valeurs mobilières épargnées dans le cadre des dispositifs de participation, d'intéressement et des plans d'épargne salariale.

Ces documents sont à remettre au salarié quels que soient :
- la nature du contrat concerné : CDI, CDD, contrat en alternance, contrat d'apprentissage… ;
- le motif du terme du contrat : démission, licenciement, rupture conventionnelle, CDD arrivé à son terme…

1. Le certificat de travail

Le certificat de travail doit mentionner :
- la date d'entrée et de sortie de l'emploi ;
- la nature de l'emploi exercé ;
- en cas d'emploi sur plusieurs postes, nature et durée des emplois.

Il est interdit d'y faire figurer une mention exprimant une opinion négative.

2. L'attestation Pôle emploi

Elle est indispensable pour bénéficier de l'assurance chômage.

a) Contenu

Elle indique, en particulier :
- la durée du travail accomplie par le salarié ;
- le motif de rupture (démission, licenciement pour motif personnel) ;
- les sommes perçues par le salarié au titre des salaires versés au cours des 12 mois civils précédant le dernier jour travaillé et payé ;
- les primes d'une périodicité différente des salaires (prime de bilan, par exemple) ;
- les sommes versées à l'occasion de la rupture figurant sur le reçu pour solde de tout compte.

b) Forme et mode de transmission

Les employeurs de 10 salariés et plus doivent obligatoirement établir une attestation d'assurance chômage par voie électronique (décret n° 2011-138 du 1er fév. 2011 publié au JORF du 3 fév.).

Pour les employeurs dont l'effectif est inférieur à 10 salariés, la dématérialisation est facultative. Ils peuvent utiliser les attestations papier et les transmettre par courrier à l'adresse suivante : Pôle emploi Centre de traitement BP 80069 77213 Avon cedex.

Dans le cas de la transmission par voie électronique, deux modalités sont possibles :
- la saisie en ligne de l'attestation sur le site www.pole-emploi.fr, dans l'espace personnel de l'employeur ;
- la transmission de fichier, depuis un logiciel de paie vers le portail Net-entreprises.fr, soit par le service de dépôt de fichier, soit par le service EDI (échange de données informatisé) du portail.

3. Le reçu pour solde de tout compte

Le solde de tout compte, établi par l'employeur et dont le salarié lui donne reçu, fait l'inventaire des sommes versées au salarié lors de la rupture du contrat de travail.

a) Contenu

Les sommes concernées représentent, en particulier :

- le salaire versé jusqu'au dernier jour du contrat ;
- le paiement des heures supplémentaires non récupérées ;
- le solde de l'indemnité de congés payés.

S'il y a lieu, le reçu pour solde de tout compte peut aussi mentionner :

- le prorata de treizième mois ;
- les sommes dues au titre de la participation des salariés ou de l'intéressement ;
- l'indemnité de licenciement ;
- l'indemnité compensatrice de préavis si le salarié est dispensé de préavis ;
- l'indemnité de non-concurrence si elle est prévue dans le contrat de travail ;
- les indemnités transactionnelles, le cas échéant.

> Exemple
> Un salarié est en CDD du 1er mars 20N au 30 avril 20N. Il perçoit 2 000 € en mars et 1 900 € en avril 20N. Le cumul des salaires est de 3 900 € (2 000 + 1 900) à la fin avril 20N.
> La prime de précarité sera donc de 3 900 € /10 = 390 €.
> L'indemnité compensatrice de congés payés sera de (3 900 € + 390 €) / 10 = 429 €.

b) Forme et mode de transmission

Le reçu pour solde de tout compte est établi en double exemplaire. Mention en est faite sur le reçu. L'un des exemplaires est remis au salarié.

La loi n'oblige pas le salarié à le signer mais il doit être remis au salarié, en main propre ou par une lettre recommandée avec accusé de réception (LRAR), à la date de fin du contrat de travail.

Le reçu pour solde de tout compte peut être dénoncé dans les six mois qui suivent sa signature.

II Les démarches à entreprendre

L'employeur doit informer certains organismes extérieurs du départ du salarié, dans le cadre de la rupture du contrat de travail.

Lorsqu'il y a rupture conventionnelle, celle-ci doit être homologuée par la DIRECCTE.

L'employeur doit mentionner sur les déclarations sociales périodiques le départ du salarié. C'est le cas, par exemple, de la déclaration sociale nominative (DSN) transmise à l'Urssaf ou encore des déclarations remises aux organismes gérant les régimes de prévoyance du salarié (mutuelles, assurances).

Enfin, il doit veiller à mettre à jour le dossier individuel du salarié, qu'il soit tenu sous forme papier ou en utilisant les fonctionnalités d'un PGI.

Applications

1 Rupture conventionnelle

Mme Salouah Meniri dirige le cabinet comptable Cabinet Paradis, qu'elle a fondé à Paris en 1970. Elle s'attache à former de jeunes collaborateurs comptables et leur demande un strict respect des diligences professionnelles.

Au cours du mois de juin 2016, elle a constaté qu'un de ses jeunes comptables, M. Karim Hanou, avait remis des documents comptables d'une société cliente à des amis qui souhaitaient créer une entreprise dans le même secteur d'activité.

Conformément à la convention collective des cabinets d'expertise comptable, elle décide de se séparer de M. Hanou. Toutefois, pour que cela ne porte pas préjudice à M. Hanou pour la suite de sa carrière, Mme Meniri propose à son collaborateur de réaliser une rupture conventionnelle.

Au cours d'un entretien réalisé en tête à tête le 7 juillet 2016, celui-ci reconnaît sa faute. Une convention de rupture conventionnelle est signée. Elle comporte les éléments suivants :
- les fonctions de M. Hanou prendront fin le 31 juillet 2016 ;
- outre le paiement des sommes dues en application de la loi, il y aura versement d'une indemnité transactionnelle de 1 000 €.

Mme Meniri vous confie le soin de préparer la procédure d'homologation de la convention de rupture conventionnelle.

1. **Mme Meniri aurait-elle pu choisir une autre procédure ? Dans ce cas, quelles auraient été les conséquences pour M. Hanou ?**
2. **Indiquez quelles seront les étapes de la procédure de rupture conventionnelle.**
3. **En vous appuyant sur les documents 1, 2 et 3, complétez le formulaire Cerfa n° 14598*01 – Rupture conventionnelle d'un contrat de travail à durée déterminée et formulaire de demande d'homologation (document 4).**

Document 1 **Fiche d'identité du Cabinet Paradis**

Raison sociale	Cabinet Paradis
Forme juridique	SARL
Capital social	150 000 €
Dirigeant	Madame Salouah MENIRI
Création	18 septembre 1970
Convention collective	Cabinets d'experts-comptables et de commissaires aux comptes
Numéro SIRET	18411196900014
Code APE - NAF	741C – Activités comptables – IDCC 0787
Adresse	42 rue de Paradis – 75010 PARIS

Document 2 Situation de Monsieur Karim Hanou

Nom salarié	HANOU
Prénom salarié	Karim
Emploi	Collaborateur comptable
Contrat	CDI temps plein
Adresse	6, rue papillon 75009 PARIS
Date naissance	15/08/1992
Date d'entrée cabinet	28/06/2013
Salaire brut mensuel	2 180,00 €
Horaire mensuel	151,67
Courriel	kh7592@gmail.com

Document 3 Extraits de la convention collective des cabinets d'experts-comptables et de commissaires aux comptes

6.2.0. Délai-congé

La durée du délai-congé réciproque, sauf cas de faute grave caractérisée ou de force majeure, est, dès l'issue de la période d'essai, d'un mois pour les employés et trois mois pour les cadres.

En cas de licenciement d'un salarié comptant une ancienneté d'au moins 2 ans, la durée du préavis est de 2 mois au moins, en application de la loi du 13 juillet 1973.

8.5.2. Obligation de discrétion

Les collaborateurs sont tenus, indépendamment d'une obligation de réserve générale, à une discrétion absolue sur tous les faits qu'ils peuvent apprendre en raison de leurs fonctions ou de leurs missions ainsi que de leur appartenance au cabinet. Cette obligation de réserve concerne exclusivement la gestion et le fonctionnement du cabinet et des entreprises clientes, leur situation financière et les projets les concernant. Ces dispositions ne font pas obstacle à l'application de l'article L.2323-18 du Code du travail.

Les documents ou rapports qu'ils établiront ou dont communication leur sera donnée sont la propriété du cabinet ou du client du cabinet. Ils ne pourront ni en conserver de copies ou de photocopies, ni en donner communication à des tiers sans l'accord écrit du membre de l'ordre ou de la compagnie.

Toute inobservation à cette stricte obligation constitue une faute lourde, et justifie non seulement un congédiement immédiat, mais en outre, la réparation du préjudice causé.

Document 4 Formulaire de rupture conventionnelle et de demande d'homologation

cerfa
N° 14598*01

Rupture conventionnelle d'un contrat de travail à durée indéterminée et formulaire de demande d'homologation
(art. L. 1237-14 du code du travail)

Réservé à l'Administration
N°...............

1. Informations relatives aux parties à la convention de rupture

▶ EMPLOYEUR

Nom ou raison sociale ....

Nom du signataire pour le compte de l'employeur.... ....

n° SIRET de l'établissement où est employé le salarié |_|_|_|_|_|_|_|_|_|_|_|_|_|_|

ou, à défaut, n° de cotisant (URSSAF, CESU....) |_|_|_|_|_|_|_|_|_|_|_|_|_|_|

Adresse de l'établissement : n°.......... Voie (nature et nom de la voie) : ....

....

Code postal |_|_|_|_|_| Commune..

Adresse à laquelle adresser les correspondances (si différente) : n°.......... Voie (nature et nom de la voie) :

....

Code postal |_|_|_|_|_| Commune..

Téléphone : |_|_||_|_||_|_||_|_||_|_| Courriel : ....

▶ SALARIÉ (E) Madame ☐ Monsieur ☐

Nom........ ....Prénom..

Date de naissance |_|_||_|_||_|_|_|_|

Adresse : n°........... Voie (nature et nom de la voie) : ....

.... Code postal |_|_|_|_|_| Commune...

Téléphone : |_|_||_|_||_|_||_|_||_|_| Courriel : ....

Emploi ....

Qualification (cochez) : Cadre dirigeant ☐ Autre cadre ☐

Technicien, contremaître, agent de maîtrise ☐ Employé ☐ Ouvrier qualifié ou non qualifié ☐

Convention collective applicable au salarié (n° IDCC et nom) : |_|_|_|_|..

....

Ancienneté du salarié à la date envisagée de rupture |_|_| ans |_|_| mois

Rémunération mensuelle brute des douze mois précédents (précisez les mois concernés)

Mois de		Mois de		
Mois de		Mois de		
Mois de		Mois de		
Mois de		Mois de		Trois derniers mois
Mois de		Mois de		
Mois de		Mois de		
Dont primes annuelles ou exceptionnelles au cours des 3 derniers mois				

Rémunération mensuelle brute moyenne (moyenne la plus élevée entre les 12 ou 3 derniers mois)	|_|_|_|_|_|_|, |_|_| €

Commentaires éventuels en cas de variation significative des salaires sur la période ou de situation particulière du salarié (maladie, maternité, temps partiel...).

2. Déroulement des échanges pour convenir de la rupture conventionnelle

Rappeler au salarié la possibilité qu'il a de contacter les services, notamment le service public de l'emploi, qui pourront l'aider à prendre sa décision en pleine connaissance de ses droits.

▶ PREMIER ENTRETIEN Date (jj/mm/aaaa) |_|_||_|_||_|_|_|_|

Salarié assisté : non ☐ oui ☐ si oui, par (nom, prénom, qualité) :...

Employeur assisté : non ☐ oui ☐ si oui, par (nom, prénom, qualité) :...

Document 4 (suite)

▶ AUTRES ENTRETIENS EVENTUELS Dates (jj/mm/aaaa) I__I__I I__I__I I__I__I__I__I
I__I__I I__I__I I__I__I__I__I

Salarié assisté : non ☐ oui ☐ si oui, par :..
Employeur assisté : non ☐ oui ☐ si oui, par :..

3. Convention de rupture

Les parties décident de rompre le contrat de travail à durée indéterminée qui les lie et conviennent d'un commun accord des conditions de la rupture de ce contrat :
- droits afférents à la rupture de ce contrat ;
- versement d'une indemnité de rupture du montant indiqué ci-dessous ;
- date envisagée de la rupture, sous réserve des délais prévus par la loi, ci-après.

Autres clauses éventuelles :

Montant brut de l'indemnité spécifique de rupture conventionnelle (somme en chiffres et en lettres) :
I__I__I__I__I__I__I__I__I__I,I__I__I €
....

Date envisagée de la rupture du contrat de travail (jj/mm/aaaa) I__I__I I__I__I I__I__I__I__I

Date et signature précédée de la mention « lu et approuvé » par chaque partie
I__I__I I__I__I I__I__I__I__I I__I__I I__I__I I__I__I__I__I

IMPORTANT : *La date de signature de la convention de rupture déclenche le délai de rétractation de 15 jours calendaires pendant lequel chaque partie peut revenir sur sa décision. La demande d'homologation peut donc être transmise à la DIRECCTE/UT (ou à la DIECCTE) au plus tôt le lendemain de la fin de ce délai.*

Date de fin du délai de rétractation (jj/mm/aaaa) I__I__I I__I__I I__I__I__I__I

Remarques éventuelles des parties ou des assistants sur ces échanges / autres commentaires

IMPORTANT :

La validité de la convention de rupture conventionnelle est subordonnée à son homologation par l'administration.

Ce formulaire de demande d'homologation de rupture conventionnelle doit donc être adressé, après la fin du délai de rétractation, par la partie la plus diligente, à l'unité territoriale départementale (UT) de la direction régionale des entreprises, de la concurrence, de la consommation, du travail et de l'emploi (DIRECCTE) dont relève l'établissement où est employé le salarié. Dans les DOM, le formulaire est adressé à la direction des entreprises, de la concurrence, de la consommation, du travail et de l'emploi (DIECCTE).

L'Unité territoriale (ou la DIECCTE) dispose d'un délai d'instruction de 15 jours ouvrables, à compter du lendemain du jour de la réception de la demande, pour s'assurer du respect des conditions prévues par la loi pour établir cette rupture et de la liberté de consentement des parties.

A défaut de notification d'un refus d'homologation dans ce délai d'instruction, l'homologation sera réputée acquise et la rupture pourra intervenir, au plus tôt, dès le lendemain de la fin de ce délai.

La loi n°78-17 du 6 janvier 1978 modifiée vous garantit un droit d'accès et de rectification pour les données que nous enregistrons à partir de vos réponses.

2 Démission d'un salarié

M. Alex Sanchez occupe un poste de commercial dans la société Asdepub, spécialisée dans le secteur de la publicité des entreprises. Cette société exerce son activité à Grenoble (Isère). Il a été sollicité pour rejoindre un de ses amis de lycée qui a créé une start-up de prestation de services sur Internet. Il est très intéressé par ce nouveau défi et a indiqué à son dirigeant qu'il souhaitait démissionner de son poste actuel.

Après un entretien avec les dirigeants, M. Sanchez persiste dans sa décision de démissionner.

1. **Quel document M. Sanchez devra-t-il remettre à la société Asdepub ? Sous quelle forme ?**
2. **En quoi consiste le préavis prévu par l'article 29 de la convention collective applicable à l'entreprise ? Quel est l'intérêt d'un préavis ?**
3. **Quelle sera sa durée pour M. Sanchez ? À partir de quelle date ? La société peut-elle le dispenser d'exécuter ce préavis ?**
4. **Quelle sera la nature des sommes à verser à M. Sanchez au moment de son départ ?**
5. **Quels sont les documents à lui remettre ? Doit-on lui faire signer un document ?**
6. **Quel serait l'intérêt d'avoir inclus dans son contrat de travail la clause de non-concurrence ?**

Document 1 **Extrait de la convention collective de travail des cadres, techniciens et employés de la publicité française**

Article 29 – Démission de l'employé.

En vigueur étendu.

Lorsque la cause de la fin du contrat de travail sera la démission de l'employé, celui-ci devra observer un préavis d'un mois.

Cette règle n'est pas applicable pendant la période d'essai.

La date de départ du préavis est celle à laquelle la démission a été notifiée.

Pendant la période de préavis, l'employé est autorisé à s'absenter deux heures par jour pour lui permettre de retrouver du travail.

La période de la journée pendant laquelle l'employé pourra disposer de ces deux heures devra faire l'objet d'un accord avec l'employeur.

En cas de désaccord, satisfaction sera donnée un jour sur deux à chacune des deux parties.

Les heures d'absence ainsi autorisées seront payées et pourront être groupées en une ou plusieurs journées ou demi-journées, consécutives ou non, à la demande d'une des deux parties et avec l'accord de l'autre.

L'octroi de ces deux heures est supprimé dès que l'employé a trouvé un emploi, ce qu'il est tenu de déclarer sans délai à son employeur.

En cas de préavis non effectué, à la demande de l'employé et avec l'accord de l'employeur, celui-ci ne bénéficiera pas de l'octroi des deux heures pour la période non travaillée.

Document 2 **Clause de non-concurrence intégrée au contrat de travail de M. Sanchez**

M. Sanchez, lorsqu'il cessera ses fonctions dans l'entreprise Asdepub, pour quelque raison que ce soit et ce, au terme de la période d'essai, ne pourra exercer une activité concurrente à celle de son employeur.

L'interdiction concurrentielle de M. Sanchez est limitée à 6 mois à partir du moment où il ne sera plus en fonctions. Dans le cas où le préavis ne serait pas effectué, cette interdiction de non-concurrence s'appliquerait dès la cessation effective des fonctions.

Cette interdiction s'applique pour toutes les entreprises du département de l'Isère.

En contrepartie de l'obligation de non-concurrence, il sera versé à M. Sanchez, après la rupture de son contrat de travail et durant toute la période de la clause de non-concurrence, une indemnité mensuelle de 1 000 € bruts.

L'entreprise Asdepub sera déchargée de verser cette indemnité à M. Sanchez, dans le cas où elle le libérerait de cette clause de non-concurrence. Elle devra le prévenir par lettre recommandée avec accusé de réception dans les 2 jours qui suivent la fin du préavis ou, en cas de préavis non effectué, dans les 2 jours qui suivent le départ effectif du salarié.

3 Planification de la procédure de licenciement

Le cabinet Auditor est amené à travailler assez souvent sur les procédures de licenciement. Il souhaite mettre en place un document sur tableur permettant de récapituler les étapes d'un licenciement pour faute. Ce document pourra servir de guide et de justification en cas de contestation.

Il faudra indiquer, en particulier :

- le nom du salarié concerné :
- la nature de l'étape ;
- le document créé, éventuellement ;
- la date prévue ;
- la date de réalisation effective ;
- le nom de la personne qui réalise l'opération.

Créez sur tableur le document de suivi de la procédure de licenciement pour faute.

Chapitre 4

La durée du travail

Activité	Situation de travail	Compétence
4.2. Préparation des formalités administratives de gestion du personnel et information des salariés	**4.2.2.** Recueil des informations relatives au suivi de la durée de travail	Assurer le suivi des heures effectuées, des heures supplémentaires, des heures complémentaires et du repos éventuel dans le respect de la réglementation en vigueur

Situation professionnelle

La SAS Esthétique et Santé poursuit son développement dans le secteur du soin corporel. Le fondateur, Monsieur Lange, a créé un concept de soin global alliant soins esthétiques, fitness et développement personnel.

Ces dernières semaines, l'établissement de Bordeaux a beaucoup travaillé. Le concept plaît aux clients qui sont de plus en plus nombreux. Cette augmentation de l'activité a fait apparaître des problèmes de gestion des plannings et des heures des salariés de la société. La préparation des plannings pose de plus en plus de problèmes et des conflits sont apparus (cas de Mme Bueno). De plus, dans ce contexte de forte activité, la plupart des salariés effectue des heures supplémentaires (cas de Mme Isidori) ou des heures complémentaires (cas de M. El Ouafa). Des décomptes ont été effectués sur la base des déclarations des salariés.

Mission

Mme Karine fait appel à vous pour l'aider dans la gestion des problèmes liés à la durée du travail des salariés. Il s'agit d'envisager avec elle les dépassements horaires de certains salariés pour le mois de juin N et les conséquences qui en découlent.

Travail à faire

I Mesurer la durée du travail

Entre autres, Mme Bueno, esthéticienne, se plaint du projet de planning de la semaine 25, en particulier à propos du jeudi.

1. Quelle est la durée légale du travail ?
2. Cette durée est-elle applicable à l'entreprise E&S ?
3. Le planning transmis à Mme Bueno respecte-t-il la législation du travail ? Pourquoi ?

Annexe 1
Annexe 2
Fiche ressource 1

II Décompter les heures supplémentaires

Salariée à temps plein, Maria Isidori a contacté Mme Karine car elle a effectué des heures supplémentaires pendant le mois de juin.

4. Combien d'heures supplémentaires a-t-elle effectuées la 3e semaine ?
5. Aurait-elle pu refuser d'effectuer ces heures supplémentaires ?
6. Comment seront décomptées les heures supplémentaires de la dernière semaine ?
7. Combien d'heures supplémentaires lui seront décomptées sur le mois de juin ?
8. Mme Isidori pourra-t-elle effectuer autant d'heures supplémentaires chaque mois de l'année ? Quelle est la limite pour l'entreprise E&S ?

Annexe 3
Fiche ressource 1
Fiche ressource 2

III Calculer les compensations aux heures supplémentaires

Mme Isidori souhaite connaître les compensations auxquelles elle a droit suite à ses heures supplémentaires du mois de juin N.

9. Calculez le taux horaire de Mme Isidori pour le mois.
10. À quelle majoration a-t-elle droit selon la convention collective ? Cette majoration diffère-t-elle de la règle générale en la matière ?
11. Calculez le montant qui s'ajoutera à son salaire de base.
12. D'après la loi, le paiement des heures supplémentaires peut-il être remplacé par un repos compensateur ? Est-ce possible pour Mme Isidori ?
13. Calculez le nombre d'heures de repos auquel elle pourrait avoir droit.
14. En quoi ce repos est-il différent de la contrepartie obligatoire en repos ?
15. Calculez la contrepartie obligatoire en repos de Mme Isidori si elle effectue 230 heures dans l'année.
16. Comment Mme Isidori sera-t-elle informée des heures de repos auxquelles elle peut prétendre ?

Annexe 4
Annexe 5
Fiche ressource 2
Fiche ressource 3

IV Décompter et compenser les heures complémentaires

Le cas de M. Khalid El Ouafa est un peu différent. En effet, son contrat est à temps partiel. Cependant, son décompte du mois dernier montre que cette limite est dépassée.

17. Un salarié à temps partiel peut-il réaliser des heures au-delà de la durée prévue dans son contrat ?

18. M. El Ouafa aurait-il pu refuser d'effectuer ces heures ?

19. Sachant que le taux horaire de M. El Ouafa est de 13,25 €, calculez le montant qu'il va percevoir pour ses heures complémentaires du mois de juin N.

20. Est-il possible de remplacer la majoration du taux horaire par un repos compensateur ?

Annexe 6
Annexe 7
Annexe 8
Fiche ressource 4

Données de la situation

Annexe 1 Planning de Michelle Bueno

PLANNING DE LA SEMAINE 25 Salarié(e) : Mme Bueno Michelle		
JOUR	HORAIRE MATIN	HORAIRE APRÈS-MIDI
Mardi 16 juin	9 h-12 h	14 h-20 h
Mercredi 17 juin	9 h-12 h	14 h-20 h
Jeudi 18 juin	9 h-13 h	14 h-21 h
Vendredi 19 juin	9 h-12 h	14 h-21 h
Samedi 20 juin	10 h-12 h	14 h-22 h

Annexe 2 Extrait de la convention collective de l'esthétique-cosmétique

Article 10

1. Durée du travail

1.1. Durée légale du travail

Dans toutes les entreprises entrant dans le champ d'application de la branche, la durée légale du travail effectif des salariés à temps complet est fixée à 35 heures par semaine civile. [...]

Annexe 3 Décompte des heures de la salariée Maria Isidori

SEMAINE	DATE	DÉCOMPTE DES HEURES EFFECTUÉES
1	01/06 au 07/06	45
2	08/06 au 14/06	35
3	15/06 au 21/06	39
4	22/06 au 28/06	46
5	29/06 au 05/07	37

Annexe 4 Éléments du salaire de Mme Isidori pour calcul du taux horaire

ÉLÉMENTS	MONTANT
Salaire de base (151,67 heures)	1 840 €
Prime d'ancienneté	35,60 €
Prime de rendement	190 €

Annexe 5 Extrait de la convention collective de l'esthétique-cosmétique

Article 10

1. Durée du travail

[...]

1.2. Contingent d'heures supplémentaires

Le contingent annuel d'heures supplémentaires est fixé à 200 heures. Par principe, les heures supplémentaires sont rémunérées.

Pour chaque heure supplémentaire, le taux sera majoré :

– de 25 % de la 36e heure à la 43e heure de travail effectif au cours d'une semaine ;

– de 50 % à partir de la 44e heure de travail au cours d'une semaine.

1.3. Institution d'un repos compensateur de remplacement (RCR)

Les entreprises assujetties à la présente convention collective connaissant des variations plus ou moins importantes et périodiques de leur activité pourront y faire face en ayant la possibilité d'adapter leurs horaires pendant l'année.

Les partenaires sociaux conviennent qu'il est possible d'adopter un repos compensateur en remplacement d'heures supplémentaires. Ils décident des contreparties accompagnant les possibilités nouvelles d'aménagement du temps de travail.

Annexe 5 **(suite)**

Le remplacement de tout ou partie du paiement des heures supplémentaires et des majorations y afférant par un repos compensateur équivalent est autorisé et décidé d'un commun accord entre le salarié et l'employeur.

Pour l'attribution de ce repos, il est convenu que chaque heure supplémentaire ouvre droit à un repos égal :

– à 125 % du temps ainsi effectué de la 36e heure à la 43e heure de travail effectif au cours d'une semaine ;

– à 150 % du temps ainsi effectué à partir de la 44e heure de travail au cours d'une semaine.

Cela sans préjudice des dispositions prévues par l'article L. 3121-11 du Code du travail (contrepartie obligatoire en repos pour toute heure supplémentaire accomplie au-delà du contingent annuel).

Les repos compensateurs de remplacement (RCR) auxquels les salariés auront ainsi droit seront pris en priorité pendant les périodes de faible activité, au plus tard dans un délai de 4 mois. Les règles d'attribution de ce repos sont définies d'un commun accord entre l'employeur et le salarié. À défaut d'accord, le repos est pris pour moitié au choix du salarié, pour l'autre moitié au choix de l'employeur. Ce repos doit être pris soit par journée, soit par demi-journée. [...]

1.4. *Contrepartie obligatoire en repos*

Les heures supplémentaires accomplies au-delà du contingent annuel donnent lieu à une contrepartie obligatoire en repos telle que fixée par la loi. Le droit à repos est ouvert dès lors que la contrepartie obligatoire atteint 7 heures.

Pour l'attribution de ce repos, il est convenu que chaque heure supplémentaire ouvre droit à un repos égal :

– à 50 % du temps pour les entreprises de moins de 20 salariés ;

– à 100 % du temps pour les entreprises de plus de 20 salariés.

Lorsque des droits à contrepartie obligatoire en repos sont ouverts, les repos doivent être pris dans les 2 mois qui suivent.

Une demande de repos ne peut être différée par l'employeur que dans un délai de 2 mois maximum. Les contreparties en repos peuvent être prises par journée ou demi-journée.

Annexe 6 **Décompte des heures de M. Khalid El Ouafa**

SEMAINE	DATE	DÉCOMPTE DES HEURES EFFECTUÉES
1	01/06 au 07/06	22
2	08/06 au 14/06	20
3	15/06 au 21/06	21
4	22/06 au 28/06	21
5	29/06 au 05/07	20

Annexe 7 **Extrait de la convention collective de l'esthétique-cosmétique**

Article 10

3. Travail à temps partiel

[...]

3.5. Heures complémentaires

Les heures complémentaires sont celles qui sont prévues au contrat de travail et effectuées au-delà de la durée hebdomadaire ou mensuelle de travail prévue au contrat de travail. Le salarié peut en refuser le principe lors de la négociation de son contrat.

Annexe 8 **Extraits du contrat de M. Khalid El Ouafa**

Article 1 – Embauche

M. Khalid El Ouafa est engagé à compter du 1er juin 2013 par la société Esthétique & Santé suivant un contrat de travail à temps partiel et à durée indéterminée en qualité de coach.

[...]

Article 3 – Durée du travail

La durée hebdomadaire du travail de M. El Ouafa est fixée à 20 heures, soit 90 heures mensuelles.

[...]

Article 5 – Heures complémentaires

M. El Ouafa pourra être amené à effectuer, en fonction des besoins de la société, des heures complémentaires au-delà du temps de travail fixé par l'article 3, dans la limite de 2 heures par semaine.

Il sera informé 3 jours minimum avant leur date d'exécution.

Il aura la possibilité de refuser d'accomplir ces heures complémentaires dans les cas limitativement prévus par la loi et, le cas échéant, par les dispositions conventionnelles applicables. [...]

Fiche ressource 1

La durée légale du travail

I La durée légale hebdomadaire

Elle est fixée à 35 heures hebdomadaires pour toutes les entreprises (Code du travail article L.3121-10). Cela représente 151,67 heures par mois (35 heures × 52 semaines / 12 mois). Un accord collectif peut prévoir la possibilité de modulation sur les 52 semaines de l'année.

II Les durées maximales légales

La durée légale du travail peut être dépassée dans le cadre de la réglementation sur les heures supplémentaires. Mais il existe des durées maximales (y compris pour les salariés qui cumulent plusieurs emplois) :

- 10 heures par jour ;
- 48 heures par semaine ;
- 44 heures en moyenne sur une période de 12 semaines consécutives.

III La notion de temps de travail effectif

Le temps de travail effectif est constitué par toute période pendant laquelle le salarié est à la disposition de l'employeur, dans l'obligation de se conformer à ses directives sans pouvoir se consacrer librement à des occupations personnelles (Code du travail, article L.3121-1).

Dans certaines situations, le décompte peut tenir compte des temps de restauration et de pause. Sauf disposition contraire d'une convention ou d'un accord applicable à l'entreprise, les temps d'habillage et de déshabillage ne constituent pas un temps de travail effectif. Le temps de déplacement professionnel pour se rendre sur le lieu d'exécution du contrat de travail n'est pas un temps de travail effectif.

IV Les heures d'équivalence

Dans certains secteurs d'activité, les salariés peuvent être soumis à un temps de travail supérieur à la durée légale. Il s'agit de compenser des temps d'inaction.

> **Exemple**
>
> Leila Vigneau est cuisinière. Elle est employée par le restaurant Los Rotos à Montpellier en CDI à temps plein.
>
> Dans le secteur hôtelier, la convention collective fixe la durée légale du travail pour les cuisiniers à 39 heures. Cette durée est considérée comme équivalente à la durée légale (35 heures). Dans ce cas, le calcul des heures supplémentaires se déclenche après la 39e heure de travail et non la 35e heure. Leila doit donc effectuer 39 heures hebdomadaires.

Le régime d'équivalence pour une profession ne peut être mis en place que par décret en Conseil d'État ou par décret simple après conclusion d'une convention ou d'un accord de branche.

V Les temps de pause et le repos hebdomadaire

L'employeur est tenu d'accorder au moins 20 minutes de pause lorsque le temps de travail quotidien atteint 6 heures. En outre, les salariés doivent bénéficier d'un repos quotidien de 11 heures au minimum et d'un repos hebdomadaire de 24 heures, auquel s'ajoutent les heures de repos quotidien.

Fiche ressource 2

Les heures supplémentaires : définition et décompte

Une heure supplémentaire est une heure de travail effectuée au-delà de la durée légale du travail ou de la durée considérée comme équivalente. Ces heures se déroulent à la demande de l'employeur. Elles sont une obligation pour le salarié qui ne peut refuser de les accomplir.

I Le décompte des heures supplémentaires

Le décompte des heures supplémentaires est individuel et est effectué par semaine civile (du lundi à 0 heure au dimanche à 24 heures).

Le calcul du salaire se fait par mois, mais le décompte des heures se fait par semaine. Les semaines à cheval sur deux mois sont prises en compte au cours du mois où elles se terminent.

Exemple

Manuel Siviode est salarié en CDI dans une enseigne de grande distribution. Au cours du mois d'août, le décompte de ses heures a donné les résultats suivants :

Semaine	Date	Décompte des heures effectuées	Heures supplémentaires
1	27/07 au 02/08	36	1
2	03/08 au 09/08	39	4
3	10/08 au 16/08	35	0
4	17/08 au 23/08	35	0
5	24/08 au 30/08	38	3
6	31/08 au 06/09	37	2

Les 2 heures supplémentaires de la semaine 6 seront décomptées dans le salaire du mois de septembre. Le total d'heures supplémentaires pour le mois d'août s'élève donc à 8.

Le décompte des heures de travail des salariés est de la responsabilité de l'employeur qui doit vérifier que les maximums légaux ne sont pas atteints. Il doit aussi compter les heures supplémentaires et les repos acquis par les salariés.

Des documents doivent pouvoir servir de preuve à ce décompte. Celui-ci peut être collectif (cas d'un service dans lequel les salariés ont tous les mêmes horaires), mais il est le plus souvent individuel.

Le dispositif de décompte est au choix de l'employeur : fiches, déclaration du salarié, système de pointage automatique…

II Le décompte dans le cas d'un aménagement du temps de travail

En cas d'accord collectif, le temps de travail peut être aménagé sur une durée maximale d'un an. La durée hebdomadaire peut ainsi varier selon les périodes. L'accord doit prévoir les limites pour le décompte des heures supplémentaires.

En l'absence d'accord collectif, l'employeur peut aménager le temps de travail sur une durée maximale de quatre semaines.

Dans les deux cas, constituent des heures supplémentaires :

- les heures effectuées au-delà de 1 607 heures annuelles ou de la limite annuelle inférieure fixée par l'accord ;
- les heures effectuées au-delà de la moyenne de 35 heures calculée sur la période de référence fixée par l'accord ou sur la période de référence de 4 semaines au plus en l'absence d'accord.

Le décompte et le paiement des heures supplémentaires doivent être effectués par mois, même en cas d'aménagement du temps de travail. Une mention des heures supplémentaires doit figurer sur le bulletin de paie. L'employeur doit donc décompter les heures chaque mois en fonction de la moyenne hebdomadaire fixée dans l'accord collectif. Un ajustement est effectué en fin d'année en fonction du seuil annuel.

III Le contingent annuel d'heures supplémentaires

La liberté de recours aux heures supplémentaires est limitée par un contingent annuel individuel (220 heures depuis le décret du 4 novembre 2008). Les heures sont décomptées à partir du 1er janvier. Un contingent supérieur ou inférieur peut être fixé par un accord collectif.

Le recours aux heures supplémentaires au-delà du contingent ne peut avoir lieu qu'après avis des représentants des salariés (comité d'entreprise ou délégué du personnel).

> **Exemple**
>
> L'entreprise Pompes funèbres de Perpignan (PFP) dépend de la convention collective des pompes funèbres. Celle-ci fixe à 200 heures le contingent d'heures supplémentaires qu'un chauffeur peut effectuer sans l'avis des représentants des salariés. Les autres personnels de l'entreprise sont soumis au contingent légal de 220 heures.

IV Le cas des cadres

1. Les cadres dirigeants

Ils ne sont pas concernés par la législation sur la durée du travail. Aucune heure supplémentaire ne leur est donc payée. Les salariés relèvent de cette catégorie s'ils correspondent à trois critères :

- assumer des responsabilités avec une grande indépendance dans l'organisation de leur emploi du temps ;
- avoir le pouvoir de prendre des décisions de façon autonome ;
- bénéficier d'une rémunération dans les niveaux les plus élevés de l'entreprise.

Ces trois critères sont cumulatifs.

2. Les cadres non dirigeants

Au sujet de la durée du travail, ils relèvent du droit social comme les autres salariés. Dans ce cadre, ils bénéficient des heures supplémentaires.

L'employeur peut leur faire signer une convention de forfait qui permet de définir à l'avance un nombre d'heures supplémentaires par semaine ou par mois. Cette convention ne peut pas être imposée au salarié et elle doit faire l'objet d'une clause écrite dans le contrat de travail.

Fiche ressource 3

Les droits des salariés en compensation des heures supplémentaires

Les salariés à temps plein qui effectuent des heures supplémentaires ont droit à deux types de dispositifs : l'augmentation du taux horaire et/ou le repos compensateur.

I La majoration du taux horaire

Il s'agit d'augmenter la valeur de l'heure de travail en appliquant un taux qui peut différer selon la quantité d'heures effectuées.

1. Le taux horaire normal

La base de calcul est le taux horaire normal. Celui-ci se calcule à partir du salaire de base mensuel que l'on divise par le nombre d'heures effectives mensuelles (151,67 pour un salarié à temps complet). La base mensuelle inclut le salaire horaire effectif et certaines primes liées à la nature du travail.

> **Exemple**
>
> Richard Portola est salarié en CDI à temps complet. Au mois de septembre, son salaire de base s'est élevé à 1 524 € brut mensuel. Il a perçu une prime de risque de 250 €, des avantages en nature (repas) pour 102,30 € et une prime d'ancienneté de 98 €.
>
> Le calcul du taux horaire normal s'effectue comme suit :
>
> (1 524 + 250 + 102,3)/151,67 heures, soit 12,37 € par heure.
>
> La prime d'ancienneté n'entre pas dans le calcul du taux horaire normal car elle n'est pas liée à la nature du travail.

2. La majoration

La majoration de salaire au titre des heures supplémentaires est fixée :

- par une convention collective ou un accord d'entreprise, à un taux qui ne peut être inférieur à 10 % ;
- en l'absence d'accord, à un taux de 25 % pour les 8 premières heures supplémentaires et 50 % au-delà. La majoration est donc de 25 % pour les heures de 36 à 43 et de 50 % pour les heures au delà de la 43e.

> **Exemple**
>
> Fanny Martinez est salariée en CDI à temps complet. La convention collective ne prévoit aucun traitement particulier en matière de rémunération des heures supplémentaires. Au cours du mois de janvier, le décompte de ses heures a donné les résultats suivants :

Semaine	Date	Décompte des heures effectuées	Heures supplémentaires	À 25 %	À 50 %
1	28/12 au 03/01	38	3	3	
2	04/01 au 10/01	35	0		
3	11/01 au 17/01	45	10	8	2
4	18/01 au 24/01	36	1	1	
5	25/01 au 31/01	46	11	8	3

II Les repos

1. Le repos compensateur de remplacement (RCR)

Il est facultatif et issu d'un accord collectif. Il cherche à remplacer le paiement de la majoration des heures supplémentaires par un repos compensateur dans le cadre du contingent légal. Les règles sont libres, il peut être total ou partiel. Les heures supplémentaires donnant lieu à un repos compensateur équivalent ne s'imputent pas sur le contingent annuel d'heures supplémentaires.

> **Exemple**
> La convention collective des vétérinaires salariés prévoit qu'un repos compensateur de remplacement peut se substituer à la majoration du taux horaire. Les heures de repos sont calculées sur la base des majorations légales : 25 % (soit ¼ d'heure) pour les 8 premières heures et 50 % (soit ½ heure) pour les heures au delà de 8.

2. La contrepartie obligatoire en repos (COR)

En plus des majorations du taux horaire, les salariés ont droit à une contrepartie obligatoire en repos (COR) pour toute heure supplémentaire accomplie au-delà du contingent annuel qu'il soit légal ou conventionnel.

La contrepartie obligatoire en repos est de 50 % pour les entreprises de 20 salariés au plus et de 100 % pour les entreprises de plus de 20 salariés. Un accord collectif ne peut prévoir de durée inférieure (en particulier en cas de contingent conventionnel).

> **Exemple**
> Nicolas Zartier est salarié d'une entreprise qui fabrique des emballages plastiques. La convention collective de la plasturgie fixe le contingent d'heures supplémentaires à 130 heures. Son entreprise emploie 30 salariés. Au cours du mois de novembre, il a effectué 20 heures supplémentaires portant son total annuel à 142 heures.
>
> Il a donc dépassé le contingent de 12 heures dans une entreprise de plus de 20 salariés. Cela lui donne droit à 100 % de contrepartie obligatoire en repos, soit 12 heures.

Il faut cumuler 7 heures de repos pour bénéficier du droit à COR, à prendre par journée ou par demi-journée, à la convenance du salarié, dans un délai de deux mois. Seules des raisons relevant d'impératifs liés au fonctionnement de l'entreprise peuvent motiver le report de la demande par l'employeur.

La COR est assimilée à une période de travail effectif pour le calcul des droits du salarié. Elle donne lieu à une indemnisation qui n'entraîne aucune diminution de rémunération par rapport à celle que le salarié aurait perçue s'il avait accompli son travail.

3. L'information des salariés

Les salariés sont informés du nombre d'heures de repos compensateur de remplacement et de contrepartie obligatoire en repos porté à leur crédit par un document annexé au bulletin de paie. Dès que ce nombre atteint 7 heures, ce document comporte une mention notifiant l'ouverture du droit à repos et l'obligation de le prendre dans un délai maximum de deux mois après son ouverture.

Fiche ressource 4

Les heures complémentaires

Les heures complémentaires sont les heures de travail accomplies par un salarié à temps partiel au-delà de la durée de travail prévue dans son contrat.

I Les conditions de mise en œuvre

L'utilisation d'heures complémentaires est soumise aux règles suivantes :

1. Une quantité limitée

Le nombre d'heures complémentaires accomplies par un salarié à temps partiel au cours d'une même semaine ne peut être supérieur au dixième de la durée hebdomadaire de travail prévue dans son contrat.

> **Exemple**
> Le contrat de travail de Mme Yolanda Martinez prévoit une durée hebdomadaire de 25 heures. Elle ne pourra donc pas effectuer plus de 2,5 heures complémentaires chaque semaine.

Un accord collectif peut cependant augmenter le nombre d'heures complémentaires (jusqu'à un tiers de la durée prévue au contrat). Les heures complémentaires ne peuvent avoir pour effet de porter la durée du travail accompli par un salarié au niveau de la durée légale du travail.

2. Des droits pour le salarié

Les limites dans lesquelles des heures complémentaires peuvent être demandées au salarié doivent être mentionnées dans le contrat. Le salarié peut refuser, sans encourir une sanction ou un licenciement, d'effectuer des heures complémentaires au-delà des limites prévues par son contrat de travail.

II La majoration du taux horaire

Les heures complémentaires donnent lieu à une majoration de salaire de 10 %. Le contrat de travail ou un accord collectif peut prévoir un taux supérieur. Les heures complémentaires effectuées au-delà du 1/10e de la durée hebdomadaire donnent lieu à une majoration de salaire de 25 %. Les heures complémentaires n'ouvrent aucun droit à repos compensateur.

> **Exemple**
> Bertrand Barel est animateur employé par la société Anim'plus. Celle-ci gère l'accueil périscolaire de la ville, suite à une délégation de service public. Elle est donc soumise à la convention collective de l'animation qui prévoit qu'un salarié peut effectuer des heures complémentaires dans la limite de 1/3 de la durée de son contrat. Le contrat de Bertrand est à temps partiel pour une durée de 25 heures par semaine.
> Voici le décompte de ses heures pour le mois de juin :

Semaine	Date	Décompte des heures effectuées	Heures complémentaires	À 10 %	À 25 %
1	31/05 au 05/06	27	2	2	
2	06/06 au 12/06	29	4	2,5	1,5
3	13/06 au 19/06	26	1	1	
4	20/06 au 26/06	28	3	2,5	0,5
5	27/06 au 03/07	Reporté sur le mois de juillet			

Applications

1 Décompte et paiement d'heures supplémentaires

M. Richard Macau est salarié en CDI d'une entreprise de bijouterie, la SA Perlor. Il fabrique des bijoux dans cette société depuis plusieurs années. Dans son métier, le mois d'octobre est souvent assez chargé en heures de travail pour préparer les bijoux qui seront vendus pour les fêtes de Noël.

Il vient de recevoir son bulletin de paie d'octobre (document 1) et, un peu surpris du montant de son salaire, il a demandé un décompte de ses heures (document 2). Il a aussi consulté la convention collective nationale de la bijouterie, joaillerie et orfèvrerie (document 3).

1. **Effectuez le décompte des heures supplémentaires de M. Macau.**
2. **Les heures décomptées sur son bulletin sont-elles correctes ?**
3. **Calculez le taux horaire pour le mois d'octobre.**
4. **Valorisez les heures supplémentaires du mois.**
5. **Le bulletin reçu par M. Macau était-il correct ?**
6. **Préparez un tableau contenant les éléments corrigés du bulletin de paie d'octobre N pour M. Macau.**

Document 1 **Entête du bulletin de paie d'octobre N**

Éléments	Nombre d'heures	Taux	Montant
Salaire de base	151,67	14,00	2 123,38
Avantage en nature (repas)			102,30
Prime de rendement			150,00
Prime d'ancienneté			95,00
Heures supplémentaires à 25 %	30	17,50	525,00
SALAIRE BRUT			2 995,68

Document 2 **Décompte des heures d'octobre N**

Semaine	Date	Décompte des heures effectuées
1	28/09 au 04/10	39
2	05/10 au 11/10	40
3	12/10 au 18/10	45
4	19/10 au 25/10	46
5	26/10 au 01/11	44

Document 3 **Extrait de la convention collective nationale de la bijouterie, joaillerie et orfèvrerie**

Durée du travail

Article 12 – En vigueur étendu

Pour la réglementation de la durée du travail et des heures supplémentaires, les parties se réfèrent aux lois et décrets en vigueur.

2 Décompte d'heures supplémentaires avec jours fériés

M. Jean Martinez est employé comme vigile par la société Martingale qui gère des casinos dans la région savoyarde. Il travaille dans l'établissement d'Annemasse. Son contrat prévoit une durée du travail de 35 heures réparties sur 5 jours (du lundi au vendredi) à raison de 7 heures par jour.

Le décompte de ses heures du mois d'avril vous est fourni (document 1). Le comptable se pose des questions sur le traitement des jours fériés dans le décompte des heures supplémentaires. La convention collective des casinos ne traite pas de ce problème.

1. **Comment seront décomptées les heures supplémentaires de la semaine 2 si on applique la jurisprudence de la Cour de cassation (document 2) ?**
2. **Indiquez le nombre d'heures supplémentaires et le taux éventuel de majoration pour le mois d'avril.**
3. **Le décompte et le taux de majoration seront-ils les mêmes si on applique le Bulletin officiel des impôts (document 3) ? Pourquoi ?**
4. **Effectuez le décompte dans ce cas.**

Document 1 Décompte de M. Martinez pour le mois d'avril

Semaine	Date	Décompte des heures effectuées
1	30/03 au 05/04	38
2	06/04 au 12/04*	34
3	13/04 au 19/04	39
4	20/04 au 26/04	37
5	27/04 au 03/05*	37

* Le lundi 6 avril (lundi de Pâques) et le vendredi 1er mai sont des jours fériés chômés par l'entreprise.

Document 2 Extrait d'un arrêt de la Cour de cassation du 4 avril 2012

[...] Attendu que constituent des heures supplémentaires toutes les heures de travail effectuées au-delà de la durée hebdomadaire du travail [...] ; que cette durée du travail hebdomadaire s'entend des heures de travail effectif et des temps assimilés ;

Attendu que l'arrêt énonce [...] que l'horaire correspondant aux congés payés comme aux jours fériés doit être retenu dans l'horaire hebdomadaire servant de base au calcul des heures supplémentaires, et que [...] la durée du travail correspondante doit être prise en compte pour la détermination de la rémunération du temps de travail effectif accompli par ailleurs sur la période considérée, qu'il s'agisse de la semaine civile ou du mois ;

Qu'en statuant ainsi, alors que les jours fériés ou de congés payés, en l'absence de dispositions légales ou conventionnelles, ne peuvent être assimilés à du temps de travail effectif, la cour d'appel a violé les textes susvisés [...].

Arrêt n° 963 du 4 avril 2012, Cour de cassation, Chambre sociale

Document 3 Extrait du Bulletin officiel des impôts du 30 mai 2008

Pour le décompte des heures supplémentaires, doivent être comptabilisées les périodes d'absence du salarié qui sont assimilées par le Code du travail à du temps de travail effectif.

Il en est ainsi des jours fériés chômés, des congés pour événements familiaux et des journées de repos compensateur obligatoire ou de remplacement.

3 Numérisation du décompte des heures et du calcul des majorations

La SARL CRÉAPRO existe depuis 2014, elle est spécialisée dans la création de sites Web. C'est une jeune entreprise en plein essor mais qui a parfois du mal à faire face à la demande croissante. Ses douze salariés sont embauchés aux 35 heures en CDI. Ils ne bénéficient pas de primes et travaillent du lundi au vendredi. Les horaires sont libres mais ils font par moment beaucoup d'heures supplémentaires.

1 Pour faciliter la gestion de la paie, vous êtes chargé(e) d'automatiser le décompte des heures supplémentaires effectuées par Mme Vergneau en septembre 2016 (documents 1 et 2).

2 Déduisez-en son salaire brut.

L'activité de l'entreprise est fluctuante et dépend des commandes. Certaines périodes sont très creuses et d'autres génèrent beaucoup d'heures supplémentaires. La gérante, Béatrice Dilan, se demande s'il est possible de lisser les salaires sur l'année. Vous êtes chargé(e) de l'éclairer sur ce point.

3 À l'aide de recherches Internet et des documents 3 et 4, proposez à Mme Dilan une solution qui permettrait de tenir compte de la périodicité de travail de l'activité de Créapro.

4 La gérante peut-elle imposer ce changement à ses salariés ? Justifiez votre réponse.

Document 1 Manipuler les heures sur tableur

Un tableur gère des jours ou des fractions de jours, et non des heures. Par défaut, une cellule de format « Heure » affiche les heures comme le cadran d'une montre, c'est-à-dire seulement de 0 à 24 heures.

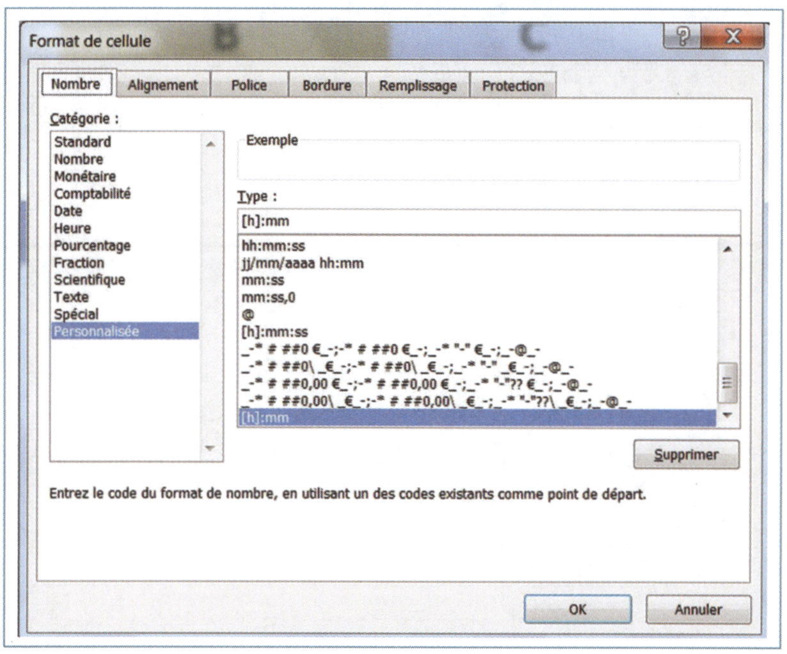

Lorsque vous réalisez des calculs dont le résultat est de plus de 24 heures, il faut donc personnaliser le format des cellules afin que le tableur ne change pas de jour en recommençant à 1 mais tienne bien compte de toutes les heures écoulées.

Exemple : pour un salarié qui aura travaillé 25 h, par défaut, le tableur affichera 1:00. Avec le format personnalisé ([h]:mm), il affichera 25:00 soit 25 heures de travail

Attention : pour utiliser les heures dans les calculs, il faudra multiplier le résultat par 24 (heures). De la même manière, on multipliera par 60 pour manipuler des minutes.

B3 | fx =B2*C2*24

	A	B	C
1		Nbre d'heures	Taux
2		25:00	23,00 €
3	Coût	575 €	

Document 2 Extrait de la pointeuse

Planning du 29/08/2016 au 30/09/2016

Mois : **Septembre 2016**

Nom : **Vergneau** Prénom : **Séverine** Poste : **Graphiste**

	Heures	Taux	Salaire
Salaire de base :	151,67	15,40	**2 335,72**

SEPTEMBRE																			
Lu				Ma				Me				Je				Ve			
T1	T2	T3	T4	T1	T2	T3	T4	T1	T2	T3	T4	T1	T2	T3	T4	T1	T2	T3	T4
29				30				31				1				2			
9h	12h	14h	18h30	9h	12h30	14h10	19h	9h30	12h	13h	20h30	8h45	12h15	13h30	18h	9h	12h30	13h30	19h45
5				6				7				8				9			
8h	12h15	14h	18h30	9h	12h30	14h10	18h	9h30	12h	13h	20h30	9h	12h	14h	19h	9h	12h30	13h30	19h45
12				13				14				15				16			
9h	12h	13h30	18h30	9h	12h30	14h10	19h	9h30	12h	14h	20h30	8h45	12h15	13h30	18h	9h	12h30	13h30	18h
19				20				21				22				23			
9h	12h	14h	18h30	8h20	12h30	14h10	19h	9h30	12h	133h	20h30	8h45	12h15	13h30	19h45	9h	12h30	13h30	19h45
26				27				28				29				30			
9h	13h	14h	18h30	9h	12h30	14h10	19h	9h30	12h	13h	20h30	8h45	12h15	13h30	20h30	9h	12h30	13h30	19h45

Document 3 La mise en place de l'aménagement du temps de travail

D'une semaine à l'autre, l'activité de l'entreprise peut être irrégulière, du fait de son caractère saisonnier, de la fluctuation des commandes…
Pour adapter le rythme de travail des salariés à celui de l'activité – et éviter les heures supplémentaires en période de haute activité ou le chômage partiel en période de basse activité – l'entreprise peut répartir la durée du travail sur une période supérieure à la semaine et au plus égale à l'année. Une condition : une convention ou un accord collectif doit l'y autoriser et en prévoir les modalités.

« Aménagement du temps de travail », http://travail-emploi.gouv.fr, septembre 2015

Document 4 Convention collective nationale des bureaux d'études techniques (extrait)

Article 34 – Modulation indicative annuelle de la durée du travail

Il est possible de prévoir par accord d'entreprise une modulation indicative annuelle de la durée du travail, avec révision tous les trois mois, dans une amplitude de plus ou moins deux heures autour des 39 heures hebdomadaires. Le salaire reste constant… Le comité d'entreprise, où à défaut les délégués du personnel, est consulté sur cette modulation.

4 Calcul de la contrepartie obligatoire en repos

La SA Jordine emploie 5 salariés à temps plein dans le secteur de la plomberie. Vous êtes chargé(e) de gérer les calculs de la contrepartie obligatoire en repos pour l'année 20N. On vous fournit le décompte à la fin de l'année (document).

La convention collective fixe le contingent annuel d'heures supplémentaires au minimum légal de 220 heures.

1. **Pour chaque salarié, décomptez les heures effectuées pendant l'année et déterminez s'ils ont droit à une contrepartie obligatoire en repos.**
2. **Calculez le nombre d'heures de repos auquel ils ont droit.**
3. **M. Campon souhaite conserver ses heures pour les prendre l'été prochain en rallongeant ses congés annuels. Est-ce possible ?**

Document Décompte des heures supplémentaires de l'année 20N

Mois\Salarié	Dourte	Whabi	Opret	Palot	Campon
1	5	20	8	22	11
2	4	12	9	20	21
3	0	24	4	24	24
4	12	19	12	28	19
5	8	12	10	22	24
6	1	15	9	21	15
7	9	21	6	20	20
8	1	25	13	25	19
9	0	23	5	26	28
10	2	22	10	29	26
11	5	20	12	19	23
12	6	21	18	25	25

5 Décompte et calcul d'heures complémentaires

Mme Lorette Chambon est salariée du supermarché PetitsPrix en tant qu'hôtesse de caisse. Son contrat est à temps partiel : il prévoit une durée hebdomadaire de 25 heures. Comme l'autorise la convention collective, le contrat prévoit la possibilité d'effectuer 8 heures complémentaires par semaine, soit un tiers de son horaire.

Le responsable des ressources humaines prépare le décompte des heures du mois de septembre. Pour Mme Chambon, on vous fournit son décompte (document 1).

1 **Calculez le nombre d'heures hebdomadaires réalisées par Mme Chambon.**

2 **Les limites prévues dans son contrat sont-elles respectées ?**

3 **À quel taux ces heures complémentaires seront-elles payées ?**

Le responsable prépare aussi les plannings du mois de décembre (document 2).

4 **Le décompte prévisionnel vous semble-t-il conforme au contrat de Mme Chambon et à la réglementation en vigueur ?**

Document 1 **Décompte de Mme Chambon pour le mois de septembre**

Semaine	Lundi	Mardi	Mercredi	Jeudi	Vendredi	Samedi
29/08 au 04/09	5	2	6	6	7	0
05/09 au 11/09	0	6	7	4	8	7
12/09 au 18/09	4	6	4	6	5	0
19/09 au 25/09	0	5	5	7	8	8
26/09 au 02/10	0	5	4	6	2	8

Document 2 **Planning de Mme Chambon pour le mois de décembre**

Semaine	Lundi	Mardi	Mercredi	Jeudi	Vendredi	Samedi
28/11 au 04/12	2	4	8	5	6	0
05/12 au 11/12	0	5	7	8	8	4
12/12 au 18/12	8	7	6	8	6	0
19/12 au 25/12	0	8	9	5	6	9
26/12 au 01/01	0	6	4	4	5	6

6 Calcul de contrepartie financière et de repos en fonction d'une convention collective

Le gérant du cinéma Le Majestic, M. Vitoz, se pose des questions quant au traitement des heures supplémentaires de ses salariés. Il vous demande de lui préparer une présentation des règles à appliquer dans son entreprise. Pour illustrer votre travail, il vous propose d'utiliser le cas d'un salarié de l'entreprise, M. Marquet, pour lequel on vous fournit toutes les informations nécessaires.

1. **Recherchez la convention collective du secteur (exploitation cinématographique).**
2. **Quelles sont les particularités de cette convention en matière de compensation des heures supplémentaires ?**
3. **À l'aide des documents 1 et 2, calculez les contreparties auxquelles a droit M. Marquet.**
4. **Préparez une petite présentation de votre travail à destination de M. Vitoz.**

Document 1 **Fiche salarié**

Nom salarié	Marquet	Date de naissance	20/05/1967
Prénom salarié	Jean-Louis	Date d'entrée société	28/12/1988
Emploi	Projectionniste	Salaire brut mensuel	2 150,00 €
Contrat à temps plein	Oui	Nombre d'heures par mois	151,67
Adresse	12, cours de la Libération 34000 Montpellier		

Remarque : M. Marquet ne perçoit aucune autre rémunération que son salaire brut

Document 2 **Décompte de M. Marquet pour le mois de février**

Semaine	Date	Décompte des heures effectuées
1	01/02 au 07/02	35
2	08/02 au 14/02	39
3	15/02 au 21/02	44
4	22/02 au 28/02	36
5	29/02 au 01/03	38

7 Heures supplémentaires et contrepartie obligatoire en repos

La société Boldair est une société anonyme au capital de 700 000 €. Elle exerce son activité de production dans la Sarthe, aux environs du Mans. Elle emploie cinquante-sept personnes. La durée hebdomadaire du travail au sein de l'entreprise est de 35 heures. L'horaire de travail est réparti sur 5 jours, du lundi au vendredi (cinq journées de 7 heures).

Son objet social est la réalisation de travaux d'imprimerie : affiches, tracts, cartes de visite, dépliants publicitaires, livres… Sa clientèle est composée de particuliers, d'entreprises et de collectivités publiques (mairies, lycées, etc.).

Vous êtes assistant(e) comptable dans l'entreprise. Mme Lecourt, chef comptable, vous confie le dossier de M. Alfred Uramo, mécanicien (document 1).

1. **Présentez le décompte des heures supplémentaires effectuées par M. Uramo en décembre 2015 en complétant le document 2.**
2. **Calculez le nombre d'heures de contrepartie obligatoire en repos auquel a droit M. Uramo au titre du mois de décembre.**
3. **Sachant que M. Uramo a obtenu quatre heures de COR en novembre 2015, peut-il bénéficier de jours de repos ? Justifiez votre réponse.**
4. **Quelles sont les informations que doit communiquer l'entreprise au salarié lorsque celui-ci peut prétendre à une contrepartie obligatoire en repos ?**

Document 1 Informations relatives à M. Uramo

Fiche salarié de Monsieur Alfred URAMO
Contrat de travail : CDI à temps plein (35 h par semaine)
Date d'entrée dans la société : 18/12/2004
Salaire mensuel brut depuis le 1er septembre 2012 : 1 650 €
Adresse : 56, rue des Grivelles – 61970 Clouville

État des heures effectuées en décembre 2015

Semaine	Lundi	Mardi	Mercredi	Jeudi	Vendredi
49	8	8	8	7	7
50	9	8	9	10	10
51	7	10	8	10	7
52	7	8	8	Férié	7
53	8	7	8	9	

Le contingent annuel de 220 heures par an a été atteint dans le courant du mois de novembre. M. Uramo totalise 224 heures supplémentaires à la date du 30/11.
Les jours fériés légaux sont chômés et payés.

Calendrier du mois de décembre 2015

Lundi	Mardi	Mercredi	Jeudi	Vendredi	Samedi	Dimanche
	1	2	3	4	5	6
7	8	9	10	11	12	13
14	15	16	17	18	19	20
21	22	23	24	25 (férié)	26	27
28	29	30	31			

Traitement des heures supplémentaires

[...] Les jours fériés [...] ne peuvent être assimilés à du temps de travail effectif [...]. En l'absence d'un usage contraire en vigueur dans l'entreprise, [...] les jours fériés chômés et de congés payés ne [peuvent] être pris en compte dans la détermination de l'assiette de calcul des droits à majoration et bonification en repos pour heures supplémentaires ; [...]

Arrêt n° 02-21304 du 1er décembre 2004, Cour de cassation, chambre sociale

Document 2 Décompte des heures supplémentaires de M. Uramo (à compléter)

Semaine	Lundi	Mardi	Mercredi	Jeudi	Vendredi	Total semaine	HS 25 %	HS 50 %
49	8	8	8	7	7	....	....	....
50	9	8	9	10	10	....	....	....
51	7	10	8	10	7	....	....	....
52	....	....	....	....	....	....	....	....
53	8	7	8	9	//////	....	//////	//////
						TOTAL	....	....

Chapitre 5

Le suivi des absences et des congés

Activité	Situation de travail	Compétence
4.2. Préparation des formalités administratives de gestion du personnel et information des salariés	**4.2.3.** Recueil des informations relatives au suivi des absences et des congés	Assurer le suivi des absences et des congés dans le respect de la réglementation en vigueur

Situation professionnelle

La SAS Esthétique et Santé a développé un concept original de soins personnels et de coaching. L'établissement de Bordeaux poursuit son activité avec succès et d'autres ouvertures sont en prévision. Les salariés sont tous à 35 heures hebdomadaires réparties sur 5 jours, à raison de 7 heures par jour.

La gestion courante de l'entreprise amène M. Lange, le dirigeant fondateur, à s'intéresser aux absences des salariés. Il faut traiter quelques absences de courte durée pour certains salariés : M. Paget, qui a perdu sa mère, et Mme Isidori, qui déménage.

De plus, la préparation des congés payés doit être réalisée, ainsi que le calcul de leur durée. Il faut aussi résoudre des problèmes de planning de congés et de rémunération pendant cette période. Enfin, une salariée esthéticienne, Mme Corinne Gérardin, vient de tomber malade. Il faut donc faire le nécessaire suite à son absence.

Mission

Mme Karine se charge de la gestion des absences, ainsi que des congés des salariés de l'établissement de Bordeaux. Elle souhaite que vous l'assistiez dans les travaux concernant les absences, les congés payés et l'arrêt pour maladie.

Travail à faire

I Traiter les absences

Deux salariés ont fait des demandes d'absence ces dernières semaines : M. Paget vient de perdre sa mère et Mme Isidori déménagera le mois prochain.

1. Combien de jours seront accordés à M. Paget pour le décès de sa mère ? Ce congé sera-t-il rémunéré ?
2. Citez d'autres congés qui donnent lieu à rémunération.
3. Mme Isidori a-t-elle droit à un congé pour son déménagement ?
4. Ce congé sera-t-il rémunéré ? Citez d'autres congés non rémunérés.
5. Pourquoi l'absence d'un salarié entraine-t-elle une retenue sur salaire ?
6. Calculez la retenue sur salaire de Mme Isidori si elle décide de prendre son congé pour déménagement.

Annexe 1
Annexe 2
Annexe 3
Fiche ressource 1
Fiche ressource 2

II Décompter les jours de congés payés

Mme Karine vous demande d'évaluer les droits à congé payé pour l'année N de trois salariés de la société : Mme Michelle Bueno, M. Paget et elle-même, Mme Jeanne Karine.

7. Quels sont les salariés qui ont droit à des congés payés ?
8. Calculez le nombre de jours de congés auxquels Mme Bueno peut prétendre.
9. À combien de semaines ce nombre correspond-il ?
10. À combien de jours M. Paget a-t-il droit ?
11. Calculez les droits en jours de Mme Karine.

Annexe 4
Fiche ressource 3

III Organiser la prise des congés payés

Mme Vancovenberg est déléguée du personnel. Elle vous soumet un projet de planning des congés. Sachant que l'entreprise ferme une semaine au moment des fêtes de fin d'année, les salariés ont fait des vœux concernant le reste de leurs congés payés.

12. Les salariés sont-ils obligés de prendre leur semaine de congés payés au moment de la fermeture de l'entreprise ?
13. Que se passe-t-il si un jour férié est présent pendant la semaine de congé (le 25 décembre, par exemple) ?
14. L'employeur peut-il modifier le projet de planning et imposer des dates de départ en congés payés ?
15. La période de départ de M. Paget est-elle correcte ?
16. Le projet de Mme Bueno pose-t-il problème ?
17. Le planning de congés payés de Mme Karine est-il correct ?
18. Que pensez-vous de la semaine de congés payés hors période légale dans le planning de Mme Karine ?

Annexe 5
Annexe 6
Fiche ressource 3
Fiche ressource 4

19. Combien de jours ont été pris par M. Paget ? Que constatez-vous ?
20. Peut-il reporter ses jours sur l'année suivante ?
21. Quelles mentions figureront sur le bulletin de paye de Mme Karine pour le mois d'août N ?

IV Calculer l'indemnité de congés payés

Mme Karine vous demande maintenant de calculer l'indemnité que percevra Mme Bueno pendant ses congés payés. Celle-ci partira finalement du 16 au 31 juillet N, soit 14 jours ouvrables (12 jours ouvrés) sur les 27 jours ouvrables du mois de juillet (22 jours ouvrés).

Annexe 7
Fiche ressource 2
Fiche ressource 4

22. Combien Mme Bueno aurait-elle perçu si elle avait travaillé ?
23. Calculez la retenue pour absence qui doit lui être appliquée (méthode des jours ouvrés).
24. Calculez l'indemnité de congés payés de Mme Bueno par la méthode du 1/10e.
25. Quelle sera la somme perçue par Mme Bueno au mois de juillet N si on retient la méthode du 1/10e ?
26. Finalement, quelle méthode de calcul faudra-t-il choisir ?

V Gérer les absences pour maladie

Mme Corinne Gérardin, très fatiguée depuis plusieurs semaines, vient de consulter son médecin qui lui a diagnostiqué une mononucléose nécessitant un congé maladie.

Fiche ressource 5

27. Mme Gérardin doit-elle informer personnellement la société Esthétique & Santé ?
28. Quel document le médecin doit-il lui fournir ? À qui est destiné ce document ?
29. L'arrêt de travail de Mme Gérardin commence le 12 mars pour une durée de 4 semaines. Au bout de 3 semaines, elle va mieux et souhaite reprendre son travail. Est-ce possible ?

Mme Karine a reçu l'arrêt de travail de Mme Gérardin.

Annexe 8
Annexe 9
Annexe 10
Fiche ressource 5
Fiche ressource 6

30. L'employeur peut-il connaître la raison du congé maladie du salarié ?
31. Faut-il calculer une retenue sur le salaire de Mme Gérardin ?
32. Pendant son congé maladie, quel sera son revenu ?
33. La société Esthétique & Santé devra-t-elle verser un complément à sa salariée ?
34. Que peut faire l'employeur s'il maintient le salaire pendant l'arrêt maladie ?
35. Complétez l'attestation de salaire pour le paiement des indemnités journalières (cerfa n° 11135*04) concernant Mme Gérardin, sachant que la société Esthétique & Santé applique le principe de subrogation.
36. À qui est destiné ce document ? Comment peut-il être transmis ?

Données de la situation

Annexe 1 Article L. 226-1 du Code du travail

Tout salarié bénéficie, sur justification et à l'occasion de certains événements familiaux, d'une autorisation exceptionnelle d'absence de :

- quatre jours pour le mariage du salarié ;
- trois jours pour chaque naissance survenue à son foyer ou pour l'arrivée d'un enfant placé en vue de son adoption ; ces jours d'absence ne peuvent se cumuler avec les congés accordés pour ce même enfant dans le cadre du congé de maternité prévu au premier alinéa de l'article L. 122-26 ;
- deux jours pour le décès d'un conjoint ou d'un enfant ;
- un jour pour le mariage d'un enfant ;
- un jour pour le décès du père, de la mère, du beau-père, de la belle-mère, d'un frère ou d'une sœur.

Ces jours d'absence n'entraînent pas de réduction de la rémunération.

Annexe 2 Extrait de la convention collective de l'esthétique-cosmétique

Article 10

4. Absences et congés

4.2. Congés exceptionnels payés

Un congé exceptionnel de 4 jours ouvrables sera accordé au salarié, sans condition d'ancienneté, à l'occasion de son mariage. Un congé exceptionnel de 1 jour ouvrable sera accordé au salarié, sans condition d'ancienneté, à la conclusion d'un Pacs.

Un congé exceptionnel de 3 jours ouvrables sera accordé au salarié en cas de décès de son conjoint, de son partenaire de Pacs, de son père, de sa mère ou d'un enfant.

Un congé exceptionnel de 1 jour ouvrable sera accordé au salarié en cas de mariage d'un enfant.

Un congé exceptionnel de 1 jour ouvrable sera accordé au salarié en cas du décès du grand-père, de la grand-mère, du beau-père, de la belle-mère, du frère, de la sœur, du beau-frère, de la belle-sœur, du gendre ou de la belle-fille, la nièce et le neveu.

Conformément aux dispositions légales en vigueur, un congé de 3 jours sera accordé en cas de naissance ou d'arrivée au foyer d'un enfant adopté.

Un congé exceptionnel payé hors quota de congés payés d'une durée de 35 heures sera accordé aux jeunes en alternance lors de la période de révision prévue dans le calendrier de formation précédant la première épreuve d'examen validant un diplôme reconnu par la branche de l'esthétique.

Les salariés bénéficieront, à l'occasion de leur déménagement et à leur demande, d'un congé exceptionnel non payé de 1 journée sur présentation d'un justificatif.

Annexe 3 Renseignements concernant Mme Isidori

NOM SALARIÉ	ISIDORI	CONTRAT À TEMPS PLEIN	Oui
NOM DE NAISSANCE	VERTINI	DATE D'ENTRÉE SOCIÉTÉ	01/11/N-3
PRÉNOM SALARIÉ	Maria	SALAIRE MENSUEL	1 840 €
EMPLOI	Esthéticienne	NOMBRE D'HEURES PAR MOIS	151,67

Annexe 4 Rappels concernant la situation des trois salariés

Mme Bueno Michelle,
salariée depuis le 12/06/N-4.

Mme Karine Jeanne,
salariée depuis le 15/03/N-4.
Un arrêt maladie du 15 décembre N-1 au 31 janvier N, soit 7 semaines.

M. Paget Joachim,
salarié depuis le 15/01/N.

Annexe 5 Projet de planning des congés

NOM DES SALARIÉS	2 au 8 mai	9 au 15 mai	16 au 22 mai	23 au 29 mai	30 mai au 5 juin	6 au 12 juin	13 au 19 juin	20 au 26 juin	27 juin au 3 juillet	4 au 10 juillet	11 au 17 juillet	18 au 24 juillet	25 au 31 juillet	1er au 7 août	8 au 14 août	15 au 21 août	22 au 28 août	29 août au 4 sept.
Paget J.								X										
Bueno M.													X	X	X	X	X	
Karine J.																X	X	

NOM DES SALARIÉS	5 au 11 septembre	12 au 18 septembre	19 au 25 septembre	26 sept. au 2 oct.	3 au 9 octobre	10 au 16 octobre	17 au 23 octobre	24 au 30 octobre	Commentaires
Paget J.									
Bueno M.									
Karine J.								X	Souhaite 1 semaine du 31 octobre au 6 novembre

Annexe 6 Extrait de la convention collective de l'esthétique-cosmétique

Article 10

4. Absences et congés

4.1. Congés payés

[...]

Si les congés sont fractionnés, il sera attribué 2 jours de congés supplémentaires si le congé est supérieur à 6 jours et 1 jour supplémentaire si le congé est compris entre 3 et 5 jours ; ce bénéfice n'étant acquis que dans le cas où cette fraction est prise en dehors de la période légale des congés (du 1er mai au 31 octobre).

Les demandes de congés seront déposées au plus tard le 15 janvier auprès de l'employeur par écrit.

L'ordre des congés devra être porté à la connaissance du personnel au plus tard le 1er mars. Si l'entreprise ne ferme pas, il sera tenu compte de la situation familiale des intéressés, notamment des possibilités de congé du conjoint et de l'ancienneté dans l'entreprise.

[...]

4.4. Jours fériés chômés payés

Les jours fériés légaux autres que le 1er mai, chômés par le personnel, n'entraîneront aucune réduction de la rémunération.

Annexe 7 Renseignements concernant Mme Bueno

NOM SALARIÉ(E)	BUENO
NOM DE NAISSANCE	SERRA
PRÉNOM SALARIÉ(E)	Michelle
EMPLOI	Esthéticienne
CONTRAT À TEMPS PLEIN	Oui
DATE D'ENTRÉE SOCIÉTÉ	12/06/N-4
DATE DE NAISSANCE	06/07/1977
LIEU DE NAISSANCE	Bordeaux – 33
SITUATION FAMILIALE	Mariée
NOMBRE D'ENFANTS	4
SALAIRE MENSUEL	2 120 €
NOMBRE D'HEURES PAR MOIS	151,67

- Sommes perçues au cours de la période de référence :
- Salaires : 25 440 €
- Indemnité de congés payés de l'année précédente : 2 566 €
- Prime d'objectif : 680 €

Annexe 8 Fiche salarié de Mme Gérardin

CODE SALARIÉ(E)	3	DATE DE NAISSANCE	03/09/1975
NOM SALARIÉ(E)	GÉRARDIN	LIEU DE NAISSANCE	Nice – 06
NOM DE NAISSANCE	ALIBERT	PAYS	France
PRÉNOM SALARIÉ(E)	Corinne	NATIONALITÉ	Française
EMPLOI	Esthéticienne Responsable institut	SITUATION FAMILIALE	Divorcée
CONTRAT À TEMPS PLEIN	Oui	NOMBRE D'ENFANTS	0
ADRESSE	125, rue de l'École Normale 33200 Bordeaux	N° SS	275090632015669
DOMICILIATION BANCAIRE	Crédit Lyonnais	N° TÉL.	
CODE AGENCE	3353	SALAIRE MENSUEL	2 800 €
N° COMPTE	453325H	NOMBRE D'HEURES PAR MOIS	151,67
DATE D'ENTRÉE SOCIÉTÉ	01/05/N-3		

Annexe 9 Quelques rappels sur la société Esthétique & Santé

RAISON SOCIALE	ESTHÉTIQUE & SANTÉ
DÉNOMINATION COMMERCIALE	E&S
FORME JURIDIQUE	Société par actions simplifiée
CAPITAL SOCIAL	400 000 €
DIRIGEANT	Monsieur François Lange – Président non salarié
CRÉATION	1er mars 2012
CONVENTION COLLECTIVE	Parfumerie Esthétique
NUMÉRO SIRET	23654895000023
CODE APE – NAF	9602B
ADRESSE	158, cours de la Guadeloupe – 33000 BORDEAUX
NUMÉRO DE TÉLÉPHONE	05 56 46 48 44
ADRESSE INTERNET	E&S@gmail.fr
CODE URSSAF	330 126536889
N° PÔLE EMPLOI	8796529310
BANQUE	BPSO – 25, cours de la Guadeloupe – 33000 BORDEAUX
N° COMPTE BANCAIRE (IBAN)	FR76 1090 6000 0100 7898 2342 410

Annexe 10 Attestation de salaire pour le paiement des indemnités journalières

cerfa

N° 11135*04
ATTSAL-BIS

ATTESTATION DE SALAIRE POUR LE PAIEMENT DES INDEMNITES JOURNALIERES

MALADIE ☐ MATERNITE ☐ PATERNITE-ACCUEIL DE L'ENFANT-ADOPTION ☐
FEMME ENCEINTE DISPENSEE DE TRAVAIL ☐

Attestation rectificative ☐

(Art. L. 323-4, L. 331-3, L. 331-7 et 8, L. 333-1, R. 313-3, R 313-7, R. 323-4, R. 323-6, R. 323-8, R. 323-10 et R. 331-5 du Code de la sécurité sociale)

L'EMPLOYEUR

NOM et PRENOM ou DENOMINATION

ADRESSE

Code Postal — Commune

N° téléphone *(facultatif)*

Numéro SIRET

S'il s'agit d'une entreprise de travail temporaire, cocher cette case

L'ASSURE(E)

N° D'IMMATRICULATION

MATRICULE DANS L'ENTREPRISE *(facultatif)*

NOM et PRENOM
(nom de famille (de naissance) suivi du nom d'usage (facultatif et s'il y a lieu))

ADRESSE

Code Postal — Commune

EMPLOI ou CATEGORIE PROFESSIONNELLE

RENSEIGNEMENTS PERMETTANT L'ETUDE DES DROITS

Date du dernier jour de travail

Situation à la date de l'arrêt

Date de reprise anticipée du travail

Activité à temps partiel : pour motif médical ☐ pour raison personnelle ☐

DUREE DU TRAVAIL OU MONTANT DES SALAIRES BRUTS SOUMIS A COTISATIONS SOCIALES (lire attentivement la notice au verso)

▶ **CAS GENERAL :**

- indiquez le nombre d'heures de travail effectuées par votre salarié(e) au cours des 3 mois civils ou des 90 jours consécutifs

↳ si ce nombre est inférieur à 150, indiquez le montant des salaires bruts soumis à cotisations au cours des 6 mois civils

▶ **SI L'ACTIVITE PRESENTE UN CARACTERE SAISONNIER OU DISCONTINU ET SI LES CONDITIONS DU CAS GENERAL NE SONT PAS REMPLIES (voir notice) :**

- indiquez le nombre d'heures de travail effectuées par votre salarié(e) au cours des 12 mois civils ou des 365 jours consécutifs

↳ si ce nombre est inférieur à 600, indiquez le montant des salaires bruts soumis à cotisations au cours des 12 mois civils

PRECEDANT LA DATE DU DERNIER JOUR DE TRAVAIL MENTIONNEE CI-DESSUS

SALAIRES DE REFERENCE

PERIODES DE REFERENCE : CAS GENERAL : 3 mois civils ACTIVITE SAISONNIERE ou DISCONTINUE : 12 mois civils		SALAIRES	L'ASSURE(E) A ETE ABSENT(E) PENDANT LA PERIODE DE REFERENCE ET NE BENEFICIE PAS D'UN MAINTIEN DE SALAIRE				TEMPS PARTIEL THERAPEUTIQUE
du 1	au 2	Montant du salaire selon le cas : - brut ☐ - réduit de 21 % ☐ 3	Motif de l'absence 4	Nombre d'heures réellement effectuées 5	Nombre d'heures prévues par le contrat de travail 6	Salaire rétabli 7	Perte de salaire *(indiquez le montant brut)* 8

MATERNITE (à signer, au début du repos prénatal, par l'assurée)

Je note qu'à défaut de cesser tout travail salarié pendant au moins 8 semaines au titre du congé légal, je ne pourrai pas prétendre à l'indemnisation de l'arrêt de travail entraîné par ma maternité.

PATERNITE - ACCUEIL DE L'ENFANT - ADOPTION (à signer au début du congé par la personne assurée qui le demande)

Je m'engage à cesser mon travail pendant la durée de ce congé légal.
Dans le cas contraire, je ne pourrai pas prétendre à l'indemnisation de cet arrêt.

Signature de la personne assurée qui demande le congé

SUBROGATION EN CAS DE MAINTIEN DE SALAIRE

Période pendant laquelle l'employeur demande la subrogation :

du — au

IBAN de l'employeur
(Saisir, sans espace, vos coordonnées bancaires)

et domiciliation

Fait à — le

Signature de l'employeur

Nom du signataire et qualité

La loi rend passible d'amende et/ou d'emprisonnement quiconque se rend coupable de fraudes ou de fausses déclarations en vue d'obtenir ou de faire obtenir des avantages indus. (articles 313-1 à 313-3, 433-19, 441-6 et 441-7 du Code pénal).
En outre, l'inexactitude, le caractère incomplet des déclarations ou l'absence de déclaration d'un changement de situation dans le but d'obtenir ou de faire obtenir des prestations indues, peuvent faire l'objet d'une pénalité financière en application de l'article L. 162-1-14 du Code de la sécurité sociale.
La loi 78-17 du 6 janvier 1978 modifiée relative à l'informatique, aux fichiers et aux libertés s'applique aux réponses faites sur ce formulaire. Elle garantit un droit d'accès et de rectification pour les données vous concernant auprès de votre organisme d'assurance maladie.

ATTSAL-BIS S3201p

Fiche ressource 1

Les motifs d'absence des salariés

Les salariés sont susceptibles de s'absenter pour de nombreux motifs. Lors de son absence, le salarié se voit appliquer une retenue sur salaire. Dans certains cas, celle-ci sera compensée par une indemnité (absence rémunérée).

I Les absences rémunérées par l'employeur

1. Les congés payés

Chaque salarié peut cumuler un droit à 5 semaines de congés payés par année de travail (voir Fiche ressource 3).

2. Les jours fériés

Le calendrier compte 11 jours fériés : 1er janvier, lundi de Pâques, 1er mai, 8 mai, Ascension, lundi de Pentecôte, 14 juillet, 15 août, Toussaint, 11 novembre et 25 décembre. Ils peuvent être chômés ou travaillés selon les entreprises. Sauf si un accord collectif y déroge, le principe est que, s'ils sont chômés, ils sont payés normalement. Mais s'ils sont travaillés, aucune majoration de salaire n'est imposée.

Le 1er mai est un jour férié particulier : il est obligatoirement chômé et payé. S'il est travaillé, il doit être payé double.

3. Les évènements familiaux

Certains évènements donnent droit à des jours de congés rémunérés. Il s'agit principalement du mariage, du Pacs, du décès des plus proches parents, de la paternité ou de l'adoption d'un enfant.

> **Exemple**
> Jean Squivalquer est salarié d'une agence immobilière. Il va se marier et souhaite bénéficier des jours de congé pour cet évènement. La loi accorde 4 jours au salarié qui se marie. Mais la convention collective de l'immobilier lui est plus favorable : elle accorde 6 jours.

II Les absences non rémunérées par l'employeur

Certaines absences ne sont pas rémunérées par l'employeur, sauf si un accord collectif le prévoit.

1. Les absences indemnisées

Certaines absences donnent droit à des indemnités de la sécurité sociale : maternité, maladie ordinaire, maladie professionnelle ou accident du travail.

2. Les absences non indemnisées

D'autres congés n'ouvrent droit à aucune indemnité (sauf dans certains accords collectifs) : congé parental d'éducation, congé pour enfant malade, congé de solidarité familiale, congé pour convenance personnelle…

> **Exemple**
> Le congé pour enfant malade est, en principe, d'une durée de 3 jours par an non rémunérés. La convention collective des ingénieurs et cadres de la métallurgie accorde 4 jours avec une indemnité correspondante à la moitié de leur salaire (si le salarié a au moins 1 an d'ancienneté).

Fiche ressource 2

Les méthodes de calcul des retenues sur salaire

La retenue sur salaire doit être proportionnelle à la durée de l'absence. En cas de dépassement, la retenue constitue une sanction pécuniaire interdite par la loi. Le montant déduit doit figurer sur une ligne distincte du bulletin de paye. Plusieurs méthodes de calcul sont possibles.

I La méthode de l'horaire réel

Le calcul de la retenue s'effectue à partir d'un rapport entre les heures d'absence et les heures totales prévues sur le mois. On applique ce résultat au salaire mensuel pour déterminer le montant qui sera déduit sur le bulletin de paye.

Montant de la retenue = salaire mensuel × (heures d'absence / heures de travail mensuelles)

> **Exemple**
>
> M. Jordana est salarié d'une petite entreprise de nettoyage industriel. Son contrat porte sur 35 heures hebdomadaires pour un salaire mensuel de 1 570 €. Il effectue 8 heures par jour du lundi au jeudi, puis 3 heures le vendredi matin.
>
> En avril 2015, il a été absent du jeudi 23 au dimanche 26. Cela représente 11 heures d'absence (8 heures le jeudi et 3 heures le vendredi).
>
> Le nombre d'heures réelles pour le mois d'avril est de 156 heures :
>
> – 19 heures du 1er au 3 avril (mercredi, jeudi et vendredi) ;
>
> – 35 heures pour les 3 semaines complètes ;
>
> – 32 heures pour la dernière semaine (du lundi au jeudi).
>
> Le montant de la retenue sera de : 1 570 € × 11 / 156 = 110,71 €

Cette méthode est la seule préconisée par la Cour de cassation (arrêt du 11 février 1982).

II Les autres méthodes

Elles peuvent être appliquées par l'employeur à condition qu'elles donnent des résultats plus avantageux pour le salarié que la méthode des heures réelles.

1. La méthode des jours ouvrés

Cette méthode, très proche de la méthode de l'horaire réel, manque de précision. On décompte l'absence en jours, et non plus en heures. Le rapport se fait sur le nombre de jours ouvrés dans le mois (en général 5 jours par semaine).

> **Exemple**
>
> Calcul en jours ouvrés pour l'absence de M. Jordana : 2 jours ouvrés d'absence sur les 22 jours ouvrés du mois d'avril 2015. Soit une retenue de : 1 570 € × 2 / 22 = 142,73 €. Ici, la méthode est défavorable au salarié, elle ne peut donc être utilisée.

2. La méthode des jours ouvrables

On applique les mêmes règles que précédemment, mais on compte en jours ouvrables (en général 6 par semaine).

3. La méthode des jours calendaires

Dans cette méthode, on compte tous les jours du calendrier. Cela abouti en général à 1/30e par jour d'absence.

4. La méthode de l'horaire moyen mensuel

Dans cette méthode, on décompte les heures d'absence réelles, mais on les met en rapport avec la moyenne horaire mensuelle (151,67 heures pour un salarié à plein temps).

Fiche ressource 3

L'acquisition et le décompte des droits aux congés payés

Tous les salariés ont droit chaque année à un congé payé d'une durée égale à 2,5 jours ouvrables par mois de travail effectif.

I Le droit aux congés payés

Quelle que soit la situation du salarié en termes d'emploi, de qualification, de rémunération, de durée du travail (temps plein ou partiel), il a droit aux congés payés.

> Exemple
> Un salarié à mi-temps cumule les mêmes droits à congé payé qu'un salarié à plein temps. Les salariés en contrat précaire (temporaire, CDD…) ont les mêmes droits que les autres. Une indemnité compensatrice leur sera versée s'ils ne peuvent prendre effectivement leur congé.

II La période de référence

La période de référence pour le calcul des congés payés commence le 1er juin de l'année civile précédente et se termine le 31 mai de l'année civile en cours. L'entrée ou la sortie d'un salarié en cours de période ne modifie pas ses droits, elle réduit l'étendue de la période.

> Exemple
> Un salarié embauché le 1er décembre verra ses droits à congés calculés sur la période allant du 1er décembre au 31 mai.

Un accord collectif qui prévoit un aménagement du temps de travail peut décaler la période de référence pour l'aligner sur la période d'aménagement.

III Le calcul des droits

Le salarié cumule 2,5 jours de congés par mois de travail effectif. Cela représente 30 jours ouvrables de repos (5 semaines) pour une année complète de travail (du 1er juin au 31 mai).

1. Les périodes incluses dans le calcul

Sont considérés comme périodes de travail effectif les périodes de congés payés, les contreparties obligatoires en repos, les congés maternités, les congés liés à un accident du travail ou une maladie professionnelle.

2. Les périodes exclues du calcul

Les périodes de congé maladie ne sont pas considérées comme du temps de travail effectif.
En cas d'absence pour maladie pendant la période de référence, le calcul peut être effectué en comptant les semaines ou les jours de présence.

> Exemple
> Mme Sanz a subit un arrêt maladie de 6 semaines au cours de la période de référence. Ses droits calculés en semaine donnent le résultat suivant : 52 semaines moins 6 = 46 / 4 × 2,5 = 28,75 soit 29 jours.

3. Les jours acquis

Les jours acquis sont des jours ouvrables, c'est-à-dire les jours de la semaine exceptés le jour de repos hebdomadaire légal (en principe le dimanche) et les jours fériés non travaillés par l'entreprise. Le second jour de repos hebdomadaire (si l'horaire est réparti sur 5 jours) est considéré comme ouvrable. Certaines entreprises calculent les congés en jours ouvrés (5 jours ouvrés équivalent à 6 jours ouvrables). Cette méthode est possible, mais elle ne doit pas priver le salarié de jours qu'il aurait obtenu par le calcul en jours ouvrables.
Le nombre de jours acquis est arrondi à l'entier supérieur.

> Exemple
> M. Rey, salarié à plein temps, présent du 1er septembre N-1 au 31 mai N a droit à 9 fois 2,5 jours, soit 22,5 jours arrondis à 23.

Fiche ressource 4

La prise des congés payés

L'employeur organise les départs en congés. Pendant ses congés payés, le salarié ne peut pas travailler pour le compte d'un autre employeur ni pratiquer une activité rémunérée.

I La période de prise des congés

L'employeur décide de la période de prise des congés, après consultation des représentants du personnel. Cette période s'étend au moins du 1er mai au 31 octobre. Les salariés doivent prendre une partie de leurs congés dans cette période (12 jours consécutifs minimum).

Le personnel doit en être informé par affichage au moins 2 mois avant le début de la période. Les congés acquis au titre de l'année de référence antérieure doivent être épuisés au 30 avril de l'année en cours. Le report d'une année sur l'autre n'est généralement pas possible. La présence d'un jour férié chômé pendant la période de congé prolonge cette période d'un jour.

II Le calendrier de prise des congés

En l'absence d'accord collectif, l'ordre des départs en congé est fixé par l'employeur après avis des représentants du personnel. Il doit tenir compte de la situation de famille des bénéficiaires et de leur éventuelle activité chez un autre employeur.

> **Exemple**
> Les salariés mariés qui travaillent dans la même entreprise ont droit à un congé simultané.

L'ordre et la date du départ doivent être communiqués par l'employeur à chaque salarié et affichés au moins un mois à l'avance. En cas de fermeture annuelle de l'entreprise (par exemple 3 semaines au mois d'août), la prise des congés payés par les salariés sur cette période est obligatoire.

III Les règles de répartition des congés

Un salarié ne peut pas prendre une période de congés payés supérieure à 24 jours ouvrables d'affilé. La 5e semaine de congé doit être prise séparément des 4 autres. Le salarié doit prendre un congé principal de 12 jours consécutifs minimum au cours de la période légale. Il est possible de fractionner le congé principal en plusieurs périodes si le nombre de jours auxquels a droit le salarié est supérieur à 12.

Si un salarié fractionne son congé principal et en prend une partie en dehors de la période légale, il a droit à des jours de congés supplémentaires :

- 1 jour ouvrable supplémentaire pour un congé de 3 à 5 jours pris hors période ;
- 2 jours ouvrables supplémentaires pour un congé de 6 jours et plus pris hors période.

Il est possible de déroger à cette règle, soit après accord individuel du salarié, soit par convention ou accord d'entreprise.

IV L'indemnité de congés payés

Il s'agit de la rémunération à laquelle le salarié a droit pendant ses jours de congés. L'indemnité peut être calculée de deux manières :

- indemnité égale à la rémunération qui aurait été perçue pendant le congé si le salarié avait continué à travailler (maintien du salaire) ;
- indemnité égale au 1/10e de la rémunération totale brute (salaire de base et accessoires) perçue par le salarié pendant la période de référence (1er juin-31 mai).

La solution la plus avantageuse pour le salarié devra être retenue. Cette indemnité est versée à la date habituelle de paiement des salaires.

La période de congé annuel doit figurer sur le bulletin de salaire en précisant les dates de congé et le montant de l'indemnité correspondante.

Fiche ressource 5

Les absences pour maladie

Les absences pour maladie (autre que professionnelle) obligent le salarié à certaines formalités. De son côté, l'employeur doit déclarer cet arrêt maladie ; il peut aussi prendre en charge la rémunération du salarié pendant cette période.

I Les obligations du salarié

1. Au début de sa maladie

Le médecin du salarié doit lui avoir prescrit un arrêt de travail. Cela se matérialise par un document Cerfa en trois exemplaires (n° 50069#05). Le salarié dispose ensuite d'un délai de 48 heures suivant la date de son arrêt de travail pour :

- adresser les volets 1 et 2 au service médical de sa caisse d'Assurance Maladie. La télétransmission de ces deux volets est possible avec l'accord du médecin ;
- adresser le volet 3 à l'employeur (celui-ci ne comporte aucune mention de la maladie afin de respecter le secret médical).

2. Pendant l'arrêt de travail

Selon les cas, le salarié est autorisé ou pas à s'absenter de son domicile pendant la durée de son arrêt (cette autorisation est indiquée sur le Cerfa). Le salarié doit s'abstenir de toute activité non autorisée (sportive, professionnelle…).

II Les obligations de l'employeur

1. Les formalités à effectuer au début de l'arrêt de travail

À la réception du volet 3 de l'avis d'arrêt de travail, l'employeur doit établir une attestation de salaire. Ce document permet à la caisse d'Assurance Maladie de déterminer les droits à indemnité journalière pour le salarié.

Cette attestation peut être établie de plusieurs manières :

- par Internet, via le site net-entreprise.fr ;
- par transmission automatisée depuis un logiciel de paye certifié ;
- par courrier en envoyant le formulaire Cerfa n° 11135*04 ;
- en utilisant la Déclaration sociale nominative (DSN). Celle-ci, en cours de mise en place, deviendra obligatoire en 2017.

Si l'arrêt de travail se prolonge au-delà de 6 mois, l'employeur doit établir une nouvelle attestation de salaire.

2. Les formalités à effectuer au moment de la reprise

Ces formalités seront effectuées par la DSN lorsque celle-ci sera généralisée. D'ici là, deux situations sont possibles :

a) Pour les employeurs ayant opté pour la DSN

La date de reprise du travail doit être transmise dans la DSN mensuelle. Les reprises anticipées du travail doivent faire l'objet d'une déclaration spécifique évènementielle dans un délai de 5 jours à compter de cet évènement.

b) Pour les employeurs n'ayant pas opté pour la DSN

Seules les reprises anticipées du travail doivent être signalées à la caisse d'Assurance Maladie dans le même délai de 5 jours à compter de cet évènement.

Fiche ressource 6

Les revenus du salarié en congé maladie

Lors d'un congé maladie, le salarié peut percevoir des indemnités de la sécurité sociale et, éventuellement, un complément de son employeur.

I Les indemnités journalières de sécurité sociale (IJSS)

Sous réserve de certaines conditions, le salarié perçoit des indemnités journalières pendant son arrêt de travail pour maladie, à partir du 4e jour d'arrêt de travail.

1. Les conditions d'ouverture des droits

Pour avoir droit aux indemnités journalières pendant son arrêt de travail pour maladie, le salarié doit justifier d'un temps de travail en heures suffisant pendant les derniers mois.

2. Le calcul et le montant de l'indemnité journalière

L'indemnité journalière versée pendant un arrêt de travail pour maladie est égale à 50 % du salaire journalier de base (salaire brut ou éléments de salaires soumis à cotisations). La base de calcul est plafonnée à 1,8 fois le SMIC mensuel en vigueur. Cette indemnité peut être majorée pour les salariés qui peuvent justifier de trois enfants à charge.

3. Le délai de carence

Les indemnités journalières sont versées pour chaque jour de l'arrêt de travail, y compris les samedis, dimanches et jours fériés, mais seulement à compter du 4e jour d'arrêt de travail (après écoulement d'un délai de carence de 3 jours au cours duquel le salarié ne perçoit aucun revenu).

4. Le versement

Les IJSS sont, en principe, versées par la Caisse primaire d'assurance maladie (CPAM). L'employeur peut toutefois être amené à en faire l'avance au salarié et à en percevoir ensuite le montant par la CPAM : c'est le régime de la subrogation. Celle-ci peut être prévue par un accord collectif ou par le contrat de travail.

II Le complément employeur

Lors d'un congé maladie, le salarié bénéficie d'un complément de revenu versé par l'employeur.

1. Les conditions

Ce complément est versé lorsque le salarié remplit les conditions suivantes :

- justifier d'au moins une année d'ancienneté dans l'entreprise ;
- avoir transmis à l'employeur le certificat médical dans les 48 heures ;
- bénéficier des indemnités journalières versées par la sécurité sociale ;
- être soigné en France ou dans l'un des États de l'Espace économique européen.

2. Le calcul et le versement

Le complément doit permettre d'atteindre 90 % de la rémunération brute pour les 30 premiers jours (en tenant compte des IJSS) et les 2/3 de cette rémunération pour les 30 jours suivants.

Un délai de carence de 7 jours est prévu pour chaque arrêt de travail. Ainsi, sauf dispositions conventionnelles ou accord collectif plus favorables, le versement des indemnités complémentaires commence au 8e jour de l'arrêt maladie.

Les durées de versement des indemnités versées par l'employeur sont majorées en fonction de l'ancienneté dans l'entreprise.

Applications

1 Décompte des congés payés

Monsieur Jones est salarié de la société Monstres effrayants spécialisée dans l'importation d'objets de farce et attrape (masques, déguisements, accessoires…). Il a été embauché le 15 mars N-1 en tant que manutentionnaire avec un salaire brut de 1 560 €. Il travaille 35 heures par semaine, réparties également sur 5 jours. M. Jones a pris ses congés en juillet N et en octobre N. Il ne comprend pas bien le système de calcul des droits à congé. Il a demandé un état de ses droits à fin octobre. De plus, il a reçu son bulletin de paye et se pose des questions sur l'indemnité et la retenue sur salaire qui y apparaissent.

Vous disposez de l'état des droits de M. Jones au 01/11/N (document 1), du détail des congés qu'il a pris (document 2) et du calendrier de l'année (document 3).

1. **Pour l'été N-1, on ne lui a accordé que 7 jours de congés payés. Justifiez le décompte.**
2. **Justifiez les décomptes figurant dans l'état des droits de M. Jones.**
3. **Calculez la retenue pour congés payés figurant sur son bulletin de paye d'octobre N par la méthode de l'horaire réel.**
4. **Quelle aurait été la retenue par la méthode des jours ouvrables réels ?**
5. **Que peut-on conclure quant au choix de la méthode de calcul de la retenue sur salaire ?**

Document 1 État des droits de M. Jones au 1er novembre N

- Crédit (acquis en N-1/N) : **30**
- Congés utilisés **: 25**
- Droits à congés payés acquis sur la période N/N+1 : **13**

La période de référence correspond à la période légale.

Document 2 Congés de M. Jones en N

- Du 18/07/N au 31/07/N inclus.
- Du 17/10/N au 31/10/N inclus.

Aucun jour férié ne figure dans ces périodes.

Document 3 Calendrier de l'année N (extraits)

Juillet N						
L	M	M	J	V	S	D
				1	2	3
4	5	6	7	8	9	10
11	12	13	14	15	16	17
18	19	20	21	22	23	24
25	26	27	28	29	30	31

Octobre N						
L	M	M	J	V	S	D
					1	2
3	4	5	6	7	8	9
10	11	12	13	14	15	16
17	18	19	20	21	22	23
24	25	26	27	28	29	30
31						

2 Indemnité de congés payés

La société DB emploie madame Tom Major depuis plus de 15 ans en tant que secrétaire de direction. Au cours de la période de référence légale (N-1/N), elle a été absente 3 semaines pour maladie ordinaire et 5 semaines pour des congés payés.

Pendant la période de référence, elle a perçu un salaire total de 22 000 €, augmenté de 3 000 € d'heures supplémentaires. Elle prend 18 jours ouvrables de congés payés en juillet N. Suite à une augmentation, son salaire mensuel est alors fixé à 2 000 € bruts.

1. **Décomptez les jours de congés payés acquis au titre de l'année N.**
2. **Calculez la retenue sur salaire pour les congés pris en juillet N (méthode des jours ouvrables).**
3. **Présentez l'entête du bulletin de paye de juillet en calculant l'indemnité de congés payés par la méthode du 1/10e (document 1).**
4. **Présentez l'entête du bulletin de paye de juillet en appliquant la méthode du maintien du salaire (document 2).**
5. **Quelle méthode faut-il choisir dans ce cas ?**

Document 1 Bulletin de salaire de juillet (extrait – méthode du 1/10e)

Éléments	Nombre d'heures	Taux	Montant
Salaire de base			
Retenue pour absence (congés payés)			
Indemnité de congés payés			
SALAIRE BRUT			

Document 2 Bulletin de salaire de juillet (extrait – méthode du maintien)

Éléments	Nombre d'heures	Taux	Montant
Salaire de base			
Retenue pour absence (congés payés)			
Indemnité de congés payés			
SALAIRE BRUT			

3 Prise de congés payés

La SARL Au bon burger est un fast-food installé dans la banlieue de Marseille depuis 15 ans. M. Martinez en est le gérant. Il est en conflit avec un de ses salariés, M. Pisaro, au sujet de ses congés payés. Ce salarié, présent dans l'entreprise depuis 4 ans, a cumulé 30 jours ouvrables de congés pour l'année N. Il a déposé une demande de prise de congés (document 1). Cette demande ne convient pas à M. Martinez qui veut lui imposer un autre planning (document 2).

1. **La demande de M. Pisaro est-elle conforme à la règlementation sur la prise des congés ? Pourquoi ?**
2. **M. Martinez peut-il imposer des dates de départ en congés payés ?**
3. **En application de la convention collective (document 3), quel droit M. Pisaro peut-il faire valoir à propos des dates qui lui sont imposées ?**

Document 1 **Demande de congés de M. Pisaro**

Détail des périodes de congés demandées :
- Du lundi 18 au dimanche 24 avril
- Du lundi 23 au dimanche 29 mai
- Du lundi 18 au dimanche 24 juillet
- Du lundi 22 au dimanche 28 août
- Du lundi 19 au dimanche 25 septembre

Document 2 **Planning de congés imposé par M. Martinez**

Période de congés de M. Pisaro pour l'année N :
- Du lundi 23 au dimanche 29 mai
- Du lundi 18 au dimanche 31 juillet
- Du lundi 21 novembre au dimanche 4 décembre

Document 3 **Extrait de la convention collective de la restauration rapide**

ARTICLE 37 : CONGÉS ANNUELS

Les droits aux congés annuels sont déterminés par la réglementation en vigueur. L'affichage des congés payés doit être effectué au plus tard le 1er avril.

Le congé principal de 24 jours ouvrables peut être fractionné par l'employeur avec l'agrément du salarié, étant précisé que :

- 12 jours ouvrables de ce congé (ou 10 jours ouvrés), compris entre deux repos hebdomadaires, sont obligatoirement pris en une seule fois, dans la période comprise entre le 1er mai et le 31 octobre ;
- les jours restants de ce même congé principal pris dans la période comprise entre le 1er novembre et le 30 avril ne donnent pas lieu à des jours supplémentaires pour fractionnement en application de la dérogation prévue à l'article L. 223-8 du Code du travail, 4e alinéa, sauf si l'employeur a été amené à refuser au salarié de les prendre, par fraction ou en totalité, dans la période comprise entre le 1er mai et le 31 octobre. Si tel est le cas, il est attribué 2 jours ouvrables de congé supplémentaire lorsque le nombre de jours de congé principal est au moins égal à 6 et un seul lorsqu'il est compris entre 3 et 5 jours.

4 Calcul des compensations financières en cas de congé maladie (d'après sujet d'examen 2015)

La société I3C, située à Aubagne dans les Bouches-du-Rhône, a été créée en 2000 par deux associés, M. Martinot et son frère, sous forme de société à responsabilité limitée. Elle emploie trois salariés.

Mme Jantot gère l'ensemble de la comptabilité de la société. Elle vous confie la mise à jour du dossier de M. Regas. Celui-ci est dessinateur projeteur dans la société, avec un salaire brut de 2 228,03 € mensuel (ce salaire n'a pas évolué pendant l'année).

M. Regas s'est absenté quelques jours pour maladie début décembre.

Mme Jantot vous charge de préparer certains éléments qui seront utiles pour la paie de décembre. Elle vous transmet le calendrier du mois de décembre (document 1) et la documentation sociale de l'entreprise (document 2).

1 Rappelez les obligations du salarié malade vis-à-vis de la Sécurité sociale pour être indemnisé.

2 Calculez le montant de l'indemnité journalière de Sécurité sociale (IJSS).

3 Calculez le montant total des indemnités versées par la Sécurité sociale.

4 Déterminez le pourcentage d'appointements bruts auquel M. Regas a droit, au regard de l'indemnisation prévue par la convention collective applicable à la société. Justifiez votre réponse.

Document 1 Calendrier de décembre N

N° semaine	Lu	Ma	Me	Je	Ve	Sa	Di
DÉCEMBRE N							
49	1	2	3	4	5	6	7
50	8	9	10	11	12	13	14
51	15	16	17	18	19	20	21
52	22	23	24	25	26	27	28
1	29	30	31				

Document 2 **Documentation sociale**

■

Informations diverses

Les salariés travaillent habituellement cinq jours par semaine dans l'entreprise, du lundi au vendredi. M. Regas a été absent pour maladie du 5 au 11 décembre N inclus.

■

Extrait du mémento social 2014

§ 50445. Montant de l'indemnité journalière

L'indemnité journalière est égale à la moitié du **gain journalier de base** [...].

Pour les salariés mensualisés, ce salaire journalier est égal à 1/91,25e du montant des trois dernières paies antérieures à l'arrêt de travail et servant de base au calcul des cotisations d'assurance maladie, maternité...

§ 50460 Durée d'attribution

Les indemnités journalières sont dues pour chaque jour, ouvrable ou non, d'interruption de travail, mais seulement à partir du 4e jour de l'incapacité de travail...

■

Extrait de la Convention collective nationale applicable au personnel des bureaux d'études techniques

Article 41 – Absences maladie

Les appointements seront maintenus à l'intéressé tant qu'il sera malade dans les limites prévues ci-après à l'article 43 ETAM (Employés, Techniciens et Agents de Maîtrise).

Article 43 – ETAM – Incapacité temporaire de travail

En cas de maladie ou d'accident dûment constatés par certificat médical et contre-visite s'il y a lieu, les ETAM. recevront les allocations maladie nécessaires pour compléter, jusqu'à concurrence des appointements les sommes qu'ils percevront à titre d'indemnité, d'une part en application des lois sur les accidents du travail et les maladies professionnelles et des lois sur l'assurance maladie...

Dans le cas d'incapacité par suite d'accident du travail ou de maladie professionnelle survenus au service de l'employeur, les allocations prévues ci-dessous sont garanties dès le premier jour de présence, alors que dans les autres cas de maladie ou d'accident elles ne sont acquises qu'après un an d'ancienneté.

Dans les autres cas de maladie ou d'accident :

- Pour l'ETAM ayant plus d'un an d'ancienneté et moins de cinq ans :
  – Un mois à 100 % d'appointements bruts ;
  – Les deux mois suivants : 80 % de ses appointements bruts.
- Pour l'ETAM ayant plus de cinq ans d'ancienneté :
  – Deux mois à 100 % d'appointements bruts ;
  – Le mois suivant : 80 % de ses appointements bruts.

Il est précisé que l'employeur ne devra verser que les sommes nécessaires pour compléter ce que verse la Sécurité Sociale...

5 Suivi et indemnisation des congés payés

La bijouterie-horlogerie Daurat est située 60 rue Carnot 74000 Annecy. M. Daurat exploite l'entreprise sous la forme individuelle et emploie trois personnes travaillant 35 heures hebdomadaires (7 heures par jour), toutes en CDI. Jusqu'à présent, M. Daurat consignait les différents congés pris par ses salariés sur un agenda papier qu'il scannait et envoyait chaque fin de mois au cabinet Heureka chargé d'établir la gestion de la paie. La convention collective du secteur prévoit que les congés payés sont traités conformément aux règles légales et que tous les jours fériés légaux seront chômés et payés.

Stagiaire chez Heureka, on vous confie la mission de faciliter la gestion des absences pour cette entreprise.

1 À l'aide des documents 1 et 3, calculez les droits acquis des trois salariés pour les périodes du :

– 01/06/15 au 31/05/2016 ;

– depuis le 01/06/2016.

2 Réalisez une feuille de calcul de présence mensuelle permettant le décompte des heures de présence et d'absence ainsi que les jours de congé restant à prendre (document 2). Cette feuille sera complétée par M. Daurat et partagée en ligne avec le cabinet.

3 Sachant que les salariés n'effectuent pas d'heures supplémentaires et qu'ils perçoivent une prime d'ancienneté de 40 € par mois, déduisez leur salaire brut du mois d'octobre 2016.

Document 1 Fiches salariés

Nom des salariés	Date d'embauche en CDI	Emploi	Salaire de base
Battau Célia	17/12/2010	Vendeuse	1 500 €
Chent Fred	05/05/2008	Bijoutier-joaillier	1 900 €
Vernom Marvin	10/05/2008	Horloger réparateur	2 100 €

Document 2 La fin du mois sur tableur

La fonction FIN.MOIS(date_départ;mois) permet de calculer des dates d'échéance et d'obtenir le dernier jour du mois. La cellule cible doit être au format « Date ».

Elle a besoin de deux paramètres :
- date_départ : une date de départ, saisie en utilisant la fonction DATE ;
- mois : c'est le nombre de mois avant ou après date_départ. (Pour les mois avant date_départ, il suffit d'utiliser un chiffre négatif.)

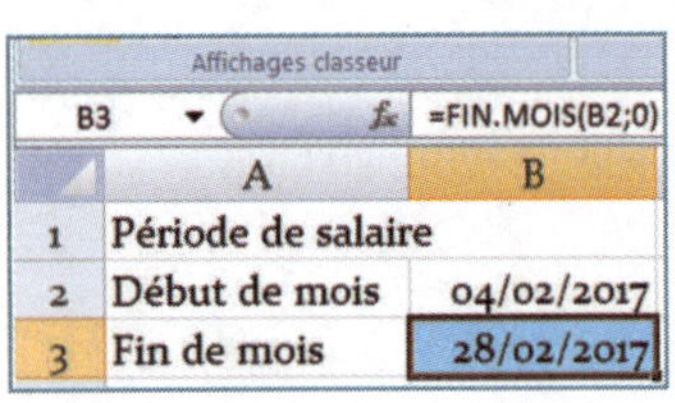

Exemple : les salaires sont systématiquement édités en fin de mois.

Document 3 Calendrier des absences des salariés

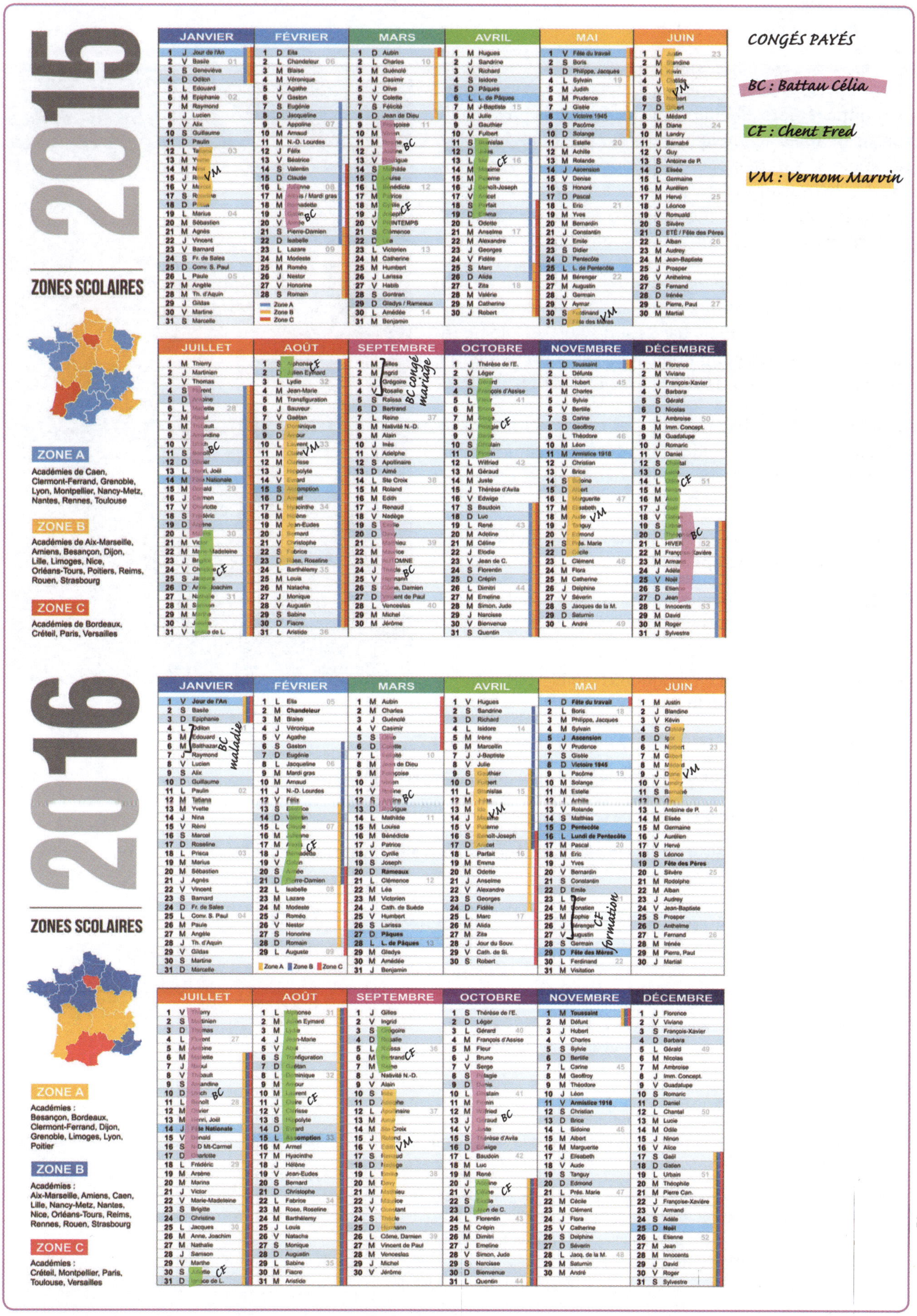

6 Décompte et indemnité de congés payés d'un salarié à temps partiel

L'entreprise Nart est une SARL installée à Vic-Fezensac dans le Gers. Elle fabrique du foie gras en bocal à partir de foies achetés aux éleveurs de la région. Elle emploie 36 salariés pour la production et la vente. La durée du travail dans l'entreprise est de 35 heures, réparties sur 5 jours (l'entreprise ferme les samedis et dimanches). Les jours fériés sont chômés et payés.

Mme Lafitte est employée depuis plus de 10 ans en CDI à temps partiel aux 4/5e : elle ne travaille pas le mercredi. Son salaire de base est de 1 090 €. Elle ne réalise pas d'heures supplémentaires et elle a perçu une prime d'ancienneté de 230 € pour l'année N-1.

Pendant l'été N, elle souhaite s'absenter du mercredi 13 au dimanche 31 juillet. En vous appuyant sur les documents 1 et 2, préparez son départ en congé.

1 **Les salariés à temps partiel ont-ils les mêmes droits à congé que les salariés à temps plein ?**

2 **Calculez les droits à congé de Mme Lafitte pour l'année N, sachant qu'elle n'a aucune absence pendant la période de référence.**

3 **Son projet de départ en congé vous semble-t-il conforme aux règles concernant le congé principal ?**

4 **Combien de jours lui restera-t-il à prendre après ce congé ?**

5 **Calculez la retenue sur salaire qui lui sera appliquée au mois de juillet.**

6 **Calculez l'indemnité de congés payés par la méthode du 1/10e.**

7 **Cette méthode de calcul est-elle la plus avantageuse pour elle ? Justifiez.**

Document 1 Les congés payés des salariés à temps partiel

Durée – Le salarié à temps partiel bénéficie de la même durée de congé que le salarié à temps plein.

Indemnisation – L'indemnité de congés payés est calculée selon les mêmes règles que celles prévues pour le salarié à temps plein :
- soit par la règle du 1/10e ;
- soit par la règle du maintien de salaire.

C'est le mode de calcul le plus avantageux pour le salarié qui s'applique.

Prise des congés – Le point de départ des congés est le premier jour ou le salarié aurait dû travailler s'il n'était pas parti. Puis, on décompte tous les jours ouvrables, y compris ceux pendant lesquels il n'aurait pas dû travailler.

D'après www.service-public.fr

Document 2 Calendrier de juillet N

Juillet N						
L	M	M	J	V	S	D
				1	2	3
4	5	6	7	8	9	10
11	12	13	14	15	16	17
18	19	20	21	22	23	24
25	26	27	28	29	30	31

Chapitre 6

L'élaboration des bulletins de paie : les éléments collectifs

Activité	Situation de travail	Compétence
4.3. Gestion comptable de la paie et information des salariés	**4.3.1.** Prise en compte des éléments collectifs nécessaires à l'élaboration des bulletins de paie	Identifier les mentions, rubriques et montants figurant sur le bulletin de paie afin de préparer et de contrôler la validité des paramètres de paie

Situation professionnelle

La croissance de la SAS Esthétique et Santé conduit à augmenter ses effectifs : elle compte aujourd'hui 11 salariés. Afin de faire face à la diversité des situations de son personnel et pour faciliter le suivi de chaque salarié, Mme Karine a décidé de moderniser le système de paie. Certains dysfonctionnements sont apparus dans le traitement, tels que des heures supplémentaires réalisées et payées le mois suivant, ou des retards dans le virement des salaires dus à un oubli de transfert des sommes à la banque…
Mme Karine est convaincue qu'il est nécessaire, dans un souci d'efficacité et de productivité, de développer les usages du progiciel de gestion intégré (PGI) dans le domaine social. En effet, l'installation d'un PGI va lui permettre de prendre en charge la gestion administrative du personnel et l'organisation de la paie, dans le respect de la législation et des conventions en vigueur.
La SAS Esthétique et Santé donne aux salariés les bulletins de paye le 30 de chaque mois. Il est temps de les préparer et, compte tenu de la récente installation du PGI, il faudra bien vérifier tous les éléments collectifs concernant la paye.

Mission

Mme Karine fait appel à vous pour l'aider à améliorer la performance de la gestion de la paie. Il s'agit pour vous de mettre à jour tous les éléments collectifs comme les taux en vigueur, les plafonds, les tranches, identifier les mentions et rubriques obligatoires, préparer et contrôler la validité des paramètres de la paie.

Travail à faire

I Organiser la collecte des informations relatives à la rémunération

Mme Karine veut optimiser la gestion de la paie dans le respect de la législation et des conventions en vigueur. Elle désire mettre à jour les données relatives à la situation et à l'activité professionnelle des salariés de la société.

Elle vous charge d'identifier les éléments nécessaires à la préparation de la paie en cohérence avec le cadre légal de la rémunération.

1. Comment est organisée la gestion de la paie au sein de la SAS Esthétique et Santé ? — Annexe 1
2. Quelles sont les règles légales ou conventionnelles en matière de rémunération ? À qui s'imposent-elles ? — Fiche ressource 1 ; Annexe 2, Annexe 3
3. Quelles sont les obligations fixées par la convention collective de l'esthétique-cosmétique qui encadrent la rémunération ? Laissent-elles une marge de manœuvre à l'employeur ?
4. Qu'est-ce qu'une prime collective ? Quel est son objectif ?
5. Quels salariés bénéficient de la prime d'ancienneté ? Comment est-elle calculée ? Faut-il inclure la prime d'ancienneté dans le calcul des majorations des heures supplémentaires ?
6. Qu'est-ce qu'un salaire minimum conventionnel ? Peut-on fixer librement un salaire ?
7. Quel est l'intérêt d'une grille de salaire ? Quel est le salaire minimal d'une aide comptable ? — Fiche ressource 2 ; Annexe 3, Annexe 4

II Contrôler les composantes de la rémunération brute

Mme Karine est consciente que la rémunération est la première contrepartie qu'un salarié attend de son travail. Pour elle, la rémunération peut alors devenir un levier puissant de reconnaissance du travail réalisé par le salarié.

Mme Karine vous demande de prendre en charge la rémunération brute des salariés.

8. Qu'appelle-t-on « salaire de base » ? — Fiche ressource 5 ; Annexe 2, Annexe 3, Annexe 5
9. Par quels éléments de rémunération peut-il être complété ?
10. Quel est le salaire de base des salariés Paget et Blandin ?
11. Quels sont les éléments qui composent la rémunération brute du salarié Paget ? de la salariée Blandin ?
12. Quel sera le montant de la prime d'ancienneté pour Mme Blandin ?
13. Déterminez le salaire brut à verser aux deux salariés.
14. Vérifiez par le calcul les éléments du salaire brut des deux salariés.
15. Sur le bulletin de paie, complétez les informations qui permettent d'arriver à la rémunération brute pour les deux salariés. — Annexe 6
16. Repérez si les mentions obligatoires figurent bien sur le bulletin de paie des salariés. — Fiche ressource 3
17. Comment seront indiqués les éléments de rémunération brute dans la version simplifiée du bulletin ? — Fiche ressource 4

Mme Karine a reçu en entretien une jeune femme qui postule au poste d'hôtesse d'accueil pour le site de Nice. Mme Karine souhaite connaître le montant minimum prévu par la convention collective pour cet emploi.

18. En prenant appui sur la grille de rémunération, déterminez le salaire de base de Mlle Busquet.

Fiche ressource 2
Annexe 3
Annexe 4

III Contrôler les informations sur les cotisations et le salaire net

Mme Karine vous demande de l'assister pour identifier les mentions, rubriques et montants figurant sur les bulletins de paie et vérifier la cohérence de sommes à payer aux salariés figurant sur leur bulletin de paie.

19. Comment détermine-t-on le salaire net ?

20. Quel est le montant du plafond de la Sécurité sociale ? À quoi sert-il ?

21. Qu'est-ce que la tranche A, la tranche B ? Quelles sont les cotisations qui utilisent ces deux tranches ?

Fiche ressource 6

22. Quelle est l'assiette de calcul de la CSG et de la CRDS ?

23. Sur quelle base se calcule l'assurance maladie ?

24. Calculez le montant des cotisations dues aux divers organismes et complétez les bulletins de paie de M. Paget et de Mme Blandin.

Annexe 5
Annexe 6

25. Quelles sont les similitudes et les différences entre les deux bulletins de paie ?

26. En vous servant des annexes 5 et 7, déterminez le montant du salaire imposable des deux salariés. Vous expliquerez le détail du montant du salaire imposable.

Annexe 7

27. Déduisez de vos calculs le coût total des deux salariés pour l'employeur.

IV Mettre à jour et contrôler les données du module paie du PGI

Mme Karine souhaite rendre opérationnel le module de paie du PGI afin de faciliter le suivi des salariés de la société. À ce titre, vous avez suivi une formation au sein de l'éditeur du PGI pour mener à bien la mission qui vous a été confiée.

28. En prenant appui sur les fiches des salariés créées précédemment et sur vos notes prises lors de la formation GRH PGI, procédez à la saisie des données relatives à la création des bulletins de paie sous PGI de l'entreprise.

Annexe 8

29. Vérifiez l'exactitude des bulletins de paie sous PGI.

30. Éditez les bulletins de paie des deux salariés.

V Garantir l'intégrité et la confidentialité des bulletins de paie

Mme Karine doit faire face à la demande d'un salarié qui a égaré son bulletin de paie du mois dernier et qui lui réclame un double. Elle fait le constat que les salariés sont peu informés de la réglementation sociale et de leurs droits et obligations en la matière.

Mme Karine vous demande d'envoyer une lettre d'information sur les règles de conservation des bulletins de paie.

31. Établissez une lettre type d'information relative aux règles de conservation des bulletins de paie.

Fiche ressource 7

M. Stéphane Renaudin, le commercial, demande à Mme Karine de lui envoyer à partir de ce mois son bulletin de salaire par mail sous format numérique, compte tenu qu'il a un coffre-fort numérique à Digiposte.

32. **Actuellement, comment sont remis les bulletins de salaire aux employés ?**

33. **Est-il possible d'envoyer le bulletin de salaire uniquement sous format numérique par courriel ?**

34. **Le salarié pourra-t-il conserver son bulletin de salaire de façon durable ? Quelles sont les précautions à prendre pour qu'il puisse le faire ?**

▶| Fiche ressource 7
▶| Annexe 9

Données de la situation

Annexe 1 Mémo de Mme Karine sur la procédure à appliquer

L'installation du PGI va nous imposer davantage de rigueur. J'attire donc votre attention sur la nécessité de :

- collecter et actualiser les informations liées au personnel ;
- vous tenir informé du droit du travail, des lois, des règlements et tenir compte de l'accord collectif, de la convention collective de la société ;
- mettre à jour les dossiers du personnel au fil des arrivées et des départs ;
- bien suivre le personnel concernant les éléments de la rémunération ;
- bien conserver tous les documents échangés, à l'intérieur du dossier « papier » de chaque salarié, en les classant de manière chronologique ;
- ne pas oublier de dresser, pour le 20 de chaque mois, un tableau récapitulatif des absences et des congés concernant le mois écoulé ;
- procéder chaque semaine au décompte des heures supplémentaires.

Annexe 2 Convention collective nationale de l'esthétique-cosmétique (extrait)

Article 1 – Temps de travail effectif

Le temps de travail effectif est le temps pendant lequel le salarié est à la disposition de son employeur et doit se conformer à ses directives, sans pouvoir librement vaquer à ses occupations.

Article 2 – Rémunération globale garantie

Tous les contrats de travail sont conclus sur la base de 151,67 heures par mois.

Les salaires sont mensualisés sur la base de calcul suivante :

35 heures × 52 semaines / 12 mois

L'organisation de la société repose sur 35 heures correspondant à la durée légale du travail (soit 7 heures par jour).

Article 3 – Heures supplémentaires et repos compensateur

Le salarié ne peut refuser d'effectuer des heures supplémentaires au risque de commettre une faute.

Les taux de majoration pour heures supplémentaires sont :

- 25 % pour les huit premières heures ;
- 50 % pour les heures suivantes à partir de la 43e incluse.

Les heures supplémentaires donnent lieu à un paiement majoré, auquel s'ajoute un repos compensateur calculé sur une base de 50 %.

Annexe 3 **Accord collectif signé en 2015 (extrait)**

Article 1 – Les salaires minima

Il est convenu un accord sur les salaires minima entre les signataires du présent accord et la grille de salaire suivante se réfère à cet accord.

COEFFICIENT	SALAIRE MINIMUM BRUT MENSUEL
135	1 469 €
150	1 471 €
160	1 483 €
175	1 488 €
180	1 508 €
200	1 575 €
230	1 642 €
250	1 839 €
300	3 129 €

Si, pour un coefficient, le salaire minimum brut mensuel devenait inférieur au Smic, alors le salaire minima serait celui du Smic.

Les partenaires sociaux s'engagent à renégocier les salaires dans les 2 mois qui suivent l'augmentation du :

– Smic si celui-ci devient supérieur au salaire minimum du coefficient 135 ;

– plafond de la Sécurité sociale si celui-ci devient supérieur au minimum du coefficient 300.

Article 2 – La prime d'ancienneté

La prime d'ancienneté est fixée selon le barème suivant :

– après 3 ans : 35,60 €

– après 6 ans : 69 €

– après 9 ans : 105 €

– après 12 ans : 137 €

– après 15 ans : 173 €

– après 25 ans : 200 €

Cette prime d'ancienneté est indépendante du salaire brut de base proprement dit et s'ajoute, dans tous les cas, au salaire brut de base. Elle figure sur une ligne distincte du bulletin de paie.

La prime d'ancienneté est versée au prorata du temps de travail effectif pour les salariés à temps partiel.

Article 3 – La prime d'intéressement

L'intéressement global aux résultats est fonction de l'excédent brut d'exploitation (EBE) de l'exercice de référence calculé selon les règles suivantes :

– L'intéressement est égal à 10 % de l'excédent brut d'exploitation.

– Le montant total de l'intéressement ne pourra pas dépasser annuellement 20 % des salaires bruts versés aux salariés concernés.

– Sont bénéficiaires de l'intéressement tous les salariés ayant acquis trois mois d'ancienneté au sein de l'entreprise.

Annexe 4 Grille de rémunération de la convention collective

Coefficients du personnel des services administratifs et des services généraux (extrait)

EMPLOI RELATIF AUX INSTITUTS	DÉFINITION	COEFFICIENT
Personnel d'entretien qualifié	Personnel titulaire d'une certification de niveau V (titre professionnel ou diplôme) capable d'effectuer des tâches prévues au référentiel d'activités.	150
Secrétaire-hôtesse d'accueil diplômée	Personnel capable d'effectuer des activités définies dans les référentiels de niveau V (titre professionnel ou diplôme).	150
Aide comptable	Personnel capable d'effectuer des activités définies dans les référentiels de niveau V (titre professionnel ou diplôme).	150
Comptable	Personnel capable d'effectuer des activités identifiées dans les référentiels de niveau III (titres professionnels ou diplômes) et justifiant d'une expérience professionnelle lui permettant de remplir lesdites fonctions.	200

Annexe 5 Extrait du fichier salariés

Nom salarié(e)	PAGET	Date naissance	12/05/1981
Nom de naissance	PAGET	Lieu de naissance	Istres (13)
Prénom salarié(e)	Joachim	Pays	France
Emploi	Cadre dirigeant	Nationalité	Française
Contrat à temps plein	Oui	Situation familiale	Marié
Adresse	15 rue des Palmiers	Nombre d'enfants	0
Code postal / Ville	06000 NICE	N° SS	181051304728925
Domiciliation bancaire	BNP Nice	N° tél.	06 25 88 74 10
Code agence	1140	Salaire mensuel	2 500 €
N° compte	5580798851	Nombre d'heures par mois	151,67
Date d'entrée société	15/01/20N	Type de contrat	CDI
Mode de paiement	Par virement	Coefficient hiérarchique	880

Nom salarié(e)	BLANDIN	Date naissance	29/06/1985
Nom de naissance	SUEUR	Lieu de naissance	Avignon (84)
Prénom salarié(e)	Isabelle	Pays	France
Emploi	Esthéticienne	Nationalité	Française
Contrat à temps plein	Oui	Situation familiale	Mariée
Adresse	8 rue de Paris	Nombre d'enfants	2 enfants
Code postal / Ville	06000 NICE	N° SS	285068412548793
Domiciliation bancaire	CIC Nice	N° tél.	06 18 23 45 78
Code agence	18315	Salaire mensuel	1 760 €
N° compte	04094663506	Nombre d'heures par mois	151,67
Date d'entrée société	01/03/N-4	Type de contrat	CDI
Mode de paiement	Par virement	Coefficient hiérarchique	240
Indemnités de transport en commun	Abonnement mensuel SNCF de 35,80 €	Décompte mensuel des heures supplémentaires majorées	10 HS 25 % 3 HS 50 %

Annexe 6 Bulletin de salaire (modèle)

BULLETIN DE PAIE n° : 36	PÉRIODE DE PAIE du 01/03/2016 au 31/03/2016				
Esthétique & Santé 158 Cours de la Guadeloupe 33000 BORDEAUX Siret 23654895000023 URSSAF BORDEAUX Convention collective nationale esthétique-cosmétique	Code NAF : 9602B		Emploi occupé		
Éléments	**Quantité**	**Taux**	**Montant**	**Statut :**	
Salaire de base pour 151,67 heures					
Heures supplémentaires à 25 % :					
Heures supplémentaires à 50 % :				Plafond S.S.	
Prime d'ancienneté					
Prime d'assiduité				*3218,00*	
Salaire brut total					
Cotisations		Retenues salariales		Cotisations patronales	
	Base	Taux	Montant	Taux	Montant
Sécurité sociale					
CSG non déductible					
CRDS non déductible					
CSG déductible					
Maladie					
Contribution solidarité autonomie					
Vieillesse plafonnée					
Vieillesse déplafonnée					
Allocations familiales					
Accidents du travail					
Fonds National Aide au Logement					
Fonds National Aide au Logt déplaf. (> 20 salariés)					
Réduction loi Fillon					
Pôle Emploi					
Chômage					
Association pour la Garantie des Salaires					
RETRAITE COMPLEMENTAIRE					
Retraite complémentaire non-cadre Tr. A					
Retraite complémentaire non-cadre Tr .B					
Asso. Gestion des Fonds de Financt. Tr. A					
Asso. Gestion des Fonds de Financt. Tr. B					
Taxes et Participation					
Taxe sur les salaires					
Taxe d'apprentissage					
Formation continue ≥ 10 salariés					
Total retenues					
Indemnités diverses non soumises à cotisations	*Transport*				
Salaire net à payer					
Calcul du net imposable :	*– retenues déductibles* *+ CSG & CRDS non déduct.*			*– ind. n. soum.* *+ Ac. & Op.*	
Net imposable				*Coût employeur*	
Mode de paiement :	*Par virement au 31 du mois*				
Conservez ce bulletin de salaire sans limitation de durée pour faire valoir vos droits					

Annexe 7 Note d'information interne sur les frais de transport collectif

Depuis le 1er janvier 2009, l'indemnisation des frais de transports publics des salariés entre le domicile et le lieu de travail devient obligatoire pour tous les employeurs (article 20 de la loi de financement de la Sécurité sociale pour 2009).

Cette prise en charge par l'employeur des titres de transports entre le domicile et le lieu de travail est égale à 50 % du coût de ces titres pour le salarié.

Sont concernés les abonnements annuels, mensuels ou hebdomadaires ou à renouvellement tacite à nombre de voyages illimité émis par la Société nationale des chemins de fer (SNCF) et les entreprises de transport public.

Le remboursement des frais d'abonnement se fait sur la base des tarifs de deuxième classe.

Les salariés doivent fournir des justificatifs.

Les salariés concernés par cette disposition sont priés de se faire connaître auprès de Mme Karine.

Mme Karine, Responsable administrative

Annexe 8 Prise de notes lors du stage PGI « Saisir les données nécessaires à la préparation du bulletin de paie »

Respecter les différentes étapes :

- **1re étape : Choisir le salarié dont on établit le bulletin**

Ouvrir l'application de paie, choisir le menu « Paie » ou «« Bulletin » puis le sous-menu « Préparation automatique des paies » ou « Préparation des Bulletins ». Renseigner la période de paie et choisir le salarié.

- **2e étape : Créer le bulletin de paie**

Faire un double clic sur la ligne du salarié. Un nouvel écran affiche alors la création du bulletin.

- **3e étape : Modifier le bulletin de paie**

Insérer les lignes manquantes et calculer le bulletin en cliquant sur l'icône « Calcul » ou « Calculer » en bas de l'écran.

- **4e étape : Éditer le bulletin de paie**

Cliquer dans le menu « Éditions » puis « Bulletins », et renseigner la date du bulletin.

En bas de l'écran, cliquer sur l'icône « Lancer l'état » ou « Valider ».

Annexe 9 Le coffre-fort numérique chez Digiposte

Digiposte, sécurisez tous vos documents

Plus qu'un simple espace de stockage, Digiposte est le coffre numérique proposé par La Poste qui vous accompagne dans vos démarches grâce à une utilisation intuitive. Il vous permet de sauvegarder gratuitement et à vie 5 Go de données personnelles.

Vos données sécurisées à vie

Cryptage, accès personnel sécurisé, données hébergées en France… **la sécurité de votre coffre numérique est au cœur des priorités de La Poste**. C'est pourquoi Digiposte répond aux mêmes normes que les sites bancaires.

Et comme vos données personnelles ne concernent que vous, La Poste vous garantit un respect total de la confidentialité des documents hébergés dans votre coffre numérique.

Rapatriez de façon sécurisée et automatique vos documents numériques en choisissant vos organismes et e-commerçants. Qu'il s'agisse de factures d'électricité, de téléphone ou de relevés bancaires, vos données restent confidentielles et leur stockage est garanti à vie.

www.laposte.fr

Fiche ressource 1

Le cadre légal de la rémunération

La rémunération prend en compte non seulement la complexité des tâches effectuées par les salariés, mais également les conditions de travail, le cadre conceptuel légal et les conventions collectives, les performances de la société et des salariés, les situations professionnelles des salariés et leur niveau de responsabilité.

I La fixation du salaire

Le salaire est la contrepartie du travail fourni par le salarié lié à un employeur par un contrat de travail. Le salaire est théoriquement négocié librement entre l'employeur et le salarié. En pratique, l'employeur fixe le salaire en respectant les règles légales et conventionnelles.

Dans tous les cas doivent être respectés :

- les règles relatives au Smic ;
- les salaires minimaux prévus par les conventions collectives ou par les accords d'entreprise ;
- le principe d'égalité de rémunération entre hommes et femmes ;
- la non-discrimination.

1. Le salaire minimum interprofessionnel de croissance (Smic)

Le Smic a pour objet de garantir aux salariés dont les rémunérations sont les plus faibles, le maintien de leur pouvoir d'achat (article L3231-2 du Code du travail).

Le Smic est un taux horaire brut. Depuis le 1er janvier 2016, il est de 9,67 € pour une heure de travail. Le Smic mensuel est de 1 466,62 € pour 35 heures de travail par semaine.

Le Smic est généralement revalorisé chaque année au 1er janvier.

Il est réévalué sur la base de trois mécanismes :

- le niveau général des prix ;
- l'évolution de la croissance économique ;
- l'augmentation facultative : le gouvernement peut augmenter le Smic en cours d'année après avis de la Commission nationale de la négociation collective.

L'employeur ne peut pas payer un salarié en dessous du Smic sauf si celui-ci a moins de 18 ans, ou si le contrat est un contrat d'apprentissage et de professionnalisation, auquel cas des abattements sont prévus.

Exemple

Contrat de professionnalisation : rémunération minimale depuis le 1er janvier 2016

Âge du salarié	Si qualification < bac professionnel	Si qualification ≥ bac professionnel
Moins de 21 ans	55 % du Smic mensuel soit 806,64 €	65 % du Smic mensuel soit 953,30 €
De 21 à 25 ans	70 % du Smic mensuel soit 1 026,63 €	80 % du Smic mensuel Soit 1 173,29 €
26 ans et plus	Smic mensuel soit 1 466,62 € ou 85 % de la rémunération minimale prévue par la convention applicable	Smic mensuel soit 1 466,62 € ou 85 % de la rémunération minimale prévue par la convention applicable

2. Les conventions collectives ou accords collectifs

Une convention collective nationale de travail (CCN) est un texte réglementaire qui définit les statuts des employés d'une branche professionnelle, après une négociation passée entre les organisations représentant les employeurs et les organisations représentant les salariés, c'est-à-dire les syndicats. Chaque année, les représentants des salariés et des employeurs doivent négocier l'augmentation éventuelle des salaires.

Les salaires définis au niveau de la branche professionnelle peuvent être modifiés au niveau de l'entreprise s'ils sont plus favorables aux salariés.

> Exemple
> Pour une durée de travail hebdomadaire de 35 heures, la loi prévoit un Smic de 1 466,62 € brut. La convention collective prévoit un salaire minimum de 1 550 € brut. Dans l'entreprise, il existe un accord d'entreprise fixant le salaire minimum d'un employé à 1 600 € brut. Le salaire minimum du salarié majeur travaillant 35 heures sera de 1 600 € brut, car l'accord d'entreprise est le plus avantageux.

3. « À travail égal, salaire égal »

La jurisprudence a introduit le principe « à travail égal, salaire égal ». Ce principe impose à l'employeur d'être en mesure de justifier des écarts entre les personnes qui effectuent un travail identique par des raisons objectives et matériellement vérifiables.

4. Le principe de non-discrimination et l'égalité de rémunération entre femmes et hommes

Il est interdit de faire de la discrimination en fonction de l'âge, de l'implication syndicale ou du sexe. L'égalité entre hommes et femmes doit être respectée. Que ce soient les promotions, les critères de classification ou autres bases de calcul, tous les salariés doivent être égaux.

II Les avantages pécuniaires de la rémunération

1. Les primes obligatoires dites « contractuelles »

Ces primes sont prévues par une convention ou un accord collectif de branche ou d'entreprise. Elles font partie du salaire et, à ce titre, sont incluses dans la base de la rémunération qui est majorée en cas d'heures supplémentaires. Ces primes ne peuvent pas être modifiées ou supprimées unilatéralement par l'employeur.

Elles sont attribuées :

- soit pour tenir compte de la nature des conditions particulières de travail ;
  > Exemple
  > Prime de pénibilité ou de travail de nuit.
- soit pour récompenser ou motiver une collectivité de salariés ;
  > Exemple
  > Prime de rendement, d'ancienneté.
- soit à l'occasion d'un événement familial.
  > Exemple
  > Prime de mariage ou prime de naissance.

Certaines primes peuvent être liées à un événement périodique générateur du versement.

> Exemple
> Prime de vacances, treizième mois en fin d'année civile.

2. L'intéressement

C'est un dispositif permettant d'associer les salariés aux résultats et aux performances de l'entreprise par le versement de primes immédiatement disponibles calculées en fonction du résultat ou des performances de l'entreprise.

Compte tenu du caractère collectif de l'intéressement et, sous réserve de la condition d'ancienneté indiquée dans l'accord d'entreprise, tous les salariés doivent en bénéficier quelles que soient les particularités de leur contrat (contrat d'apprentis, contrat aidé, contrat de professionnalisation). La mise en place du contrat d'intéressement est conclue pour une durée de 3 ans.

3. La participation

La participation aux résultats de l'entreprise est un dispositif prévoyant la redistribution au profit des salariés d'une partie des bénéfices qu'ils ont contribué par leur travail à réaliser dans l'entreprise.

La mise en œuvre de la participation repose en principe sur un accord conclu entre l'entreprise et les salariés ou sur un accord de branche.

La participation est obligatoire pour les entreprises du droit français d'au moins 50 salariés quels que soient leur activité et le type de société dès lors qu'elles dégagent un bénéfice fiscal suffisant. Elle est facultative pour les entreprises de moindre taille.

4. Le titre restaurant

Le titre restaurant est un titre de paiement permettant aux salariés qui ne disposent pas d'une cantine dans l'entreprise de prendre le repas à l'extérieur dans des restaurants ou des commerces assimilés.

Chaque salarié reçoit un titre restaurant par jour de travail effectué.

Le titre restaurant bénéficie d'une exonération d'impôt et de cotisations sous certaines conditions :
- la contribution de l'employeur doit être située dans une fourchette comprise entre 50 et 60 % de la valeur faciale du titre, le reste étant payé par le salarié ;
- la contribution patronale au financement de l'acquisition du titre restaurant ne peut pas excéder 5,36 € en 2015.

La part financée par le salarié est déduite du salaire net à payer.

5. Le remboursement des frais de transport collectif

Il s'agit du remboursement à hauteur de 50 %, selon la loi de finances, des frais engagés par le salarié pour se rendre sur son lieu de travail. Cette prise en charge de l'employeur est obligatoire et doit apparaître sur le bulletin de salaire.

6. La mutuelle ou complémentaire santé

Depuis le 1er janvier 2016, la mutuelle d'entreprise devient obligatoire au sein de toute entreprise en France quels que soient son statut, son activité commerciale et sa taille (loi sur la sécurisation de l'emploi du 14 juin 2013, issue de l'accord national interprofessionnel du 11 janvier 2013).
Les partenaires sociaux de la branche peuvent recommander un organisme assureur mais les entreprises restent libres de choisir l'organisme assureur.
L'employeur a l'obligation de mettre en place une couverture au moins égale à un panier de soins minimum. La moitié du financement de la couverture collective à adhésion obligatoire mise en place doit être prise en charge par l'employeur.

7. Les avantages en nature

Il y a un avantage en nature lorsque l'employeur fournit à ses salariés des biens ou des services soit gratuitement, soit à un coût inférieur à leur valeur réelle.
L'employeur est tenu d'accorder des avantages en nature à ses salariés lorsque l'attribution est prévue dans la convention collective ou bien résulte d'un usage de l'entreprise.

Pour des raisons fiscales, tous ces avantages doivent être valorisés et apparaître sur les bulletins de paie des salariés de l'entreprise.

Fiche ressource 2

Les grilles de rémunération

Les entreprises disposent d'une **grille de salaire**, qui est une sorte de trame grâce à laquelle elles définissent le niveau de rémunération de leurs employés.

I Définition

La grille de salaire se présente sous la forme d'un tableau qui définit les règles de rémunération du salarié en fonction de son échelon et de son statut. Elle est élaborée par l'entreprise : la direction générale, la direction des ressources humaines, mais aussi les représentants du personnel participent à l'élaboration de la grille de salaire. Elle doit tenir compte des minima imposés par le Smic et de la convention collective. L'entreprise prend plusieurs critères en compte :

- les salaires moyens de la branche concernée au niveau national ;
- le niveau d'études requis pour le poste ;
- les niveaux de salaire existants dans la même branche d'activité, mais aussi sur le marché du travail en général ;
- le coût de la vie.

La grille de salaire permet de définir un salaire minimal en fonction du statut, du niveau et du coefficient hiérarchique. Le coefficient de base est égal à 100.

> **Exemple**
> Extrait de la grille des salaires minimaux dans la société Laser Découpe Rémois, spécialisée dans la découpe des métaux et du bois.

Statut	Niveau	Coefficient	Salaire de base
Ouvriers/employés	I	120	1 215,03 €
	II	130	1 227,15 €
	III	170	1 342,29 €
Cadres	VI	280	2 069,49 €
	VII	330	2 548,23 €
	VIII	420	3 402,69 €

II L'utilité des grilles de salaire

1. En général

Les grilles de salaire servent à établir une **échelle des salaires** en vigueur dans l'entreprise. Elles tiennent compte de la classification propre à l'entreprise, cette classification devant apparaître sur le bulletin de salaire.

2. Pour l'entreprise

Elles permettent à l'entreprise d'avoir une politique salariale compréhensible, claire et logique afin de réduire les conflits, les situations d'injustice, d'éviter le favoritisme et la démotivation des salariés.

3. Pour les salariés

La grille de salaire permet au nouveau salarié d'avoir une idée de sa rémunération à l'embauche puis de son évolution possible. Elle lui permet de comprendre les différences de salaire selon des critères définis propres à chaque poste.

> **Exemples**
> Critères souvent retenus : l'ancienneté, le niveau de formation.
> À un poste d'exécution qui n'exige pas beaucoup de diplômes, le salaire sera moins élevé.
> Plus le niveau d'étude sera élevé, plus les responsabilités seront importantes et plus le salaire sera élevé.

Fiche ressource 3

Le bulletin de paie : structure et éléments obligatoires

Au moment du versement des salaires, tout employeur est obligé de délivrer un bulletin de paie aux salariés de son entreprise, y compris aux apprentis. Certaines mentions doivent figurer obligatoirement dans ce document. D'autres sont interdites.

I Les mentions obligatoires dans l'en-tête du bulletin de paie

Des mentions permettent d'identifier les parties :

- le nom et l'adresse de l'employeur ;
- l'activité principale de l'entreprise avec son code APE/NAF de l'Insee ;
- la convention collective (CCN) dont dépend l'entreprise.

La période de paie

BULLETIN DE PAIE n° : 254	PÉRIODE DE PAIE du 01/10/2016 au 31/10/2016
SARL Laser Découpe Rémois 7 avenue de l'Europe ZI Les Plaines 51100 REIMS Siret 403 808 199 90 003 NAF 246E URSSAF REIMS Convention collective 3206 – Transformation de l'aluminium	Mme Mireille CATTIAUX 32 rue Auguste Renoir 51430 TINQUEUX Emploi occupé : Technicienne de production

L'employeur et ses références — Le salarié et ses références

Le numéro SIRET ou SIREN et le code NAF sont attribués lors de l'inscription de la société au Registre du commerce et des sociétés (RCS).

Si la convention est étendue, l'entreprise dépend automatiquement d'une CCN, en fonction de son code APE.

II Les éléments obligatoires dans le corps du bulletin de paie

Apparaissent obligatoirement dans le corps du bulletin de paie les informations suivantes :

- Le nombre d'heures travaillées
- Le détail et le total du salaire brut
- Les cotisations sociales
- Les sommes soumises à cotisations sociales
- Les organismes sociaux (Urssaf, Pôle emploi et caisses de retraite)
- Le salaire net à payer au salarié
- La date de paiement

Il faut déterminer et calculer la rémunération (salaire brut) en tenant compte du travail effectué :

- comptabiliser le nombre d'heures effectuées durant la période de travail afin de déterminer le nombre d'heures rémunérées au taux normal ;
- calculer le nombre d'heures supplémentaires avec leur taux de majoration ;
- calculer le montant des primes, des absences.

Exemple

Mme Cattiaux est payée 12,50 € de l'heure et travaille 35 heures par semaine.

Elle a effectué durant le mois 15 heures supplémentaires à 25 % et 4 heures supplémentaires à 50 %. Elle bénéficie d'une prime d'assiduité de 100 € et d'une prime d'ancienneté de 10 % de son salaire de base compte tenu de son ancienneté. Elle a pris 6 jours de congés du 08 au 13 octobre N. L'expert-comptable de l'entreprise a calculé pour Mme Cattiaux que le montant des jours de congés pris représente la somme de 575,73 € (méthode de calcul la plus favorable pour le salarié).

Exemple (suite)

Éléments	Base	Taux	Montant
Salaire de base pour 151,67 heures	151,67	12,50	1 895,88
Heures supplémentaires à 25 %	15	15,625	234,88
Heures supplémentaires à 50 %	4	18,750	75,00
Prime d'assiduité			100,00
Prime d'ancienneté	1 895,88	0,10	189,59
Heures absences congés payés			– 575,73
Congés payés du 08/10 au 13/10			575,73
Salaire brut total			2 494,85

Les différentes composantes de la rémunération brute sont détaillées dans la fiche ressource 5.

Les différentes cotisations sociales sont détaillées dans la fiche ressource 6.

Enfin, le bulletin doit porter la mention « Conservez ce bulletin sans limitation de durée ». Elle est obligatoire et destinée à prévenir le salarié qu'il peut avoir besoin ultérieurement du document pour faire valoir ses droits.

III Les mentions interdites

Aucune mention relative à l'exercice du droit de grève et à l'activité de représentation des salariés ne doit figurer sur le bulletin de paie.

Exemple

M. Hardouin est délégué du personnel dans l'entreprise Laser Découpe Rémois. Il a participé à un mouvement de grève durant une journée au cours du mois d'octobre. À la fin du mois, sa journée d'absence lui sera décomptée et non payée. Le motif de son absence ainsi que sa qualité de délégué du personnel ne devront pas apparaître sur son bulletin de paie d'octobre.

IV Les annexes au bulletin de paie

1. Les heures de délégation

L'employeur doit mentionner ces heures de délégation sur une fiche annexe (qui a la même valeur juridique que le bulletin de paie) dès lors que les représentants du personnel utilisent leurs crédits d'heures. Sur la fiche figurent la nature et le montant des heures rémunérées au titre des heures de délégation.

2. Le repos compensateur

L'employeur doit fournir certains éléments en complément du bulletin de paie. Ainsi, l'annexe doit indiquer :

- le nombre d'heures de repos porté au crédit de chaque salarié ;
- la mention notifiant l'ouverture du droit au repos, dès lors que le nombre atteint 7 heures, et rappelant le délai maximal de 2 mois dans lequel ce repos doit être pris.

Exemple

Mme Cattiaux a réalisé au cours du mois d'octobre 15 heures supplémentaires. La mention de l'ouverture des droits au repos compensateur devra être annexée au bulletin de paie d'octobre dès lors que celui-ci aura atteint 7 heures.

Le nombre d'heures de travail effectuées par chaque salarié fera l'objet d'un récapitulatif qui reprendra le nombre d'heures effectuées dans le mois, le nombre d'heures supplémentaires majorées à 25 %, le nombre d'heures supplémentaires majorées à 50 % et le nombre d'heures acquises au titre du repos compensateur.

Fiche ressource 4

Le bulletin de paie : présentation du document

Deux présentations du bulletin de paie sont admises : la présentation classique dite « détaillée » et, depuis le 21 mars 2012, la présentation simplifiée.

I La présentation classique ou « détaillée »

BULLETIN DE PAIE n° : 254	PÉRIODE DE PAIE du 01/10/2016 au 31/10/2016
SARL Laser Découpe Rémois 7 avenue de l'Europe ZI Les Plaines 51100 REIMS Siret 403 808 199 90 003 NAF 246E URSSAF REIMS Convention collective 3206 – Transformation de l'aluminium	Mme Mireille CATTIAUX 32 rue Auguste Renoir 51430 TINQUEUX Emploi occupé : Technicienne de production

Éléments	Quantité	Taux	Montant	Statut :
Salaire de base pour 151,67 heures	151,67	12,50	1 895,88	Non-cadre
Heures supplémentaires à 25% :	15	15,63	234,39	
Heures supplémentaires à 50% :	4	18,75	75,00	
Prime d'ancienneté	1 895,88	0,10	189,59	
Prime d'assiduité			100,00	Plafond S.S.
Absences Congés Payés			– 575,73	
Arbitrage de Congés Payés			575,73	*3 218,00*
Salaire brut total			**2 494,85**	

Cotisations	Base	Retenues salariales – Taux	Retenues salariales – Montant	Cotisations patronales – Taux	Cotisations patronales – Montant
Sécurité sociale					
CSG non déductible	2 451,19	2,40 %	58,83		
CRDS non déductible	2 451,19	0,50 %	12,26		
CSG déductible	2 451,19	2,40 %	58,83		
CRDS déductible	2 451,19	0,50 %	12,26		
CSG déductible	2 451,19	5,10 %	125,01		
Maladie	2 494,85	0,75 %	18,71	12,84 %	320,34
Contribution solidarité autonomie	2 494,85			0,30 %	7,48
Vieillesse plafonnée	2 494,85	6,90 %	172,14	8,55 %	213,31
Vieillesse déplafonnée	2 494,85	0,35 %	8,73	1,85 %	46,15
Allocations familiales	2 494,85			5,25 %	130,98
Accidents du travail	2 494,85			3,10 %	77,34
Fonds National Aide au Logement	2 494,85			0,10 %	2,49
Fonds National Aide au Logt déplaf. (> 20 salariés)				0,50 %	
Réduction loi Fillon					
Pôle Emploi					
Chômage	2 494,85	2,40 %	59,88	4,00%	99,79
Association pour la Garantie des Salaires	2 494,85			0,25%	6,24
RETRAITE COMPLÉMENTAIRE					
Retraite complémentaire non cadre Tr. A	2 494,85	3,10 %	77,34	4,65 %	116,01
Retraite complémentaire non cadre Tr. B		8,10 %		12,15 %	
Asso. Gestion des Fonds de Financt. Tr. A	2 494,85	0,80 %	19,96	1,20 %	29,94
Asso. Gestion des Fonds de Financt. Tr. B		0,90 %		1,30 %	
Taxes et Participation					
Taxe sur les salaires	2 494,85			4,25 %	106,03
Taxe d'apprentissage	2 494,85			0,68 %	16,97
Formation continue ≥ 10 salariés	2 494,85			1 %	24,95
Total retenues			**552,86**		**1 198,02**
Indemnités diverses non soumises à cotisations		*Transport*			
		Salaire net à payer	**1 941,99**		
Calcul du net imposable :		*– retenues déductibles*	–552,86	*– ind. n. soum.*	
		+ CSG & CRDS non déduct.	71,09	*+ Ac. & Op.*	71,09
		Net imposable	**2 013,08**	*Coût employeur*	**3 692,87**
Mode de paiement :		*Par virement au 31 du mois*			
Conservez ce bulletin de salaire sans limitation de durée pour faire valoir vos droits					

Explications et calculs pour les éléments suivants :

Salaire brut : 1 895,88 (salaire de base) + 234,39 (HS à 25 %) + 75,00 (HS à 50 %) + 189,59 (prime ancienneté) + 100,00 (prime assiduité) + 573,73 (absences pour congés payés) + 573,73 (arbitrage de congés payés) = **2 494,85 €**

Base de la CSG et CRDS : 2 494,85 x 0,9825 = **2 451,19 €**

Salaire net : 2 494,85 (salaire brut) – 552,86 (cotisations salariales) = **1 941,99 €**

Net imposable : 1 941,99 (salaire net) + 71,09 (CSG et CRDS non déductibles) = **2 013,08 €**

Coût global employeur : 2 494,85 (salaire brut) + 1 198,02 (cotisations patronales) = **3 692,87 €**

II La présentation simplifiée

La loi Warsmann du 21 mars 2012 rend le bulletin de paie plus lisible. Ce nouveau bulletin de paie est organisé par blocs et ne contient que les informations les plus essentielles. Son but est de simplifier la lecture et permettre aux employeurs de faire des économies dans son élaboration.

Bulletin de paie

Octobre 2016

Employeur SARL LASER DÉCOUPE RÉMOIS

Établissement :	
SIRET	403 808 199 90 003
APE	246E
Adresse de l'établissement :	7 avenue de l'Europe – ZI Les Plaines 51100 REIMS

Salarié

NOM	CATTIAUX
PRÉNOM	Mireille
Matricule :	
N° de sécurité sociale :	2 80 04 51 12 49 68
Adresse :	32 rue Auguste Renoir 51430 TINQUEUX

Informations financières

Rémunération brute et indemnités du mois (1)	2 494,95
Dont salaire mensuel	**1895,88**
Dont indemnités de congés	575,73
Dont indemnités non soumises à cotisations :	
Cotisations salariales (2)	552,86
Autres retenues (3)	
Net à payer (1-2-3)	1 941,99
Cotisations patronales (4)	1 198,02
Coût total employeur (1) + (4)	3 692,87

Rémunération

Temps de travail et taux horaire			
heures	151,67	euros	12,50

Fiscalité

Rémunération imposable depuis le 1er janvier 2016 :	1 912,77

Droits à congés

Dates de congés du mois :	Néant
Jours de congés acquis :	14
Jours de RTT acquis :	2

Informations complémentaires

Emploi-contrat :	Technicienne de production	Coefficient :	II A
Convention collective :	CCN Transformation de l'aluminium	Classification :	138
Lieu de paiement	URSSAF de la Marne 11 RUE AMBROISE PARÉ 51 100 REIMS Tél : 0821.22.60.60		

Date de paiement du salaire : 31 octobre 2016

DOCUMENT À CONSERVER SANS LIMITATION DE DURÉE

Fiche ressource 5

Les composantes de la rémunération brute

Salaire brut = Salaire de base + Accessoires de salaire

I Le salaire de base

Le salaire de base est fixé librement entre l'employeur et le salarié, soit par contrat de travail, soit par décision de l'employeur (usages, directives, barème d'entreprise, notes d'information…) sous réserve du respect de certaines règles légales et conventionnelles.

Plusieurs modes de fixation sont possibles :

- au temps, en fonction de la durée de travail effectif qui est le mode le plus courant ;

> Exemple
>
> Un salarié travaille à temps partiel (24 heures par semaine) et est payé au Smic. Son salaire de base sera calculé de la manière suivante :
>
> (9,67 × 24 × 52) / 12 = 1 005,68 €
>
> Le salarié travaille 24 heures par semaine pendant 52 semaines soit 12 mois à un taux horaire de 9,67 €.

- au rendement, en fonction des normes connues et définies préalablement comme le travail aux pièces ;
- au forfait : une convention de forfait entre le salarié (le plus souvent cadre) et l'employeur est alors obligatoirement conclue par écrit. Elle doit être précise et quantifiée ;

> Exemple
>
> Monsieur Dubois, cadre ingénieur au sein de l'entreprise E2V, a un salaire de 2 300 € qui correspond à un forfait de 218 jours travaillés.

- en fonction du salaire minimum garanti par la convention collective.

> Exemple
>
> La convention collective de l'entreprise E2V (100 salariés) prévoit un salaire brut de 1 950 € pour un comptable de niveau II ayant un bac + 2 et effectuant 35 heures par semaine.
>
> Mlle Rossi, embauchée le 10 mars N et titulaire d'un BTS CG, ne pourra pas se voir proposer un salaire inférieur à 1 950 €.

II Les accessoires de salaire

1. Les primes

Elles peuvent être liées à l'ancienneté, à la productivité, aux conditions de travail : 13e mois, prime de froid, commissions sur le chiffre d'affaires…

Exemples

Type de prime	Signification
Prime d'ancienneté	Elle se calcule à compter de la date d'entrée dans l'entreprise. Elle augmente en fonction du nombre d'années passées dans l'entreprise.
Prime d'assiduité	Elle dépend du nombre de jours d'absences. Elle diminue en fonction du nombre d'absences de l'employé.
Prime de résultat	Elle est attribuée au salarié en fonction de ses résultats (prime de rendement, prime d'objectif) ou en fonction du résultat de l'entreprise.
Autres primes	Certaines primes sont attribuées en fonction des conditions de travail : travail de nuit, travail dangereux. Dans tous les cas, il faut se référer à la convention collective ou à l'accord d'entreprise pour connaître les conditions à appliquer.

2. Les absences

Toute absence entraîne une perte de salaire.

> **Exemple**
> Mme Durand a été absente pour maladie au mois de novembre. Une retenue pour absence lui sera appliquée sur son bulletin de salaire de novembre.

3. Les avantages en nature

Une partie de la rémunération peut se faire sous la forme de repas gratuit, de fourniture d'un logement, de l'usage d'un véhicule de fonction ou de TIC (technologie de la communication et de l'information) comme un téléphone portable ou un ordinateur.

Exemples

Type d'avantage en nature	Description
Nourriture	L'employeur nourrit gratuitement ou pour un prix modique le salarié. Cet avantage est évalué à 4,65 € par jour travaillé en 2015.
Logement	Lorsque l'employeur fournit gratuitement un logement ou pour un loyer très faible au salarié.
Véhicule	Lorsque le salarié peut utiliser à titre privé un véhicule professionnel en dehors de son temps de travail. L'avantage en nature peut être évalué soit sur la base des dépenses réelles soit sur la base d'un forfait annuel.
« Nouvelles technologies de l'information et de la communication »	Lorsque le salarié utilise à titre privé des outils issus des TIC, que l'employeur a mis à sa disposition de façon permanente pour son activité professionnelle, il bénéficie d'un avantage en nature qui est évalué soit en fonction des dépenses réelles soit par un forfait de 10 % du coût d'achat ou de l'abonnement.

III Les composantes de la rémunération brute

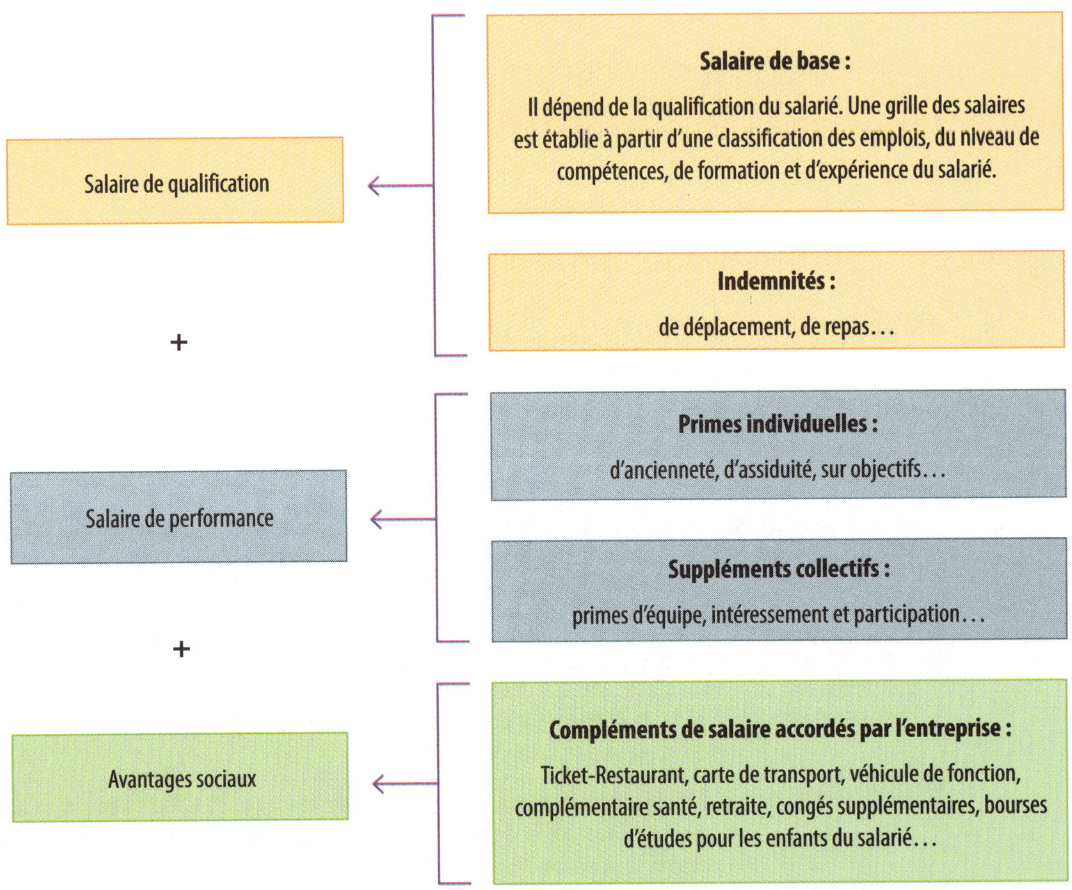

Fiche ressource 6

Les cotisations sur les salaires

Les cotisations sociales sont des versements, calculés en pourcentage du salaire, qui permettent au salarié de bénéficier de prestations sociales en cas, par exemple, de maladie, chômage, accident du travail, de maternité, de vieillesse. Une part de ces cotisations est à la charge de l'employeur, et l'autre, à la charge du salarié.

I Les cotisations sociales salariales

Les cotisations salariales sont prélevées et versées directement par l'employeur, c'est le système du précompte. Elles se décomposent de la manière suivante :

- cotisations à l'Urssaf (Union de recouvrement de la Sécurité sociale et des allocations familiales) qui comprennent la Sécurité sociale, le FNAL (Fonds national d'aide au logement), CSG/CRDS (contribution sociale généralisée / contribution au remboursement de la dette sociale) et forfait social ;
- cotisations à l'assurance chômage ;
- cotisations aux caisses de retraite.

II L'assiette des cotisations : la notion de tranches

La base de calcul (ou assiette) des cotisations salariales dépend du plafond annuel fixé par la Sécurité sociale (PASS) ou du plafond mensuel (PMSS = PASS/12).

Au 1er janvier 2016, le PMSS est fixé à 3 218 €.

On distingue plusieurs valeurs de l'assiette ou base de cotisations. Les tranches A, B et C pour les cadres et les tranches 1 et 2 pour les non-cadres de la rémunération servent de base de calcul à certaines cotisations. Elles sont toujours définies en fonction du plafond de la Sécurité sociale (PMSS).

Le découpage de la rémunération en tranches pour l'assiette des cotisations

Cadres			Non-cadres		
Tranche A	Partie du salaire ≤ à 3 218 €	Assiette maximale : 3 218 €	Tranche 1	Partie du salaire ≤ à 3 218 €	Assiette maximale : 3 218 €
Tranche B	Partie du salaire > à 3 218 € et ≤ à 4 × 3 218 €, soit ≤ à 12 872 €	Assiette maximale : 9 654 € (12 872 – 3 218)	Tranche 2	Partie du salaire > à 3 218 € et ≤ à 3 × 3 218 €, soit ≤ à 9 654 €	Assiette maximale : 6 436 €
Tranche C	Partie du salaire > à 12 872 € et ≤ à 8 × 3 218 €, soit ≤ à 25 744 €	Assiette maximale : 12 872 € (25 744 – 12 872)	3 218 € = PMSS au 1er janvier 2016		

1. La tranche A de la rémunération des cadres

Elle sert de base aux cotisations suivantes :

- assurance vieillesse ;
- FNAL (Fonds national d'aide au logement) ;
- assurance chômage et AGS (Assurance de garantie de salaires) ;
- retraite des cadres et AGFF (Association pour la gestion du fonds de financement) auprès de l'Arcco (Association pour le régime de retraite complémentaire des salariés) ;
- régime complémentaire d'assurance décès obligatoire des cadres.

> **Exemple**
> M. Géraud est cadre et son salaire mensuel brut est de 4 000 €. La tranche A correspond au salaire soumis à cotisations limité au plafond de la Sécurité sociale, soit 3 218 €.

2. La tranche B de la rémunération des cadres

Elle sert de base aux cotisations suivantes :

- retraite cadres et AGFF auprès de l'Agirc (Association générale des institutions de retraite des cadres) ;
- assurance chômage et AGS.

Exemple

Pour M. Géraud, la tranche B est égale au salaire brut, déduction faite de la tranche A et limitée à 4 plafonds de Sécurité sociale (4 × 3 218 = 12 872 €), soit 4 000 – 3 218 = 782 €.

3. La tranche C de la rémunération des cadres

Elle sert de base aux cotisations de retraite cadres auprès de l'Agirc.

Exemple

Le salaire brut mensuel du directeur de M. Géraud est de 15 000 €. La tranche C de son salaire est égale au salaire brut soumis à cotisations, diminué de la tranche A et de la tranche B, et limité à 8 plafonds de Sécurité sociale (8 × 3 218 = 25 744 €).

Tranche C = 15 000 – 3 218 (tranche A) – 9 654 € (tranche B) = 2 128 €.

4. Les tranches 1 et 2 de la rémunération des non-cadres

Les tranches 1 et 2 servent de calcul aux cotisations suivantes :

- Arrco (Association pour le régime de retraite complémentaire des salariés) ;
- AGFF (Association pour la gestion du fonds de financement).

Exemple

Mme Gaeli est salariée non cadre. Son salaire mensuel brut est de 3 560 € car elle a effectué des heures supplémentaires.
La tranche 1 de sa rémunération correspond au salaire soumis à cotisations limité au plafond de la Sécurité sociale (3 218 €). La tranche 2 est égale au salaire brut, déduction faite de la tranche A et limitée à 3 plafonds de Sécurité sociale, soit 3 560 – 3 218 = 342 €.

III Le tableau récapitulatif des cotisations sociales

Les charges sociales représentent un coût pour l'employeur et pour le salarié. Un tableau reprend l'ensemble des contributions, cotisations et taxes sur salaire pour l'année 2016.

Régimes	Taux global %	Répartition		Assiette
		Employeur %	Salarié %	
I. URSSAF				
Assurance maladie (maladie, maternité, invalidité, décès)	13,59	12,84	0,75	Totalité du salaire
Solidarité autonomie	0,30	0,30		
Allocations familiales[1]	3,45 ou 5,25	3,45 ou 5,25		
Assurance vieillesse déplafonnée[2]	2,20	1,85	0,35	
FNAL (au moins 20 salariés)	0,50	0,50		
Financement des organisations syndicales	0,016	0,016		
Accidents du travail	Taux variable selon l'entreprise			
CSG déductible	5,10		5,10	Salaire total après déduction de 1,75 % pour frais professionnels
CSG non déductible	2,40		2,40	
CRDS	0,50		0,50	
Assurance vieillesse plafonnée[2]	15,45	8,55	6,90	Salaire limité à 1 plafond de Sécurité sociale
FNAL (moins de 20 salariés)	0,10	0,10		
Assurance chômage	6,40	4,00	2,40	Salaire limité à 4 plafonds de Sécurité sociale
AGS	0,25	0,25		

Régimes		Taux global %	Répartition		Assiette
			Employeur %	Salarié %	
II. Retraites complémentaires					
Cadres	Arrco Tranche A	7,75	4,65	3,10	Salaire limité à 1 plafond de Sécurité sociale
	Assurance décès obligatoire	1,50	1,50		
	AGFF Tranche A	2,00	1,20	0,80	
	Agirc Tranche B	20,55	12,75	7,80	Salaire entre 1 et 4 plafonds de Sécurité sociale
	AGFF Tranche B	2,20	1,30	0,90	
	Apec (3)	0,06	0,036	0,024	Salaire limité à 4 plafonds de Sécurité sociale
	Agirc Tranche C	20,55	Répartition variable selon les entreprises		Salaire entre 4 et 8 plafonds de Sécurité sociale
	AGFF Tranche C	2,20	1,30	0,90	Jusqu'à 8 plafonds de Sécurité sociale
	CET (4)	0,35	0,22	0,13	Salaire limité à 8 plafonds de Sécurité sociale
Non-cadres	Arrco Tranche 1	7,75	4,65	3,10	Salaire limité à 1 plafond de Sécurité sociale
	AGFF Tranche 1	2,00	1,20	0,80	
	Arrco Tranche 2	20,25	12,15	8,10	Salaire entre 1 et 3 plafonds de Sécurité sociale
	AGFF Tranche 2	2,20	1,30	0,90	
III. Taxes et participations					
Taxe sur les salaires		4,25	4,25		Totalité du salaire
Construction (au moins 20 salariés)		0,45	0,45		
Apprentissage		0,68	0,68		
Formation continue (au moins 11 salariés)		1,00	1,00		
Formation continue (moins de 11 salariés		0,55	0,55		

Source : *Mémento social 2016*, éditions Francis Lefebvre

Notes

(1) Taux de 3,45 % pour les salariés dont les rémunérations n'excèdent pas 3,5 Smic sur l'année.

(2) La cotisation vieillesse est composée de deux parties :
– une partie est plafonnée : limitée au montant du plafond de la Sécurité sociale (PMSS) ;
– une partie est déplafonnée : calculée sur la totalité de la rémunération brute du salarié.

(3) L'Association pour l'emploi des cadres (Apec) est une organisation privée et paritaire, financée par les cotisations des cadres et des entreprises, dont le but est de conseiller ces derniers sur les sujets touchant à l'emploi et aux jeunes diplômés.

(4) La contribution exceptionnelle temporaire (CET) est une cotisation de solidarité dont l'assiette est la tranche A + la tranche B + la tranche C.

IV Les exonérations et les réductions de cotisations patronales

1. Les réductions sur les heures supplémentaires

Pour les entreprises dont l'effectif est de moins de 20 salariés, une déduction forfaitaire des cotisations patronales est fixée à 1,50 € par heure supplémentaire. Cette déduction est prévue par la loi de finances rectificative de 2012.

> **Exemple**
> L'entreprise VN Composites a un effectif de 12 salariés. Au cours du mois de mars N, les salariés ont effectué 20 heures supplémentaires. La déduction forfaitaire des cotisations patronales sera de : 20 × 1,50 = 30 €.

2. La réduction sur les bas salaires dite « réduction Fillon »

a) Le principe

Il s'agit d'une baisse des cotisations de Sécurité sociale et des allocations familiales sur les salaires inférieurs à 1,6 fois le Smic prévue par la loi de financement rectificative de la Sécurité sociale pour 2016.

Cette réduction est calculée annuellement mais il est possible de la calculer mensuellement en procédant à une régularisation en fin d'année.

b) L'effectif concerné

Sont concernés par cette réduction les salariés en CDI et en CDD au prorata de leur temps de présence au cours des 12 mois précédents. Ne sont pas pris en compte dans l'évaluation des effectifs : les CDD de remplacement, les contrats aidés (apprentissage, contrat de professionnalisation) ainsi que les mandataires sociaux ne cumulant pas leur mandat avec un contrat de travail.

c) Le cumul avec d'autres exonérations

La réduction Fillon et la déduction forfaitaire des cotisations patronales pour heures supplémentaires peuvent se cumuler.

d) Le coefficient et le calcul

Pour calculer le montant de la réduction, il faut multiplier la rémunération brute annuelle du salarié par un coefficient C selon la formule suivante :

Réduction annuelle = salaire brut annuel × coefficient à 4 décimales

Le coefficient s'obtient en appliquant le taux T fixé par la loi en fonction des effectifs :
T = 0,2795 pour les entreprises de moins de 20 salariés ;
T = 0,2835 pour les entreprises de 20 salariés et plus.

Coefficient C = (T / 0,6) × [(1,6 × Smic annuel / salaire annuel brut) – 1]

> **Exemple**
> Une entreprise a 4 salariés en CDI et à temps plein qui perçoivent chacun une rémunération mensuelle brute de 2 000 €.
> La rémunération annuelle brute est égale à : 2 000 × 12 mois × 4 salariés = 96 000 €.
> Le Smic annuel est de : 9,67 € × 1 820 heures = 17 599,40 €.
> Coefficient de réduction = 0,2795 / 0,6 × [1,6 × 17 599,40 / 96 000) –1] = 0,08633.
> Pour cette entreprise, la réduction Fillon annuelle est de : 0,08633 × 96 000 = 8 287,68 €.

3. L'embauche du 1er au 50e salarié

Une exonération pendant un an des cotisations patronales de Sécurité sociale est accordée sur les salaires ≤ 1,5 Smic, pour les embauches réalisées jusqu'au 50e salarié, dans les entreprises situées dans des zones de revitalisation rurale (ZRR ou ZRU).

> **Exemple**
> La menuiserie Berton, implantée dans les Hautes-Alpes, vient d'embaucher un salarié au salaire mensuel brut de 1 820,04 € (12,00 € × 151,67 h).
> L'entreprise va bénéficier d'une réduction des cotisations patronales à hauteur de 515,98 € chaque mois pendant une année. Cette somme correspond aux cotisations Urssaf qui seraient dues par la menuiserie Berton.

Exemple (suite)

RETENUES					
Désignation	Base	Taux Sal. %	Montant Sal.	Taux Pat. %	Montant Pat.
Sécurité sociale Maladie	1 820,04	0,750	13,65	12,800	232,97
Sécurité sociale Vieillesse plafonnée	1 820,04	6,850	124,67	8,500	154,70
Sécurité sociale Vieillesse déplafonnée	1 820,04	0,300	5,46	1,800	32,76
Allocations familiales taux réduit	1 820,04			3,450	62,79
Complément allocations familiales	1 820,04			1,800	32,76
Cotisation FNAL plafonnée	1 820,04			0,100	1,82
Contribution de solidarité autonomie	1 820,04			0,300	5,46
Financement des organisations syndicales	1 820,04			0,016	0,29
Accident du travail	1 820,04			2,000	36,40
Réduction de cotisations ZRU	515,98			–100,000	–515,98

V Du salaire de base au salaire imposable

Salaire de base + Primes et heures supplémentaires – absences = Salaire brut

Salaire net = Salaire brut – charges salariales

Salaire brut chargé = Salaire brut + charges patronales

Salaire imposable = Salaire net + CSG et CRDS non déductibles

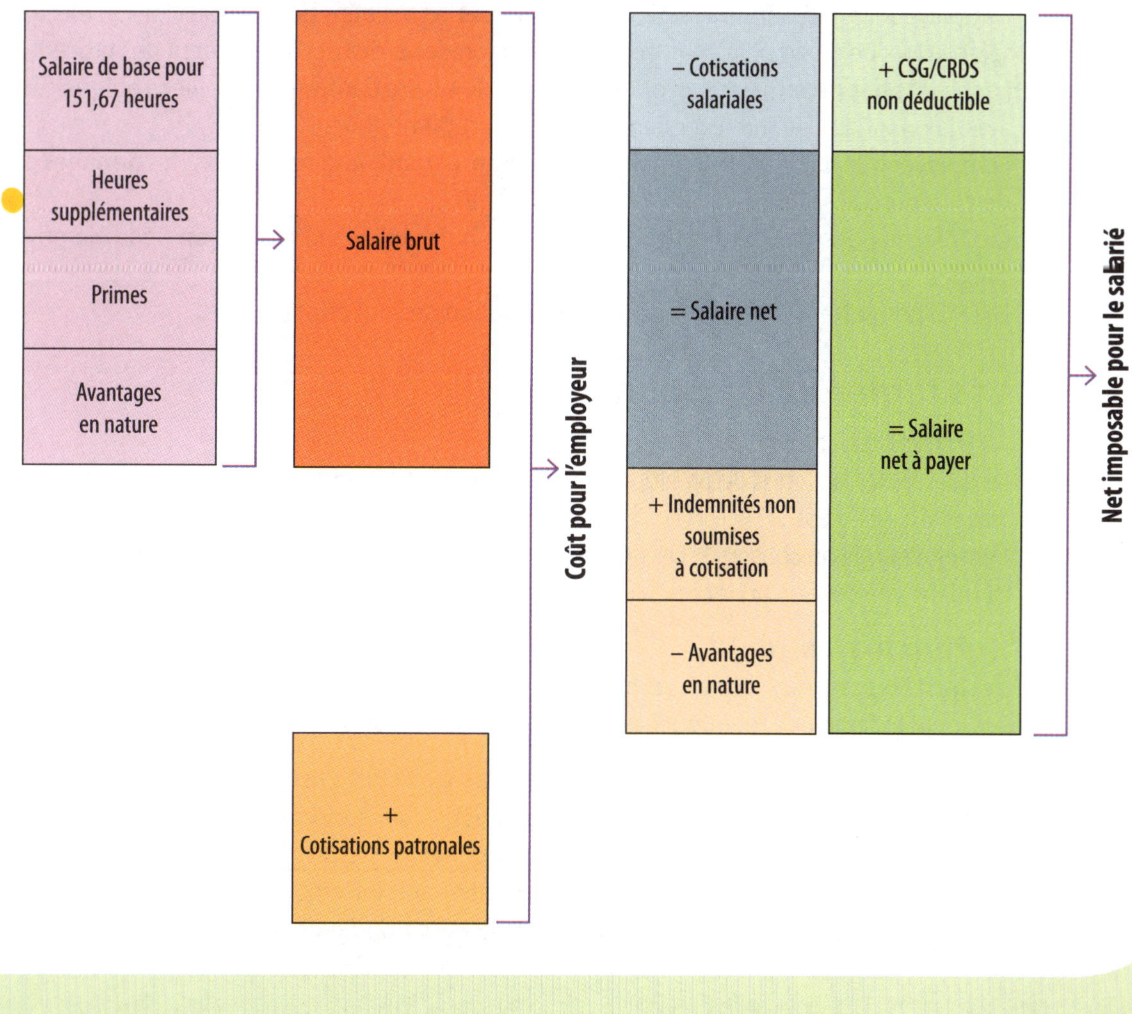

Fiche ressource 7

Les règles de confidentialité et de conservation liées à la paie

I Les règles de confidentialité

La confidentialité c'est le fait de s'assurer que l'information n'est accessible qu'à ceux dont l'accès est autorisé.

Conformément à l'article 34 de la loi Informatique et Libertés, l'employeur est soumis à une obligation de confidentialité visant à protéger le salarié. L'employeur doit garantir la mise en œuvre de mesures techniques et d'organisation appropriées pour protéger les données contre la diffusion ou l'accès non autorisés. Cette obligation reste à la charge de l'employeur, quand bien même tout ou partie des traitements seraient sous-traités, en France ou à l'étranger. D'ailleurs, chaque entreprise doit s'assurer que les sous-traitants pour les prestations liées au traitement de la paie sont à même de remplir leurs obligations, dans le respect des dispositions de la loi Informatique et Libertés.

1. Le bulletin de salaire papier

Le bulletin de salaire est une correspondance administrative que l'employeur vous adresse personnellement. Il doit être remis sous enveloppe cachetée. Il est protégé par le secret des correspondances.

2. Le bulletin de paie électronique (BPE)

Depuis le 12 mai 2009, le Code du travail permet aux entreprises d'instituer le bulletin de paie dématérialisé dans des conditions « de nature à garantir l'intégrité des données » et ce, avec l'accord du salarié.

L'employeur peut désormais remettre à ses salariés les bulletins de paie sous format électronique selon la loi dite de simplification et de classification des droits et d'allégement des procédures.

Le salarié peut désormais recevoir son bulletin de salaire dans une boîte électronique sécurisée avec la possibilité de l'archiver dans un coffre-fort numérique.

L'employeur devra, grâce à une solution pérenne, garantir la conservation des données et assurer l'intégrité des informations.

Ces informations seront transmises à la CNIL afin de veiller à la protection de la vie privée des salariés.

Les PGI permettent la réalisation et la conservation des bulletins de paie.

II Les règles de conservation

1. Pour l'entreprise

Le double des bulletins de paie doit pouvoir être présenté en cas de contrôle de l'inspection du travail ou de l'Urssaf.

L'employeur devra conserver ces documents sous forme électronique (ou sur un double papier) pendant une durée d'au moins 5 ans.

2. Pour le salarié

Le salarié doit conserver tous ses bulletins de salaire. L'employeur a d'ailleurs obligation d'insérer sur le bulletin une mention incitant le salarié à le conserver sans limitation de durée.

3. Les règles de conservation du bulletin de paie électronique (BPE)

La conservation des bulletins de paie peut s'effectuer sur support informatique. Les règles précédentes s'appliquent. De plus, l'employeur doit mettre à la disposition des agents de contrôle un moyen leur permettant d'accéder directement aux informations stockées et de les éditer sans délai, avec l'aide, si besoin est, d'une personne compétente de l'entreprise.

Applications

1 Le calcul des salaires bruts

Vous êtes convoqué(e) à un entretien d'embauche pour un poste de comptable rattaché à la DRH de la société Duroy basée à Nantes.

À titre de test, la DRH vous demande de lui apporter les réponses aux situations de différents salariés (document).

1 Présentez les calculs déterminant le salaire brut de Mlle Annabelle Delafosse pour le mois de mars N.

2 Présentez les calculs déterminant le salaire brut de M. Romain Cholley pour le mois de mars N.

3 Présentez les calculs déterminant le salaire brut de Mme Roxanne Joubert pour le mois de mars N+7.

La DRH vous interroge ensuite sur plusieurs points de gestion sociale.

4 N'importe quelle entreprise peut-elle bénéficier de la réduction Fillon ?

5 Quelles sont les mentions obligatoires du bulletin de paie ?

L'entreprise souhaite opter pour la présentation simplifié du bulletin et pour la dématérialisation du bulletin.

6 Doit-elle demander l'accord des salariés ?

7 Un salarié a fait grève 1 journée au mois N. L'absence retenue doit-elle mentionner le motif de l'absence ?

Document **Données entreprise et salariés**

Salarié	Nombre d'heures travaillées	Taux horaire	Salaire mensuel / annuel	Primes
Delafosse Annabelle	151,67	12,00 €		200,00 €
Cholley Romain	181		1 698,50 € mensuel	
Joubert Roxanne			24 000 € annuel	

Dans cette entreprise, l'horaire normal est de 35 heures par semaine et les heures supplémentaires sont payées selon la législation en vigueur.

Compléments concernant le salarié Cholley Romain
Pour le mois de mars N, les heures travaillées se répartissent de la façon suivante :
– 1re semaine : 35 heures (du lundi au vendredi)
– 2e semaine : 38 heures (du lundi au vendredi)
– 3e semaine : 45 heures (du lundi au vendredi)
– 4e semaine : 40 heures (du lundi au vendredi)
– 5e semaine : 23 heures (du lundi au mercredi)

Compléments concernant la salariée Joubert Roxanne
Elle a été embauchée dans l'entreprise le 1er février N.

Extrait de la convention collective en vigueur
« La prime d'ancienneté est calculée sur le salaire de base en fonction des critères suivants : 3 % après 3 ans, 6 % après 6 ans, 9 % après 9 ans. »

2 La réduction de charges selon la loi Fillon

L'entreprise SMAC est spécialisée dans la production de caoutchouc pour câbles éléctriques. Elle est située à Reims (51). Son effectif au 01/01/N est de 10 salariés. Elle est dirigée par M. Diez Ludovic, gérant salarié.

Vous effectuez votre stage de deuxième année au service de comptabilité de cette entreprise. Mme Martine Saintdidier dirige ce service. Elle vous demande de bien vouloir prendre en charge le calcul de la réduction de la loi Fillon afin qu'elle puisse établir les bulletins de paie des salariés pour le mois de janvier.

À l'aide du document 1, déterminez le montant total de la réduction de charges selon la loi Fillon pour l'entreprise SMAC au titre du mois de janvier N.

Document 1 Mémo de Martine Saintdidier

Bonjour,
Je vous ai récapitulé dans un tableau les éléments comptables qui vous permettront de déterminer la réduction Fillon :

Nom / Prénom salarié	Type de contrat	Nombre d'heures du contrat	Salaire de base	Emploi
Ludovic Diez	CDI à temps complet	151,67 heures	4 000,00 €	Gérant salarié
Martine Saintdidier	CDI à temps complet	151,67 heures	2 200,00 €	Responsable service comptable
Sébastien Salomon	CDI à temps complet	151,67 heures	2 047,55 €	Chef d'atelier
Xavier Lhote	CDI à temps partiel	120 heures	1 620,00 €	Ajusteur usineur
Emmanuelle Gantelet	CDD à temps complet	151,67 heures	1 668,00 €	Technicienne de production
Romain Rossi	CDD à mi-temps	75,835 heures	850,87 €	Technicien de production
André Labbat	CDI à temps partiel	96 heures	1 248,00 €	Technicien des méthodes
Jonathan Dumont	CDI à temps complet	151,67 heures	1 471,20 €	Ouvrier de fabrication
Carole Franchetti	CDI à 80 % du temps complet	121,336 heures	1 383,23 €	Secrétaire
Nicolas Bouillon	CDD à temps partiel	113,75 heures	1 592,50 €	Magasinier

Pour calculer le montant de la réduction, il faut multiplier la rémunération brute annuelle de chaque salarié par le coefficient C selon la formule :
C = (T / 0,6) × [(1,6 × Smic annuel / salaire annuel brut) – 1]
T = 0,2795 pour les entreprises de moins de 20 salariés.
Vous pouvez vérifier les calculs en vous connectant sur le site de l'Urssaf (document 2).

Cordialement,
Martine Saintdidier

Document 2 Exemple de calcul sur le site de l'Urssaf

URSSAF

Votre espace

Siret | Mot de passe

Mot de passe oublié ?

Découvrir et adhérer aux services en ligne

Employeur | Indépendant | Rechercher | Recherche avancée

vous êtes ici : accueil | Calcul de cotisations

Calcul de la réduction générale des cotisations pour l'année 2016

Ce service vous permet d'évaluer le montant de la réduction annualisée dont vous pouvez bénéficier pour un salarié (hors Entreprises de Travail Temporaire,salariés des transports routiers soumis à un horaire d'équivalence).

Cliquer ici si vous souhaitez effectuer le calcul pour l'année précedente.

Le calcul de la réduction nécessite que vous indiquiez :

- Calcul par régularisation : ◉ progressive. ○ annuelle.
- Vous avez obligation de recourir à une caisse de congés payés : ○ oui ◉ non
- L'effectif de votre entreprise : ◉ moins de 20 salariés. ○ 20 salariés au moins

Activité du salarié

Si l'activité réelle du salarié ne correspond pas à ce qui est indiqué, **cliquez sur les zones concernées** pour préciser les différentes périodes de son activité (temps complet, temps partiel).

Activité du salarié
Temps complet 35 h du 1er Janvier au 31 Décembre

Rémunération du salarié

Rémunération mensuelle			
Mois	Salaire mensuel brut	Réduction calculée	
		Réduction (code 671)	Régularisation (code 801)
Janvier	0.00		
Février	0.00		
Mars*	0.00		
Avril*	0.00		
Mai*	0.00		
Juin*	0.00		
Juillet*	0.00		
Août*	0.00		
Septembre*	0.00		
Octobre*	0.00		
Novembre*	0.00		
Décembre*	0.00		

Source : www.urssaf.fr

3 Vérification d'un bulletin de paie

Mlle Santino Coralie occupe un poste de comptable au sein de l'entreprise LCI Micros, une start-up spécialisée en conseil en systèmes informatiques.

L'effectif de la SARL est de 12 salariés en CDI à temps complet.

1 Complétez et vérifiez le bulletin de salaire (document 2) du mois de mars N de Mlle Anaïs Hamon, informaticienne réseau. Vous prendrez appui sur les éléments concernant la salariée donnés dans le document 1.

Mlle Santino, satisfaite de votre travail, vous demande d'informatiser le bulletin de paie.

2 Afin d'automatiser la réalisation du bulletin de paie au sein de l'entreprise LCI Micros, concevez sur tableur une maquette du bulletin de paie avec toutes les formules nécessaires à une automatisation complète.

Document 1 Les éléments du salaire de Mlle Anaïs Hamon

- Salaire de base : 1 971,71 €
- 8 heures supplémentaires à 25 % et 3 heures supplémentaires à 50 %
- Prime d'assiduité de 30,00 €
- Prime d'ancienneté de 5 % du salaire de base
- Remboursement de son abonnement mensuel de train (40 €) à hauteur de 50 %

Le plafond mensuel de Sécurité sociale pour le mois de mars N est de 3 218 €.

L'entreprise a un taux d'accident du travail de 3,10 %.

Document 2 Bulletin de paie à compléter

BULLETIN DE PAIE n° : 36	PÉRIODE DE PAIE du 01/03/201N au 31/03/201N				
LCI Micros 4 avenue Paul Doumer 06000 NICE Siret 402 089 676 000 33 URSSAF NICE Convention collective nationale informatique	Nombre de salariés à temps complet :12 APE 2229A		Melle Anais HAMON 161 Avenue Georges Seurat 6000 NICE Emploi occupé Informaticienne coeff : 285 2 92 08 06 321 184 10		
Éléments	**Quantité**	**Taux**	**Montant**	**Statut :**	
Salaire de base pour 151,67 heures	151,67	13,00	1 971,71	Non-cadre	
Heures supplémentaires à 25 % :	8	16,25	130,00		
Heures supplémentaires à 50 % :	3	19,50	58,50		
Prime d'ancienneté	1 971,71	0,05	98,59		
Prime d'assiduité				Plafond S.S.	
Absences Congés Payés			– 575,73	*3 218,00*	
Arbitrage de Congés Payés			575,73		
Salaire brut total			**2 258,80**		
Cotisations	Base	Retenues salariales Taux	Retenues salariales Montant	Cotisations patronales Taux	Cotisations patronales Montant
Sécurité sociale					
CSG non déductible	2 219,27	2,40 %			
CRDS non déductible	2 219,27	0,50 %			
CSG déductible	2 219,27	5,10 %			
Maladie		0,75 %		12,84 %	
Contribution solidarité autonomie				0,30 %	
Vieillesse plafonnée		6,90 %		8,55 %	
Vieillesse déplafonnée		0,35 %		1,85 %	
Allocations familiales				5,25 %	
Accidents du travail				3,10 %	
Fonds National Aide au Logement				0,10 %	
Fonds National Aide au Logt déplaf. (> 20 salariés)				0,50 %	
Réduction loi Fillon					
Pôle Emploi					
Chômage		2,40 %		4,00 %	
Association pour la Garantie des Salaires				0,25 %	
RETRAITE COMPLÉMENTAIRE					
Retraite complémentaire non-cadre Tr. A		3,10 %		4,65 %	
Retraite complémentaire non-cadre Tr. B		8,10 %		12,15 %	
Asso. Gestion des Fonds de Financt. Tr. A		0,80 %		1,20 %	
Asso. Gestion des Fonds de Financt. Tr. B		0,90 %		1,30 %	
Taxes et Participation					
Taxe sur les salaires				4,25 %	
Taxe d'apprentissage				0,68 %	
Formation continue ≥ 10 salariés				1 %	
Total retenues			**552,86**		
Indemnités diverses non soumises à cotisations		*Transport*			
		Salaire net à payer			
Calcul du net imposable :				***– ind. n. soum.***	
		– retenues déductibles		***+ Ac. & Op.***	
		+ CSG & CRDS non déduct.			
		Net imposable		***Coût employeur***	
Mode de paiement :		***Par virement au 31 du mois***			
Conservez ce bulletin de salaire sans limitation de durée pour faire valoir vos droits					

4 La détermination du coût employeur pour un salarié non cadre et un salarié cadre

À la suite de l'obtention de votre BTS CG, vous êtes embauché(e) en tant que comptable au sein de la société ALU 33, qui a pour activité la fabrication et la pose de menuiserie en aluminium. Cette société prospère emploie 11 salariés répartis entre les activités de fabrication et de pose de menuiserie.

Vous avez procédé à l'établissement de deux bulletins de paie de M. Gravier et M. Dufond pour le mois de septembre N.

1. **Calculez le montant des cotisations salariales en prenant appui sur le document et le tableau récapitulatif de la Fiche ressource 6.**
2. **Calculez le salaire net de M. Gravier ainsi que son salaire imposable.**
3. **Calculez le montant des cotisations patronales en prenant appui sur le document et le tableau récapitulatif de la Fiche ressource 6.**
4. **Quel est le coût total de M. Gravier pour la société ALU 33 ?**
5. **Procédez aux mêmes calculs pour M. Dufond, salarié cadre.**

Vous pouvez calculer les cotisations sociales en les présentant sous forme de tableau.

Document **Données salariés**

Le salaire brut mensuel de M. Gravier (salarié non cadre) selon la grille de salaire de la société est de 1 866 €.

Le salaire brut mensuel de M. Dufond (salarié cadre) selon la grille de salaire de la société est de 3 319,22 €.

Le taux d'accident de travail auquel est soumise la société est de 3,2 %.

Chapitre 7

L'élaboration des bulletins de paie : les éléments personnels

Activité	Situation de travail	Compétence
4.3. Gestion comptable de la paie et information des salariés	**4.3.2.** Prise en compte des éléments personnels nécessaires à l'élaboration des bulletins de paie	Renseigner les éléments personnels de la paie et en vérifier la cohérence

Situation professionnelle

La SAS Esthétique et Santé, spécialisée dans le coaching personnel et la santé, poursuit sa croissance. Les établissements de Bordeaux et de Nice affichent des indicateurs tout à fait positifs quant aux chiffres d'affaires réalisés. M. Lange, le fondateur de la société, veut mettre en place un système de management participatif, dans lequel chaque salarié est acteur de son propre développement. Pour lui, la politique de rémunération doit être avant tout motivante pour impliquer ses collaborateurs dans leur travail.

L'implantation récente du PGI a permis à la société d'optimiser la réalisation des tâches administratives de la paie et de réduire les dysfonctionnements qui étaient apparus ces derniers mois. Afin de finaliser la gestion opérationnelle de la rémunération, M. Lange confie à Mme Karine le soin de contrôler méticuleusement les éléments personnels de la paie de chaque salarié pour éviter les mécontentements liés aux erreurs, pour stimuler les efforts et associer la performance de chacun aux résultats de la société.

Mission

Mme Karine, la responsable administrative, vous confie le dossier de la gestion du personnel qui mobilise vos compétences sociales.

Travail à faire

I Renseigner les majorations de salaire du bulletin de paie

Mme Karine souhaite apporter des précisions à M. Paget, cadre commercial du site de Nice. La société a mis à la disposition de ce salarié un véhicule de fonction afin qu'il puisse se rendre une fois par mois au siège de Bordeaux pour assister à la réunion de direction.

Elle vous confie la mission de lui expliquer certains éléments figurant sur son bulletin de paie du mois d'avril N.

1. Justifiez les calculs suivants du bulletin de paie de M. Paget pour le mois d'avril N :
– le montant de l'avantage en nature « véhicule » ;
– le montant de la prime d'assiduité ;
– le montant du salaire net ;
– le montant du salaire net imposable mensuel.

2. Indiquez la raison pour laquelle l'avantage en nature figure à deux endroits sur le bulletin de paie :
– au niveau du salaire brut ;
– entre le salaire net et le salaire net à payer.

▶ Fiche ressource 1
▶ Fiche ressource 2
▶ Annexe 1
▶ Annexe 2
▶ Annexe 3

Pour mettre en œuvre la politique de rémunération préconisée par M. Lange, la société a mis à la disposition de Mme Karine un ordinateur portable et un smartphone.

3. Qualifiez les différents avantages accordés à Mme Karine. Ces avantages répondent-ils à la définition d'un avantage en nature ?

4. Calculez les montants des avantages en nature qui vont apparaître sur le bulletin de paie de Mme Karine.
En prenant appui sur l'annexe 6, calculez le salaire net de Mme Karine pour le mois d'avril N.

▶ Fiche ressource 1
▶ Fiche ressource 2
▶ Annexe 4
▶ Annexe 5
▶ Annexe 6

Dans le cadre d'une rémunération attractive, M. Lange souhaite distribuer des titres restaurant aux salariés. Il s'adresse donc à Mme Karine pour la mise en place de ces titres. La valeur faciale du titre sera de 9 € et la part de l'employeur sera de 60 % de cette valeur faciale.

5. Rappelez le régime social des titres restaurant.

6. Quelle sera la participation financière de chaque salarié ?

7. Rédigez une note d'information à destination du personnel pour les informer de cette attribution de titres restaurant.
Quelles seraient les modifications à apporter au bulletin de paie dans le cas où la part de l'employeur serait portée à 70 % de la valeur faciale ?

▶ Fiche ressource 1
▶ Annexe 7

II Renseigner les minorations de salaire du bulletin de paie

Mme Karine vous demande de prendre en charge le suivi des dossiers de quatre salariés : M. Mesnier, Mmes Blandin, Vancovenberg et Bueno. Vous devez à ce titre renseigner les éléments personnels de chacun d'entre eux.

Début avril N, Mme Karine vous transmet le dossier de M. Mesnier qui souhaite obtenir des explications sur son bulletin de paie de mars N. Il a pris des congés en août N-1 et en mars N.

8. **Expliquez les informations figurant sur l'état du compteur de congés payés de M. Mesnier au 01/03/N.**
9. **Justifiez, par le calcul, la retenue (absence) pour congés payés pris apparaissant sur l'extrait du bulletin de paie de mars N.**
10. **Justifiez le calcul de l'indemnité de congés payés figurant sur le bulletin de salaire de mars N. Quelle est la méthode utilisée ?**
11. **Expliquez pourquoi l'indemnité de congés payés apparaît également en « gain » du bulletin de paie de mars N.**

Fiche ressource 3
Annexe 8
Annexe 9

Mme Vancovenberg, esthéticienne sur le site de Bordeaux, a été absente pour maladie du 9 au 22 avril N. La société Esthétique et Santé pratique le maintien du salaire net et demande de recevoir sur son compte les indemnités journalières de Sécurité sociale (principe de subrogation) qui reviennent à Mme Vancovenberg. Cette salariée ne comprend pas que le montant du salaire brut d'avril N est inférieur à celui de mars alors que le net à payer est identique en mars et en avril N.

12. **Rédigez une note à l'attention de Mme Vancovenberg pour lui expliquer les détails relatifs à sa paie d'avril N.**
13. **La période d'absence pour maladie est-elle prise en compte pour le calcul des primes (ancienneté et assiduité) et le droit aux congés payés ?**
14. **Quelle est la conséquence du maintien à 100 % du salaire ?**

Fiche ressource 6 du chapitre 5
Annexe 10

Mme Blandin, salariée sur le site de Nice, vous fait part le 15 avril d'une demande d'acompte pour un montant de 430 € pour sa rémunération du mois d'avril N. De plus, cette salariée a emmené ses enfants au parc d'attractions de Disneyland Paris et a rempli une demande de formulaire de congés pour convenance personnelle.

15. **Quels éléments personnels diminuent le salaire brut de Mme Blandin ?**
16. **Pourquoi viennent-ils en déduction du salaire de Mme Blandin ?**

Fiche ressource 3
Annexe 11
Annexe 12
Annexe 13

Mme Bueno, salariée sur le site de Bordeaux, reste redevable auprès de son garagiste d'une facture importante suite à la réparation de son véhicule. Ce litige a été tranché par le tribunal en faveur du garagiste. Le tribunal d'instance de Bordeaux a notifié à la société Esthétique et Santé un acte de saisie-arrêt sur salaire, par lettre recommandée avec accusé de réception. La somme due s'élève à 1 780 €.

Mme Bueno désire avoir des explications sur la saisie-arrêt qui sera effectuée sur son salaire d'avril N.

17. Quelles sont les obligations d'Esthétique et Santé en qualité d'employeur de Mme Bueno ?

18. Sur quel salaire s'effectue la saisie-arrêt-sur salaire ?

19. Calculez le montant de la retenue appliquée sur le salaire de Mme Bueno.

20. Justifiez la fraction saisissable prélevée sur le salaire d'avril N de Mme Bueno.

21. Combien de mois faudra-t-il à Mme Bueno pour rembourser sa dette ?

Fiche ressource 3
Annexe 14

Mme Bueno sollicite le 20 avril N auprès de M. Lange une avance sur salaire d'un montant de 3 000,00 € pour effectuer le renouvellement de sa chaudière qui présente un état de vétusté avancé. M. Lange répond favorablement à cette requête.

22. Calculez le montant du remboursement qui sera prélevé sur le salaire de Mme Bueno à compter du mois d'avril N.

23. Quelle sera la durée du remboursement ?

24. L'ensemble des retenues salariales représentant 22 % du salaire brut, déterminez le salaire net perçu par Mme Bueno au mois d'avril.

Fiche ressource 3
Annexe 15

III Vérifier la cohérence des éléments personnels de la paie

Mme Karine est très satisfaite de votre travail. Vous avez collecté, contrôlé toutes les informations personnelles relatives aux composantes de la rémunération.

Elle vous charge d'établir les bulletins de paie du mois d'avril N.

25. Réalisez l'ensemble des travaux nécessaires à l'élaboration des bulletins de paie d'avril N pour les salariés Paget, Mesnier, Blandin, Vancovenberg et Bueno.

26. Vérifiez la cohérence de ces éléments personnels sur le PGI.

27. Éditez sur le PGI les bulletins de paie du mois d'avril.

Fiche ressource 1
Fiche ressource 2
Fiche ressource 3
Annexe 16
Annexe 17

Données de la situation

Annexe 1 **Courriel de M. Paget**

De	Joachim.Paget@esthetiqueetsante.fr
Date	02/04/N
À	Jeanne.Karine@esthetiqueetsante.fr
Objet	Avantage en nature « véhicule »

Madame,

Je souhaite obtenir des précisions quant à l'utilisation du véhicule de fonction qui m'a été attribué.

Pourriez-vous répondre par courriel à mes interrogations sur les trois points suivants :

1. L'avantage en nature « véhicule » est-il un élément de ma rémunération ? Est-il soumis à cotisations sociales ?
2. Quel est le mode de calcul utilisé par la société pour déterminer le montant dû à titre privé lors de l'utilisation de la Peugeot 308 qui m'a été affectée ?
3. Puis-je utiliser ce véhicule lors de mes congés payés ?

Merci de vos réponses.

Cordialement.

M. Joachim Paget

Responsable du site de Nice

Annexe 2 **Données sociales de M. Paget Joachim**

Durée de travail effective	35 heures hebdomadaires, du lundi au vendredi, soit 151,67 heures par mois. Au cours du mois d'avril N, M. Paget n'a eu aucune absence.
Primes diverses	Une prime d'assiduité d'un montant de 10 % du salaire de base est versée chaque mois proportionnellement au nombre d'heures travaillées.
Avantage en nature – véhicule	Il bénéficie d'un véhicule dont l'entreprise est propriétaire. Pendant le congé principal de 4 semaines, le véhicule est restitué. Ainsi, l'avantage en nature n'est pas attribué.

Annexe 3 Fiche relative à l'avantage en nature véhicule de M. Paget

Véhicule Immatriculation : DD 426 ND
Marque : Peugeot 308
Année d'acquisition : 01/04/N
Coût d'achat TTC : 19 500 €
Kilométrage annuel parcouru : 18 200
Kilométrage privé annuel parcouru : 6 400
Mise à disposition de : S020
Nom : PAGET Joachim
Carburant non pris en charge par l'entreprise
Durée avantage en mois : 11
Méthode de valorisation de l'avantage en nature-véhicule : selon les dépenses réelles

Exercice N	Assurance	Entretien
Dépenses TTC réelles cumulées	960 €	1 240 €

Annexe 4 Clause d'un ordinateur portable avec autorisation d'un usage personnel (additif au contrat de travail)

Ordinateur portable

Un ordinateur portable d'une valeur de 850 € TTC appartenant à la société SAS Esthétique et Santé est mis à la disposition de Mme Karine Jeanne dans le cadre du présent contrat de travail.

Mme Karine Jeanne peut utiliser à titre personnel et en dehors des heures de travail ce matériel à condition que cet usage respecte le cadre légal en vigueur et ne porte pas atteinte à la sécurité informatique du matériel informatique et des données de la société.

Mme Karine Jeanne accepte toute vérification de son ordinateur portable et de son/ses disque(s) dur(s) à la première demande de la société.

Mme Karine Jeanne reconnaît avoir pris connaissance de la charte informatique de la société et s'interdit notamment d'installer et/ou de télécharger tout programme informatique à l'exception de ceux qui seraient préalablement et expressément autorisés par la société.

De même, Mme Karine Jeanne s'interdit la copie et/ou téléchargement de fichiers illicites (notamment images ou vidéo).

Mme Karine Jeanne s'interdit d'effectuer toute copie, à titre personnel, des données et des logiciels présents sur le disque dur de ce matériel.

Mme Karine Jeanne est entièrement responsable de ce matériel qu'elle devra restituer, en bon état d'apparence et de fonctionnement, à la société SAS Esthétique et Santé, en cas de suspension et/ou de rupture du présent contrat de travail, pour quelque cause que ce soit.

Un forfait annuel de 10 % du coût d'achat est intégré à la rémunération du salarié au titre d'un avantage en nature et conformément à la réglementation en vigueur. L'employeur pourra décider à tout moment d'opter pour l'évaluation réelle sans que le salarié puisse s'y opposer.

Fait à Bordeaux
Le 01/04/N
L'employeur
SAS Esthétique & Santé

La salariée
Mme Karine Jeanne

Annexe 5 **Clause d'un téléphone mobile avec autorisation d'un usage personnel (additif au contrat de travail)**

Téléphone mobile

Un téléphone mobile est mis à la disposition de Mme Karine Jeanne, qui l'utilise dans le cadre de l'exécution de ses fonctions.
Celui-ci devra être restitué à la société SAS Esthétique et Santé à la première demande et notamment en cas de suspension et/ou de résiliation du contrat de travail, pour quelque cause que ce soit.
La société SAS Esthétique et Santé prend en charge la facturation afférente à la ligne de téléphonie mobile ainsi mise à la disposition du salarié (abonnement mensuel Orange de 60 € TTC).
La ligne de téléphonie mobile peut faire l'objet d'un usage personnel de la part de Mme Karine Jeanne. Partant de ce principe, 10 % du coût de l'abonnement est forfaitairement intégré à la rémunération de Mme Karine Jeanne au titre d'un avantage en nature et conformément à la réglementation en vigueur. L'employeur pourra décider à tout moment d'opter pour l'évaluation réelle sans que le salarié puisse s'y opposer.
Cette clause devra être adaptée par les parties, en cas de modification de la réglementation sur les frais professionnels et les avantages en nature.

Fait à Bordeaux
Le 01/04/N

L'employeur SAS Esthétique & Santé	La salariée Mme Karine Jeanne

Annexe 6 **Extraits de la fiche salarié de Mme Karine Jeanne**

Code salarié(e)	6	**Date naissance**	25/07/1982
Nom salarié(e)	KARINE	**Lieu de naissance**	Paris (75)
Nom de naissance	KARINE	**Pays**	France
Prénom salarié(e)	Jeanne	**Nationalité**	Française
Emploi	Responsable administrative	**Situation familiale**	Célibataire
Contrat à temps plein	Oui	**Nombre d'enfants**	0
Adresse	2 place Chapelet 33700 Mérignac	**N° Sécurité sociale**	282077514522247
Date d'entrée société	15/03/N-4	**N° Tél.**	0698987445

Éléments	Montant
Salaire de base	2 560 €
Heures supplémentaires	6 HS à 25 % et 2 HS à 50 %
Prime d'ancienneté	35,60 €
Prime d'assiduité	10 % du salaire de base
Avantages en nature	Ordinateur portable et smartphone
Taux des cotisations salariales	22 %

Annexe 7 **Mémo de M. Lange sur l'attribution des titres restaurant**

Bonjour Madame Karine,
Dans le cadre de la nouvelle politique sociale, je désire mettre en place à compter du 01/04/N un système de titres restaurant au sein de l'entreprise.
Chaque salarié aura le droit à l'attribution d'un titre par repas compris dans son horaire journalier.
Ces titres restaurant seront financés conjointement par Esthétique & Santé et par les salariés.
Ces titres restaurant seront « vendus » à l'ensemble du personnel contre paiement d'une somme inférieure à la valeur nominale.
Après réflexion, j'ai décidé que la valeur faciale du titre sera de 9 € et la part de l'employeur sera de 60 % de cette valeur faciale.
Je vous remercie de votre diligence,

Bien cordialement
M. Lange

Annexe 8 **Extraits de la fiche salarié de M. Mesnier Alexandre**

Code salarié(e)	11	**Date de naissance**	28/01/1985
Nom salarié(e)	MESNIER	**Lieu de naissance**	Nice (06)
Prénom salarié(e)	Alexandre	**Pays**	France
Emploi	Coach sportif	**Nationalité**	Française
Contrat à temps plein	Oui	**Situation familiale**	Marié
Adresse	10, rue Alphonse Daudet 33200 Bordeaux	**Nombre d'enfants**	2
Date d'entrée société	29/06/*N-4*	**N° SS**	185010638104020
Salaire de base mensuel	1 760,00 €	**Nombre d'heures par mois**	151,67
Prime d'ancienneté	35,60 €	**Prime d'assiduité**	10 % du salaire de base

Tableau des absences pour congés payés et suivi

Année de référence 2014/2015	Disponible	Supplément	Pris	Solde
Du lundi 03/08/15 au samedi 31/08/15 inclus	30	0	24	6
Du lundi 07/03/16 au samedi 12/03/16 inclus	6	0	6	0

NB. Le mois de mars 2016 compte 26 jours ouvrables

Relevé des salaires bruts mensuels (extrait)

Août 2015	1 973,50 €
...	...
Mars 2016	2 029,62 €

Cumul des salaires bruts perçus au cours de la période de référence

2014-2015	23 738,12 €

Annexe 9 Extrait du bulletin de paie de M. Mesnier du mois de mars N

BULLETIN DE PAIE n° : 36			**PÉRIODE DE PAIE du 01/03/2016 au 31/03/2016**	
Esthétique & Santé 158 Cours de la Guadeloupe 33000 BORDEAUX Siret 23654895000023 URSSAF BORDEAUX Convention collective nationale esthétique-cosmétique	Code NAF : 9602B		*Alexandre MESNIER* *10 rue Alphonse Daudet* *33200 Bordeaux* Emploi occupé *Coach sportif* *N° SS : 185010638104020*	
Éléments	**Quantité**	**Taux**	**Montant**	**Statut :**
Salaire de base pour 151,67 heures	*151,67*	*11,60*	*1 760,00*	*Non cadre*
Heures supplémentaires à 25 %	*4*	*14,50*	*58,02*	
Prime d'ancienneté			*35,60*	**Plafond Séc. soc. :**
Prime d'assiduité	*1760*	*0,1*	*176,00*	**3 218,00**
Retenue pour absence : congés payés du 07/03 au 12/03	*6*	*78,06*	*– 468,37*	
Maintien du salaire			*468,37*	
Salaire brut total			***2 029,62***	

Annexe 10 Extrait de la fiche salarié de Mme Vancovenberg Agathe

Code salarié(e)	9	**Date naissance**	25/11/1983
Nom salarié(e)	VANCOVENBERG	**Lieu de naissance**	Marzhan
Nom de naissance	VANCOVENBERG	**Pays**	Allemagne
Prénom salarié(e)	Agathe	**Nationalité**	Allemande
Emploi	Esthéticienne	**Situation familiale**	Célibataire
Contrat à temps plein	Oui	**Nombre d'enfants**	1
Adresse	2 chemin des Chaus 33610 Cestas	**N° Sécurité sociale**	28319910978964
Domiciliation bancaire	CIC	**N° Tél.**	0556879546
Code agence	10057	**Salaire mensuel**	2 050 €
Date d'entrée société	01/01/N-2	**Nombre d'heures par mois**	151,67

Annexe 11 Pièce comptable : acompte salaire

Banque BPSO *Quatre cent trente euros*

430,00 €

A *Madame Isabelle Blandin*

A *Bordeaux*

Le *22/04/N*

E&S
158 Cours de la Guadeloupe
33000 Bordeaux

N° de Compte 70719823420

BPSO
25 Cours de la Guadeloupe
33000 Bordeaux

Signature

Lange

Chèque N° 0000256 Série 0480042598712

Annexe 12 Formulaire de demande de congés

SAS Esthétique & Santé

158, cours de la Guadeloupe – 33000 BORDEAUX

Demande de congé n° 28

Nom : BLANDIN Isabelle

Motif : Congé pour convenance personnelle

Date de début de congé : 21/04/N

Date de fin de congé : 26/04/N inclus

Date et visa d'acceptation : le 16/04/N

NB : le 24 avril N est un dimanche.

Annexe 13 Extrait de la fiche salarié de Mme Blandin Isabelle

Code salarié(e)	10	Date naissance	29/06/1985
Nom salarié(e)	BLANDIN	Lieu de naissance	Avignon (84)
Nom de naissance	SUEUR	Pays	France
Prénom salarié(e)	Isabelle	Nationalité	Française
Emploi	Esthéticienne	Situation familiale	Mariée
Contrat à temps plein	Oui	Nombre d'enfants	2 enfants
Adresse	8 rue de Paris	N° SS	285068412548793
Code postal / Ville	06000 NICE	N° tél.	06 18 23 45 78

Éléments	Montant
Salaire de base	1 760 €
Prime d'ancienneté	35,60 €
Prime d'assiduité	À déterminer
Acompte versé le 22/04/N	430,00 €
Absence du 21/04 au 26/04/N	À déterminer
Montant dû au garagiste	1 780 €

NB : la prime d'assiduité d'un montant de 10 % du salaire de base est versée chaque mois proportionnellement au nombre d'heures travaillées.

Annexe 14 Extrait de la fiche salarié de Mme Bueno Michelle

Code salarié(e)	1	Date naissance	06/07/1977
Nom salarié(e)	BUENO	Lieu de naissance	Bordeaux (33)
Nom de naissance	SERRA	Nationalité	Française
Prénom salarié(e)	Michèle	Situation familiale	Mariée
Emploi	Esthéticienne	Nombre d'enfants	4
Contrat à temps plein	Oui	N° Sécurité sociale	277073314588613
Adresse	100 rue Chevalier 33000 Bordeaux	Salaire mensuel	2 120 €
Date d'entrée société	12/06/N-4	Nombre d'heures par mois	151,67

NB : la prime d'assiduité d'un montant de 10 % du salaire de base est versée chaque mois proportionnellement au nombre d'heures travaillées.

Annexe 15 Engagement de remboursement d'une avance sur salaire

Faisant suite à la demande de Mme Bueno Michelle, la société SAS Esthétique et Santé lui accorde, à titre individuel et exceptionnel, une avance sur salaire d'un montant de trois mille euros (3 000,00 €) remise ce jour par chèque n° 275 banque BPCA de Bordeaux.

Cette avance sur salaire est remboursable sans intérêts.

La société met en place un prélèvement sur salaire (règle du 1/10e) à chaque échéance de paie et ce jusqu'à extinction de la dette.

Mme Bueno Michelle pourra également se libérer par remboursements anticipés.

En cas de rupture du contrat pour quelque cause que ce soit, les sommes restant dues deviennent immédiatement exigibles et seront prélevées sur le bulletin de paie dans les limites mentionnées ci-dessus ou payées dans leur intégralité directement par le salarié.

Fait à Bordeaux, le 20 avril N, en deux exemplaires.

Signature du salarié | Signature de l'employeur

Annexe 16 Mémo de Mme Karine

Procédure à appliquer

- ✓ Procéder au décompte des heures travaillées, des heures supplémentaires, des avantages en nature et des diverses primes
- ✓ Dresser un tableau récapitulatif des heures ou des jours d'absence et de congé des salariés
- ✓ Se connecter au module Paie du PGI pour réaliser les bulletins de paie du mois concerné en prenant en compte les informations collectées précédemment
  - Valider et éditer les bulletins de paie
  - Effectuer les virements bancaires le 30 de chaque mois
  - En cas d'erreur de saisie sur les éléments personnels d'un bulletin de paie, calculer la régularisation à faire, avertir le salarié de la régularisation et vérifier la cohérence du bulletin modifié
- ✓ Ne pas oublier sur le PGI de dévalider le bulletin et d'établir à nouveau le bulletin rectifié
- ✓ Valider le bulletin de paie
- ✓ Renforcer les contrôles pour éviter les erreurs préjudiciables à la société

Annexe 17 **Prise de notes lors du stage PGI « Effectuer le traitement mensuel de la paie »**

Dans Cegid, respecter les étapes suivantes :

- **1re étape : Gérer les absences et les congés payés**

Ouvrir l'application de paie, choisir le module Paramètres, menu « Tables » puis le sous-menu « Motif ». Créer les motifs d'absence.

- **2e étape : Saisir les absences**

Ouvrir le module Paie, choisir le menu Salariés, puis le sous-menu Absences, choisir « Gestion par salarié ». Renseigner les zones Mois, Salarié et Type d'absence.

- **3e étape : Gérer les congés payés**

Ouvrir le module Paie, choisir le menu Salariés, puis le sous-menu Congés payés, choisir « Reprise des congés payés ». Saisir le nombre de mois et de jours des périodes N1 (période antérieure) et N (période en cours).

- **4e étape : Saisir les congés payés**

Ouvrir le module Paie, choisir le menu Salariés, puis le sous-menu Congés payés, choisir « Gestion par salarié ». Renseigner les zones Période et Salarié et vérifier les données saisies.

- **5e étape : Éditer le bulletin de paie**

Cliquer dans le menu « Éditions » puis « Bulletins », et renseigner la date du bulletin. En bas de l'écran, cliquer sur l'icône « Lancer l'état ».

Dans EBP, respecter les étapes suivantes :

Les absences se font directement à partir du bulletin de paie sur la fenêtre de droite.

1. Sélectionner ou saisir la date de début et de fin de l'absence.

2. Sélectionner le type d'absence dans la liste déroulante, l'ajouter puis valider la saisie.

3. Répéter l'opération pour les autres périodes d'absences.

Les jours d'absences sont automatiquement décomptés et le bulletin automatiquement recalculé.

Fiche ressource 1

Les majorations de salaire : les avantages financiers

Le montant du salaire de base est fixé librement au cours d'une négociation entre l'employeur et le salarié. À ce salaire peuvent s'ajouter des éléments de rémunération qui augmentent la rémunération versée au salarié.

I Les heures supplémentaires

Toute heure effectuée au-delà de la durée légale ou conventionnelle de travail est assimilée à une heure supplémentaire.

Les heures supplémentaires ouvrent droit à une majoration de salaire de 25 % les 8 premières heures et à une majoration de 50 % les heures suivantes (voir chapitre 4 « La durée du travail », Fiche ressource 2).

II Les primes

Elles représentent un complément de salaire versé au salarié en vertu de son contrat de travail et/ou des conventions collectives. Les primes sont soumises aux cotisations sociales.
Ces primes sont attribuées aux salariés en fonction de leur résultat individuel.

1. La prime d'assiduité

Elle est liée à la présence du salarié dans l'entreprise et est attribuée mensuellement.
Cette prime d'assiduité entre dans le calcul de l'indemnité des congés payés et est soumise aux cotisations sociales.

> **Exemple**
>
> Les salariés de Publitex Offset ont droit à une prime d'assiduité mensuelle, d'un montant suffisamment conséquent pour la rendre intéressante. Cette prime d'assiduité et de ponctualité est égale à 7,5 % du salaire brut.
>
> Mlle Rendu, salariée au sein de cette entreprise, a un salaire de base de 1 800 €. Le montant de la prime d'assiduité sera égale à : 1 800 × 0,075 = 135 €.

Si le salarié est absent, la prime sera réduite, voire supprimée en fonction du temps de présence effectif dans l'entreprise.

> **Exemple**
>
> Mme Blanchard a été absente 2 jours (soit 14 heures) pour convenance personnelle au cours du mois de mars N. Elle perçoit un salaire de base de 1 650 € auquel s'ajoute une prime d'assiduité de 120 €. Cette prime est calculée proportionnellement au nombre d'heures travaillées au sein de l'entreprise. Nombre d'heures effectué : 151,67 heures – 14 heures = 137,67 heures.
>
> Le montant de la prime d'assiduité versé au titre du mois de mars N à Mme Blanchard sera de :
>
> $120 \times \frac{137,67}{151,67}$ soit 108,92 €
>
> Mme Blanchard aura aussi une retenue sur salaire de 2 jours (absence pour convenance personnelle).

2. La prime de rendement ou d'objectif

C'est une prime attribuée au salarié en fonction de son résultat individuel. Elle entre dans le calcul de l'indemnité des congés payés et est soumise aux cotisations sociales. Cet avantage est utilisé pour motiver et fidéliser le salarié.
Les critères retenus pour le calcul et l'attribution de la prime doivent être précis et fixés à l'avance et être réalistes et réalisables compte tenu à la fois de la situation économique du secteur professionnel et de la compétence du salarié.

> **Exemple**
>
> Un collaborateur d'un cabinet comptable aura droit à une prime de 300 € si, lors de la période fiscale du cabinet, il a atteint les objectifs qui lui sont fixés (traiter les dossiers des clients dont il a la charge dans le délai imparti et sans avoir commis d'erreur comptable).

III Les remboursements des frais figurant sur le bulletin et exonérés de charges sociales

Le salarié peut être amené à engager des dépenses dans le cadre de son activité professionnelle. Ces frais lui sont remboursés soit à l'euro près sur présentation d'un justificatif de la dépense réelle, soit sous forme forfaitaire selon un barème.

1. Les frais professionnels

Les frais professionnels sont exonérés de cotisations sociales dans la limite fixée par le barème fiscal des indemnités kilométriques.
Deux possibilités s'offrent à l'employeur :

- rembourser ces frais en cours de mois (ou en cours d'année) et ne pas les mentionner sur le bulletin de paie ;
- rembourser ces frais au moment du versement du salaire et, dans ce cas, les frais figureront sur le bulletin de paie.

Barème kilométrique automobile 2016

Puissance administrative	Jusqu'à 5 000 km	de 5 001 à 20 000 km	au delà de 20 000 km
3 CV et moins	d × 0,410	(d × 0,245) + 824	d × 0,286
4 CV	d × 0,493	(d × 0,277) + 1 082	d × 0,332
5 CV	d × 0,543	(d × 0,305) + 1 188	d × 0,364
6 CV	d × 0,568	(d × 0,320) + 1 244	d × 0,382
7 CV et +	d × 0,595	(d × 0,337) + 1 288	d × 0,401
CV : chevaux	d : distance parcourue		

Barème applicable aux remboursements effectués par l'employeur à compter du 1er janvier 2016
Arrêté du 15 février 2016, www.legifrance.gouv.fr

Exemple

M. Duresne, salarié du cabinet comptable Aron, a utilisé son véhicule personnel (Renault Clio – 6 CV) pour se rendre chez les clients du cabinet dont il a en charge les dossiers. Au cours de l'année N, il a parcouru 8 200 km. Le cabinet comptable est tenu de lui verser des allocations forfaitaires pour l'indemniser.

En prenant appui sur le barème kilométrique, le cabinet comptable devra rembourser à M. Duresne la somme suivante : (8 200 × 0,320) + 1 244 = 3 868 €.

2. Les frais de repas

Le remboursement de frais de repas est exonéré de cotisations pour le salarié :

- en déplacement professionnel et qui ne peut regagner sa résidence ;
- en déplacement sur un chantier et non contraint d'aller au restaurant ;
- contraint de prendre ses repas sur son lieu de travail en raison de sujétions particulières (travail en équipe, posté, continu, en horaire décalé, de nuit...).

L'indemnisation des frais professionnels liés aux repas peut s'effectuer sous la forme d'allocations forfaitaires ou en fonction des dépenses réellement engagées par le salarié.
Le Trésor public publie chaque année le barème des allocations forfaitaires exonérées de cotisations sociales en fonction des trois cas de figure. Si la convention collective prévoit un montant supplémentaire, le surplus sera soumis à cotisations.

Allocations forfaitaires pour frais de repas : limites d'exonération au 1er janvier 2016

Salarié en déplacement contraint de prendre son repas au restaurant	18,30 €
Salarié en déplacement non contraint de prendre son repas au restaurant	8,90 €
Salarié contraint de se restaurer sur son lieu de travail	6,20 €

Exemple

M. Duresne, se déplace régulièrement chez les clients du cabinet comptable pour mettre à jour leur comptabilité. Il est contraint d'utiliser son véhicule personnel et de prendre ses repas au restaurant. Le cabinet comptable lui rembourse ses frais de restauration sur la base du barème des exonérations fixé par la loi. Au cours du mois de mars N, il a pris 10 repas au restaurant. Le cabinet comptable va lui rembourser (sur présentation des justificatifs) au maximum :

10 × 18,30 € = 183,00 €.

IV Les titres restaurant

Les titres restaurant font également partie des avantages financiers de la rémunération (voir chapitre 6 « L'élaboration des bulletins de paie : les éléments collectifs », Fiche ressource 1).

1. La règle d'attribution

La loi n'oblige pas les entreprises à mettre en place des titres restaurant. Ceux-ci permettent une prise en charge partielle des repas.

Depuis le 12 juillet 2014 (loi 2014-788 du 10 juillet 2014), l'employeur doit également attribuer des titres restaurant aux stagiaires.

Un salarié à temps partiel a droit aux titres restaurant pour les seuls repas compris dans son horaire de travail. Lorsque le salarié est en congé ou absent pour diverses raisons (ex. : maladie, dispense de préavis), l'employeur n'a pas à lui attribuer de titres restaurant pour cette période.

Selon le site officiel de l'administration française (www.service-public.fr), au 1er janvier 2016, le niveau maximum de la part patronale exonérée dans le cadre des titres restaurant est de 5,37 €. Cette part patronale est exonérée tant qu'elle représente de 50 à 60 % de la valeur du titre restaurant.

2. Le calcul sur le bulletin de paie

L'employeur doit retenir sur le salaire la part salariale due pour l'acquisition du titre. La retenue doit figurer sur une ligne à part du bulletin de salaire.

Exemple 1

L'entreprise ToutTechnique achète des titres restaurant pour une valeur faciale de 8 €. Le salarié paie le titre restaurant 3,20 €. La part prise en charge par l'entreprise est donc de 4,80 €, ce qui correspond à 60 % de la valeur faciale du titre restaurant. Cette part employeur est donc inférieure à la limite autorisée (5,37 €). L'employeur est donc exonéré de cotisations sociales.

Exemple 2

Mme Delafosse, secrétaire de direction au sein de la société Siméon, travaille 7 heures par jour pendant 5 jours. Au cours du mois d'avril N, elle a travaillé 22 jours.

La société Siméon achète des titres restaurant pour une valeur faciale de 11 € ; la part payée par Mme Delafosse pour chaque titre s'élève à 4,50 €. L'entreprise Siméon prend donc à sa charge : 11,50 – 4,50 = 7 €, ce qui représente 60,87 % (11,50 – 4,50 / 11,50). Ce pourcentage est supérieur à la limite autorisée. La société Siméon paiera des cotisations sociales sur la part non exonérée soit : (7 – 5,37) × 22 jours = 35,86 €.

Sur le bulletin de paie de Mme Delafosse apparaîtra le montant des titres restaurant (part salariale) soit : 4,50 × 22 = 99 €.

- La part de l'employeur soumise à cotisations apparaît sur le bulletin de paie dans le calcul du salaire brut puis est retranchée pour le calcul du salaire net à payer.
- La part du salarié est prélevée sur le bulletin de paie avant le calcul du salaire net à payer.

Fiche ressource 2

Les majorations de salaire : les avantages en nature

Les avantages en nature sont des prestations fournies gratuitement ou à un coût inférieur à la valeur réelle du bien par l'employeur au salarié. L'avantage en nature constitue un élément de salaire pris en compte pour le calcul de l'indemnité de congés payés. Il doit donc figurer sur le bulletin de paie au niveau du salaire brut et être retranché pour le calcul du salaire net.

Salaire de base + Avantages en nature = Salaire brut
Salaire net = Salaire brut – Cotisations salariales – Avantages en nature

Les avantages en nature sont évalués soit forfaitairement, soit en fonction des dépenses engagées. Les avantages en nature ne doivent pas être confondus avec les frais professionnels.

I L'avantage en nature – véhicule

L'employeur met à la disposition permanente du salarié un véhicule dont il est propriétaire ou locataire. L'utilisation privée qui en est faite représente alors un avantage en nature soumis à cotisation.
L'avantage en nature « véhicule » devra être évalué par l'employeur, soit sur la base des dépenses réelles engagées, soit sur la base d'un forfait selon le barème ci-après.

Évaluation de l'avantage en nature véhicule : forfait ou réel (au 1er janvier 2016)

	VÉHICULE ACHETÉ		VÉHICULE EN LOCATION
	Moins de 5 ans	Plus de 5 ans	
FORFAIT ANNUEL (sans prise en charge par l'employeur du carburant)	9 % du coût d'achat du véhicule (prix TTC)	6 % du coût d'achat du véhicule (prix TTC)	30 % du coût global annuel (location, entretien, assurance)
FORFAIT ANNUEL (avec prise en charge par l'employeur du carburant)	12 % du coût d'achat	9 % du coût d'achat	40 % du coût global annuel (location, entretien, assurance)
DÉPENSES RÉELLES	– 20 % du coût d'achat – l'assurance – les frais d'entretien – le cas échéant, le carburant	– 10 % du coût d'achat – l'assurance – les frais d'entretien – le cas échéant, le carburant	– coût global annuel de la location – l'assurance – les frais d'entretien – le cas échéant, le carburant
	Pour évaluer l'avantage en nature selon les dépenses réelles : **Résultat obtenu × Nbre de km parcourus annuellement* à titre privé** **Total des km parcourus par le véhicule annuellement** * ou pendant la durée de mise à disposition au cours de l'année		

Pour une évaluation mensuelle, on proratise le coût annuel divisé par le nombre de mois d'utilisation.

> Exemple 1
>
> La société RBS, spécialiste en rénovation de toitures, met à la disposition de son commercial, M. Rivat, un véhicule de moins de 5 ans acheté 21 000,00 € TTC. Les dépenses annuelles d'entretien s'élèvent à 900 € et la prime annuelle d'assurance à 870 €. Le carburant est pris en charge par l'employeur.
>
> **Cas 1 –** L'employeur choisit la valorisation forfaitaire à raison de 12 % du coût d'achat, soit : 21 000,00 € × 12 % = 2 520,00 € pour l'année N.
>
> **Cas 2 –** L'employeur choisit la valorisation réelle, soit : 900 + 870 + (21 000,00 × 20 %) = 5 970,00 € pour l'année N. Ce total sera ramené au prorata du nombre de kilomètres parcourus dans l'année N à titre privé.
>
> M. Rivat a parcouru au cours de l'année N 28 000 km dont 8 600 à titre privé. La valeur de l'avantage en nature pour le salarié sera donc de :
>
> 5 970 € × 8 600 / 28 000 = 1 833,64 €, somme à laquelle il faudra ajouter le carburant utilisé à titre personnel.

Exemple 2

M. Renoir, salarié de la société Europalu, bénéficie de la mise à disposition d'une voiture de moins de 5 ans acquise par son employeur pour 16 000,00 €. M. Renoir parcourt 35 000 km dont 12 000 à titre privé.

Le coût annuel de l'assurance s'élève à 620 € et les frais d'entretien à 750 €. Le carburant n'est pas pris en charge par l'employeur.

Cas 1 – L'employeur fait le choix du forfait sans prise en charge du carburant. L'avantage en nature sera de : 16 000 × 9 % = 1 440 € annuels.

Cas 2 – L'employeur fait le choix de la dépense réelle. L'avantage en nature sera de : (16 000 × 20 %) + 620 + 750 = 4 570 €.

La valeur de l'avantage en nature pour le salarié sera donc de : 4 570 × 12 000 / 35 000 = 1 566,85 €.

II L'avantage en nature – logement

Lorsque l'employeur fournit le logement à son salarié, cet avantage est valorisé sur la base d'un forfait mensuel selon un barème intégrant les avantages accessoires tels que l'eau, l'électricité, le chauffage, le garage et éventuellement la taxe d'habitation.
La valorisation de l'avantage en nature « logement » suit le barème forfaitaire suivant :

Barème de l'avantage en nature « logement », montants au 1er janvier 2016

Rémunération brute mensuelle	Pour 1 pièce	Par pièce principale (si plusieurs pièces)
Inférieure à 1 609,00 €	68,00 €	36,30 €
De 1 609,00 € à 1 930,79 €	79,40 €	51,00 €
De 1 930,80 € à 2 252,59 €	90,60 €	68,00 €
De 2 252,60 € à 2 896,19 €	101,80 €	84,80 €
De 2 896,20 € à 3 539,79 €	124,60 €	107,50 €
De 3 539,80 € à 4 183,39 €	147,20 €	130,10 €
De 4 183,40 € à 4 826,99 €	169,80 €	158,40 €
Supérieure ou égale à 4 827,00 €	192,50 €	181,20 €

www.urssaf.fr

Exemple

Mme Didier, concierge d'une résidence hôtelière, est logée gratuitement dans un appartement de 3 pièces. Sa rémunération brute est de 1 720 €. Le montant de l'avantage en nature « logement » est de : (3 × 79,40 €) = 238,20 €.

Le montant du salaire brut sera de : 1 720 + 238,20 € = 1 958,20 €.

En prenant comme base un taux des cotisations salariales égal à 22 %, le montant du salaire net de Mme Didier sera égal à : 1 958,20 – (1958,20 × 22 %) – 238,20 = 1 289,20 €.

III L'avantage en nature – repas

Lorsque l'employeur fournit la nourriture, cet avantage en nature est évalué forfaitairement et calculé par rapport au nombre de jours travaillés.
Pour 2016, le montant de l'avantage en nature est fixé par l'Urssaf à 4,70 € par repas soit 9,40 € par jour (pour deux repas).

Exemple

M. Fournier est chauffeur-livreur au sein de l'entreprise Pomonin ; il travaille 35 heures par semaine sur 5 jours (soit en moyenne 22 jours ouvrés par mois). Il perçoit un salaire de 1 800 € brut. Le repas du déjeuner est pris en charge par l'employeur à titre gratuit.

Le montant de l'avantage en nature « repas » est de : (22 × 4,70) = 103,40 €.

Le montant du salaire brut sera de : 1 800 + 103,40 € = 1 903,40 €.

En prenant comme base un taux des cotisations salariales égal à 22 %, le montant du salaire net de M. Fournier sera égal à : 1 903,40 – (1 903,40 × 22 %) – 103,40 = 1 381,25 €.

IV L'avantage en nature – outils de communication

L'employeur peut mettre à la disposition permanente du salarié des outils issus des nouvelles technologies de l'information et de la communication. Le fait de pouvoir les utiliser en partie à titre privé constitue un avantage en nature. L'évaluation de cet avantage est calculée sur la base d'un forfait annuel estimé à 10 % de son coût d'achat, ou le cas échéant, de son abonnement TTC ou sur la base des dépenses réelles.

> Exemple
>
> L'entreprise Alpha Stores a acheté un ordinateur pour la salariée Mme Duplomb, commerciale, pour un montant de 740 €, qu'elle met à disposition permanente de la salariée. Mme Duplomb perçoit un salaire de 2 000 €.
>
> Le montant de l'avantage en nature « outils de communication » est de : 780 × 10 % = 78 €.
>
> Le montant du salaire brut sera de : 2 000 + 78 € = 2 078 €.
>
> En prenant comme base un taux des cotisations salariales égal à 22 %, le montant du salaire net de Mme Duplomb sera égal à : 2 078 – (2 078 × 22 %) – 78 = 1 542,84 €.

V L'adhésion à la mutuelle ou complémentaire santé

Depuis le 1er janvier 2016, la mutuelle d'entreprise devient obligatoire au sein de toute entreprise en France, quels que soient son statut, son activité commerciale et sa taille (loi sur la sécurisation de l'emploi du 14 juin 2013, issue de l'accord national interprofessionnel du 11 janvier 2013).

Les partenaires sociaux de la branche peuvent recommander un organisme assureur mais les entreprises restent libres de choisir l'organisme assureur.

L'employeur a l'obligation de mettre en place une couverture au moins égale à un panier de soins minimum. La moitié du financement de la couverture collective à adhésion obligatoire mise en place doit être prise en charge par l'employeur.

1. Les conditions

La loi prévoit qu'un salarié peut refuser la mutuelle de son entreprise dans 3 cas :
– le salarié a déjà souscrit une complémentaire santé individuelle ;
– le salarié est couvert en tant qu'ayant droit de la complémentaire santé du conjoint ;
– le dispositif mis en place par décision unilatérale de l'employeur ne satisfait pas le salarié car celui-ci doit payer une partie de la cotisation.

2. La fiscalité

La loi de Finances de 2014 considère que les sommes versées par l'employeur doivent être intégrées au revenu imposable du salarié et sont qualifiées d'avantage en nature.
La part de cotisation versée par le salarié est non imposable.

> Exemple
>
> Pour être en conformité avec la loi, la société Créatech a souscrit depuis le 01/01/2016 auprès de la mutuelle du Soleil une complémentaire santé appelée « contrat responsable et solidaire » pour l'ensemble de ses salariés. L'option choisie correspond à un panier de soin égal à 1 PMSS (plafond mensuel de Sécurité sociale) et le chef d'entreprise prend à sa charge 60 % de la cotisation.
>
> Selon le contrat signé par la société Créatech, le taux de la cotisation s'élève à 1,54 % du PMSS ; le salarié paiera donc 40 %.
>
> Part payée par le salarié : 3 138,00 € × 1,54 × 40 % = 19,33 € chaque mois.
>
> Part payée par l'employeur : 3 138,00 € × 1, 54 % × 60 % = 29,00 € chaque mois.
>
> L'organisme mutuelle garantit pour chaque salarié le remboursement des soins jusqu'à 1 PMSS.

Fiche ressource 3

Les minorations de salaire

I Les retenues financières

1. L'acompte sur salaire

a) Définition

C'est le versement anticipé du salaire correspondant à un travail déjà effectué. La somme de l'acompte sur salaire est calculée en fonction des heures réalisées avant l'établissement du bulletin de paie.

Tous les salariés peuvent prétendre à un acompte sur salaire, quels que soient le contrat de travail et l'ancienneté dans l'entreprise.

> **Exemple**
>
> Un salarié demande un acompte le 15 mars N, le montant de l'acompte ne pourra excéder la moitié de sa rémunération mensuelle.

b) L'impact sur le bulletin de paie et les charges sociales

Lors du versement de l'acompte, l'employeur ne doit pas déduire de cotisations sociales. Celles-ci seront calculées sur la totalité de la rémunération mensuelle, acompte compris.
Le montant de l'acompte apparaît en bas du bulletin de paie, sous la ligne « Net imposable ». Il vient en déduction du montant du salaire net mensuel.

> **Exemple**
>
> Mlle Joubert, comptable au sein du cabinet d'expertise comptable Didier, perçoit une rémunération brute mensuelle de 1 900 €. Elle demande le 15 mars N un acompte d'un montant de 300 €.

Salaire net à payer		***1 478,97***		
Calcul du net imposable :		*1 533,10*		
	– retenues déductibles	*– 421,03*		
	+ CSG & CRDS non déduct	*54,13*		*54,13*
Net imposable		***1 533,10***	*Coût employeur*	***2 812,38***
Acompte		***300,00***		
Salaire net à payer		***1 178,97***		
Mode de paiement :	*Par virement au 31 du mois*			
Conservez ce bulletin de salaire sans limitation de durée pour faire valoir vos droits				

3. L'avance sur salaire

a) Définition

L'avance sur salaire correspond à un prêt consenti par l'entreprise. En effet, la somme attribuée au salarié correspond à un travail non encore effectué.

Cette somme peut être versée par chèque ou par virement.

L'employeur n'a pas l'obligation de répondre favorablement à une demande d'avance sur salaire.

Dans l'usage, il est préférable d'établir une convention venant à préciser le montant de l'avance, la date de versement ainsi que les modalités de remboursement.

> **Exemple**
>
> M. Bonnet, salarié de l'entreprise Mecanoplast, a un salaire net de 2 000,00 € ; il fait une demande d'avance sur salaire le 15 mars de 4 000,00 €, ce qui équivaut au salaire du mois en cours plus le mois suivant. L'entreprise lui remet le 15 mars un chèque de 4 000,00 € et lui fait signer un engagement de remboursement.

b) La récupération de l'avance : la limite du 1/10e

L'employeur opère une retenue sur salaire qui ne peut excéder le 1/10e du salaire net exigible (Code du travail, art. L.3251-3). Tous les éléments de salaire sont compris pour le calcul du salaire net (indemnité de congés payés, indemnité de préavis, indemnité compensatrice de congés payés, primes, etc.).

> **Exemple**
> M. Bonnet obtient une avance sur salaire de 4 000,00 € le 15 mars N. Lors de la prochaine paie (avril N), l'employeur retiendra 1/10e de sa rémunération, soit 200 €. Le remboursement se poursuit jusqu'à solder l'avance, soit 4 000 / 200 = 20 mois.

4. La saisie-arrêt sur salaire

a) Définition

La saisie-arrêt sur salaire (ou saisie sur rémunération), oblige l'employeur à retenir, par décision judiciaire et sous certaines conditions, une partie de la rémunération du salarié pour payer un créancier.

Le tribunal envoie une lettre recommandée à l'employeur du salarié pour lui signifier qu'il doit procéder à une saisie sur salaire.

b) Le calcul et le barème

La fraction saisissable sur salaire est calculée à partir des rémunérations nettes annuelles des 12 derniers mois précédant la notification de la saisie.

La saisie sur salaire ne peut dépasser certains plafonds. Ces derniers sont calculés par tranche de rémunération annuelle selon un barème progressif.

Le montant de la saisie et son montant figurent sur le bulletin de paie. L'employeur adresse au secrétariat-greffe du tribunal d'instance la somme prélevée sur le bulletin de paie du salarié.

Les éléments entrant dans la base saisissables sont les suivants :

– le salaire de base et ses accessoires (primes, heures supplémentaires) ;
– les avantages en nature ;
– l'indemnité de congés payés ;
– les indemnités journalières de Sécurité sociale (IJSS).

Barème de saisie sur salaire au 1er janvier 2016

Tranches	Rémunération mensuelle	Fraction saisissable	Montant saisissable par mois
1	Inférieure ou égale à 310,83 €	1/20	15,54 €
2	Entre 310,83 et 606,67 €	1/10	45,13 €
3	Entre 606,67 et 904,17 €	1/5	104,63 €
4	Entre 904,17 et 1 200,83 €	¼	178,79 €
5	Entre 1 200,83 et 1 497,50 €	1/3	277,68 €
6	Entre 1 497,50 et 1 799,17 €	2/3	478,79 €
7	Supérieure à 1 799,17 €	En totalité	478,79 € + la totalité des sommes au-delà de 1 799,17 €

Les tranches de rémunération mensuelles sont augmentées de 118,33 € par personne à charge.

Peuvent être considérées comme personnes à charge sur justificatif :

– le conjoint, partenaire de Pacs ou ascendant dont les ressources sont inférieures au revenu de solidarité active (RSA) ;
– un enfant ouvrant droit aux prestations familiales, ou un enfant auquel le salarié verse une pension alimentaire.

Quel que soit le montant des dettes contractées, le salarié doit conserver par mois une somme égale au RSA (depuis le 1er septembre, le RSA est de 524,16 €).

Exemple 1

M. Martin, magasinier salarié de l'entreprise BOB Carrelage, perçoit un salaire de 1 600 € net par mois. Ce salarié est marié avec 2 enfants à charge. M. Martin a une dette envers le Trésor public d'un montant de 1 254,80 €.

Les tranches du barème doivent être modifiées pour tenir compte des 2 enfants à charge (augmentation de : 118,33 × 2 = 236,66 €).

Nouvelles tranches	Rémunération mensuelle	Fraction saisissable	Montant saisissable par mois	Cumul saisissable
1	Inférieure ou égale à 310,83 + 236,66 = 547,49 €	1/20	27,37 €	27,37 €
2	Entre 547,49 et 843,33 €	1/10	29,58 €	56,95 €
3	Entre 843,33 et 1 140,83 €	1/5	59,50 €	116,45 €
4	Entre 1 140,83 et 1 437,49 €	¼	74,17 €	190,62 €
5	Entre 1 437,49 et 1 734,16 €	1/3	98,89 €	289,51 €

Son employeur peut opérer par mois, au titre d'une saisie-arrêt sur salaire (SAS), une retenue égale à :

– la fraction saisissable applicable à la rémunération inférieure à 1 437,49 € soit 190,62 € ;

– la fraction saisissable applicable à la partie du salaire comprise entre 1 437,49 et 1 600,00 €, soit : (1 600,00 – 1 437,49 × 1/3) = 40,63 €.

La retenue mensuelle sera de : 190,62 + 40,63 = 231,25 €.

Nombre de prélèvements : 1 254,80 / 231,25 = 5,42 €.

L'employeur BOB Carrelage devra effectuer une SAS pendant 6 mois qui se décompose de la manière suivante :

5 mois à 231,25 €, soit 5 × 231,25 = 1 156,25 € et 1 mois à 98,55 € (1 254,80 – 1 156,25).

Exemple 2

M. Roland salarié, non cadre et sans enfant de la société Verdeuil, a une dette de 920 € envers le Trésor public. Son salaire net est de 1 720 €.

Montant maximal saisissable : 277,68 + (1 720,00 – 1 497,50) × 2/3 = 426,01 €.

Nombre de prélèvements : 920 / 426,01 = 2,11.

L'employeur Verdeuil devra effectuer une SAS pendant 3 mois qui se décompose de la manière suivante.

2 mois à 426,01 €, soit 2 × 426,01 = 852,02 et 1 mois à 67,98 € (920,00 – 852,02).

II Les absences

L'entreprise doit tenir compte des périodes d'absence des salariés. Ces absences peuvent être des absences pour raisons personnelles, des absences pour maladie ou des absences pour congés payés.

Quel que soit le motif de l'absence, une retenue sur salaire doit être effectuée par l'employeur proportionnellement à la durée de l'absence. Dans certains cas, cette retenue sera compensée par une indemnité (absence rémunérée).

Il existe deux types d'absence : les absences non rémunérées et les absences rémunérées par l'employeur (voir chapitre 5 « Le suivi des absences et des congés », Fiche ressource 1).

1. Les absences non rémunérées par l'employeur

Ces absences n'ouvrent droit à aucune indemnité sauf si un accord collectif le prévoit.

Exemples

Il s'agit du congé parental d'éducation, du congé pour enfant malade, du congé de solidarité familiale, du congé pour convenance personnelle…

2. Les absences rémunérées par l'employeur

Ces absences justifient le versement d'une indemnité.

> Exemples
>
> Il s'agit d'absences pour maladie, congés de maternité ou paternité, maladie professionnelle ou accident du travail, congés payés, jours fériés ou événements familiaux.

NB : les indemnités journalières de Sécurité sociale (IJSS) et le complément employeur ont été traités au chapitre 5, « Le suivi des absences et des congés », Fiche ressource 6.

L'indemnité de congés payés a été traitée au chapitre 5, Fiche ressource 4.

3. Les méthodes de retenues sur salaire

La retenue sur salaire doit être proportionnelle à la durée de l'absence et le montant déduit doit apparaître sur le bulletin de paie.

Il existe plusieurs méthodes de calcul des retenues (voir chapitre 5, Fiche ressource 2) :
– la méthode de l'horaire réel ;
– la méthode des jours ouvrés ;
– la méthode des jours ouvrables ;
– la méthode des jours calendaires ;
– la méthode de l'horaire moyen mensuel.
– La seule méthode préconisée par la loi est celle de l'horaire réel. L'employeur peut en appliquer une autre à condition que les résultats soient plus avantageux pour le salarié.

Applications

1 Les avantages en nature et les titres restaurant

La SARL Zerbini Paysages, située à Maisons-Alfort, est spécialisée dans la création et l'aménagement d'espaces verts. M. Femenias, salarié de l'entreprise depuis 1 an, y occupe la fonction de jardinier paysagiste. Intrigué par la dernière fiche de paie qu'il a reçue (document 2), il vous consulte afin de lui fournir de plus amples explications.

1. **À partir des documents 1 et 3, expliquez pour quelle raison la contribution de l'employeur au financement des titres restaurant de M. Femenias ne figure pas dans le calcul du salaire brut, en tant qu'avantage en nature (hypothèse 1). Y figurerait-elle si elle était fixée à 6 € (hypothèse 2) ? Pour quel montant ? Vous argumenterez votre réponse en complétant sur papier ou sur tableur le tableau du document 4.**
2. **À partir du document 2, justifiez par calcul le coût de M. Femenias pour son employeur (3 575 €).**
3. **En prenant appui sur les documents 1 et 3, complétez le document 2 en calculant le salaire net et justifiez son calcul. Justifiez le calcul du salaire net à payer à partir du salaire net.**
4. **Pour quelle raison les avantages en nature sont-ils déduits du salaire net pour le calcul du salaire net à payer ?**

Document 1 **Informations concernant la situation de M. Femenias au 01/03/N**

Éléments de rémunération : M. Femenias, salarié en CDI à temps plein, est rémunéré à partir d'un salaire de base mensuel de 2 000,00 € (hors primes). Par ailleurs, il bénéficie gracieusement d'un logement (studio) appartenant à la société.

Trajets domicile/travail : M. Femenias se déplace en transport en commun (forfait 4 zones).

Déplacements professionnels : pour ses déplacements ponctuels en province (1 journée de déplacement à Nantes en décembre), les frais de déplacement et d'hébergement occasionnés sont d'abord déboursés par M. Femenias et remboursés intégralement par la société, sur justificatifs.

Repas : il n'y a pas de restaurant d'entreprise. M. Femenias bénéficie donc de titres restaurant (20 titres en mars, valeur faciale : 10 €), qu'il achète 5 € l'unité à son employeur (qui finance le solde), par prélèvement direct sur son salaire.

Acomptes : une avance sur son salaire de 400 € a été demandée le 15/03/N.

Saisie sur salaire : à la suite d'un différend avec son ancien bailleur, M. Femenias a été condamné début mars à lui verser, sur décision de justice, la somme de 5 000,00 €, via la procédure de saisie sur salaire.

Document 2 **Bulletin de paie de M. Femenias du mois de mars N**

ZERBINI PAYSAGES
272 Av des Girelles
94700 Maisons-Alfort

BULLETIN DE SALAIRE
du 01/03/N au 31/03/N

Emploi : Paysagiste
Ancienneté : 12 mois
Horaire : 151,67 heures mensuelles

FEMENIAS Thomas
12 rue Saint-Gothard
75014 PARIS

Intitulé	Nombre	Base	Part salariale			Part patronale	
			Taux	Gain	Retenue	Taux	Retenue
Salaire de base mensuel	151,67 h	13,19 €		2 000,00			
Prime d'assiduité				80,00			
Prime d'ancienneté				120,00			
Avantage en nature logement		300,00 €		300,00			
Salaire brut				**2 500,00**			
Cotisations sociales :							
URSSAF (assurance maladie, accidents du travail...)		2 500,00 €	16,00 %		400,00	30,00 %	750,00
Autres organismes sociaux (Pôle emploi, caisses de retraite…)		2 500,00 €	6,30 %		157,50	13,00 %	325,00
Total cotisations sociales		2 500,00 €	22,30 %	**557,50**	625,00	43,00 %	**1 075,00**
Salaire net							
Avantages en nature logement					300,00		
Frais professionnels (hôtellerie...)				200,00			
Remboursement frais transport en commun	50 %	80,00 €		40,00			
Titres restaurant contribution du salarié	20,00	10,00 €	50 %		100,00		
Avance sur salaire					400,00		

Récapitulatif :

Heures rémunérées	Heures sup	Salaire brut	Cotisations salariales	Cotisations patronales	Coût employeur	Net imposable	**Net à payer**
151,67	0	2 500,00	557,50	1 075,00	3 575,00		

Document 3 Titres restaurant : conditions d'exonération de cotisations sociales de la part employeur

« La part contributive de l'employeur dans les titres restaurant est exonérée des cotisations de sécurité sociale **(non incluse dans le salaire brut)** dans la limite de 5,37 € par titre, et sous réserve que la contribution patronale soit comprise entre 50 % et 60 % de la valeur faciale du titre. »

Conséquence : la fraction qui dépasse au moins un des deux seuils doit être incluse dans le salaire brut.

Source : *Mémento social 2016*, éditions Francis Lefebvre.

Document 4 Calcul des contributions employeur et salarié

	Hypothèse 1	**Hypothèse 2**
Valeur faciale du titre		
Montant	10 €	10 €
Contribution de l'employeur		
Montant		
En %		
Contribution du salarié		
Montant		
En %		
Évaluation de la contribution employeur		
Est-elle inférieure à 5,37 € par titre ?	❑ Oui ❑ Non	❑ Oui ❑ Non
Est-elle comprise entre 50 % et 60 % de la valeur faciale du titre ?	❑ Oui ❑ Non	❑ Oui ❑ Non
Doit-elle donc être réintégrée en partie dans le calcul du salaire brut ?	❑ Oui ❑ Non	❑ Oui ❑ Non
Montant de la réintégration mensuelle		

2 La saisie-arrêt sur salaire

La SA Concept et Conditionnement, au capital de 38 112 €, est dirigée par M. Gérard Maire ; son siège social est en ZI de la Pilaterie 59700 Marcq-en-Barœul. Son activité est la production d'emballages pour l'industrie agroalimentaire. Son effectif est de 62 salariés.

Vous êtes l'assistant(e) comptable de M. Maire. Celui-ci a l'habitude de vous confier un certain nombre de dossiers à gérer. Pour cela, vous avez pris l'initiative de collecter les informations et de rechercher les documents nécessaires.

Le greffe du tribunal d'instance de Lille vient de transmettre à l'entreprise une notification de saisie-arrêt sur salaire de Pierre Lefèvre, conducteur de machines.

M. Maire vous demande de traiter ce dossier.

1 Calculez le montant de la saisie mensuelle maximale sur le salaire de M. Lefèvre en présentant vos calculs sous forme de tableau.

2 Déterminez la durée de cette saisie-arrêt sur salaire.

Document 1 Fiche du salarié LEFÈVRE

Nom salarié(e)	LEFÈVRE	**Lieu de naissance**	Reims (51)
Prénom salarié(e)	Pierre	**Situation familiale**	Marié
Emploi	Conducteur de machines	**Nombre d'enfants**	3 enfants âgés de 13, 9 et 4 ans
Contrat à temps plein	Oui	**Salaire mensuel**	2 145 €
Type de contrat	CDI	**Nombre d'heures par mois**	151,67
Date de naissance	14/02/1965	**Prime d'ancienneté**	7 % du salaire de base
Date d'entrée société	12/06/N-8	**Prime de salissure**	120,00 €

Document 2 Barème de saisie au 1er janvier 2016

Tranches	Rémunération mensuelle (en €)	Fraction saisissable	Montant saisissable par mois
1	Inférieure ou égale à 310,83 €	1/20	15,54 €
2	Entre 310,83 et 606,67 €	1/10	45,13 €
3	Entre 606,67 et 904,17 €	1/5	104,63 €
4	Entre 904,17 et 1 200,83 €	¼	178,79 €
5	Entre 1 200,83 et 1 497,50 €	1/3	277,68 €
6	Entre 1 497,50 et 1 799,17 €	2/3	478,79 €
7	Supérieure à 1 797,17 €	En totalité	478,79 + la totalité des sommes au-delà de 1 799,17 €

Les tranches de rémunération mensuelles sont augmentées de 118,33 € par personne à charge.

Document 3 **Courrier du TGI de Lille**

TRIBUNAL DE GRANDE INSTANCE
10 rue de Roubaix
59000 LILLE

Lille, le 10 février N,

Débiteur :
LEFÈVRE Pierre
8 avenue de la Résistance
59000 Lille

Saisie-arrêt des rémunérations du travail
Notification de la saisie-arrêt à l'employeur
(art. R. 3252-7 du Code du travail)

Créancier
Trésor public
2 avenue Winston Churchill
59000 Lille

Employeur
SA Concept et Conditionnement
ZI de la Pilaterie
59700 Marcq-en-Barœul

Le greffier en chef du tribunal de grande instance, procédant conformément à l'article R. 3252-7 du Code du travail, vous notifie en votre qualité d'employeur, que par ordonnance rendue par le juge du tribunal le 4 décembre N-1, le créancier ci-dessus nommé et domicilié a été autorisé à faire pratiquer entre vos mains une saisie-arrêt des rémunérations du travail que vous êtes appelé à régler à votre employé ci-dessus qualifié : débiteur saisi.

Montant de la créance : 1 430,80 €.

Le juge de grande instance

Le greffier en chef

3 Évaluation des majorations de salaire

Mme Beaumarchais est comptable collaboratrice au sein du cabinet d'expertise comptable Cegeca sise à Draguignan. La clientèle du cabinet est composée essentiellement de commerçants et de PME/PMI réparties dans le Var et les Alpes-de-Haute-Provence.

Mme Beaumarchais se déplace régulièrement chez ses clients et déjeune le midi dans des brasseries. Elle dispose d'une voiture (Renault Clio) de moins de 5 ans, fournie par le cabinet d'expertise comptable, qu'elle peut utiliser à titre privé, d'un ordinateur portable et d'un téléphone mobile.

Le cabinet d'expertise comptable prend en charge le carburant et a opté pour l'évaluation au forfait.

1. **En prenant appui sur les documents 1 et 2, listez les éléments qui majorent la rémunération de Mme Beaumarchais.**
2. **Calculez les montants des avantages en nature « véhicule » et « ordinateur portable ».**
3. **Quelle est la méthode retenue par le cabinet d'expertise comptable pour le remboursement des repas pris dans les brasseries ?**
4. **Sachant que le taux des cotisations salariales est de 22 %, calculez le salaire net de Mme Beaumarchais au titre du mois de février N.**
5. **Vérifiez la cohérence des éléments en réalisant le bulletin de paie simplifié de Mme Beaumarchais au titre du mois de février N.**

Document 1 L'évaluation de l'avantage en nature « véhicule »

	VÉHICULE ACHETÉ		VÉHICULE EN LOCATION
	Moins de 5 ans	Plus de 5 ans	
FORFAIT ANNUEL (sans prise en charge par l'employeur du carburant)	9 % du coût d'achat du véhicule (prix TTC)	6 % du coût d'achat du véhicule (prix TTC)	30 % du coût global annuel (location, entretien, assurance)
FORFAIT ANNUEL (avec prise en charge par l'employeur du carburant)	12 % du coût d'achat	9 % du coût d'achat	40 % du coût global annuel (location, entretien, assurance)
DÉPENSES RÉELLES	– 20 % du coût d'achat – l'assurance – les frais d'entretien – le cas échéant, le carburant	– 10 % du coût d'achat – l'assurance – les frais d'entretien – le cas échéant, le carburant	– coût global annuel de la location – l'assurance – les frais d'entretien – le cas échéant, le carburant
	Pour évaluer l'avantage en nature selon les dépenses réelles : $\dfrac{\text{Résultat obtenu} \times \text{Nbre de km parcourus annuellement* à titre privé}}{\text{Total des km parcourus par le véhicule annuellement}}$ * ou pendant la durée de mise à disposition au cours de l'année		

Document 2 Fiche du véhicule Renault Clio

Coût d'achat	18 200 € TTC
Date d'achat	01/09/N-2
Entretien annuel	720 €
Essence	2 160 €
Km parcourus en N	38 000 dont 10 000 à titre privé
Assurance	560 €

Document 3 Renseignements divers

L'évaluation de l'avantage « ordinateur » est calculée sur la base d'un forfait annuel estimé à 10 % de son coût d'achat.
Le coût d'achat de cet ordinateur est de 1 200 € TTC.

L'abonnement SFR du téléphone mobile est de 69,60 € TTC.

Document 4 Extrait de la fiche de Mme Beaumarchais

Éléments	Montant
Salaire de base	2 000,00 €
Prime d'objectif	150,00 €
Nombre de repas pris à l'extérieur	12 à 18,30 €
Taux des cotisations	22 %

Document 5 Bulletin de paie simplifié

Salaire de base	
Prime d'objectif	
Remboursement repas	
Salaire brut	
Cotisations 22 %	
Salaire net	
Net à payer	

4 Les éléments personnels de la rémunération

M. Michel Cardon est gardien au sein de la société Maisons Ripert, constructeur de maisons individuelles. La paie de M. Cardon pour le mois de janvier N se décompose de la manière suivante :

- salaire mensuel fixe : 1 600,00 € ;
- prime d'ancienneté : 5 % de son salaire de base ;
- prime de fonction : 56,20 € ;
- une avance de 250,00 € a été virée sur son compte bancaire le 10 du mois ;
- taux de cotisations : 22 %.

Michel Cardon occupe un appartement de trois pièces situé à l'entrée de la société. Il prend gratuitement ses repas de midi, du lundi au vendredi, à la cantine de la société.
La comptable de la société enregistre en charge les avantages en nature accordés, à leur valeur fixée par la loi.
Vous disposez du calendrier du mois de janvier N (document 1). Pour les barèmes d'évaluation des avantages en nature, reportez-vous à la fiche ressource 2 de ce chapitre.

1. **Calculez la rémunération brute de M. Cardon Michel.**
2. **Évaluez la valeur des avantages en nature dont il bénéficie.**
3. **Précisez la différence entre une avance et un acompte. Quelles sont les conséquences dans le calcul de la paie ?**
4. **Établissez le bulletin de paie (document 2) de M. Cardon en justifiant chaque rubrique.**

Document 1 Calendrier de janvier N

Calendrier Janvier

Nº	Lundi	Mardi	Mercredi	Jeudi	Vendredi	Samedi	Dimanche
53					1 Premier de l'An	2	3
1	4	5	6 Épiphanie	7	8	9	10
2	11	12	13	14	15	16	17
3	18	19	20	21	22	23	24
4	25	26	27	28	29	30	31

Document 2 Bulletin de paie simplifié

Salaire de base	
Prime d'ancienneté	
Prime de fonction	
Salaire brut	
Cotisations 22 %	
Salaire net	
Net à payer	

Chapitre 8

La préparation, l'établissement et le contrôle des déclarations sociales

Activité	Situation de travail	Compétence
4.3. Gestion comptable de la paie et information des salariés	**4.3.3.** Préparation, établissement et contrôle des déclarations sociales	Établir et transmettre les déclarations sociales et contrôler les informations transmises aux organismes sociaux

Situation professionnelle

Comme toute entreprise, la SAS Esthétique et Santé doit respecter un grand nombre de réglementations concernant les déclarations et les règlements auprès des organismes compétents. M. Lange, le fondateur, a établi des relations de confiance avec l'administration. Il est conscient de la nécessité de faire respecter les formalités et les procédures à tous les niveaux de la hiérarchie. En tant que chef d'entreprise, il est en effet responsable civilement, pénalement et fiscalement des éventuelles erreurs, pouvant entraîner amendes et pénalités.

M. Lange s'appuie sur Mme Karine, responsable administrative, pour préparer, établir et transmettre les déclarations sociales ainsi que pour contrôler les informations transmises aux organismes sociaux. Mme Karine suit en permanence les réglementations complexes et évolutives au moyen d'une veille informationnelle efficace. Ainsi, dans le cadre de la simplification des démarches administratives, Mme Karine va instaurer un nouveau dispositif : la déclaration sociale nominative (DSN) par télétransmission.

Mission

Mme Karine fait appel à vous pour préparer les documents relatifs aux obligations sociales mensuelles et annuelles et pour veiller à les transmettre dans les délais.

Travail à faire

I Établir et transmettre les déclarations sociales

Le passage à la DSN est prévu pour le mois de mars N, mais au préalable, Mme Karine doit suivre un stage auprès de l'Urssaf de Bordeaux pour comprendre les mécanismes de cette nouvelle procédure de déclaration des cotisations sociales.

Mme Karine, absente en raison du stage, vous confie la responsabilité de préparer les déclarations sociales du mois de février N. Elle vous fournit un calendrier récapitulatif des obligations sociales de la société.

Mme Karine se connecte à son espace employeur sur le site www.net-entreprises.fr.

1. Sur quel lien cliquez-vous pour accéder à la déclaration unifiée de cotisations sociales (DUCS) Urssaf du mois de février N ?

2. Sachant que la SAS Esthétique et Santé saisit en ligne la DUCS, quel mode de déclaration faut-il choisir ?

3. Quelle est la différence entre le service EFI et le service EDI ?

4. À quelle date la DUCS du mois de février doit-elle être envoyée à l'Urssaf ?

5. À l'aide des annexes 3 et 4, établissez la DUCS Urssaf du mois de février N (renseignez l'annexe 5).

6. Mme Karine peut-elle saisir d'autres DUCS ? Si oui, lesquelles ?

7. À quelle fréquence doivent être versées les cotisations sociales aux caisses de retraite Agirc et Arrcco de la société ?

▶ Fiche ressource 1
▶ Annexe 1
▶ Annexe 2
▶ Annexe 3
▶ Annexe 4
▶ Annexe 5

Pour parfaire sa formation sur la DSN, Mme Karine réalise ensuite un stage auprès de l'éditeur du PGI. Comme elle est satisfaite de votre travail, elle vous demande également de procéder aux déclarations annuelles obligatoires. Elle met à votre disposition sur votre espace personnel les formulaires nécessaires pour effectuer les déclarations.

8. Quelles déclarations annuelles obligatoires la SAS Esthétique et Santé doit-elle établir ?

9. À partir des informations de l'annexe 6, complétez l'extrait de la DADS pour la salariée Maria Isidori (complétez l'annexe 7).

10. Poursuivez sur PGI pour les quatre autres salariés.

11. En vous aidant des informations fournies dans l'annexe 9, complétez le tableau récapitulatif annuel des cotisations (renseignez l'annexe 8).

▶ Fiche ressource 2
▶ Annexe 6
▶ Annexe 7
▶ Annexe 8
▶ Annexe 9

II Contrôler les données transmises aux organismes sociaux

La gestion sociale de la société va subir une évolution importante avec le passage à la DSN. Mme Karine vous confie la mission de contrôler les informations transmises aux organismes sociaux.

12. Paramétrez, au niveau du module de paie du PGI, les codes DUCS ou DSN propres à l'Urssaf.

13. Vérifiez l'édition sous PGI des déclarations sociales du mois de février N.

14. Contrôlez le montant des charges sociales à payer au titre du mois de février N.

15. Quel est le montant du télérèglement via le site www.net-entreprises.fr de la DUCS Urssaf pour le mois de février N ?

16. Quel est le montant du télérèglement via www.net-entreprises.fr de la DUCS Caisse de retraite pour le mois de février N ?

Annexe 10
Annexe 11

III Communiquer avec le personnel sur la DSN

Mme Karine souhaite mettre en place la nouvelle déclaration obligatoire, la déclaration sociale nominative. Le démarrage de la DSN justifie un délai de préparation, Mme Karine vous demande de l'aider dans cette mise en œuvre.

17. Recherchez, à l'aide de la documentation officielle disponible sur Internet, les principales déclarations auxquelles se substitue la DSN.

Fiche ressource 3

18. Indiquez le processus de transmission de la DSN.

19. Pour aider Mme Karine à préparer la prochaine réunion avec le personnel, listez les avantages de la DSN pour les salariés.

Annexe 12

20. Préparez les éléments de la DSN pour le mois de mars N.

21. Donnez des exemples de signalements d'événements qui peuvent être joints à la DSN.

Données de la situation

Annexe 1 Mémo de Mme Karine

Calendrier des obligations sociales

Sachant que l'effectif de la société est de 11 salariés et que le versement des salaires se fait le dernier jour du mois, les échéances sont les suivantes :

✓ Le 31 janvier N : envoi de la déclaration annuelle des données sociales (DADS) et du tableau récapitulatif (TR).

✓ Le 15 février N : versement des cotisations Urssaf (DUCS) calculées sur le salaire de janvier N.

✓ Le 15 février N : versement mensuel des cotisations aux caisses de retraite complémentaire des cadres et des non-cadres.

Annexe 2 Liste des déclarations possibles sur le site www.net-entreprises.fr

NET-ENTREPRISES·FR VOUS ÊTES INSCRIT

ACCÉDER AUX SERVICES

JEANNE KARINE ADMINISTRATEUR DECLARANT
E&S 23654895 000023
VOTRE DERNIERE CONNEXION DATE DU : 11/03/2016 à 12:23 (SE DÉCONNECTER)

→ Cliquez sur le lien correspondant à la déclaration à laquelle vous souhaitez accéder.

Pour gérer vos données personnelles (adresse électronique, mot de passe...) et, selon votre profil, gérer les inscriptions, les coordonnées bancaires... allez sur votre menu personnalisé à l'aide du bouton situé en bas de page.

ACCÈS AUX SERVICES DÉCLARATIFS

AC (dépôt)	**Attestation d'assurance chômage - dépôt** Dépôt de fichier issu du logiciel de paie	Accéder à la déclaration
AC (saisie)	**Attestation d'assurance chômage - formulaire** Et accès à l'espace Pôle emploi (non accessibles aux tiers déclarants pour leurs clients et filiales)	Accéder à la déclaration
Attest salaire	**Attestation de salaire pour le versement des indemnités journalières** Saisie du formulaire en ligne ou dépôt de fichier issu de votre logiciel de paie	Accéder à la déclaration
Compte AT/MP	**Compte accident du travail / maladie professionnelle** Taux AT/MP, informations et détails (non accessible aux tiers déclarants pour leurs clients/filiales)	Accéder à la déclaration
CSpectacles	**Déclarations congés spectacles** Déclaration nominative par dépôt de fichier, télérèglement des cotisations	Accéder à la déclaration
C3S	**Contribution sociale de solidarité des sociétés** Saisie de formulaire - Attention : A compter de 2016 nouvelles modalités de paiement (obligation de paiement par virement)	Accéder à la déclaration
DADS-U	**Décl. automatisée des données sociales unifiée** Dépôt de fichier issu du logiciel de paie	Accéder à la déclaration
DADS-U CI-BTP	**DADS-U aux caisses Congés Intempéries BTP** Dépôt de fichier issu du logiciel de paie	Accéder à la déclaration
DAT	**Déclaration d'accident du travail ou de trajet** Saisie du formulaire en ligne ou dépôt de fichier issu de votre logiciel de paie/RH	Accéder à la déclaration
Décl. MSA	**Déclarations MSA** Embauche, salaire, télérèglement, santé	Accéder à la déclaration
DPAE (ex-DUE)	**Déclaration préalable à l'embauche** Saisie de formulaire ou dépôt de fichier issu du logiciel	Accéder à la déclaration
DSI (ex-DCR)	**Déclaration sociale des indépendants** Saisie de formulaire	Accéder à la déclaration
DUCS	**Déclaration unifiée de cotisations sociales** Saisie de formulaire ou dépôt de fichier issu du logiciel	Accéder à la déclaration
net-Intempéries	**Déclaration d'arrêt de travail et demande de remboursement intempéries** Saisie de formulaire	Accéder à la déclaration

www.net-entreprises.fr

NET-ENTREPRISES·FR
La solution globale pour vos déclarations sociales

Accéder aux déclarations

DUCS Déclaration unifiée de cotisations sociales

Information

Quel mode de déclaration souhaitez-vous utiliser ?

Choix du service

SERVICES	
EFI	Saisir vos formulaires déclaratifs pour vos organismes
EDI	Dépôt de fichiers pour vos déclarations URSSAF
EDI	Dépôt de fichiers pour vos déclarations Retraite et prévoyance

www.net-entreprises.fr

Annexe 3 Données entreprise et informations salaires du mois de janvier N

Raison sociale	ESTHÉTIQUE & SANTÉ	**Code NAF**	9602B
Forme juridique	Société par actions simplifiée	**Adresse**	158, cours de la Guadeloupe – 33000 BORDEAUX
Capital social	400 000 €	**Code Urssaf**	330 126536889
Date de création	1er mars 2012	**N° Pôle emploi**	8796529310
Dirigeant	Monsieur François Lange – Président non salarié	**Banque**	BPSO – 25, cours de la Guadeloupe – 33000 BORDEAUX
Numéro SIRET	23654895000023	**N° compte bancaire**	70719823420

La société SAS Esthétique & Santé compte au 1er janvier N 11 salariés.

- Le montant des salaires bruts s'élève à 36 711 €.
- Le taux d'accidents du travail est de 3,20 %.
- Aucun salaire ne dépasse la tranche A.

Par mesure de simplification, il n'y a pas de réduction Fillon.

Annexe 4 Taux des cotisations versées à l'URSSAF au 1er janvier 2016 (tous salariés)

Régimes	**Taux global %**	**Répartition**		**Assiette**
		Salarié %	***Employeur %***	
Assurance maladie (maladie, maternité, invalidité, décès)	13,59	0,75	12,84	Totalité du salaire
Contribution de solidarité autonomie	0,30		0,30	Totalité du salaire
Allocations familiales *	5,25 ou 3,45		5,25 ou 3,45	Totalité du salaire
Assurance vieillesse déplafonnée	2,20	0,35	1,85	Totalité du salaire
FNAL (au moins 20 salariés)	0,50		0,50	Totalité du salaire
Contribution au financement des organisations syndicales	0,016		0,016	Totalité du salaire
Accidents du travail	Variable		Variable	Totalité du salaire
CSG déductible	5,10	5,10		Salaire total après déduction de 1,75 % pour frais professionnels
CSG non déductible	2,40	2,40		Salaire total après déduction de 1,75 % pour frais professionnels
CRDS	0,50	0,50		Salaire total après déduction de 1,75 % pour frais professionnels
Assurance vieillesse plafonnée	15,45	6,90	8,55	Salaire limité à 1 plafond de Sécurité sociale
FNAL (moins de 20 salariés)	0,10		0,10	Salaire limité à 1 plafond de Sécurité sociale
Assurance chômage	6,40	2,40	4,00	Salaire limité à 4 plafonds de Sécurité sociale
AGS	0,25		0,25	Salaire limité à 4 plafonds de Sécurité sociale

* Taux de 3,45 % pour les salariés dont les rémunérations n'excèdent pas 3,5 SMIC sur l'année.

Annexe 5 Formulaire de déclaration unifiée de cotisations sociales (DUCS)

Cette déclaration concerne :

VN COMPOSITES
ZAC LA POULASSE
4 AVENUE BERNARD PALISSY
83210 SOLLIES PONT
83210 SOLLIES VILLE

N° Siret : 40208967600033
N° Interne dans l'organisme : 937000002040775801

Votre URSSAF :

URSSAF

Salaire versé le

Nombre de salariés ou d'assurés rémunérés dans l'établissement concernés par la déclaration pour la période

Nombre de salariés concernés par la déclaration au dernier jour de la période

LIBELLÉ DE LA COTISATION	NOMBRE DE SALARIÉS OU D'ASSURÉS	BASE EN EUROS	TAUX (%)	MONTANT EN EUROS
004P DEDUCTION PATRONALE HEURES SUP 20 SALARIES AU +			100.00	
012D FORFAIT SOCIAL TAUX 20 % - BASE DEPLAFONNEE			20.00	
027D CONTRIB. ORG. SYNDIC.			0.016	
100A RG CAS GENERAL - ACCIDENT DU TRAVAIL			3.20	
100P RG CAS GENERAL - BASE PLAFONNEE			15.45	
161A AT APPRENTIS LOI 1979 - ACCIDENT DU TRAVAIL			3.20	
260D CSG CRDS REGIME GENERAL - BASE DEPLAFONNEE			8.00	
279D CSG REGIME GENERAL CHOMAGE - BASE DEPLAFONNEE			6.20	
289D CRDS REGIME GENERAL CHOMAGE - BASE DEPLAFONNEE			0.50	
332P FNAL PLAFONNE - BASE PLAFONNEE			0.10	
400D CREDIT IMPOT COMPETITIVITE EMPLOI - BASE DEPLAFONNEE			0.00	
430D COMPLEMENT COTISATION AF - BASE DEPLAFONNEE			1.80	
455D CONTRIB ASSURANCE CHOMAGE APPREN 79 - BASE DEPLAFONNEE			0.00	
455P CONTRIB ASSURANCE CHOMAGE APPREN 79 - BASE PLAFONNEE			0.00	
479D FORFAIT SOCIAL 8% - BASE DEPLAFONNEE			8.00	
671P REDUCTION GENERALE - BASE PLAFONNEE			100.00	
772D CONTRIBUTIONS ASSURANCE CHOMAGE - BASE DEPLAFONNEE			6.40	
937D COTISATIONS AGS CAS GENERAL - BASE DEPLAFONNEE			0.25	
236D FNAL TOTALITE - BASE DEPLAFONNEE			0.50	
		Total des cotisations		
		Déduction		
		Total à payer		

Annexe 6 Extrait des données sociales de l'année N-1

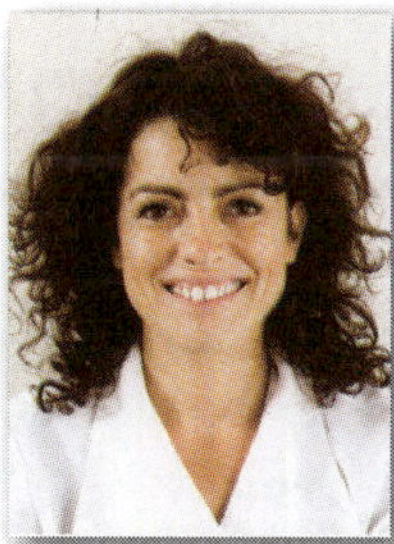    

Nom salarié(e)	BUENO	KARINE	ISIDORI	GÉRARDIN	BLANDIN
Nom de naissance	SERRA	KARINE	VERTINI	ALIBERT	SUEUR
Prénom salarié(e)	Michelle	Jeanne	Maria	Corinne	Isabelle
Emploi et contrat	Esthéticienne En CDI à temps plein	Responsable administrative	Esthéticienne En CDI à temps plein	Responsable institut En CDI à temps plein	Esthéticienne En CDI à temps plein
Code emploi	01	02	01	03	01
N° SS	277073314588613	282077514522247	280109968452235	275090632015669	285068412548793
Date d'entrée société	12/06/N-4	15/03/N-4	01/11/N-3	01/05/N-3	01/03/N-4
Date de naissance	16/07/1977	25/07/1982	03/10/80	03/09/1975	29/06/1985
Adresse	100, rue Chevalier 33000 Bordeaux	2, place Chapelet 33700 Mérignac	10, rue Peyot 33520 Bruges	125, rue de l'École Normale 33200 Bordeaux	8, rue de Paris 06000 Nice
Nbre d'heures travaillées	1 820	1 820	1 820	1 820	1 820
Rémunération brute en N-1	25 440 €	30 720 €	22 080 €	30 000 €	21 120 €
Base plafond en N-1	38 040 €	38 040 €	38 040 €	38 040 €	38 040 €
Base CSG en N-1	24 012 €	30 182 €	21 693 €	19 650 €	20 750 €
Base imposable en N-1	19 843 €	23 961 €	17 228 €	15 600 €	16 473 €

Annexe 7 Extrait du formulaire de déclaration annuelle des données sociales (DADS)

cerfa

Déclaration Annuelle des Données Sociales (DADS)

Important : merci de remplir ce formulaire recto et verso en noir, en lettres majuscules

n° CODE URSSAF

N° D'ÉMISSION

FORMULAIRE SALARIÉ

1 IDENTIFICATION DE L'ÉTABLISSEMENT N° SIRET Fraction

Raison sociale

2 IDENTITÉ DU SALARIÉ

Ne pas renvoyer le formulaire si aucun salaire à déclarer

Compléter les cases ci-dessous si l'identité ou l'adresse du salarié indiquées sont fausses ou incomplètes

N° DE SÉCURITÉ SOCIALE — CIVILITÉ — NOM DE FAMILLE (NOM DE NAISSANCE)

PRÉNOM — NOM D'USAGE

Date de naissance (obligatoire) — Département de naissance — N° DOM — Commune ou Pays de naissance si né(e) à l'étranger

ADRESSE Numéro — Bis, Ter — Nature et nom de la voie

Complément d'adresse

Code postal — Commune

PAYS si adresse à l'étranger

3 SITUATION DU SALARIÉ

CONJOINT DE L'EMPLOYEUR — Nb D'HEURES PAYÉES — Nb D'HEURES TRAVAILLÉES — TRAVAIL À L'ÉTRANGER — CONTRAT DE TRAVAIL — MOTIF DU CDD

NATURE DE L'EMPLOI ET QUALIFICATION — ANNÉE ENTIÈRE — OU — PÉRIODES D'EMPLOI DU JJ MM AA AU JJ MM AA

CODE EMPLOI — COMPLEMENT PCS — MODALITÉ ACTIVITÉ — MODALITÉ D'EXERCICE DU TRAVAIL — TAUX TRAVAIL TEMPS PARTIEL — STATUT CATÉGORIEL — CONVENTION COLLECTIVE — DÉPART DÉFINITIF

4 ÉLECTIONS PRUD'HOMALES Contrat de travail au 25/12/2015:

1 = Droit Privé (compétence Prud'hommes)
2 = Droit Public ou autre compétence

1 = EN VIGUEUR
2 = non

Collège :
1 = Salariés
2 = Employeurs

Section :
5 = Encadrement
1 à 4 = Section de l'établissement

5 TOTAL ARRONDI DES RÉMUNÉRATIONS ANNUELLES DÉCLARÉES À LA SÉCURITÉ SOCIALE (avantages en nature inclus)

BASE BRUTE SOUMISE À COTISATIONS — BASE DANS LA LIMITE DU PLAFOND — BASE CSG — DÉDUCTION FORFAITAIRE FRAIS PROFESSIONNELS — CODE CATÉGORIE SALARIÉ

RÉGIME sécurité sociale (obligatoire) — Maladie — Vieillesse — AT — N° de taux AT

CODE TYPE D'EXONÉRATION — BASE BRUTE EXONÉRÉE — BASE PLAFOND EXONÉRÉE — MONTANT DE L'EXONERATION

6 TOTAL ARRONDI DES RÉMUNÉRATIONS ANNUELLES DÉCLARÉES AUX IMPÔTS (avantages en nature inclus)

BASE BRUTE FISCALE — REVENUS D'ACTIVITÉ NETS IMPOSABLES (sauf indemnités d'expatriation et sommes exo impatriés) — AUTRES REVENUS NETS IMPOSABLES — SOMMES IMPUTABLES SUR PLAFOND D'ÉPARGNE RETRAITE

AVANTAGES EN NATURE: NATURE — MONTANT — RETENUE SUR SALAIRE

FRAIS PROFESSIONNELS: MODALITÉS — MONTANT

PARTICIP.CHÈQUES VACANCES — RETENUE À LA SOURCE — INDEMNITÉS D'EXPATRIATION — SOMMES EXO IMPATRIES — PARTICIP Sce À LA PERSONNE

Annexe 8 **Formulaire de tableau récapitulatif des cotisations**

→ **Cotisations pour les salaires versés au tableau récapitulatif annuel**

Effectif global de l'entreprise au dernier jour de la période

LIBELLÉ DE LA COTISATION		BASE EN EUROS	TAUX (%)	MONTANT EN EUROS
Total des cotisations (A)				

Arrondir à l'euro le plus proche

Total des cotisations des BRC calculés et enregistrés par l'Urssaf			
Janvier :	Avril :	Juillet :	Octobre :
Février :	Mai :	Août :	Novembre :
Mars :	Juin :	Septembre :	Décembre :

Total des cotisations des BRC (B)

Régularisation de l'exercice

Si A > B : (A – B) à payer à l'Urssaf

Si A < B : Crédit en votre faveur

Sous réserve de vérifications ultérieures

Télépaiement

Vos comptes bancaires		
Banque		**Montant**
BIC :	IBAN :	

Annexe 9 DUCS mensuelles enregistrées par l'Urssaf en N-1

Janvier :	4 208 €	Mai :	4 960 €	Septembre :	4 960 €
Février :	4 208 €	Juin :	4 960 €	Octobre :	4 960 €
Mars :	4 208 €	Juillet :	4 960 €	Novembre :	4 960 €
Avril :	4 208 €	Août :	4 960 €	Décembre :	4 960 €
Total des cotisations versées :		56 912 €	**Montant à régulariser :**		

Annexe 10 Codes DUCS et DSN relatifs à l'Urssaf sous PGI

Code	Libellé cotisation	Code	Libellé cotisation
100A	RG CAS GÉNÉRAL Accident du travail	260	CSG/CRDS
100D	RG CAS GÉNÉRAL Base déplafonnée	671	Réduction Fillon
100P	RG CAS GÉNÉRAL Base plafonnée	772	Chômage
332	FNAL CAS GÉNÉRAL	937	AGS

Annexe 11 Prise de notes lors du stage PGI « Vérifier et éditer les déclarations sociales »

Renseigner l'état des charges sociales

Dans le module « Paie » de **Cegid**, choisir le menu « Editions », le sous-menu « Déclarations périodiques », puis sélectionner « Charges sociales » ou « Initialisation DUCS ». Un écran s'ouvre : renseigner les zones Périodes et Organismes.
En bas de l'écran, cliquer sur l'icône « Lancer l'état » ou « Création, édition de la DUCS ».
Choisir « DUCS-EDI ». En bas de l'écran, cliquer sur l'icône « Tout sélectionner » et lancer le traitement.

Dans le module « Paie » d'**EBP**, choisir le menu « Déclarations », le sous-menu « DUCS », puis sélectionner « Toutes les DUCS ».
Un écran s'ouvre : cliquer sur « Nouvelle DUCS » en haut à gauche, puis choisir l'organisme.
Remplir les champs de l'onglet Paramètres puis cliquer sur le bouton « Préparer ».
Cliquer ensuite sur « Déclarer le fichier DUCS EDI ».

Quel que soit le PGI, l'état détaille, par cotisation :
- le nombre de salariés concernés par la rubrique, pour la période sélectionnée ;
- la base de la cotisation ;
- le taux salarial, le taux patronal et le taux global ;
- le montant salarial, le montant patronal et le montant global.

Un sous-total est calculé pour chaque organisme. Il mentionne également le nombre total d'hommes et de femmes. Un total général de tous les organismes est calculé en dernière page de l'état.

Annexe 12 Informations sur les salaires du mois de février N

Le montant des salaires bruts s'élève à 25 700 €.
Le taux d'accidents du travail est de 3,2 %.
Tous les salaires sont compris dans la tranche A.
Pas de réduction Fillon.

Fiche ressource 1

Les déclarations périodiques aux organismes sociaux

Le dirigeant d'une entreprise est responsable du paiement des cotisations patronales et salariales. Celles-ci étant déduites du salaire, il est le seul au titre d'employeur à être considéré comme l'interlocuteur des organismes sociaux. Il délègue souvent, au DAF ou au responsable administratif, la transmission des documents sociaux obligatoires dans le respect impératif des délais.

I Le paiement des cotisations Urssaf et chômage

La périodicité des versements dépend de l'effectif de l'entreprise.

1. Les entreprises de 1 à 9 salariés

Les versements sont trimestriels. Les cotisations relatives aux rémunérations versées durant un trimestre civil sont exigibles le 15 du premier mois du trimestre civil suivant. Ces entreprises peuvent opter pour le paiement mensuel.

> Exemple
>
> La société Azur piscines, dont l'activité principale est la pose de piscines, emploie 3 salariés à temps complet. Le montant total des salaires bruts pour le 1er trimestre N est de 22 431,20 €. Les salaires sont versés le 28 de chaque mois. Les cotisations sociales relatives aux rémunérations versées seront exigibles le 15 avril N.

2. Les entreprises de plus de 9 salariés à moins de 50 salariés

Les versements sont mensuels et la date d'exigibilité des cotisations Urssaf et assurance chômage dépend de la date de versement de la paie :

- le 15 du mois pour les salaires versés entre le 1er et le 10 du mois ;
- le 15 du mois suivant pour les salaires versés entre le 11 et la fin du mois.

> Exemple
>
> La Société de déménagement du Sud-Ouest emploie actuellement 29 salariés. Les salaires sont versés le 5 de chaque mois. Les rémunérations brutes du mois de mars N s'élèvent à 74 370,85 €. Les cotisations sociales relatives aux rémunérations de mars N seront exigibles le 15 mars N.

3. Les entreprises de plus de 50 salariés

Les versements sont mensuels et la date d'exigibilité des cotisations Urssaf et assurance chômage dépend de la date de versement de la paie :

- le 15 du mois pour les salaires versés entre le 1er et le 10 du mois ;
- le 25 du mois pour les salaires versés entre le 11 et le 20 du mois ;
- le 5 du mois suivant pour les salaires versés entre le 21 et la fin du mois.

> Exemple
>
> La société Mentor fabrique et installe des vérandas et volets roulants. Elle emploie 60 salariés ; les salaires sont versés le 30 de chaque mois. Les rémunérations brutes du mois de janvier N s'élèvent à 157 230,00 €. Les cotisations sociales relatives aux rémunérations de janvier N seront exigibles le 5 février N.

4. La DUCS et les modalités de paiement

La DUCS (déclaration unifiée de cotisations sociales) permet de transmettre, sur un support unique, l'ensemble des éléments de salaire et d'effectif nécessaires au calcul des cotisations sociales obligatoires, à savoir :

- Urssaf et assurance chômage ;
- retraite complémentaire Agirc et Arrco et prévoyance ;
- congés intempéries BTP ;
- Pôle emploi services, cinéma, spectacle.

Les entreprises peuvent déclarer leurs cotisations sur Internet sur le site www.net-entreprises.fr :

- soit par la saisie d'un formulaire en ligne (DUCS EFI : déclaration unifiée de cotisations sociales par échange de formulaire informatisé) ; il s'agit d'un formulaire où l'employeur saisit les effectifs et les bases pour chaque ligne de cotisations et de montant à télérégler ;
- soit par le dépôt d'un fichier issu d'un logiciel de paie ou d'un PGI (DUCS – EDI : déclaration unifiée de cotisations sociales par échange de données informatisé) ; il s'agit d'un dépôt de fichier structuré, directement généré par le logiciel de paie ou le PGI, vers l'organisme (Urssaf). Le fichier mentionne le montant à télérégler.

Les entreprises doivent obligatoirement déclarer et payer les cotisations à l'Urssaf par voie dématérialisée :

- si le montant déclaré au titre de l'année 2015 était au moins de 20 000 € ;
- si le paiement des cotisations est obligatoirement mensuel (entreprises de plus de 9 salariés).

Le dépôt de fichier est effectué *via* un formulaire (voir exemple). Le format de la pièce jointe déposée et la taille du fichier sont contrôlés (les fichiers compressés ne sont pas acceptés).

Pour chaque fichier déposé, un compte-rendu de contrôles et un numéro de dépôt sont affichés quasi instantanément sur le site www.net-entreprises.fr ou lors du dépôt et envoyés par courriel à l'adresse renseignée.

Exemple

La SARL VN Composites, spécialisée dans la fabrication et la conception de pièces composites en carbone et kevlar, emploie 8 salariés à temps complet en janvier 2016 (6 salariés non cadres présents en 2015, 1 salarié embauché en janvier 2016 et 1 cadre). La responsable administrative de la société procède à la déclaration de la DUCS Urssaf par EDI.

NET-ENTREPRISES·FR
La solution globale pour vos déclarations sociales

DUCS | Déclaration unifiée de cotisations sociales | URSSAF

Cotisations pour les salaires versés en Janvier 2016

Date d'exigibilité : 15/02/2016 12H00

Accusé de réception DU0009586577
Validation de la déclaration et du télépaiement 15/02/2016 09H04

Déclarant : JAMMES
Etablissement : VN COMPOSITES
Votre déclaration a été prise en compte. Vous avez utilisé le télépaiement.
Le numéro de l'accusé de réception tient lieu de CPOP (certificat de prise en compte de l'ordre de paiement).
Modification possible jusqu'au 15 février 2016, à 12:00.

Cette déclaration concerne

VN COMPOSITES
4 AVENUE BERNARD PALISSY
83210 SOLLIES PONT
83210 SOLLIES VILLE
N° Siret : 40208967600033
N° Interne dans l'organisme : 937000002040775801

Votre URSSAF

URSSAF PACA
20 Avenue Viton
13299 Marseille Cedex 20

Nombre de salariés ou d'assurés rémunérés dans l'établissement concernés par la déclaration pour la période 8

Nombre de salariés concernés par la déclaration au dernier jour de la période 8

LIBELLÉ DE LA COTISATION	NOMBRE DE SALARIÉS OU D'ASSURÉS	BASE EN EUROS	TAUX (%)	MONTANT EN EUROS
004P DEDUCTION PATRONALE HEURES SUP 20 SALARIES AU + (Heures supplémentaires exonérées : 0)	0	0	100.00	-0
012D FORFAIT SOCIAL TAUX 20 % - BASE DEPLAFONNEE	0	0	20.00	0
027D CONTRIB. ORG. SYNDIC.	8	15010	0.016	2
100A RG CAS GENERAL - ACCIDENT DU TRAVAIL		15010	3.20	480
100D RG CAS GENERAL - BASE DEPLAFONNEE		15010	19.54	2933
100P RG CAS GENERAL - BASE PLAFONNEE		14884	15.45	2300
161A AT APPRENTIS LOI 1979 - ACCIDENT DU TRAVAIL	0	0	3.20	0
260D CSG CRDS REGIME GENERAL - BASE DEPLAFONNEE	8	14951	8.00	1196
279D CSG REGIME GENERAL CHOMAGE - BASE DEPLAFONNEE	0	0	6.20	0
289D CRDS REGIME GENERAL CHOMAGE - BASE DEPLAFONNEE		0	0.50	0
332P FNAL PLAFONNE - BASE PLAFONNEE	8	14884	0.10	15
400D CREDIT IMPOT COMPETITIVITE EMPLOI - BASE DEPLAFONNEE	8	15010	0.00	0
430D COMPLEMENT COTISATION AF - BASE DEPLAFONNEE	1	3345	1.80	60
455D CONTRIB ASSURANCE CHOMAGE APPREN 79 - BASE DEPLAFONNEE	0	0	0.00	0
455P CONTRIB ASSURANCE CHOMAGE APPREN 79 - BASE PLAFONNEE	0	0	0.00	0
479D FORFAIT SOCIAL 8% - BASE DEPLAFONNEE	8	46	8.00	4
671P REDUCTION GENERALE - BASE PLAFONNEE	6	1159	100.00	-1159
772D CONTRIBUTIONS ASSURANCE CHOMAGE - BASE DEPLAFONNEE	8	15010	6.40	961
937D COTISATIONS AGS CAS GENERAL - BASE DEPLAFONNEE	8	15010	0.25	38
		Total des cotisations		6830
		Déduction		0
		Total à payer		6830

La société règle par télépaiement SEPA le 15/02/2016 pour la DUCS Urssaf de janvier 2016.

CREDIT COOPERATIF BIC : CCOPFRPPXXX IBAN : [illegible]		6830 €
	Soit un montant total de	6830 €

II Le paiement des cotisations aux caisses de retraite

La DUCS permet de déclarer les cotisations sociales obligatoires aux institutions de retraite Agirc-Arrco et aux institutions de prévoyance.

Depuis le 1er janvier 2016, les entreprises de plus de 9 salariés déclarent et versent leurs cotisations de retraite complémentaire chaque mois et non plus chaque trimestre. Le paiement mensuel est obligatoire.

Les entreprises de moins de 9 salariés qui sont déjà mensualisées auprès des Urssaf sont également concernées par le paiement mensuel de leurs cotisations de retraite complémentaire.

Si l'entreprise possède plusieurs établissements, ce sont les effectifs de l'entreprise (Siren) qui sont comptés. Ils sont calculés selon les mêmes règles que celles appliquées par les Urssaf.

Les échéances des versements mensuels sont les suivantes : les cotisations prélevées sur les salaires devront être réglées au plus tard le 25 du mois qui suit. En pratique, pour les salaires versés en janvier, les cotisations devront être réglées le 25 février et ainsi de suite.

Les entreprises doivent faire une déclaration séparée pour chaque organisme de retraite : Agirc pour les cadres et Arrco pour les non-cadres.

Exemple

La SARL VN Composites procède à la déclaration DUCS du 4e trimestre 2015 pour la caisse de retraite Arrco. Le paiement se fait par télérèglement SEPA. Cette société emploie 7 salariés.

net-DUCS | Déclaration unifiée de cotisations sociales | RETRAITE COMPLEMENTAIRE

DÉCLARATION UNIFIÉE DE COTISATIONS SOCIALES

Cotisations du 01/10/2015 au 31/12/2015 - 4ème Trimestre 2015

ACCUSE DE RECEPTION : **DG0024193295**

Date de validation de la déclaration et du télérèglement SEPA : 11/01/2016 12H19

Déclaration et télérèglement SEPA effectués par : FRANCOISE JAMMES
Etablissement : VN COMPOSITES
Vous avez utilisé le télérèglement SEPA.
Le numéro de l'accusé de réception tient lieu de CPOP (certificat de prise en compte de l'ordre de paiement).

Date limite de télédéclaration : 29/01/2016 23H59

Cette déclaration concerne :

VN COMPOSITES
4 Avenue BERNARD PALISSY
ZAC LA POULASSE
83210 SOLLIES PONT
N° Siret :
40208967600033
N° interne dans l'organisme :
0226085200100001UR1

Votre institution :

Ag2r Retraite Arrco
37 boulevard Brune
75014 Paris

Votre interlocuteur :

Centre de Gestion Cap Sud
Tél : 0972672222

Nombre de salariés ou d'assurés concernés par la déclaration et rémunérés dans l'établissement pour la période : 7

Libellé de la cotisation	Nombre de salariés ou d'assurés	Taux (%) / Forfait en euros	Base en euros* / Quantité	Montant en euros
ARRCO PERSONNEL CADRE TA AG2R ARRCO	1	7.75 %	9510	737
AGFF PERSONNEL CADRE T1 AGFF AG2R ARRCO	1	2 %	9510	190
ARRCO NON CADRES TA AG2R ARRCO	6	7.75 %	43582	3378
AGFF NON CADRES T1 AGFF AG2R ARRCO	6	2 %	43582	872
ARRCO NON CADRES T2 AG2R ARRCO	0	20.25 %	0	0
AGFF NON CADRES T2 AGFF AG2R ARRCO	0	2.2 %	0	0
ARRCO NON CADRES T4 AG2R ARRCO	0	7.5 %	0	0
ARRCO 2 APPRENTIS +10 SAL TA appren. 2 AG2R ARRCO	0	4.65 %	0	0
AGFF 2 APPRENTIS +10 SAL T1 AGFF appren. 2 AG2R ARRCO	0	1.2 %	0	0
ARRCO 2 APPRENTIS +10 SAL T2 appren. 2 AG2R ARRCO	0	19.44 %	0	0
AGFF 2 APPRENTIS +10 SAL T2 AGFF appren. 2 AG2R ARRCO	0	1.3 %	0	0

Total des cotisations	5177
Régularisation créditrice*	0
Régularisation débitrice*	0
Total à payer	5177

Fiche ressource 2

Les déclarations annuelles aux organismes sociaux

I La DADS (déclaration annuelle des données sociales)

L'employeur est tenu d'établir, au plus tard le 31 janvier de chaque année, une DADS qui récapitule les effectifs employés et les rémunérations brutes versées aux salariés sur lesquelles sont calculées les cotisations sociales ainsi que les droits des salariés (retraite, assurance maladie).

La DADS est remplacée progressivement au rythme du déploiement de la déclaration sociale nominative (DSN) et prend fin au 31 décembre 2016. À terme, la DADS sera remplacée par les douze déclarations sociales nominatives mensuelles.

1. Les employeurs concernés et les sanctions

Tout employeur dont le personnel relève du régime général de la Sécurité sociale est tenu d'effectuer la DADS.

À défaut, en cas de retard, d'omission ou d'inexactitude des données déclarées, l'employeur encourt pour chaque salarié une pénalité égale à 7,50 € par salarié, dans la limite de 750 € par déclaration. Si le retard dépasse 1 mois, une pénalité identique est appliquée pour chaque mois ou fraction de retard.

Ne sont pas soumis à l'obligation d'effectuer la DADS les employeurs qui, pour rémunérer leurs salariés, utilisent le titre emploi service entreprise (TESE), le chèque emploi associatif (CEA), ou le titre simplifié (CESU) utilisé par les particuliers employeurs pour un salarié à domicile. La DADS est alors établie directement par les centres de traitement.

2. Le contenu de la déclaration

La DADS doit comporter les éléments suivants :

- identification de l'employeur et du salarié ;
- caractéristiques de l'emploi occupé et du contrat de travail ;
- période d'emploi ;
- détail des rémunérations perçues au cours de l'année précédente ;
- assiette de cotisations et celles servant à l'ouverture des droits en matière d'assurance vieillesse et d'assurance maladie.

3. Les modes de déclaration

Deux modes de déclaration sont proposés en ligne, selon que l'entreprise est équipée ou non d'un logiciel de paie ou d'un PGI.

- Pour les entreprises qui disposent d'un logiciel de paie ou d'un PGI respectant la norme 4DS (échange de données informatisées – EDI) : dépôt d'un fichier DADS-U (déclaration automatisée des données sociales unifiée) sur le site www.net-entreprises.fr.
- Pour les employeurs qui ne gèrent pas les rémunérations par logiciel de paie : saisie en ligne DADSNET sur le site www.e-ventail.fr.

Exemple

Récapitulatif DADS de la société VN Composites pour l'année 2015 (extrait).

Dossier : 000413
Le : 16/02/2016 à 08:54
(Dossier en TDS)
Page : 1

D.A.D.S PAPIER - En Euros
Total entreprise

SARL VN COMPOSITES
4 Avenue Bernard PALISSY
ZAC LA POULASSE
83210 SOLLIES PONT

Siret : 40208967600033
APE : 252H
No Cotisant : 83000000000004001079

Validité : 2015
Période Du 01/01/2015 au 31/12/2015

Matricule N° Insee	Nom Patronymique Prénom Nom Marital Adresse Rue Adresse Complément CodePostal - Ville	NbH Sal 60h CDA Dép Etr / Nature de l'Emploi SECURITE SOCIALE - Rémunérat Annuelles Base CSG (141) Totalité (081)	Limité au Plafond (082)	CIPDZ Emploi du .. au .. Taux 1 (084) Taux 2 (086)	Qualification Montant 1 (085) Montant 2 (087)	IMPOTS - Rém Ann E. Retr. (137) Base BF (100)	Autres Rev (144) Ind Exp/Im (102/103)	Risque AT / Code Emploi Av Nat Mont. (105) Nat. (106) Re/Sal (112)	Durée Mens Fr Pro Montant (117) Modalité (118)	Rev. activité (142) Cheques Vac (125)	Taxe s/salaire Tot Impos (132) X Etablis (133)	Base 1er (134) Base 2e (135) Base 3e	Ret Srce (136)
0000000048	[redacted] Pascale	1820 0 Assistante qualité -commercial		C	Employée	0101 3112		252HK 543f	152				
273055002502204	168 Chemin des Fourniers Bâtiment B 1 83210 LA FARLEDE	24943 25387	25387	0.00 0.00	0 0	0 25387	0 0	0 0	0	20510 0	0	0 0 0	0
0000000082	[redacted] Matthieu	1888 0 opérateur usinage		C	Ouvrier non cadre	0101 3112		252HK 674a	152				
188038313705547	Place Sainte Marguerite 83136 LA ROQUEBRUSSANNE	25240 25515	25515	0.00 0.00	0 0	0 25686	0 0	0 0	0	19839 0	0	0 0 0	0
0000000095	[redacted] Eric	303 0 Responsable fabrication		C		0101 2802		252HK 9999	152				
171088306902028	10 Rue Sainte Marguerite 83136 LA ROQUEBRUSSANNE	3610 1924	1924	0.00 0.00	0 0	0 4020	0 0	0 0	0	3572 0	0	0 0 0	0
0000000095	[redacted] Eric	943 0 D Responsable fabrication		C		0103 3008		252HK 9999	152				
171088306902028	10 Rue Sainte Marguerite 83136 LA ROQUEBRUSSANNE	16752 17051	17051	0.00 0.00	0 0	0 17616	0 0	0 0	0	14319 0	0	0 0 0	0
0000000097	[redacted] Jean-Michel	303 0 Technicien d'atelier		C		0101 2802		252HK 9999	152				
170105917210309	13 Rue les Perles Rouges Avenue Jean Monet 83210 SOLLIES PONT	2577 1373	1373	0.00 0.00	0 0	0 2869	0 0	0 0	0	2550 0	0	0 0 0	0
TOTAUX FEUILLET		73122 71250	71250		0 0	0 75578	0 0	0 0	0	60790 0	0	0 0 0	0
TOTAUX CUMULES		73122 71250	71250		0 0	0 75578	0 0	0 0	0	60790 0	0	0 0 0	0

II Le tableau récapitulatif des cotisations (TR)

Simultanément à la DADS, l'employeur doit envoyer, à l'Urssaf dont il relève, un tableau récapitulatif des cotisations (TR) qui rappelle les rémunérations versées au cours de l'année civile précédente, les cotisations versées et le solde éventuel.

Le TR regroupe les renseignements globaux relatifs à l'entreprise :

- l'effectif : il comprend tous les salariés (y compris ceux en congé) à l'exception des apprentis et des personnes en contrats aidés ; les salariés travaillant à temps partiel sont retenus au prorata du rapport entre la durée de travail effectué dans l'entreprise et la durée légale du travail ;
- les rémunérations brutes et plafonnées des salaires ;
- le montant des cotisations et contributions dues ;
- le montant des cotisations et contributions versées au cours de l'année et le montant de la régularisation s'il y a lieu.

Exemple

Tableau récapitulatif des cotisations de la société VN Composites.

NET-ENTREPRISES·FR
La solution globale pour vos déclarations sociales

DUCS | Déclaration unifiée de cotisations sociales | URSSAF

Cotisations pour les salaires versés au Tableau récapitulatif annuel 2015

Date d'exigibilité : 01/02/2016 12H00

Accusé de réception DU0092746539
Validation de la déclaration et du télépaiement 11/01/2016 12H12

Déclarant : JAMMES
Etablissement : VN COMPOSITES
Votre déclaration a été prise en compte. Vous avez utilisé le télépaiement.
Le numéro de l'accusé de réception tient lieu de CPOP (certificat de prise en compte de l'ordre de paiement).
La déclaration et le paiement ne sont plus modifiables.

Cette déclaration concerne

VN COMPOSITES
4 AVENUE BERNARD PALISSY
83210 SOLLIES PONT
83210 SOLLIES VILLE
N° Siret : 40208967600033
N° Interne dans l'organisme : 937000002040775801

Votre URSSAF

URSSAF PACA

20 Avenue Viton
13299 Marseille Cedex 20

Effectif moyen de l'entreprise au dernier jour de la période 12
Effectif global de l'entreprise au dernier jour de la période 7

Tout établissement confondu (même s'il relève d'autres URSSAF) ; ce renseignement est destiné à fixer la périodicité de vos versements de cotisations à compter du 1er AVRIL prochain.

Les lignes de codes et catégories de salariés indiquées ont été constituées à partir des informations reçues par l'Urssaf lors de l'exercice correspondant au tableau récapitulatif.
Il vous appartient de les compléter et d'indiquer les bases associées.

LIBELLÉ DE LA COTISATION	BASE EN EUROS	TAUX (%)	MONTANT EN EUROS
100A RG CAS GENERAL - ACCIDENT DU TRAVAIL	192712	3.20	6167
100D RG CAS GENERAL - BASE DEPLAFONNEE	192712	19.40	37386
100P RG CAS GENERAL - BASE PLAFONNEE	190616	15.35	29260
161A AT APPRENTIS LOI 1979 - ACCIDENT DU TRAVAIL	2551	3.20	82
012D FORFAIT SOCIAL TAUX 20 % - BASE DEPLAFONNEE	0	20.00	0
027D CONTRIB. ORG. SYNDIC.	192712	0.016	31
260D CSG CRDS REGIME GENERAL - BASE DEPLAFONNEE	191388	8.00	15311
279D CSG REGIME GENERAL CHOMAGE - BASE DEPLAFONNEE	6322	6.20	392
289D CRDS REGIME GENERAL CHOMAGE - BASE DEPLAFONNEE	6322	0.50	32
332P FNAL PLAFONNE - BASE PLAFONNEE	190616	0.10	191
343D RG EXO COT PAT CDI - 26 ANS - BASE DEPLAFONNEE	10034	2.40	241
430D COMPLEMENT COTISATION AF - BASE DEPLAFONNEE	74332	1.80	1338
479D FORFAIT SOCIAL 8% - BASE DEPLAFONNEE	481	8.00	38
772D CONTRIBUTIONS ASSURANCE CHOMAGE - BASE DEPLAFONNEE	182678	6.40	11691
937D COTISATIONS AGS CAS GENERAL - BASE DEPLAFONNEE	192712	0.30	578
942D CSG REV.REMPL.CHOMAGE - BASE DEPLAFONNEE	0	3.80	0
671P REDUCTION GENERALE - BASE PLAFONNEE	10500	100.00	-10500
004P DEDUCTION PATRONALE HEURES SUP 20 SALARIES AU + (Heures supplémentaires exonérées : 121)	182	100.00	-182
		Total des cotisations (A)	92056

* arrondir à l'euro le plus proche

Total des cotisations des BRC calculés et enregistrés par l'Urssaf

janvier : 6753	avril : 7120	juillet : 10231	octobre : 8012
février : 5113	mai : 8265	août : 8130	novembre : 9858
mars : 6537	juin : 8139	septembre : 7412	décembre : 6613

Total des cotisations des BRC (B) 92183

Régularisation de l'exercice

SI A>B : **(A-B) à payer à l'Urssaf**
SI A<B : **crédit en votre faveur** 127
sous réserve de vérifications ultérieures

▸ **Télépaiement :**

Vos comptes bancaires	Montant
LYONNAISE DE BANQUE LB BIC : CMCIFRPPXXX IBAN : [redacted]	0 €
LYONNAISE DE BANQUE LB BIC : CMCIFRPPXXX IBAN : [redacted]	0 €
CREDIT COOPERATIF BIC : CCOPFRPPXXX IBAN : [redacted]	0 €
Soit un montant total de	0 €

▸ **Informations**

Anomalie(s) non bloquante(s)
La télédéclaration ne comporte pas d'indication de salaire versé pour la ou les lignes de cotisation attendues : 236.
Si vous n'êtes pas concerné par ce ou ces codes, merci de ne pas tenir compte de ce message d'information.

III L'état nominatif des salaires

L'état nominatif des salaires est adressé aux organismes de retraite complémentaire. Ce document permet le calcul des points de retraite acquis pour chaque salarié.

NOTICE : ETAT NOMINATIF ANNUEL DES SALARIES 2015

Un imprimé différent par catégories : Non cadres / Cadres et assimilés

▪ ▪ ▪ LA DECLARATION DES SALAIRES DE VOTRE PERSONNEL CONTRIBUE A LA REGULARISATION DES COTISATIONS DE L'EXERCICE 2015 ET A L'ATTRIBUTION DES POINTS DE RETRAITE COMPLEMENTAIRE ACQUIS PAR VOS SALARIES ▪ ▪ ▪

NOM	PRENOM	NOM DE JEUNE FILLE Date entrée	Date sortie	N° participant	A Situ	B N° de Sécurité Sociale	Salaire Total 1	E Dont somme isolée	F Fraction de salaire limité à T1 38 040 €	F Fraction de salaire comprise entre T1 et T2 76 080 €
Sx Date de naissance / Dept / Commune	Coef. D / Date d'entrée		Date de sortie			Motif sortie : / Maladie : Du : Au :				

(D) Coefficient hiérarchique du salarié : mention obligatoire :
voir avenant 50 de la C.C.N

Cas particulier

Les stagiaires relevant de la situation 27 ne cotisent pas au régime de l'ARRCO et à l'AGFF mais à l'ensemble des Régimes de la CREPA.

Les salariés en situation de cumul emploi-retraite cotisent au Régime de l'ARRCO et à l'AGFF ainsi qu'aux Régimes de la CREPA.

▪ ▪ ▪ NE PAS OUBLIER D'INDIQUER LES EVENTUELLES PERIODES DE MALADIE DANS LA ZONE PREVUE EN 2ÈME LIGNE ▪ ▪ ▪

(A) Situation
- 09 : salaire reconstitué (salarié à temps partiel sur une assiette à temps complet)
- 10 : salarié à temps complet
- 15 : salarié à temps partiel (ne pas oublier d'indiquer le pourcentage d'activité)
- 18 : apprenti - cabinet de plus de 9 salariés –
- 19 : apprenti - cabinet de moins de 9 salariés –
- 23 : intervenant relevant de l'Education Nationale
- 26 : rappels salaires
- 27 : stagiaire déclaré à l'URSSAF
- 83 : congé parental
- 84 : congé divers
- 88 : retraité actif

(B) Numéro de Sécurité Sociale : mention obligatoire
Si vous ne possédez pas de numéro de Sécurité Sociale complet, inscrivez le sexe, l'année, le mois, le département ainsi que la commune de naissance sur la 2ème ligne (sous nom).

(C) Motif de sortie :
1 = salarié retraité
2 = salarié décédé
3 = autres motifs

(E) Somme isolée
Toute somme (bien qu'elles soient déjà incluses dans le salaire total) versée par l'employeur au départ du salarié en dehors de la rémunération normale : indemnité compensatrice de congés payés, indemnité de départ volontaire à la retraite, etc…

(F) Fraction de salaire :
Pour les personnes sorties en cours d'année, le salaire doit être proratisé en fraction du temps de présence.

N'omettez pas de signer vos déclarations

Exemple

L'entreprise de menuiserie Audat emploie M. Pozen Thomas, menuisier, à temps plein en CDI. Au cours de l'année N, ce salarié a été absent du 15/01/N au 20/01/N. Son employeur envoie l'état nominatif annuel des salaires à l'Agirc-Arrco pour le calcul des points à la retraite.

Retraite complémentaire
Agirc-Arrco

ÉTAT NOMINATIF ANNUEL DES SALAIRES N-1

à retourner avant le 1er février N

Nom	Prénom	Date d'entrée	Date de sortie	N° participant	N° SS	Salaire total
Pozen	Thomas	01/04/N-3		10	1700610387140	1 740 €
Date de naissance	Dépt	Commune	Coef.	Maladie du 15/01/N au 20/01/N		
10/06/70	10	Troyes	150			

IV La déclaration annuelle à la médecine du travail

En raison de certaines spécificités, certains salariés bénéficient d'une surveillance médicale renforcée (SMR). L'employeur établit chaque année, après avis du médecin du travail, une déclaration portant sur le nombre et la catégorie des salariés à surveiller et l'adresse à son service de santé au travail (SST).

Sont concernés par la SMR : les travailleurs âgés de moins de 18 ans, les femmes enceintes, les travailleurs handicapés et les salariés exposés à l'amiante, au plomb, aux rayons ionisants, au bruit, aux agents cancérogènes, mutagènes ou toxiques…

Exemple

La SARL VN Composites utilise, pour la fabrication des pièces réalisées en carbone, des produits toxiques de faible densité. À ce titre, les employés bénéficient d'une SMR. Chaque année, l'employeur envoie la déclaration annuelle à la médecine du travail dont il dépend et procède au règlement des cotisations.

CALCUL DES COTISATIONS

A	**Masse salariale brute plafonnée** Base brute annuelle déclarée à l'URSSAF dans la limite du plafond (y compris apprentis)	**Taux de cotisation**	**Montant HT de la cotisation proportionnelle**
	192 712,00 €	x 0,37	713,03 €
B	**Nombre de salariés inscrits au 01/01/2016** y compris les apprentis	**Cotisation minimun**	**Montant HT de la cotisation minimale**
	7	x 70,37 €	492,59 €
C	**Montant de la cotisation effectivement due** Porter le montant le plus élevé de A ou B calculé ci-dessus	**TVA 20,00 %**	**Montant TTC de la cotisation due**
	713,03 €	142,61 €	855,64 €

Fiche ressource 3

La déclaration sociale nominative (DSN)

Afin de simplifier et d'alléger les démarches administratives, la loi Warsmann de 2012 a instauré un nouveau dispositif : la déclaration sociale nominative (DSN). Cette déclaration remplace et simplifie la majorité des déclarations sociales en automatisant la transmission à partir des données de la paie.

I Le principe de fonctionnement

La DSN, née du besoin de simplification des démarches administratives des entreprises, est un dispositif réellement novateur.

1. Une démarche progressive

Cette réforme est construite dans une démarche progressive pour laisser le temps aux entreprises de s'approprier les fondements de la DSN. Le déploiement est progressif tout au long de l'année 2016 pour une généralisation complète en 2017.

La DSN vise à remplacer et à simplifier la majorité des déclarations sociales en automatisant leur transmission à partir des données de paie. Elle repose sur la transmission unique, mensuelle et dématérialisée des données sociales individuelles et nominatives des salariés, à l'issue de la paie, aux organismes concernés par les différentes déclarations auxquelles elle se substitue. La transmission se fait par un point unique : le site www. net-entreprises.fr.

Une illustration

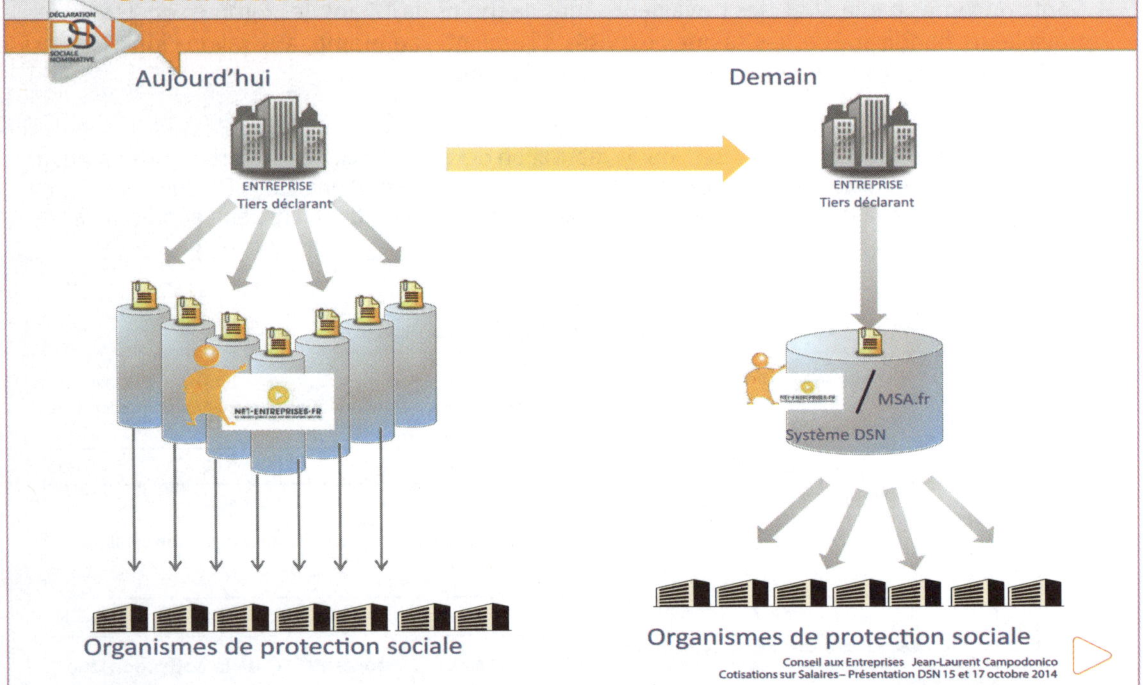

www.dsn-info.fr et Urssaf Toulon

De façon ponctuelle, la DSN peut être complétée de signalements d'événements (arrêt et reprise de travail à la suite d'un arrêt maladie, congé maternité/paternité, accueil d'un enfant ou adoption, rupture de contrat de travail) intervenus au cours du mois.

Ces signalements d'événements doivent être communiqués dans un délai de 5 jours à compter de la date de connaissance par l'employeur.

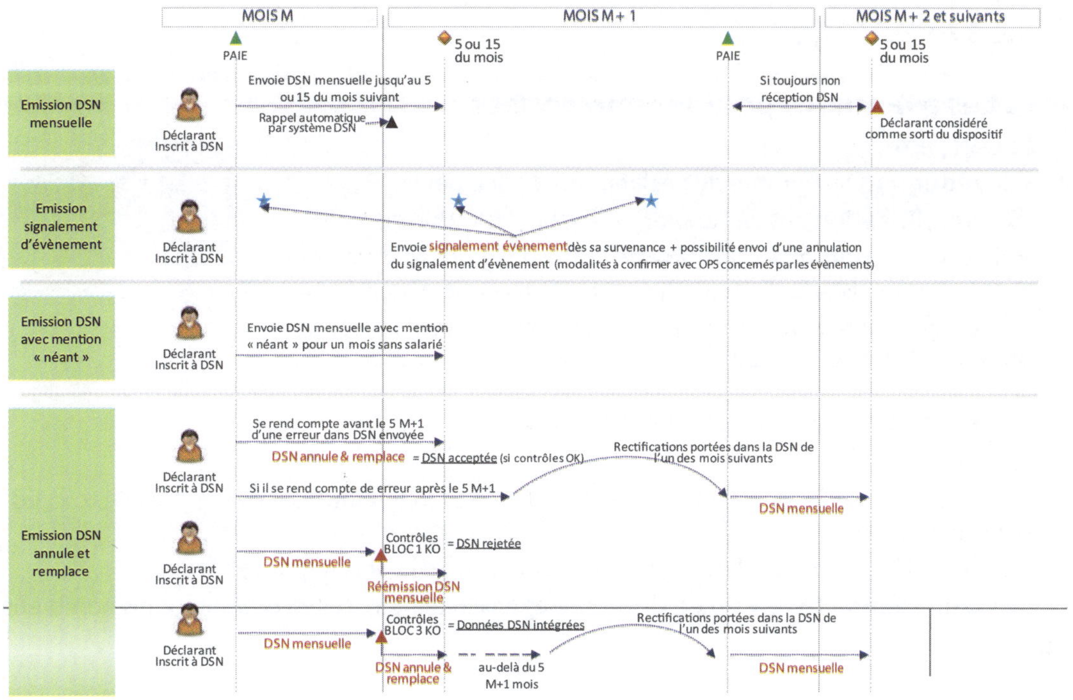

www.dsn-info.fr

II Le déploiement du système de la DSN

Le démarrage de la DSN peut justifier d'un délai de préparation qu'il est nécessaire de prendre en compte pour abandonner les anciennes obligations déclaratives qui s'appuient sur une norme différente (DUCS, DADS, BRC).

C'est la raison pour laquelle les TPE et PME ont jusqu'au 1er janvier 2017 voire jusqu'à la première moitié de l'année 2017 pour se préparer.

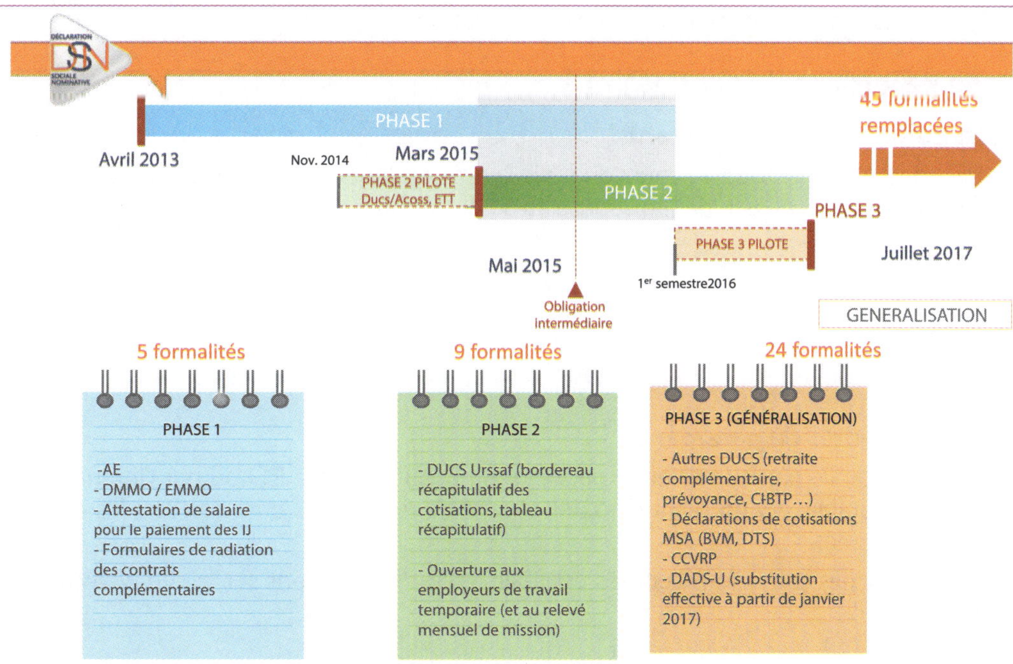

www.dsn-info.fr et Urssaf Toulon

II Les avantages

1. Les avantages pour les entreprises

La DSN permet :

- **la réduction** du nombre de déclarations à effectuer ;
- **la simplification** des déclarations au rythme du cycle de paie ;
- **la sécurisation et la fiabilisation** des obligations sociales avec moins de risques d'erreurs, de contentieux et de pénalités ;
- **la performance** : maîtrise, efficacité, fiabilité au service de la productivité de l'entreprise.

2. Les avantages pour les salariés

La DSN permet :

- **la sécurisation des droits** grâce à une identification unique valable auprès de tous les organismes sociaux ;
- **la simplification des démarches** et l'assurance de la portabilité des droits ;
- **la confidentialité renforcée** des données en circulation, celles-ci étant moins nombreuses.

III Le calendrier et le paiement des cotisations

1. Les modalités du calendrier

La DSN est à transmettre mensuellement le 5 ou le 15 du mois suivant celui auquel elle se rapporte. Les échéances déclaratives sont fixées en fonction :

- du BRC (bordereau récapitulatif des cotisations pour le régime général avec une déclaration mensuelle ou trimestrielle pour l'Urssaf),
- de la DUCS Urssaf (déclaration unifiée des cotisations sociales).

2. Le paiement des cotisations

a) La périodicité des paiements

La DSN doit être effectuée au cours du mois correspondant à la période de travail, les effectifs étant considérés au niveau de l'entreprise au 31 décembre.

Entreprise	Périodicité	Date d'exigibilité
Effectif < 50	Mensuelle	Le 15 du mois suivant
Effectif > ou = 50	Mensuelle	Le 5 du mois suivant

b) Les modalités de paiement

La DSN est établie par le logiciel de paie (norme DSN) ou par le PGI ou par l'intermédiaire de l'expert-comptable, *via* un point d'accueil chargé de répartir les données vers les organismes sociaux concernés.

Le règlement des cotisations sociales est réalisé par télépaiement sur le site www.net-entreprises.fr.

Applications

1 La déclaration Urssaf

La SARL DVM (Delta Voiles Maquettes) est une PME dont l'activité principale est la fabrication de maquettes de voiliers à assembler. Cette entreprise a été créée il y a quelques années par Mme Karen Gozzi, une amoureuse de la mer passionnée de voile. La société emploie 9 salariés non cadres (2 administratifs et 7 techniciens) et 1 salarié cadre (chef d'atelier).

Vous effectuez votre stage de 2e année au sein de cette société. Mme Gozzi est consciente de la généralisation de la DSN et elle veut mettre en place cette procédure pour le mois d'avril N. Elle a contacté l'Urssaf qui lui a proposé de doubler cette DSN par une DUCS pour la première déclaration. Elle vous demande de l'aider dans cette démarche.

Pour payer les montants dus, la société procède par télérèglement SEPA.

1. **Réalisez la déclaration Urssaf en complétant le formulaire du document 3.**
2. **Calculez le montant télétransmis via le site www.net-entreprises.fr.**

Mme Gozzi vous charge de préparer le tableau récapitulatif des cotisations destiné à la caisse de retraite Arrco. Sur la période, 10 salariés sont concernés par la déclaration.

3. **Complétez le tableau de déclarations des cotisations sociales pour les caisses de retraite Arrco (document 4).**

Mme Gozzi vous interroge sur la procédure de la DSN.

4. **Listez les principales déclarations auxquelles se substitue la DSN.**
5. **Préparez la DSN du mois d'avril N et vérifiez la cohérence avec les éléments télétransmis.**
6. **Justifiez la périodicité mensuelle de la DSN et précisez la date du paiement des cotisations.**

Document 1 Fiche d'identité de la société

Dénomination commerciale	DVM
Forme juridique	SARL
Capital social	180 000 €
Gérante	Madame Karen GOZZI
Création	01/06/2008
Convention collective	Activité de la mer et ses dérivés
Numéro SIRET	565400217218123
Code APE - NAF	4501A
Adresse	31, route de la Liberté 11000 Carcassonne
Numéro de téléphone	04 68 72 52 16
Adresse Internet	DVM@gmail.fr
Code Urssaf	8374017710
Banque	CIC – 25, rue de la Paix 11000 Carcassonne
N° compte bancaire	618574000256

Document 2 Informations sociales d'avril N

Salaires bruts versés non cadres	23 405 €	Base de la CSG/CRDS	25 943 €
Salaire brut cadre	3 000 €	Réduction Fillon	2 937 €
Salaires plafonnés	26 405 €	Taux d'accident du travail	3,20 %

Document 3 Formulaire de déclaration unifiée de cotisations sociales (DUCS)

LIBELLÉ DE LA COTISATION	NOMBRE DE SALARIÉS OU D'ASSURÉS	BASE EN EUROS	TAUX (%)	MONTANT EN EUROS
004P DEDUCTION PATRONALE HEURES SUP 20 SALARIES AU +			100.00	
012D FORFAIT SOCIAL TAUX 20 % - BASE DEPLAFONNEE			20,00	
027D CONTRIB. ORG. SYNDIC.			0.016	
100A RG CAS GENERAL - ACCIDENT DU TRAVAIL			3.20	
100D RG CAS GENERAL - BASE DEPLAFONNEE			19.54	
100P RG CAS GENERAL - BASE PLAFONNEE			15.45	
161A AT APPRENTIS LOI 1979 - ACCIDENT DU TRAVAIL			3.20	
260D CSG CRDS REGIME GENERAL - BASE DEPLAFONNEE			8.00	
279D CSG REGIME GENERAL CHOMAGE - BASE DEPLAFONNEE			6.20	
289D CRDS REGIME GENERAL CHOMAGE - BASE DEPLAFONNEE			0.50	
332P FNAL PLAFONNE - BASE PLAFONNEE			0.10	
400D CREDIT IMPOT COMPETITIVITE EMPLOI - BASE DEPLAFONNEE			0.00	
430D COMPLEMENT COTISATION AF - BASE DEPLAFONNEE			1.80	
455D CONTRIB ASSURANCE CHOMAGE APPREN 79 - BASE DEPLAFONNEE			0.00	
455P CONTRIB ASSURANCE CHOMAGE APPREN 79 - BASE PLAFONNEE			0.00	
479D FORFAIT SOCIAL 8% - BASE DEPLAFONNEE			8.00	
671P REDUCTION GENERALE - BASE PLAFONNEE			100.00	
772D CONTRIBUTIONS ASSURANCE CHOMAGE - BASE DEPLAFONNEE			6.40	
937D COTISATIONS AGS CAS GENERAL - BASE DEPLAFONNEE			0.25	
236D FNAL TOTALITE - BASE DEPLAFONNEE			0.50	
		Total des cotisations		
		Déduction		
		Total à payer		

Document 4 Tableau des cotisations de retraite complémentaire

Libellé de la cotisation	Nbre de salariés	Taux (%)	Base en €	Montant en €
ARRCO Non cadres TA AG2R ARRCO		7,75		
AGFF Non cadres T1 AG2R ARRCO		2,00		
ARRCO Cadres TA AG2R ARRCO	1	7,75		
AGFF Cadres T1 AG2R ARRCO	1	2,00		
AGIRC art. 4 4bis CET	1	0,35		
APEC TA AGIRC		0,06		

2 Le tableau récapitulatif

La société Teranga est spécialisée dans la production de bois de résineux. Elle est située dans la région du doubs et emploie 12 salariés en CDI à temps plein. Elle vous communique les données annuelles de N.
Vous travaillez en tant qu'assistante comptable et vous assistez le directeur administratif et financier de la société. Celui-ci vous sollicite pour contrôler les informations transmises aux organismes sociaux.

1. **À partir du document 1, complétez le tableau préparatoire pour le calcul des cotisations (document 2).**
2. **En vous appuyant sur les documents 2 et 3, renseignez le tableau récapitulatif (document 4) à envoyer à l'Urssaf.**

Document 1 Données annuelles

Total des salaires bruts des 11 salariés non cadres	364 320 €
Total des salaires bruts du salarié cadre	37 800 €
Réduction Fillon	29 270 €
Taux accidents du travail (AT)	2,8 %

Document 2 Tableau préparatoire pour le calcul des cotisations

Libellé cotisation	Codes	Base	Salaires en euros	Taux en %	Montant en euros
RG* Cas général AT	100	T**			
RG Cas général	100	T			
RG Cas général	100	P***			
CSG CRDS	260				
Réduction Fillon	671				
Chômage	772				
AGS	997				

* Régime ** Totalité *** Plafond

Document 3 Montant des cotisations payées à l'Urssaf en N-1

Janvier :	6 200 €	Mai :	6 200 €	Septembre :	6 800 €
Février :	6 200 €	Juin :	6 200 €	Octobre :	6 200 €
Mars :	6 200 €	Juillet :	6 800 €	Novembre :	6 200 €
Avril :	6 200 €	Août :	6 800 €	Décembre :	6 800 €
Total des cotisations versées :		**Montant à régulariser :**			

Document 4 Formulaire de tableau récapitulatif

→ Cotisations pour les salaires versés au tableau récapitulatif annuel

Effectif global de l'entreprise au dernier jour de la période

LIBELLÉ DE LA COTISATION		BASE EN EUROS	TAUX (%)	MONTANT EN EUROS
100	RG Cas général	Totalité	25,40	
100	RG Cas général	Plafond	15,45	
260	CSG CRDS		8,00	
671	Réduction Fillon		0,281	
772	Chômage		6,40	
937	AGS		0,30	
			Total des cotisations (A)	

Arrondir à l'euro le plus proche

Total des cotisations des BRC calculés et enregistrés par l'Urssaf

Janvier :	Avril :	Juillet :	Octobre :
Février :	Mai :	Août :	Novembre :
Mars :	Juin :	Septembre :	Décembre :

Total des cotisations des BRC (B)

Régularisation de l'exercice

Si A > B : (A – B) à payer à l'Urssaf

Si A < B : Crédit en votre faveur

Sous réserve de vérifications ultérieures

Chapitre 9

La comptabilisation de la paie

Activité	Situation de travail	Compétence
4.3. Gestion comptable de la paie et information des salariés	**4.3.4.** Enregistrements dans le journal de paie	Réaliser les enregistrements relatifs à la paie et contrôler la correspondance des écritures avec les documents sociaux

Situation professionnelle

Lors de la dernière réunion de direction, M. Lange a tenu à remercier personnellement Mme Karine des efforts déployés pour la mise en place du PGI au sein de la SAS Esthétique et Santé. En effet, l'installation du PGI est une étape essentielle dans la vie de l'entreprise car cette nouvelle organisation réduit les erreurs, accélère les mises à jour et permet, grâce aux droits d'accès attribués, de garantir la confidentialité des informations sur les salariés.

M. Lange demande à Mme Karine de finaliser la gestion sociale de la paie sur le PGI le plus rapidement possible tout en contrôlant les phases nécessaires à la comptabilisation de la paie.

Pour cela, Mme Karine doit s'appuyer sur les bulletins de paie qui contiennent des informations récapitulatives notées dans le livre de paie et sur les bordereaux de charges envoyés aux organismes sociaux selon l'échéancier social.

Mission

Mme Karine vous demande de l'assister pour réaliser les enregistrements relatifs à la paie et pour contrôler la correspondance des écritures avec les documents sociaux.

Travail à faire

I Réaliser les enregistrements relatifs à la paie

Mme Karine vous demande de l'assister dans l'enregistrement comptable des rémunérations du mois d'avril N.

1. Comment est organisée la comptabilisation de la paie au sein de la SAS Esthétique & Santé ? ▸ Fiche ressource 1 ▸ Annexe 1 ▸ Annexe 2 ▸ Annexe 3
2. Procédez à l'enregistrement de l'avance consentie à Mme Bueno en date du 20 avril N (chèque n° 275 BPCA).
3. Présentez l'écriture du versement de l'acompte le 22 avril N de Mme Blandin (chèque n° 000256 BPSO).
4. Quels journaux divisionnaires peut-on utiliser pour effectuer les enregistrements nécessaires à la fin du mois d'avril N ?
5. Proposez les écritures de précomptabilisation correspondantes pour les salaires du mois d'avril N ainsi que pour leur paiement au 30 avril N. ▸ Annexe 4 ▸ Fiche ressource 2
6. Comptabilisez les charges sociales patronales en date du 30 avril N. ▸ Annexe 5 ▸ Annexe 6
7. Calculez le coût employeur des salariés de la société pour le mois d'avril.
8. Justifiez la date de paiement des charges sociales au titre du mois d'avril N.
9. Procédez à l'enregistrement comptable du règlement des charges sociales.
10. Les titres restaurant seront mis en place dès le mois de mai N. Quelle sera la méthode de comptabilisation des titres restaurant ?

II Contrôler la correspondance des écritures avec les documents sociaux

Avant de basculer définitivement vers la gestion de la paie par le PGI, Mme Karine vous demande de vérifier toutes les données enregistrées sur le PGI et de contrôler la correspondance des écritures avec les documents sociaux.

11. Le montant des cotisations sociales de la DUCS Urssaf correspond-il au total de l'état des cotisations sociales Urssaf ? ▸ Annexe 7 ▸ Annexe 8
12. Vérifiez que les montants des charges sociales figurant dans l'écriture générée par le PGI correspondent aux bordereaux DUCS envoyés aux caisses de retraite. ▸ Annexe 4
13. Les écritures générées dans le PGI sont-elles définitives ? ▸ Annexe 9
14. Sur le PGI, doit-on transférer les écritures du module paie au module comptabilité ?

Données de la situation

Annexe 1 Consignes de Mme Karine pour réaliser les enregistrements relatifs à la paie d'avril N

- **Procédure 1 : Précomptabiliser les écritures de paie et leur règlement à partir du bordereau**
- **Procédure 2 : Enregistrements aux journaux de banque et de paie**

– Étape 1 : Enregistrer les avances et acomptes et les saisies-arrêts sur salaire
– Étape 2 : Enregistrer la charge correspondant au salaire brut, puis sa ventilation en dettes vis-à-vis du salarié et des organismes sociaux pour les cotisations salariales
– Étape 3 : Enregistrer les charges patronales qui font naître des dettes à l'égard des organismes sociaux
– Étape 4 : Enregistrer le paiement du net à payer au salarié
– Étape 5 : Enregistrer le règlement des dettes envers les organismes sociaux

- **Procédure 3 : Contrôler la saisie des écritures de paie**

– Étape 1 : Vérifier que les comptes d'organismes sociaux (comptes 431) et que le compte 421 Personnel sont à zéro après chaque règlement
– Étape 2 : Rapprocher les comptes des salaires (compte 641) avec le livre de paie issu du PGI et, si besoin, justifier les écarts

Annexe 2 Informations sur le personnel (extrait)

Mme Blandin, salariée sur le site de Nice, vous fait part le 15 avril d'une demande d'acompte sur sa rémunération du mois d'avril N pour un montant de 430 €.

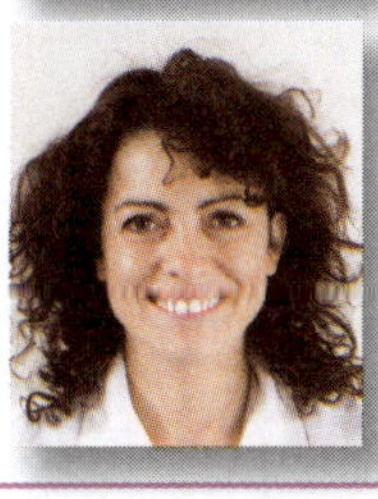

Mme Bueno sollicite le 20 avril N auprès de M. Lange une avance sur salaire d'un montant de 3 000 € pour faire face au renouvellement de sa chaudière qui présente un état de vétusté avancé. M. Lange répond favorablement à cette requête.
La saisie-arrêt sur salaire de Mme Bueno s'élève à 260,57 € par mois.

Annexe 3 Extrait du plan comptable personnalisé de la SAS Esthétique & Santé

Comptes	Intitulés	Comptes	Intitulés
42100	Personnel - Rémunérations dues	64110	Salaires, appointements
42500	Personnel - Avances et acomptes	64120	Congés payés
42700	Personnel - Oppositions	64130	Primes et gratifications
42820	Dettes provisionnées pour congés à payer	64140	Indemnités, avantages divers
43100	Urssaf	64150	Supplément familial
43710	Caisse de retraite Arrco	64170	Avantages en nature
43720	Caisse de retraite Agirc	64510	Cotisations Urssaf
43730	Caisse de prévoyance	64531	Cotisations caisse retraite Arrco
43700	Autres organismes sociaux	64532	Cotisations caisse de retraite Agirc
43820	Charges sociales	64540	Cotisations Pôle emploi
51200	Banque	64580	Cotisations aux autres organismes sociaux
63310	Versement Transport	65800	Autres charges de gestions courantes
63320	FNAL	75800	Autres produits de gestion courante

Annexe 4 Bordereau de précomptabilisation comptable

Journal	Date	N° compte	Libellé opération	Débit	Crédit

Annexe 5 Taux des cotisations en avril N

Éléments	Salarié	Employeur
Sécurité sociale	16,00 %	28,90 % + 3,20 (AT)
Chômage	2,40 %	4,25 %
Caisse de retraite Arrco	3,90 %	5,85 %

Annexe 6 Extrait du livre de paie du mois d'avril N

Éléments	Montants en euros	Éléments	Montants en euros
Salaires base	23 967,22	Primes	2 349,00
Avantages en nature	131,08	Acompte	430,00
Avances	3 000,00	Indemnités de transport en commun	35,80
Opposition	260,57	Accident du travail	846,31
Cotisations salariales Sécurité sociale sauf CSG ET CRDS	2 115,78	Cotisations patronales Sécurité sociale	7 616,82
Cotisations salariales Pôle emploi	634,74	Cotisations patronales Pôle emploi	1 024,01
Cotisations salariales caisse de retraite ARRCO	1 031,45	Cotisations patronales caisse de retraite ARRCO	1 547,17
CSG ET CRDS	2 078,75	FNAL	26,44

Annexe 7 Extrait de la DUCS Urssaf d'avril N

LIBELLÉ DE LA COTISATION		Nombre salariés	BASE EN EUROS	TAUX (%)	MONTANT EN EUROS
100	RG Cas général AT	11	26 447,30	3,20	846,00
100	RG Cas général Base déplafonnée	11	26 447,30	21,35	5 547,00
100	RG Cas général Base plafonnée	11	26 447,30	15,45	4 086,00
260	CSG CRDS régime général	11	25 984,48	8,00	2 079,00
332	FNAL plafonné	11	26 447,30	0,10	26,00
772	Chômage	11	26 447,30	6,40	1 693,00
937	AGS	11	26 447,30	0,25	66,00
			Total des cotisations (A)		**14 343,00**

Annexe 8 **Extrait de la DUCS caisse de retraite ARRCO d'avril N**

LIBELLÉ DE LA COTISATION	Nombre salariés	BASE EN EUROS	TAUX (%)	MONTANT EN EUROS
ARRCO Cadre Tranche A	1	2 868,00	7,75	222,00
AGFF Cadre Tranche 1	1	2 868,00	2,00	57,00
ARRCO Non-cadre Tranche A	10	23 579,30	7,75	1 827,00
AGFF Non-cadre Tranche 1	10	23 579,30	2,00	472,00
		Total des cotisations		**2 578,00**

Annexe 9 **Prise de notes lors du stage PGI « Générer les écritures de paie »**

Dans Cegid, respecter les différentes étapes suivantes :

- **1re étape : Modéliser les écritures comptables**
Ouvrir le module Paramètres, menu Comptabilité, sous-menu Modélisation, choisir Écritures. Cliquer sur l'icône Dupliquer. En bas de l'écran, cliquer sur l'icône Détail des écritures.
- **2e étape : Personnaliser le modèle**
Le modèle des écritures s'affiche. Renseigner les zones Folio, Numéro de ligne, Racine du compte et Débit : Crédit. Saisir le libellé de la ligne comptable. Valider.
- **3e étape : Intégrer le modèle**
Ouvrir le module Paramètres, menu Dossier, cliquer sur Paramètres sociétés puis sur Génération comptable. Renseigner les zones Modèles écritures et Intégration des OD (opérations diverses). Valider.

Dans EBP, respecter les différentes étapes suivantes :

1re étape : dans le menu Paramètres/Comptabilité/Guides de saisie, cliquer sur le bouton Ajouter (en haut à gauche) pour ajouter un modèle d'écriture.

2e étape : choisir le journal des OD.

3e étape : choisir le jour, si l'écriture se répète tous les mois.

4e étape : saisir les comptes et le libellé de l'écriture.

5e étape : indiquer éventuellement le montant au débit et au crédit s'il s'agit toujours du même.

6e étape : utiliser la fonction Vérifier la cohérence du guide de saisie.

Fiche ressource 1

La comptabilisation des salaires

La comptabilisation de la paie est réalisée chaque mois à partir du livre de paie ou des modules Paie et Comptabilité d'un progiciel. La comptabilisation de la paie est générée automatiquement dans les entreprises qui utilisent un PGI.

I Le principe

- Certaines opérations en rapport avec la paie peuvent être enregistrées dans le courant du mois : ce sont les avances et les acomptes, les oppositions sur salaire, les charges correspondant à des avantages en nature, les achats de titres restaurant.
- En comptabilité, la paie s'analyse en charges (compte de résultat) et en dettes (bilan).
- Tous les éléments de la paie sont regroupés et enregistrés dans des comptes de charges (subdivisions des comptes 641 – Rémunération du personnel et 645 – Charges de Sécurité sociale et de prévoyance) et dans des comptes de tiers (subdivisions des comptes 42 – Personnel et comptes rattachés et 43 – Sécurité sociale et autres organismes sociaux).
- Le paiement du net à payer est enregistré en soldant le compte 421 – Personnel, rémunérations dues.
- À l'échéance normale, le paiement des cotisations sociales est effectué en soldant les comptes 43.

II La comptabilisation des salaires

Les salaires sont généralement comptabilisés pour l'ensemble des salariés et non salarié par salarié. Si l'entreprise utilise un logiciel de paie, elle a la possibilité de générer automatiquement les écritures comptables dans un journal auxiliaire appelé « journal de paie ». Dans le cas contraire, elle procède à un enregistrement manuel des informations. On utilise pour cela des comptes généraux spécifiques prévus par le plan comptable général. Néanmoins, chaque entreprise est libre d'ouvrir plusieurs sous-comptes de façon à tenir compte des particularités de sa paie.

1. Le versement des retenues sur salaire

Il faut comptabiliser le versement des retenues sur salaires (avances, acomptes ou saisie-arrêt sur salaire).

Deux comptes sont utilisés :

- le **compte 425 – Personnel - Avances et acomptes** pour la comptabilisation des acomptes et avances versés ;

Exemple

Mme Charlotte Alluis, salariée de l'entreprise Tissus Price, demande le 15 mars N le versement d'un acompte d'un montant de 400 € à la comptable de l'entreprise. Le virement est réalisé le jour même sur le compte bancaire de Charlotte Alluis.

L'enregistrement en comptabilité est le suivant :

Date	Journal	Compte	Libellé opération	Débit	Crédit
15/03/N	BQ	42500	Personnel - Avances et acomptes	400,00	
15/03/N	BQ	51200	Banque		400,00
			Versement acompte		

- le **compte 427 – Personnel - Oppositions** pour les montants faisant l'objet d'oppositions présentées par les tiers (Trésor public, créanciers du salarié…).

Exemple

Le juge du tribunal d'instance de Nantes a notifié à la société La biscuiterie normande la saisie sur salaire à l'encontre du salarié Pierre Beaugendre pour non-paiement de pension alimentaire. Les sommes saisies sont versées chaque mois au greffe du tribunal d'instance. La quotité saisissable mensuelle est de 277,43 € au titre du mois de mars N.

L'enregistrement comptable est le suivant :

Date	Journal	Compte	Libellé opération	Débit	Crédit
31/03/N	BQ	42700	Personnel - Oppositions	277, 43	
31/03/N	BQ	51200	Banque		277,43
			Règlement de la saisie au tribunal		

2. La comptabilisation du salaire brut et des remboursements de frais

Selon le PCG (Plan comptable général), le salaire brut doit être comptabilisé au débit du compte 641 – Rémunération du personnel (sous-compte 6411 – Salaires, appointements) et la dette envers le personnel doit être enregistrée dans le compte 421 – Personnel – Rémunérations dues.

Date	Journal	Compte	Libellé opération	Débit	Crédit
31/03/N	SA ou OD	64110	Salaires, appointements	Salaires bruts	
31/03/N	SA ou OD	64130	Primes	Total primes	
31/03/N	SA ou OD	64140	Indemnités, avantages divers	Total indemnités	
31/03/N	SA ou OD	64170	Avantages en nature	Total avantages	
31/03/N	SA ou OD	42100	Personnel - Rémunérations dues		Total dû
31/03/N	SA ou OD	79100	Transfert de charges d'exploitation		Total avantages
			Salaires bruts du mois de mars N		

Le compte 79100 – Transfert de charges d'exploitation est crédité du même montant que les avantages en nature pour éviter une double imputation des charges.

3. La comptabilisation des cotisations salariales et des retenues

Les retenues salariales sont prélevées par l'employeur sur les rémunérations brutes pour être versées aux organismes sociaux pour le compte des salariés. En conséquence, le compte 421 – Personnel – Rémunérations dues est débité du montant des retenues salariales (y compris CGS et CRDS) précomptées par l'entreprise par le crédit du compte 43 – Sécurité sociale et organismes sociaux.

Date	Journal	Compte	Libellé opération	Débit	Crédit
31/03/N	SA ou OD	42100	Personnel - Rémunérations dues	Total retenues	
31/03/N	SA ou OD	42500	Personnel - Avances et acomptes		Total acomptes
31/03/N	SA ou OD	42700	Personnel - Oppositions		Total oppositions
31/03/N	SA ou OD	43100	URSSAF		Total URSSAF
31/03/N	SA ou OD	43710	Caisse de retraite ARRCO		Total ARRCO
31/03/N	SA ou OD	43720	Caisse de retraite AGIRC		Total AGIRC
			Cotisations salariales et retenues du mois de mars N		

4. La comptabilisation du règlement du salaire net

Les salaires sont versés en fin de mois ou au début du mois suivant.

Date	Journal	Compte	Libellé opération	Débit	Crédit
31/03/N	BQ	42100	Personnel - Rémunérations dues	Solde dû	
31/03/N	BQ	51200	Banque		Solde dû
			Versement des salaires		

Fiche ressource 2

La comptabilisation et le paiement des charges sociales

I La comptabilisation des charges sociales patronales

Selon le PCG (Plan comptable général), les charges sociales patronales sur salaire brut doivent être comptabilisées au débit du compte 645 – Charges de sécurité sociale et de prévoyance, et la dette envers les organismes sociaux doit être enregistrée dans les comptes 431 et 437.

Date	Journal	Compte	Libellé opération	Débit	Crédit
31/03/N	SA ou OD	63310	Versement transport	Total transport	
31/03/N	SA ou OD	63320	FNAL	Total FNAL	
31/03/N	SA ou OD	64510	Cotisations URSSAF	Total URSSAF	
31/03/N	SA ou OD	64531	Cotisations ARRCO	Total ARRCO	
31/03/N	SA ou OD	64540	Cotisations Pôle emploi	Total Pôle emploi	
31/03/N	SA ou OD	64580	Cotisations autres organismes sociaux	Total autres	
	SA ou OD	43100	URSSAF		Total URSSAF
	SA ou OD	43710	Caisse de retraite ARRCO		Total ARRCO
	SA ou OD	43720	Caisse de retraite AGIRC		Total AGIRC
	SA ou OD	43730	Caisse de prévoyance		Total prévoyance
			Charges patronales du mois de mars N		

Le compte 43100 tient compte de la réduction des charges patronales dite « Fillon ».

II Le paiement des charges sociales

Les charges patronales et salariales sont payées aux divers organismes mensuellement au plus tard le 15 du mois suivant.

Le montant des cotisations est arrondi à l'euro le plus proche. Les écarts d'arrondi sont alors comptabilisés dans le **compte 65800 – Charges diverses de gestion courante ou 758 – Produits divers de gestion courante.**

Date	Journal	Compte	Libellé opération	Débit	Crédit
15/04/N	SA ou OD	43100	URSSAF	Total URSSAF	
15/04/N	BQ	51200	Banque		Total URSSAF
15/04/N	BQ	65800	Charges diverses de gestion courante		Écarts d'arrondis
			Paiement URSSAF		
15/04/N	BQ	43710	Caisse de retraite ARRCO	Total ARRCO	
15/04/N	BQ	51200	Banque		Total ARRCO
15/04/N	BQ	65800	Charges diverses de gestion courante		Écarts d'arrondis
			Paiement ARRCO		
15/04/N	BQ	43720	Caisse de retraite AGIRC	Total AGIRC	
15/04/N	BQ	51200	Banque		Total AGIRC
15/04/N		65800	Charges diverses de gestion courante		Écarts d'arrondis
			Paiement AGIRC		
15/04/N	BQ	43730	Caisse de prévoyance	Total prévoyance	
15/04/N	BQ	51200	Banque		Total prévoyance
15/04/N	BQ	65800	Charges diverses de gestion courante		Écarts d'arrondis
			Paiement Prévoyance		

III La comptabilisation des cas particuliers de la paie

1. Les titres restaurant

À l'achat, les titres restaurant sont portés au débit du compte 437 – Autres organismes sociaux par le crédit d'un compte de trésorerie.

Lors de la remise aux salariés des titres restaurant, le compte 437 – Autres organismes sociaux est soldé par le débit du compte 421 – Personnel – Rémunérations dues (pour la part payée par les salariés) et par le débit du compte 647 – Autres charges sociales (pour la part à la charge de l'employeur).

Exemple

La société Énergie Clim emploie 8 salariés qui travaillent 5 jours par semaine (22 jours durant le mois d'avril N). L'entreprise a instauré des titres restaurant d'une valeur nominale de 7 € ; la part financée par le salarié est de 40 % et la part financée par l'employeur est de 60 %.

Nombre de titres restaurant achetés pour le mois d'avril N : 8 salariés × 22 jours = 176 titres

Le coût de la part employeur est de : 7 € × 176 × 60 % = 739,20 €

Le coût de la part salariée (des 8 salariés) est de : 7 € × 176 × 40 % = 492,80 €

L'enregistrement est le suivant :

		30/04		
647		Autres charges sociales	739,20	
421		Personnel - Rémunérations dues	492,80	
	437	Autres organismes sociaux		1 232,00
		Enregistrement titres restaurant		

2. Les congés payés

Le compte 6412 – Congés payés est débité au moment de la prise de congés payés calculés sur le bulletin de paie par le crédit du compte 421 – Personnel – Rémunérations dues.

En fin d'année, les droits acquis par les salariés au titre des congés payés constituent une charge à payer à enregistrer.

Le compte 6412 – Congés payés est débité par le crédit du compte 4282 – Dettes provisionnées pour congés à payer pour le montant correspondant à la période du 1er juin au 31 décembre.

Les charges sociales correspondantes sont enregistrées au débit du compte 645 – Charges de Sécurité sociale et de prévoyance par le crédit du compte 4382 – Charges sociales sur congés à payer.

Les charges fiscales sur congés payés sont enregistrées au débit du compte 631 ou 633 – Impôts, taxes et versements assimilés sur rémunérations par le crédit du compte 4482 – Charges fiscales sur congés payés.

Exemple

L'entreprise Infogérance emploie actuellement 6 salariés. Il n'y a pas eu de départ de salarié pendant la période de référence (01/06/N au 31/12/N). Le total des rémunérations brutes versées pendant cette période s'élève à 124 987,80 €.

Le service comptable a calculé que les charges sociales patronales représentent 40 % des rémunérations brutes. L'entreprise pratique la règle du 1/10e pour le calcul de l'indemnité de congés payés.

La dette provisionnée pour congés à payer sera calculée de la manière suivante :

124 987,80 € × 1/10 = 12 498,78 €

Le montant des charges sociales patronales sera de : 12 498,78 × 40 % = 4 999,51 €

		31/12		
6412		Congés payés	12 498,78	
	4282	Dettes provisionnées pour congés à payer		12 498,78
645		Charges de Sécurité sociale et de prévoyance	4 999,51	
	4382	Charges sociales sur congés à payer		4 999,51
		Régularisation congés payés		

Applications

1 Comptabilisation à partir du livre de paie

Vous effectuez votre stage de seconde année au sein de l'entreprise Baratie. Cette animalerie élève et commercialise différents animaux domestiques ainsi que des articles destinés à leur entretien et leur bien-être (aliments, cages, jouets…). Elle emploie 7 salariés.

Le comptable de l'entreprise vous communique les informations nécessaires à la comptabilisation de la paie du mois de mars N. Il vous précise que les acomptes sont versés le 12 du mois et que les salaires comme les oppositions sont virés automatiquement le 30 du mois courant.

1. **En prenant appui sur les documents 1 et 2, enregistrez au journal de paie l'écriture de versement des acomptes.**
2. **Comptabilisez en date du 30 mars N les salaires du mois de mars N, les retenues sur salaire et le règlement des salaires nets.**
3. **Comptabilisez les charges patronales du mois de mars N.**
4. **Sachant que l'entreprise paie les charges sociales le 5 du mois suivant par télérèglement, enregistrez les écritures correspondantes.**

Document 1 Livre de paie du mois de mars N

Salariés	Rémunération brute	Cotisations salariales				Cotisations patronales					Acomptes	Oppositions	Net à payer
		URSSAF	Chômage	Retraite ARRCO	Retraite AGIRC	URSSAF	Chômage	Retraite ARRCO	Retraite AGIRC	Prévoyance cadres			
RENDU	1 764,00	278,02	42,34	68,80		512,45	75,85	103,20			320,00		1 054,84
BEAUMIER	1 824,00	287,40	43,78	71,13		529,87	78,43	106,70			340,00		1 081,69
JOUBERT	4 380,00	665,42	105,12	148,36	87,08	1 301,70	188,34	226,34	141,53	57,06			3 374,02
CARMIN	2 676,00	421,75	64,22	104,36		777,38	115,07	156,55					2 085,67
LAFONT	3 852,00	608,36	92,45	148,35	36,58	1 184,22	165,63	226,34	59,88	57,06			2 966,26
NORMAN	2 230,00	351,46	53,52	86,97		647,82	95,89	130,46				400,00	1 338,05
REGIBUS	1 470,00	231,67	35,28	57,33		427,04	63,21	86,00			220,00		925,72
TOTAUX	18 196,00	2 844,08	436,71	685,30	123,66	5 380,48	782,42	1 035,59	201,41	114,12	880,00	400,00	12 826,25

Document 2 Modèle de journal

425		Personnel - Avances et acomptes	D	
	512	Banque		C
		Versement acompte		
641		Rémunérations du personnel	D	
	421	Personnel - Rémunérations dues		C
		Salaires bruts		

2 Enregistrement et vérification de la paie

La SAS PGI (Pause gourmande d'Isabelle) est une société basée à Flers dans l'Orne. C'est une PME spécialisée dans la fabrication de biscuits frais et la commercialisation de produits régionaux. Tous les biscuits et macarons utilisent le meilleur de la Normandie et, en premier lieu, le beurre d'Isigny. La biscuiterie a développé une gamme gourmets (Chocoladises, Petits trésors...) et exerce son savoir-faire sous marque de distribution dans les domaines diététiques et biologiques. Elle compte actuellement 4 pâtissiers et 2 commerciaux.

Vous remplacez le comptable en arrêt maladie.

La dirigeante, Isabelle Jaubert, a décidé d'attribuer des titres restaurant d'une valeur nominale de 10 €. La part financée par le salarié est de 50 % et la part financée par l'employeur est de 50 %. Chaque salarié a travaillé 22 jours ouvrés pour le mois de mars N.

1. **À l'aide du document 1, comptabilisez la paie du mois de mars sur le bordereau (complétez le document 5).**
2. **Les salaires sont versés le 30 mars. Enregistrez au journal le paiement des salaires.**
3. **En vous appuyant sur le document 2, comptabilisez les charges sociales patronales au titre du mois de mars N.**
4. **Sachant que la société paie ses charges sociales le 5 du mois suivant, procédez à l'enregistrement au journal du règlement des charges sociales aux différents organismes.**

Depuis plusieurs mois, certains dysfonctionnements sont apparus au niveau de la gestion de la paie. Le dirigeant de la société pense investir dans un PGI afin de réduire tous les problèmes.

Avant de basculer définitivement, il vous confie plusieurs missions.

5. **Rédigez à son intention une note argumentée sur les avantages et les inconvénients de la mise en place d'un PGI.**
6. **Remplissez le livre de paie (document 3) qu'il transmettra au comptable par courriel.**
7. **Vérifiez la correspondance des écritures avec la DUCS Urssaf (document 4).**
8. **Concevez sur tableur, à partir d'un bulletin de salaire complété, une maquette de livre de paie et un modèle d'enregistrements au journal.**

Document 1 Salaires bruts du personnel du mois de mars N

Noms des salariés	Salaires de base en €	Primes diverses et avantages en nature et indemnités transport	Avances, acomptes et oppositions
Blanchard Fred	1 678,00	Ancienneté : 5 % du salaire brut	300,00 € (acompte)
Sicardi Odile	2 083,07	Ancienneté : 3 % du salaire brut	221,85 € (saisie)
Giraud Philippe	1 881,74	Transport : 25,00 €	280,00 € (acompte)
Diètre Jeremy	1 630,00	Ancienneté : 5 % du salaire brut	–
Poirier Jonathan	2 517,00	Ancienneté : 10 % du salaire brut	Avance de 1 500,00 €
Galetta Pierre	2 720,00	Voiture : 350,00 €	–

Document 2 Taux des cotisations du mois de mars N

Éléments	Salarié	Employeur
Sécurité sociale	16,00 %	32,05 %
Chômage	2,40 %	4,25 %
Caisse de retraite Arrco	3,90 %	5,85 %

Taux AT : 3,2 %

Document 3 Livre de paie pour le mois de mars N (à compléter)

Éléments	Montants en euros	Éléments	Montants en euros
Salaires base		Primes	
Avantages en nature		Indemnités de transport	
Avances		Acompte	
Oppositions		Titres restaurant	
Cotisations salariales Sécurité sociale sauf CSG ET CRDS		Cotisations patronales Sécurité sociale	
Cotisations salariales Pôle emploi		Cotisations patronales Pôle emploi	
Cotisations salariales caisse de retraite Arrco		Cotisations patronales caisse de retraite Arrco	
CSG ET CRDS		FNAL	

Document 4 Extrait de la DUCS Urssaf de mars N

LIBELLÉ DE LA COTISATION		Nombre salariés	BASE EN EUROS	TAUX (%)	MONTANT EN EUROS
100	RG Cas général AT	6	13 364,00	3,20	428,00
100	RG Cas général Base déplafonnée	6	13 364,00	21,35	2 853,00
100	RG Cas général Base plafonnée	6	13 364,00	15,45	2 065,00
260	CSG CRDS régime général	6	13 130,00	8,00	1 050,00
332	FNAL plafonné	6	13 364,00	0,10	13,00
772	Contribution assurance chômage	6	13 364,00	6,40	855,00
937	Cotisation AGS	6	13 364,00	0,25	33,00
				Total des cotisations	**7 298,00**

Document 5 **Bordereau de précomptabilisation comptable**

Journal	Date	N° compte	Libellé opération	Débit	Crédit

3 Comptabilisation des opérations relatives à la paie

La SARL Lancelot est une petite société familiale dont le siège social est situé à Poitiers. Elle est spécialisée dans la conception, la fabrication et la distribution de jeux de société : jeux de cartes, jeux de plateau, puzzles.

La comptabilité et la paie sont réalisées en interne depuis des années. Vous effectuez un stage au sein de cette société.

À la fin du mois de décembre N, le responsable comptable est tombé malade et il n'a pas pu comptabiliser les informations issues du logiciel de paie. Le gérant de la société vous demande de préparer la comptabilisation de la paie en attendant le retour du comptable.

À l'aide des documents 1, 2 et 3 comptabilisez les opérations relatives à la paie du mois de décembre N de la société Lancelot.

Document 1 Renseignements relatifs aux salaires du mois de décembre N

Salaires bruts	80 000 €
Congés payés	10 000 €
Retenues pour congés payés	– 9 500 €
Avantages en nature	800 €
Cotisations salariales :	
Sécurité sociale – URSSAF	10 875 €
Chômage	2 080 €
Retraite non-cadres	2 180 €
Retraite cadres	1 200 €
Prévoyance – Assurance	500 €
Acomptes versés le 15/12/N	800 €
Oppositions	1 000 €
Retenues pour achats de titres restaurant	500 €
Les charges sociales totales (employeur et salariés) s'élèvent à :	
Sécurité sociale – URSSAF	28 200 €
Chômage	5 800 €
Retraite non-cadres	6 000 €
Retraite cadres	3 040 €
Prévoyance – Assurance	1 060 €

Document 2 **Organisation des opérations relatives à la paie**

Dans cette entreprise, les salaires sont versés le dernier jour de chaque mois et les cotisations sont versées le 5 du mois suivant.

Toutes les opérations financières sont réalisées avec la BNP.

Document 3 **Extrait du plan comptable de l'entreprise**

421000	Personnel, rémunérations dues
431000	URSSAF
437100	Pôle emploi
437200	Caisse ARRCO
437300	Caisse AGIRC
437400	Titres restaurant
437500	Mutuelle Assurances sociales
512000	BNP
641100	Salaires et appointements
641200	Congés payés
641300	Primes et gratifications
645100	Cotisations de Sécurité sociale à l'URSSAF
645200	Cotisations aux mutuelles
645320	Cotisations aux caisses ARRCO
645330	Cotisations aux caisses AGIRC
645400	Cotisations d'assurance chômage
791420	Transfert de charges – Avantages en nature

Chapitre 10

La participation, l'intéressement et l'épargne salariale

Activité
4.3. Gestion comptable de la paie et information des salariés

Situation de travail
4.3.5. Contrôle et comptabilisation de l'épargne salariale

Compétence
Effectuer les traitements relatifs à l'épargne salariale, puis procéder à la comptabilisation

Situation professionnelle

La société Esthétique et Santé a connu au cours des derniers semestres un développement important de son activité et de ses effectifs. À la fin de l'année 20N+1, elle emploie 55 salariés en équivalent temps plein (ETP).
M. Lange, le fondateur de la société, est persuadé que la rémunération est l'une des variables sur laquelle l'entreprise peut agir pour motiver ses salariés. Pour faire converger les intérêts des salariés et de la société, il veut mettre en place des dispositifs permettant d'associer les salariés des différents sites aux résultats et aux performances de la société. C'est la raison pour laquelle M. Lange a conclu au début de l'année 20N+1 un accord sur l'épargne salariale.
En s'appuyant sur le cadre légal et dans l'optique de permettre à la société de redistribuer à ses salariés une partie des bénéfices réalisés, M. Lange a mandaté le cabinet d'experts-comptables Auditor pour mettre en place le dispositif de la participation.

Mission

Le cabinet Auditor a préparé le calcul du montant de la réserve spéciale de participation pour l'exercice N qu'il soumet pour approbation à Mme Karine. Celle-ci est surchargée de travail car c'est la période fiscale, elle vous confie donc le soin d'effectuer un contrôle des montants et de préparer les écritures comptables liées à l'épargne salariale.

Travail à faire

I Effectuer les traitements relatifs à la participation des salariés aux résultats de l'entreprise

Mme Karine vous demande de contrôler la mise en œuvre de l'accord de participation signé à la fin de l'année 20N+1 et applicable aux résultats de l'exercice 20N+1.

1. **La société est-elle soumise à la participation ? Pour quelle raison ?**
2. **Quelle est la procédure qui a été appliquée pour conclure l'accord ?**
3. **La formule de calcul de la RSP contenue dans l'accord est-elle conforme à la loi ? Aurait-on pu utiliser une autre formule ? À quelles conditions ?**

Fiche ressource 1
Annexe 1
Annexe 2

Le cabinet Auditor, qui suit le dossier, transmet en mars N+2 le calcul de la réserve spéciale de participation (RSP) au titre de l'exercice N+1. Mme Karine vous charge de vérifier ces calculs.

4. **En appliquant la formule légale, la valeur de B et la valeur de C sont-elles correctement calculées ?**
5. **Le résultat du calcul est-il conforme à l'accord de participation ?**
6. **Le plafond prévu par l'accord est-il respecté ?**

Fiche ressource 1
Annexe 1
Annexe 3
Annexe 4

Mme Karine souhaite que vous prépariez l'affectation de la réserve spéciale de participation entre les salariés.

7. **La règle de répartition entre les salariés contenue dans l'accord est-elle légale ?**
8. **Concernant M. Best, pourquoi peut-il bénéficier de l'accord de participation ?**
9. **Quel sera le montant qui devrait lui revenir ? Quel choix d'affectation lui est proposé ?**
10. **Complétez la fiche d'information sur l'épargne salariale pour M. Best.**
11. **Quels sont les avantages fiscaux et sociaux liés à la participation, pour la société et pour M. Best ? Comparez avec le versement d'une prime individuelle de résultat.**

Fiche ressource 1
Annexe 1
Annexe 5
Annexe 6

Afin de finaliser le traitement de la participation, Mme Karine vous demande de comptabiliser les opérations liées à la participation des salariés due au titre de l'année N+1.

12. **Présentez toutes les écritures nécessaires pour les exercices 20N+1 et 20N+2.**

Fiche ressource 1
Annexe 3
Annexe 4

II Communiquer avec les salariés sur les dispositifs d'épargne salariale

La société E&S a suivi les conseils des spécialistes de sa banque, la BPSO, de façon à conclure un accord de participation simple. Mme Karine a reçu des élus du personnel qui pensent qu'il aurait été possible de mettre en place d'autres produits d'épargne salariale. Elle vous demande de consulter la documentation à ce sujet.

13. **Aurait-on pu choisir dans l'accord de participation d'autres produits d'épargne que le FCPE INVEST-France ?**

14. **Quels sont les dispositifs d'information des salariés relatifs à l'épargne salariale ?**

15. **Comment utiliser la fonction de publipostage pour simplifier l'établissement des fiches d'information sur l'épargne salariale ?**

Fiche ressource 2
Annexe 1

III Effectuer les contrôles et les traitements relatifs à l'intéressement des salariés

À la suite d'une conférence à laquelle M. Lange a assisté, il est séduit par l'idée de mettre en place un accord d'intéressement. Après en avoir discuté avec Mme Karine, ils ont élaboré sommairement un accord d'intéressement des salariés aux résultats N+1 d'E&S. Mme Karine vous sollicite pour que vous donniez un avis.

16. **La société est-elle obligée de signer un accord d'intéressement ? Pour quelle raison ?**

17. **Quelle est la procédure à appliquer pour conclure l'accord ?**

18. **Qui pourrait en bénéficier ? Pourquoi les conditions prévues dans le projet d'accord initial ne sont-elles pas conformes à la réglementation ?**

19. **Quel serait le montant global de la prime d'intéressement ? Quel serait le montant perçu par Mme Le Bihan ?**

20. **Quel serait le régime social et fiscal pour la société ? Quel serait-il pour les salariés ?**

21. **En supposant que toutes les primes soient versées en numéraire, quels seraient les écritures à passer en comptabilité en 20N+1 et en 20N+2 ?**

Fiche ressource 3
Annexe 7
Annexe 8
Annexe 9

Données de la situation

Annexe 1 **Accord de participation (extraits)**

Accord de participation

Entre les soussignés :
La société ESTHÉTIQUE & SANTÉ
Dont le siège social est à 158, cours de la Guadeloupe 33000 BORDEAUX
Immatriculée au RCS de Bordeaux sous le numéro RCS Bordeaux 236548950
Représentée par Monsieur François LANGE en sa qualité de Président,
d'une part,

Et
Le comité d'entreprise ayant pris sa décision à la majorité des membres présents lors de la réunion du 15 octobre 20N+1, représenté par sa secrétaire, Madame Corinne GÉRARDIN, en application du mandat qu'elle a reçu au cours de cette réunion,
d'autre part,

Est conclu un accord en application des articles L.3322-1 et suivants du Code du travail relatifs à la participation des salariés aux résultats de l'entreprise.

Article 1 – Objet

L'accord a pour objet de définir les modalités de calcul, de répartition et de gestion de la réserve spéciale de participation.

[…]

Article 3 – Détermination de la réserve de participation

Le montant de la réserve spéciale de participation (R) est déterminé pour chaque exercice conformément aux dispositions de l'article L.3324-1 du Code du travail.

La formule est la suivante :

R = ½ (B – 5 % de C) x S/Va

Formule dans laquelle :

B : représente le bénéfice imposé au taux de droit commun diminué de l'impôt correspondant.

C : représente les capitaux propres comprenant le capital social, les primes liées au capital social, les réserves, le report à nouveau, les provisions ayant supporté l'impôt, les provisions réglementées ayant supporté l'impôt. Les montants retenus sont ceux figurant au bilan de clôture de l'exercice au titre duquel la participation est calculée.

[…]

S : représente les rémunérations annuelles prises en compte pour le calcul des cotisations de Sécurité sociale.

Va : représente la valeur ajoutée telle qu'elle est définie dans l'article D3324-2 du Code du travail.

Le montant obtenu est arrondi à la centaine d'euros supérieure. Il est plafonné à une valeur égale à la moitié du bénéfice net comptable.

Pour le calcul de la RSP, il ne sera pas tenu compte du forfait social.

•••

Article 4 – Définition des bénéficiaires et montant des droits individuels

Les bénéficiaires du présent accord sont tous les salariés comptant 2 mois d'ancienneté dans l'entreprise.

[…]

La répartition de la réserve entre les bénéficiaires est effectuée proportionnellement aux salaires perçus au cours de l'exercice considéré.

Le montant des droits susceptibles d'être attribués à un bénéficiaire ne peut excéder, pour un exercice donné, une somme égale aux trois quarts du plafond annuel de la Sécurité sociale.

[…]

Les sommes sont bloquées pendant 5 ans. Toutefois, les salariés peuvent demander le versement immédiat de leurs droits dans les 15 jours suivant la communication du montant qui leur est attribué au titre d'un exercice.

[…]

Article 6 – Modalités de gestion des fonds

Les sommes constituant la réserve de participation seront affectées, en fonction de la décision du bénéficiaire :

– à un compte de l'entreprise consacré à des investissements, qui porte intérêt au taux de 3 % l'an, sous réserve d'un taux minimal réglementaire s'il est plus favorable ;

– à un compte ouvert au nom du bénéficiaire sous forme de plan d'épargne salariale tenu par la Banque populaire du Sud-Ouest (BPSO) sous forme du FCPE INVEST-France.

Le salarié peut obtenir un déblocage anticipé dans un nombre limité de cas prévus par le Code du travail.

Article 7 – Information des salariés

Chaque année, la direction présente au comité d'entreprise un document qui indique les éléments servant au calcul et à l'affectation de la réserve spéciale.

Par ailleurs, chaque salarié bénéficiaire reçoit, lors de chaque répartition, une fiche récapitulative de l'ensemble des sommes et valeurs mobilières qui lui sont attribuées.

Article 8 – Délai d'indisponibilité des droits

Les droits à participation affectés à l'acquisition de parts de FCPE ne sont disponibles qu'après l'expiration d'un délai de cinq ans à compter du premier jour du cinquième mois de l'exercice au cours duquel les parts ont été acquises.

[…]

Fait à Bordeaux, le 25 novembre N+1

Pour la SAS Esthétique & Santé
Monsieur François LANGE

Pour le Comité d'entreprise
Madame Corinne GÉRARDIN

Annexe 2 Effectifs de l'entreprise

Au cours des deux derniers exercices, l'effectif (ETP) de l'entreprise E&S a été le suivant :

Mois	01	02	03	04	05	06	07	08	09	10	11	12
20N	39	42	45	51	47	42	51	55	51	51	52	55
20N+1	51	49	51	55	59	49	55	54	58	57	68	71

Annexe 3 Données comptables et fiscales pour l'exercice 20N+1

Plan des comptes de la société E&S (extrait)

Numéro	Intitulé du compte
1622000	Fonds de participation
4284000	Dettes provisionnées pour participation des salariés aux résultats
4384000	Charges sociales sur participation des salariés
4246000	Réserve spéciale de participation
4310000	Sécurité sociale – Urssaf
4386000	Organismes sociaux – Forfait social
6451000	Cotisations à l'Urssaf
6451600	Forfait social
6476000	Abondement des PEE
6910000	Participation des salariés aux résultats

Balance de la société E&S au 31/12/N+1 (extrait)

Numéro	Intitulé du compte	Solde
1010000	Capital social	110 000,00 €
1041000	Primes d'émission	25 000,00 €
1061000	Réserve légale	8 000,00 €
1062000	Réserve facultative	15 000,00 €
1450000	Amortissements dérogatoires	27 000,00 €
1511000	Provisions pour litiges	5 000,00 €

Autres données comptables et fiscales pour l'exercice 20N+1

- ✔ Le résultat de l'exercice 20N+1 est un bénéfice net comptable de 279 780,00 €.
- ✔ Le montant des rémunérations annuelles prises en compte pour le calcul des cotisations de Sécurité sociale (S) est de 1 321 640,00 €.
- ✔ La valeur ajoutée de l'exercice (Va) s'élève à 3 452 350,00 €.
- ✔ Le résultat fiscal imposable au taux normal (33,1/3 %) est de 568 815,00 €.

Annexe 4 Extrait du courrier du cabinet Auditor en date du 30 mars N+2

[…]
Pour l'exercice clos le 31/12/N+1, les calculs que nous avons réalisés pour déterminer le montant global de la participation des salariés aux résultats de l'entreprise dont vous êtes redevables à l'égard de vos salariés s'élève à 70 800 €, conformément à l'accord de participation conclu dans votre société.
Il faudra prélever 5 664 € au titre de la CSG et de la CRDS.
La société supportera un prélèvement au titre du forfait social d'un montant de 14 160 €.
Le nombre de salariés bénéficiant de la participation est de 78, compte tenu des entrées et sorties du personnel au cours de l'exercice 20N+1.
[…]

Annexe 5 Situation de Monsieur Frédéric Best

M. Frédéric Best a été embauché par l'établissement de Lille le 01/03/N+1. Il occupe le poste de masseur.
Salaires perçus au cours de l'exercice 20N+1 (montant brut) : 24 510 €.
M. Best a choisi de porter la totalité du montant de sa prime de participation sur le PEE.

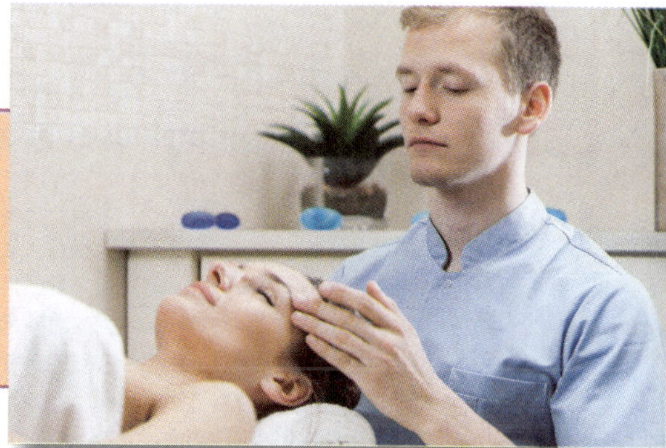

Annexe 6 Modèle de fiche d'information sur l'épargne salariale

[Société]
[Salarié]
Objet : Affectation de la prime de participation de l'exercice [Année]

Madame/Monsieur,
Je vous informe que, conformément à l'accord de participation aux résultats de l'entreprise en vigueur dans notre entreprise, vous bénéficiez d'une prime de participation au titre de l'exercice clos le 31/12/[Année].
Le montant de la prime de participation qui vous est attribué s'élève à : [____]
Veuillez nous faire connaître l'affectation que vous choisissez de donner à cette prime en nous faisant parvenir le coupon ci-joint.

Bien cordialement

[Signature]

....

AFFECTATION DE LA PRIME DE PARTICIPATION [Année]

[Société]
[Salarié]
Je vous demande de (rayer les mentions inutiles) :
– verser immédiatement le montant de la prime de participation à hauteur de : ____________ €
– porter le montant de la prime de participation en compte courant bloqué pour : ____________ €
– verser le montant de la prime de participation sur le PEE BPSO pour : ____________ €

Le …/…/….
[Signature]

Annexe 7 Projet d'accord d'intéressement de la société E&S

L'accord d'intéressement serait conclu avant l'été 20N+2.
De façon à valoriser la contribution des salariés à la création de richesse de l'entreprise, M. Lange et Mme Karine pensent attribuer aux salariés une prime d'intéressement globale de 2 % sur le montant de la valeur ajoutée de l'exercice.
Le montant total serait réparti uniformément entre les salariés présents à la clôture de l'exercice ayant plus de 6 mois d'ancienneté dans l'entreprise.
Au cours d'un bref entretien avec un responsable du cabinet Auditor, on leur a indiqué que les restrictions contenues dans ce projet d'accord n'étaient pas conformes aux dispositions légales.
M. Lange et Mme Karine ont donc décidé que les bénéficiaires seraient tous les salariés ayant 3 mois d'ancienneté dans l'entreprise dans le courant de l'exercice.

Annexe 8 Données comptables et fiscales de l'exercice 20N+1

Les éléments comptables et fiscaux à prendre en compte pour effectuer une simulation du calcul et de l'attribution de la prime d'intéressement sont les suivants :
- Valeur ajoutée de l'exercice 20N+1 : 3 452 350,00 €
- Nombre de salariés ayant travaillé pendant au moins 3 mois dans la société au cours de l'exercice N+1 : 75 salariés
- Taux du forfait social : 20 %

Annexe 9 Situation de Madame Nolwen Le Bihan

Mme Nolwen Le Bihan a été embauchée à Rennes, en CDI, au poste d'esthéticienne, le 1er septembre 20N+1.
Son salaire d'embauche, inchangé au 31/12/20N+1, est de 1 900 € brut.

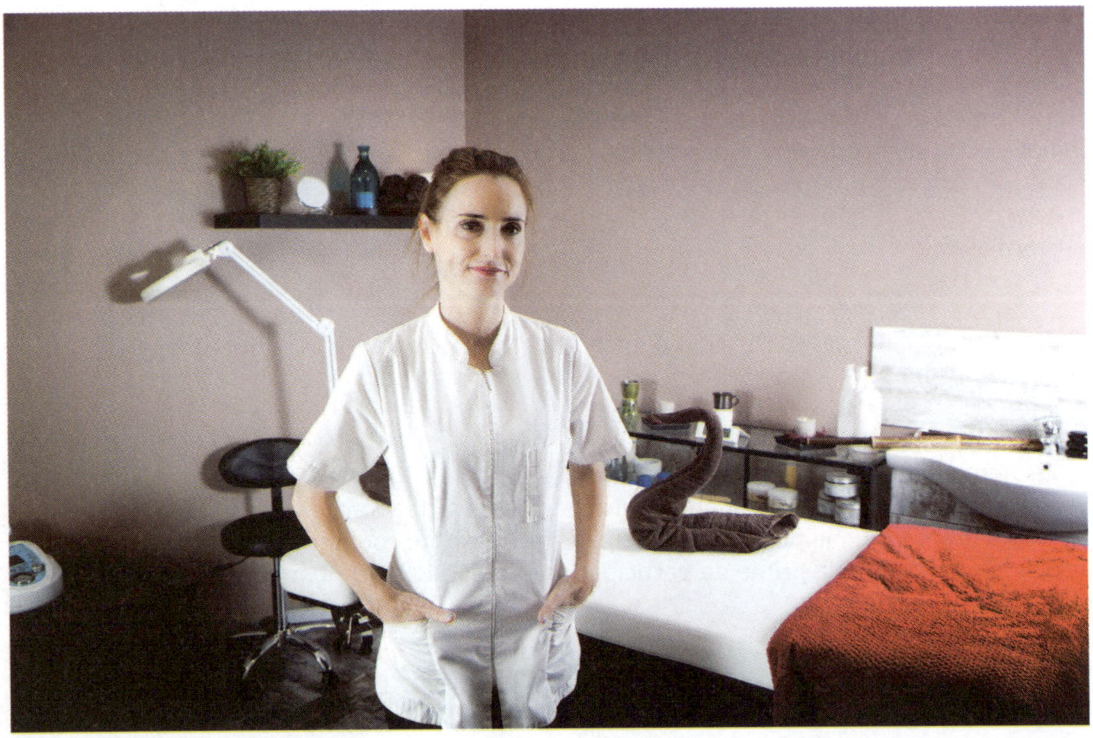

Fiche ressource 1

La participation des salariés aux résultats de l'entreprise

I La mise en place dans l'entreprise

1. Les parties intéressées

a) Les entreprises obligatoirement assujetties

La participation est mise en place dans une entreprise par voie d'accord collectif, à partir du moment où l'entreprise a employé au moins 50 salariés pendant 12 mois, consécutifs ou non, au cours des trois derniers exercices. L'accord doit alors être mis en place dans un délai d'un an.

> Exemple
>
> La SARL Durandal fabrique des pièces industrielles de précision en utilisant des imprimantes 3D. À la clôture de l'exercice 2016, on constate que l'effectif a régulièrement dépassé 50 salariés pendant 12 mois au cours des exercices 2015 et 2016. L'entreprise doit conclure un accord de participation avant la fin de l'exercice 2017. Les salariés bénéficieront des droits au titre de 2016.

b) Les entreprises volontairement assujetties

Les entreprises de moins de 50 salariés peuvent volontairement mettre en place la participation. Elles doivent alors respecter les mêmes règles que les entreprises assujetties.

c) Les salariés

Tous les salariés, y compris les apprentis, qu'ils soient en CDI ou en CDD, à temps plein ou à temps partiel, sont concernés par l'accord de participation. En sont exclus les salariés intérimaires, les stagiaires, les dirigeants de société (sauf s'ils cumulent mandat social et contrat de travail).

2. L'accord de participation

a) La signature de l'accord

L'accord instituant la participation peut résulter :

- d'une convention ou d'un accord collectif de branche ;
- d'un accord signé au sein de l'entreprise après négociation avec les représentants syndicaux, ou le comité d'entreprise ;
- d'une ratification, à la majorité des 2/3 du personnel, d'un projet de contrat proposé par l'employeur.

b) Le contenu de l'accord

Les clauses doivent préciser les dates de conclusion de l'accord, sa durée, la formule de calcul de la réserve de participation, la durée de blocage des fonds, les modalités de répartition de la réserve entre les salariés, les plafonds d'attribution, le mode d'information des salariés ainsi que la gestion de leurs droits. L'accord peut indiquer la durée d'ancienneté requise des bénéficiaires.

L'accord doit être déposé à la Direccte (Direction régionale des entreprises, de la concurrence, de la consommation, du travail et de l'emploi) du lieu de sa conclusion.

Le salarié dispose d'un délai de 15 jours durant lequel il peut exercer un choix :

- versement immédiat de la prime ;
- blocage de la prime pour un minimum de 5 ans.

II La détermination de la participation

La participation prend la forme de l'attribution d'une somme globale, à partager entre tous les salariés soit en une répartition uniforme, soit en fonction des salaires ou du temps de présence. Il s'agit de la réserve spéciale de participation (RSP). Son calcul résulte d'une formule légale. Toute autre formule plus avantageuse aux salariés peut toutefois être envisagée.

1. Le calcul de la RSP

a) La formule légale

RSP = ½ (B – 5 % x C) x S/Va

B = bénéfice net fiscal (bénéfice fiscal imposable au taux normal – impôt sur les sociétés correspondant)
C = capitaux propres de l'entreprise (capital + primes liées au capital + réserves + report à nouveau + provisions réglementées + provisions pour risques et charges)

S = salaires bruts (ensemble des rémunérations brutes y compris les avantages en nature soumis à cotisations)
Va = valeur ajoutée (résultat courant avant impôts + impôts, taxes et versements assimilés + charges de personnel + dotations aux amortissements, dépréciations et provisions à caractère d'exploitation et financier)

> Exemple
> Pour la société Durandal, les paramètres au 31/12/2016 sont les suivants :
> B = 345 688 €   C = 220 000 €
> S = 1 563 222 €   Va = 3 957 369 €
> RSP = ½ (345 688 – 5 % × 220 000) × 1 563 222 / 3 957 369 = **66 103 €**

b) Les autres formules

Il est possible de négocier un mode de calcul différent de la formule légale à condition que le résultat obtenu soit :

- au moins équivalent à celui de la formule légale (principe d'équivalence) ;
- au plus égal à l'un des plafonds suivants, choisi par les parties signataires :
  - la moitié du bénéfice net comptable ;
  - le bénéfice net comptable diminué de 5 % des capitaux propres ;
  - le bénéfice net fiscal diminué de 5 % des capitaux propres ;
  - la moitié du bénéfice net fiscal.

2. L'affectation de la participation

a) Le blocage et le déblocage des fonds

En principe, la gestion des droits des salariés est fixée par l'accord de participation. Il existe deux possibilités :

- soit le salarié demande le versement immédiat de la prime, en totalité ou partiellement. Il doit alors le faire dans un délai de 15 jours après avoir été informé du montant de la prime ;
- soit la prime est bloquée pendant 5 ans (8 ans en cas d'absence d'accord). Il opte alors pour un placement sur un plan d'épargne ou pour un placement sur un compte courant.

Si la prime est bloquée, le salarié peut obtenir un déblocage anticipé uniquement dans des cas prévus par la loi, dont les plus fréquents sont :

- mariage, conclusion d'un Pacs ;
- naissance ou adoption d'un troisième enfant ;
- divorce, séparation, dissolution d'un Pacs, avec la garde d'au moins un enfant ;
- invalidité du salarié, de son conjoint, de ses enfants ;
- décès du salarié, de son conjoint ;
- rupture du contrat de travail ;
- procédure de surendettement.

b) L'information des salariés

Dans les 6 mois qui suivent la clôture de l'exercice, l'employeur doit présenter un rapport au comité d'entreprise expliquant les mesures prises pour la gestion des fonds. Chaque salarié reçoit une fiche indiquant le montant total de la RSP, le montant de ses droits, l'organisme de gestion des fonds, la date normale d'exigibilité et les cas de déblocage anticipé.

III L'enregistrement comptable de l'affectation de la participation

La comptabilisation de l'affectation de la participation dépend des modalités de gestion des fonds prévus par les accords de participation.

Les sommes versées ne sont pas considérées comme des salaires, elles sont donc exonérées de cotisations sociales. Néanmoins, l'employeur est redevable d'une contribution à l'Urssaf, le forfait social. Le taux est de 20 % sur la totalité du montant de la RSP. L'entreprise peut bénéficier d'un taux réduit de forfait social à 8 % si elle :

- n'était pas soumise à la participation (moins de 50 salariés) et conclut pour la première fois un accord de participation ;
- renégocie un accord de plus de 5 ans.

Avant l'attribution de la participation à chaque bénéficiaire, il faut également prélever la CSG et la CRDS au taux de 8 %.

Les différentes étapes de l'enregistrement en comptabilité : présentation générale

Exercice N	Exercice N+1			Exercice N+6 (ou plus tôt)
31/12/N	**Date AGO annuelle**	**Dans les jours suivants**	**31/12/N+1**	**Courant exercice**
Établissement des comptes sociaux N	Adoption des comptes annuels	Affectation de la RSP	Clôture de l'exercice N	Déblocage des comptes bloqués
La participation est une dette provisionnée (691/4284). Le forfait social est une charge à payer (6451/4386).	La participation devient une dette certaine. CSG/CRDS exigibles, à verser à l'Urssaf (4284/4246 et 431). Le forfait social est versé à l'Urssaf.	La RSP nette de CSG/CRDS (4246) est : – placée en comptes bloqués (1662) ; – versée sur un compte d'épargne (512) ; – attribuée aux salariés qui demandent le versement immédiat (512).	Les sommes placées en comptes bloqués produisent des intérêts à enregistrer en charges à payer (661/16686).	Les sommes sont mises à disposition des salariés, sous déduction, éventuellement, de prélèvements sociaux (4248/442).

1. Étape 1 – À la clôture de l'exercice

- Comptabilisation de la charge liée à la participation

Exemple

Comptabilisation des 66 103 € de réserve de participation de la société Durandal.

		31/12/2016		
691		Participation des salariés aux résultats	66 103	
	4284	Dettes provisionnées pour participation des salariés		66 103

- Enregistrement de la charge à payer relative au forfait social

Exemple

Le montant du forfait social à la charge de la société est de : 66 103 x 20 % = 13 221 €

		31/12/2016		
6451		Cotisations à l'Urssaf – Forfait social	13 221	
	4386	Organismes sociaux – Autres charges à payer		13 221

2. Étape 2 – À la date de l'AGO annuelle : adoption des comptes

- Comptabilisation de la réserve spéciale de participation (RSP)

Exemple

L'assemblée générale ordinaire annuelle la société Durandal a lieu le 14/04/2017.

La RSP devient une dette certaine. On déduit de la RSP le montant de CSG/CRDS, soit : 66 103 x 8 % = 5 288 €. On y ajoute le forfait social de 13 221 €.

		14/04/2017		
4284		Dettes provisionnées pour participation des salariés	66 103	
	4246	Réserve spéciale de participation		60 815
	431	Sécurité sociale – Urssaf		5 288
4386		Organismes sociaux – Autres charges à payer	13 221	
	431	Sécurité sociale – Urssaf		13 221

3. Étape 3 – Affectation de la RSP

Il y a plusieurs schémas d'écritures, chacun correspondant aux différentes possibilités d'affectation de la RSP.

- 1re hypothèse : les sommes sont affectées à un fonds d'investissement géré par l'entreprise

Exemple

		Courant 2017		
4246		Réserve spéciale de participation	60 815	
	1662	Fonds de participation		60 815

- 2e hypothèse : les sommes sont affectées à un plan d'épargne géré par un organisme extérieur

La société verse les fonds par virement bancaire.

Exemple

		Courant 2017		
4246		Réserve spéciale de participation	60 815	
	512	Banque		60 815

- 3e hypothèse : les salariés demandent le versement immédiat de leur participation

La société verse les fonds par virement bancaire sur les comptes courants des salariés.

Exemple

		Courant 2017		
4246		Réserve spéciale de participation	60 815	
	512	Banque		60 815

4. Étape 4 – Intérêts courus sur les sommes portées en fonds de participation

Si les salariés ont choisi d'affecter leurs droits à des comptes bloqués, on doit leur attribuer chaque année une rémunération sur les montants placés. Ces intérêts ne seront versés qu'au moment du déblocage du principal.

Exemple

La société Durandal a calculé les intérêts courus à la clôture de l'exercice 2017. Pour l'ensemble des salariés, ils s'élèvent à 6 420 €.

		31/12/2017		
661		Charges d'intérêt	6 420	
	16886	Intérêts courus sur participation des salariés		6 420

5. Étape 5 – Déblocage de la participation au terme des 5 ans

Ce déblocage n'est comptabilisé que s'il concerne des sommes gérées en direct par la société, comme, par exemple, le fonds de participation. À cette occasion, des prélèvements sociaux peuvent être opérés, tels la CSG/CRDS sur les intérêts.

Exemple

Le 15/06/2022, la société Durandal porte en comptes courants ouverts au nom des salariés des sommes correspondant au déblocage des droits liés à la participation. Le montant total est de 58 455 €, dont 7 652 € d'intérêts courus.

		15/06/2022		
1662		Fonds de participation	50 803	
16886		Intérêts courus sur participation des salariés	7 652	
	4248	Participation des salariés – Comptes courants		58 455

IV Le régime social et fiscal de la participation

1. Le régime social

	Entreprise	Salarié
Cotisations sociales	–	–
CSG et CRDS	–	CSG et CRDS sur 100 % de la participation

2. Le régime fiscal

	Entreprise	Salarié
Charges déductibles du résultat fiscal de l'exercice N	Participation due au titre de l'exercice N : non déductible Forfait social : déductible	–
Charges déductibles du résultat fiscal de l'exercice N+1	Participation due au titre de l'exercice N : déductible	–
Impôt sur le revenu	–	Pas d'imposition sur le revenu si la participation est bloquée pendant 5 ans ou débloquée dans les cas autorisés par la loi. Imposable si déblocage immédiat.

Exemple

Pour la société Durandal, pour le calcul du résultat fiscal de l'exercice 2016, il faut réintégrer le montant enregistré au compte 691, soit 66 103 €.

Pour le calcul du résultat fiscal de l'exercice 2017, exercice suivant au cours duquel on enregistre la participation au compte 4246 – Réserve spéciale de participation, il faut déduire la somme de 66 103 €.

Fiche ressource 2

Les plans d'épargne salariale

Un plan d'épargne salariale est un dispositif autonome qui peut compléter la participation et l'intéressement. Il permet aux salariés de constituer une épargne, sous forme de valeurs mobilières de placements (actions, obligations, parts de fonds communs de placement [FCP] ou de sociétés d'investissement à capital variable [SICAV]), dans des conditions fiscales et sociales avantageuses. Les montants placés réduisent la base imposable à l'impôt sur le revenu.

I Les différents plans d'épargne : PEE, PEI et PERCO

L'épargne salariale peut être affectée à un PEE (plan épargne d'entreprise), à un PEI (plan épargne interentreprises) ou à un PERCO (plan épargne retraite collectif).

- Sur un PEE, les sommes versées (participation, intéressement, versements personnels) sont indisponibles pendant au moins 5 ans, sauf cas de déblocages exceptionnels.
- Un PEI est un PEE mis en place par des entreprises n'appartenant pas au même groupe.
- Sur un PERCO, les fonds placés ne sont disponibles qu'au moment du départ à la retraite du salarié, sous forme de rente ou de versement d'un capital. Les adhérents doivent avoir le choix entre trois supports d'investissement, dont un peu risqué.

L'employeur peut compléter les versements du salarié au moyen d'un abondement. L'abondement est exonéré de cotisations sociales mais assujetti au forfait social.

II La mise en place d'un plan d'épargne

Lorsqu'il y a dans l'entreprise au moins un délégué syndical et/ou un comité d'entreprise (CE), l'employeur qui souhaite instaurer un PEE doit en négocier la mise en place avec eux.
En l'absence de représentant du personnel, le PEE peut être instauré sans négociation.

III L'information des salariés

Une entreprise qui met en place un ou plusieurs dispositifs d'épargne salariale, sous forme de participation, d'intéressement ou de plan d'épargne, doit remettre à chaque salarié, au moment de son embauche, un livret d'épargne salariale décrivant ce (ou ces) dispositif(s).
Le livret doit être porté à la connaissance des représentants du personnel et figurer en tant qu'élément de la base de données économiques et sociales, si l'entreprise doit la constituer.

1. L'information annuelle collective

L'entreprise doit porter à la connaissance des salariés le contenu des accords collectifs relatifs à l'épargne salariale (par affichage dans les locaux, envoi à chaque salarié ou *via* l'intranet).
Chaque année, dans les 6 mois qui suivent la clôture de l'exercice, un rapport relatif à l'accord de participation est établi. Il est soumis au CE (s'il existe) ou adressé directement aux salariés.

2. L'information annuelle individuelle : la fiche remise au salarié

À chaque versement lié à la participation ou à l'intéressement, le salarié doit recevoir une fiche, distincte du bulletin de salaire. Cette fiche précise notamment le montant des droits qui lui sont attribués. En annexe, on rappelle les règles de calcul et de répartition. On précise également si les frais de tenue de compte sont pris en charge par l'entreprise ou par prélèvement sur les avoirs. La présentation de cette fiche est laissée à l'initiative de l'entreprise. Elle peut éventuellement demander au salarié d'y indiquer le choix d'affectation de son épargne salariale.
Par ailleurs, le salarié qui quitte l'entreprise doit recevoir un état récapitulatif de l'ensemble des sommes et des valeurs mobilières épargnées ou transférées. Il pourra le présenter à un nouvel employeur et envisager avec lui la poursuite des contrats liés à l'épargne salariale.

Fiche ressource 3

L'intéressement des salariés

L'intéressement est un dispositif facultatif permettant d'attribuer aux salariés des primes conditionnées par les performances de l'entreprise.

I La mise en place de l'intéressement

La mise en place d'un dispositif d'intéressement est possible dans toute entreprise, quels que soient son effectif, la nature de son activité ou sa forme juridique. L'accord peut être conclu dans les mêmes formes et les mêmes conditions qu'un accord de participation.

1. Les bénéficiaires individuels

Les bénéficiaires sont les salariés, avec une condition d'ancienneté (maximum 3 mois). Les dirigeants peuvent aussi en bénéficier, même s'ils n'ont pas de contrat de travail.

2. Le calcul de la prime d'intéressement

Le contenu de l'accord est laissé à l'initiative des parties, mais les critères doivent être aléatoires et la prime ne doit se substituer à aucun des éléments du salaire en vigueur dans l'entreprise. Le montant global ne peut pas dépasser 20 % de la masse salariale.

> **Exemple**
>
> Dans la société Durandal, un premier accord d'intéressement a été signé fin 2015 avec les délégués syndicaux. L'accord prévoit que les salariés se partageront une prime globale d'intéressement dont le montant sera négocié chaque année. La prime est versée en totalité si 2 objectifs sont atteints :
> – un ratio Excédent brut d'exploitation (EBE) / Chiffre d'affaires au moins égal à 40 % ;
> – aucun accident grave du travail.
>
> Le montant de la prime est dégressif en fonction de l'atteinte partielle des objectifs.
>
> Au titre de l'exercice 2015, l'intéressement s'élève à 48 673 €. L'AGO qui adopte les comptes se réunit le 25 avril 2016.

3. La répartition de l'intéressement

Le seuil de déclenchement et les modalités de répartition entre les salariés sont déterminés dans l'accord d'intéressement. On peut utiliser l'un des critères suivants ou les combiner :

- uniforme entre bénéficiaires, éventuellement sous condition d'ancienneté ;
- proportionnelle au temps de présence dans l'entreprise ;
- proportionnelle au salaire brut perçu.

Le montant individuel perçu ne peut pas dépasser la moitié du plafond annuel de la Sécurité sociale (PASS), soit 19 308 € pour 2016. L'entreprise peut décider de verser un supplément d'intéressement, qui ne peut dépasser la moitié du PASS.
Le licenciement d'un salarié, sa démission ou son départ à la retraite ne remettent pas en cause le droit à percevoir la prime d'intéressement.

4. L'affectation de l'intéressement

Le salarié doit exercer un choix pour le versement de sa prime d'intéressement :

- soit le versement immédiat, auquel cas les sommes sont imposables à l'impôt sur le revenu ;
- soit le placement dans un plan d'épargne, PEE, PEI ou PERCO, qui proposent des fonds communs de placement d'entreprise (FCPE).

L'accord d'intéressement énumère les produits d'épargne qui sont proposés aux salariés. L'un d'entre eux est obligatoirement peu risqué.
Chaque salarié est libre de répartir les avoirs entre les différents fonds et d'effectuer des transferts d'un fonds vers un autre. Si le salarié n'exprime pas son choix, la totalité des sommes est placée sur un PEE. Dans ce dernier cas, c'est le PEE le moins risqué qui est retenu.

II L'enregistrement comptable de l'intéressement

1. Étape 1 – À la clôture de l'exercice

L'intéressement et le forfait social sont comptabilisés en charges.

Exemple

Comme il s'agit du premier accord d'intéressement conclu par la société Durandal, le taux du forfait social est réduit à 8 % au lieu de 20 %. Il s'élève donc à 3 894 €.

		31/12/15		
6487		Autres charges de personnel – Intéressement	48 673	
	4286	Autres charges de personnel à payer – Intéressement		48 673
6451		Cotisations à l'Urssaf – Forfait social	3 894	
	4386	Organismes sociaux – Charges à payer – Forfait social		3 894

2. Étape 2 – À la date de l'AGO annuelle : adoption des comptes

L'intéressement n'est pas une répartition du résultat, comme la participation. Il s'agit d'un complément de salaire, avec l'avantage d'une exonération de cotisations sociales.

Exemple

		25/04/2016		
4286		Autres charges de personnel à payer – Intéressement	48 673	
	421	Personnel, rémunérations dues – Intéressement		48 673

3. Étape 3 – Affectation des sommes issues de l'intéressement

L'entreprise informe chaque salarié de la prime d'intéressement qui lui est attribuée. Le salarié dispose alors de 15 jours pour se décider. À défaut, tout est placé sur un PEE peu risqué.

Exemple

Pour la société Durandal, le montant à retenir au titre de la CSG/CRDS est de : 48 673 × 8 % = 3 894 €. Le solde disponible est donc de : 48 673 – 3 894 = 44 779 €.

Les salariés ont exprimé leur choix dans les 15 jours suivant le courrier d'information, expédié le 27 avril 2016. Le service comptable établit le 12 mai 2016 un document récapitulatif.
Le montant à verser immédiatement, en fonction des choix exprimés par les salariés, s'élève à 35 687 €. Le complément, soit 9 092 €, est placé sur des plans d'épargne tenus par un organisme financier extérieur. La société Durandal verse également à l'Urssaf le total de la CSG/CRDS, augmenté du forfait social.

		18/05/2016		
421		Personnel, rémunérations dues – Intéressement	3 894	
	431	Urssaf		3 894
421		Personnel, rémunérations dues – Intéressement	35 687	
	512	Banque		35 687
421		Personnel, rémunérations dues – Intéressement	9 092	
	512	Banque		9 092
4386		Organismes sociaux – Charges à payer – Forfait social	3 894	
431		Urssaf	3 894	
	512	Banque		7 788

III Le régime social et fiscal de l'intéressement

Comme pour la participation des salariés aux résultats, la prime d'intéressement est exonérée de cotisations sociales, patronales et salariales. Toutefois, le montant perçu par le salarié est amputé du montant de la CSG/CDRS, calculé au taux de 8 % sur 100 % de la base.
Concernant les impôts directs, le montant de l'intéressement est déductible du résultat fiscal de l'exercice au titre duquel il est calculé. De plus, l'employeur supporte un forfait social calculé au taux de 20 %, mais il peut éventuellement bénéficier du taux réduit de 8 %.
Pour le salarié, la somme perçue est imposable à l'impôt sur le revenu, sauf si les sommes sont placées sur un plan d'épargne d'entreprise.

Applications

1 La participation des salariés

La société anonyme Pikasso travaille pour de grands groupes de distribution. Elle est chargée de repeindre les bâtiments des hypermarchés. Elle emploie 80 salariés. La société est soumise à la participation des salariés aux résultats de l'entreprise. Il vous est demandé de préparer l'ensemble des traitements comptables et fiscaux pour l'exercice 20N (document 1) et 20N+1 (document 2).

1. **Pourquoi la société Pikasso est-elle soumise à la participation des salariés ? Où allez-vous trouver la formule de calcul de la réserve de participation ?**
2. **Sachant que la formule applicable est la formule légale, calculez puis comptabilisez la participation due au titre de 20N. Arrondir le montant à la centaine d'euros supérieure.**
3. **Contrôlez la valeur du terme B.**
4. **Calculez le résultat net comptable de l'exercice 20N.**
5. **Présentez toutes les écritures relatives à la participation qui doivent être passées en comptabilité au cours de l'année 20N+1.**
6. **Quel est le traitement fiscal de la participation due au titre de l'exercice 20N ? Quel sera-t-il au cours de l'exercice 20N+1 ?**

Document 1 Informations comptables et fiscales sur l'exercice 20N

Au 31/12/20N, les services comptables ont déterminé les montants suivants pour calculer la participation au titre de l'exercice 20N :

- B = 212 000 €
- S = 3 669 810 €
- VA = 7 222 564 €
- C = 489 700 €

Le résultat comptable avant impôt et participation est de 198 000 €.
Le résultat fiscal imposable au taux normal est de 318 000 €.
Le taux du forfait social est de 20 %.
Il n'est pas tenu compte du forfait social pour le calcul de la prime de participation.

Document 2 Informations relatives à l'exercice 20N+1

L'assemblée générale ordinaire annuelle des actionnaires s'est tenue le 23 mars 20N+1. Conformément aux décisions prises par les salariés, la totalité de la réserve de participation est versée sur un PERCO géré par un organisme financier extérieur. Le versement a eu lieu le 30 mars 20N+1.

2 L'intéressement des salariés

La société VéloPassions fabrique et commercialise des vélos. Elle a son siège social à Bordeaux. Les clients sont essentiellement des collectivités locales qui veulent proposer aux habitants un mode écologique de déplacement. Afin de fidéliser et de motiver les salariés de l'entreprise, le PDG de la société, M. Labroille, a signé le 31 mars 20N avec les représentants du personnel de la société un accord d'intéressement pour une durée de 3 ans.
En 20N+1, on vous demande de participer aux travaux de mise en œuvre de cet accord. Vous disposez d'un extrait des soldes intermédiaires de gestion de l'entreprise (document 1) et de l'accord d'intéressement (document 2).

1 Calculez le montant total de l'intéressement brut au titre de l'exercice 20N.

Conformément aux dispositions réglementaires, les salariés doivent être informés du montant de leur prime d'intéressement. Un publipostage est envisagé.

2 À l'aide des documents 2 et 3, calculez pour la salariée Pascale Corey : la prime d'intéressement brute ; la CSG/CRDS retenue ; la prime nette.

3 Préparez la lettre-type de publipostage, en date du 1er mars 20N+1, destinée à informer chaque salarié de ses droits en matière d'intéressement conformément aux précisions de M. Labroille et de Mme Konta.

4 En utilisant un tableur, élaborez le document permettant de calculer le montant de la prime de participation attribuée à chaque salarié.

Document 1 Extrait du tableau des soldes intermédiaires de gestion établi au 31/12/20N

Chiffre d'affaires (CA)	5 212 500,00 €	Excédent brut d'exploitation (EBE)	158 630,00 €
Production	96 670,00 €	Résultat d'exploitation	131 120,00 €
Valeur ajoutée (VA)	1 341 440,00 €	Résultat courant avant impôts (RCAI)	133 360,00 €

Document 2 Extraits de l'accord d'intéressement signé le 31 mars 20N

[...]
Article 4 - Modalités et calcul de l'intéressement
Le système d'intéressement, dans sa forme collective, dépend des résultats de la société.
Il est calculé selon les modalités suivantes :

Conditions	Montant de l'intéressement
Si VA/CA ≤ 20 %	0
Si 20 % < VA/CA ≤ 25 %	10 % du RCAI
Si VA/CA > 25%	15 % du RCAI

L'intéressement brut est soumis à la contribution sociale généralisée (CSG) et à la contribution au remboursement de la dette sociale (CRDS).

Article 5 – Répartition de l'intéressement
Le montant global de la prime d'intéressement nette sera réparti de la manière suivante :
– 60 % proportionnellement aux salaires bruts perçus au cours de l'exercice considéré. Ces salaires sont éventuellement reconstitués en cas d'absence pour maternité ou accident du travail ;
– 40 % à parts égales entre chaque salarié.
Article 6 – Versement de l'intéressement
[...] Les membres du personnel qui le souhaiteront pourront verser tout ou partie de leur prime d'intéressement sur le plan d'épargne interentreprises InterPlan dans les conditions et selon les modalités définis par le règlement de ce plan.

Document 3 **Données sociales de VéloPassions pour 20N (extraits)**

Civilité	Nom	Prénom	Rue	Code postal	Ville	Salaire brut
[...]						
Monsieur	Karbonyé	Laurent	6, av. de l'Étoile	33000	Bordeaux	17 824,60 €
Madame	Corey	Pascale	17, place Martin	33170	Gradignan	19 821,43 €
[...]						
					Total des salaires bruts 20N :	482 709,73 €
Nombre de salariés ayant l'ancienneté requise pour bénéficier de l'intéressement : 22						

Document 4 **Courrier de M. Labroille à Mme Konta, responsable comptable**

VéloPassions
4, rue du Général de Gaulle
33000 Bordeaux

NOTE INTERNE

De : M. LABROILLE	À : Mme KONTA
	Date : 1er mars 20N+1
Objet : Précisions sur l'intéressement 20N	

Notre expert-comptable m'a confirmé qu'une lettre d'information doit être remise à chaque salarié. Ce courrier personnalisé doit indiquer :
– le montant total de l'intéressement pour 20N, soit 20 004,00 € ;
– le montant de la prime brute, de la retenue au titre de la CSG et de la CRDS, et du montant net versé à chaque salarié.

Cette lettre doit aussi informer le salarié sur le choix du versement de sa prime nette :
– soit directement en numéraire le 31 mars 20N+1 ;
– soit par affectation sur le plan d'épargne interentreprise InterPlan.

Vous lui rappellerez les délais à respecter et l'incidence de son choix sur l'impôt sur le revenu.

Cordialement
M. Labroille

Je vous laisse le soin de préparer la lettre-type pour notre publipostage.
Les noms des champs de la lettre-type seront présentés entre guillemets.
Exemples :
- pour le nom du salarié : « Nom »
- pour la prime d'intéressement brute : « Prime brute »
- pour la CSG/CRDS, « CSG/CRDS »
- pour la prime nette « Prime nette »
Il faudrait par ailleurs indiquer aux salariés que le choix de l'affectation de leur prime doit nous parvenir avant le 25 mars 2012.
Merci,
Mme Konta

3 Participation et déductibilité du forfait social

La société Pierre d'Or a pour activité la rénovation des bâtiments anciens. Elle est connue pour réaliser un travail de haute qualité, en particulier sur les bâtiments historiques. Le gérant, M. Pierre Daure, a conclu avec ses salariés un accord de participation depuis de nombreuses années. Cet accord arrive à échéance et il faut le renégocier.

La formule de calcul actuelle de la réserve spéciale de participation est la formule légale, sans tenir compte du forfait social. Il est envisagé de la modifier afin de déduire le forfait social du résultat fiscal pour le calcul de la RSP. M. Daure vous sollicite pour étudier l'impact de cette modification. Il vous transmet la méthodologie de calcul (document 1) et les données comptables de l'exercice N (document 2).

1. **Calculez la valeur de la RSP selon la formule légale, sans considérer le forfait social.**
2. **Calculez la valeur de la RSP* en tenant compte du forfait social.**
3. **Que constatez-vous ? Que pensez-vous de l'influence de cette modification sur le déroulement de la renégociation de l'accord de participation ?**

Document 1 La réserve spéciale de participation et le forfait social

Avec la formule légale, la RSP est calculée à partir du résultat fiscal imposable au taux normal net d'impôt : RSP = ½ (B – 5 % de C) × S/Va.

Où : **B** = bénéfice net fiscal — **S** = salaires bruts
C = capitaux propres — **Va** = valeur ajoutée

La RSP est exonérée de cotisations sociales (à l'exception de la CSG/CRDS), mais l'employeur est tenu de verser un forfait social (FS) égal, en principe, à 20 % de la RSP.
Le forfait social est une charge déductible pour le calcul du résultat fiscal (RF) de l'exercice N. Il diminue la valeur du bénéfice net fiscal (B). Il y a donc une double relation mathématique : le forfait social dépend de la RSP et la RSP dépend du forfait social.
Certaines entreprises ne tiennent pas compte du forfait social pour calculer la RSP, d'autres l'intègrent. Il faut alors résoudre un système d'équations et calculer la RSP « en dedans ».
Pour une société soumise à l'impôt sur les sociétés (IS) au taux de 33,1/3 %, on a :

$$\begin{cases} B = (RF - FS) - IS = 2/3\ (RF - FS) \\ RSP = ½\ (B - 5\ \%\ de\ C) \times S/Va \\ FS = 20\ \%\ de\ RSP \end{cases}$$

Pour résoudre le problème, on peut soit utiliser le module Solveur du tableur, soit calculer en deux temps la RSP :

1. On calcule d'abord la RSP provisoire en appliquant la formule légale.
2. On calcule ensuite la RSP définitive (RSP*), puis le forfait social définitif (FS*) en appliquant la formule suivante : RSP* = RSP / [1 + (20 % x 1/3 x S/Va)]

Exemple : La société Maghe applique la formule légale. Elle est soumise au taux de 20 % pour le forfait social, a un ratio S/Va de 40 % et une RSP de 65 322 €. On aura alors :
RSP* = 65 322 / [1 + (20 % x 1/3 x 40 %)] = 63 625,33 €
FS* = 63 625,33 x 20 % = 12 725,07 €

Document 2 Informations comptables relatives à l'exercice 20N

B = 456 200 €	**S** = 1 986 378 €	**VA** = 2 998 455 €	**C** = 211 658 €

Chapitre 11

Le tableau de bord social

Activité	Situation de travail	Compétence
4.3. Gestion comptable de la paie et information des salariés	**4.3.6.** Mise à jour des indicateurs d'un tableau de bord social	Traiter et analyser les données collectées dans un tableau de bord social

Situation professionnelle

La croissance de la SAS Esthétique et Santé justifie la mise en œuvre d'outils de mesure de la performance, non seulement sur le plan financier, mais aussi sur le plan des ressources humaines.
Dans cette optique, vous avez participé avec M. Lange à une formation sur les tableaux de bord sociaux. M. Lange n'a pas été en mesure d'assister à l'intégralité des modules de la formation proposés et compte sur vous pour lui restituer les éléments essentiels de cette formation. Il a d'ailleurs pour projet de concevoir un bilan social pour l'entreprise même si l'effectif de la société n'a pas atteint le seuil légal d'obligation de produire cet outil de gestion.

Mission

Vous devez restituer les principaux éléments de la formation sur les tableaux de bord auprès de M. Lange. La société doit maîtriser cet outil de mesure de la performance afin de mettre en place des tableaux de bord pour le suivi des ressources humaines.

Travail à faire

I Informer sur l'objectif d'un tableau de bord

M. Lange vous sollicite pour lui expliquer les principes fondamentaux d'un tableau de bord. Pour ce faire, il vous soumet l'exemple qui a été remis par l'intervenant lors de la formation que vous avez suivie.

1. **Précisez quels sont les indicateurs qui ont été retenus dans ce tableau de bord.**

2. **Quels sont les éléments de performance que le concepteur cherche à mesurer grâce à ce document ?**

Fiche ressource 1
Annexe 1

M. Lange a bien compris la finalité du tableau de bord mais il vous sollicite pour vérifier qu'il interprète correctement le document.

3. **Réalisez une analyse du tableau de bord fourni par le formateur pour la soumettre à M. Lange.**

4. **Quel est l'intérêt d'utiliser les représentations graphiques pour mesurer la performance de certains processus dans l'entreprise ?**

Fiche ressource 2
Fiche ressource 3
Annexe 1

II Évaluer la portée d'un tableau de bord social

Disposer d'un bilan social est un des grands projets de la société Esthétique et Santé. Le projet de développement de la société justifie, pour Monsieur Lange, de disposer d'un document de suivi des ressources humaines et de leur évolution. Avant de se lancer dans la conception de ce document, la direction a besoin de mieux maîtriser cet outil de gestion.

5. **Pourquoi peut-on affirmer qu'un bilan social constitue un tableau de bord à part entière ?**

Fiche ressource 4

6. **Quels sont les chapitres du bilan social qui justifient l'intervention des services comptables et financiers ?**

7. **Quelles sont les principales difficultés qu'une entreprise peut rencontrer pour élaborer un bilan social ?**

Données de la situation

Annexe 1 Tableau de bord remis en formation

TABLEAU DE BORD DES RESSOURCES HUMAINES

I - Analyse de l'absentéisme

TAUX D'ABSENTÉISME

MOTIFS	JUIN N	JUILLET N	AOÛT N	SEPTEMBRE N	OCTOBRE N
Maladie	3,4 %	3,0 %	0,9 %	2,6 %	0,4 %
Accident du travail	0,2 %	0,3 %	0,0 %	0,4 %	0,0 %
Congé exceptionnel	1,1 %	0,8 %	0,2 %	0,2 %	0,2 %
Formation	0,7 %	0,3 %	0,0 %	1,0 %	0,7 %
VALEURS GLOBALES	5,3 %	4,4 %	1,1 %	4,2 %	1,3 %

RÉPARTITION DE L'ABSENTÉISME DE LA PÉRIODE SELON LE MOTIF

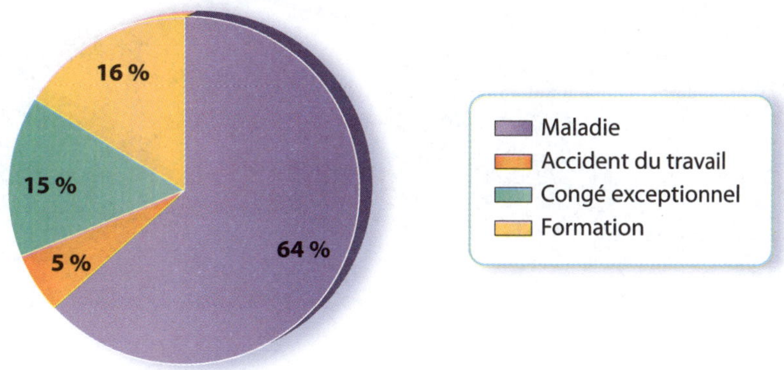

ÉVOLUTION DE L'ABSENTÉISME SUR LA PÉRIODE

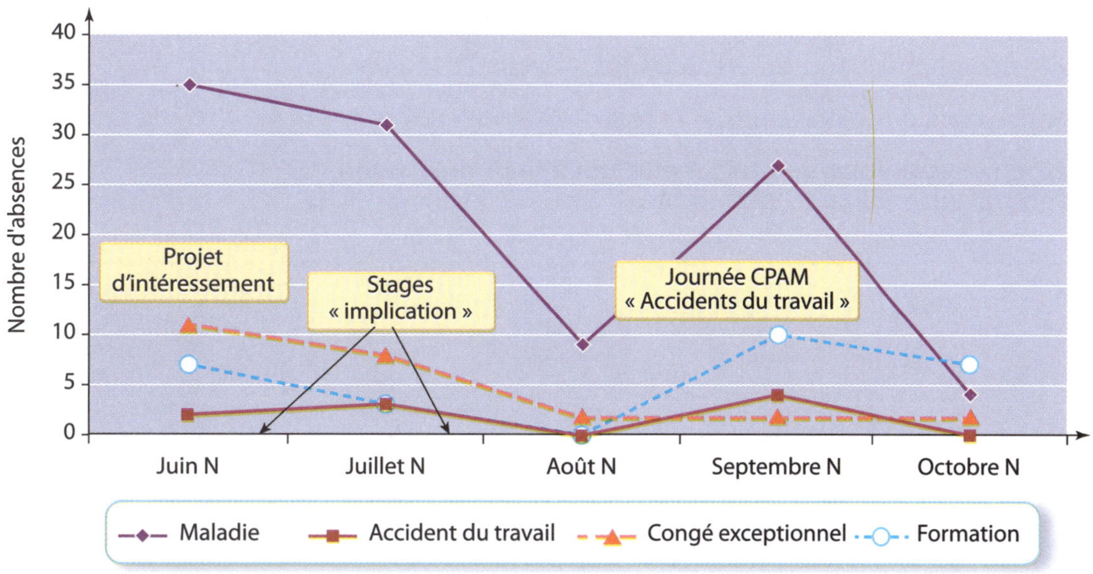

Annexe 1 (suite)

Informations complémentaires données par le formateur pour l'analyse du tableau de bord

L'entreprise dans laquelle nous nous situons est une société de transport express qui emploie une cinquantaine de salariés.

Cette structure connaît un problème d'absentéisme que la direction a voulu enrayer en mettant en œuvre un certain nombre d'actions correctives :

- Enquête de satisfaction auprès de la clientèle : avril
- Journées de sensibilisation « relations-clientèle » : 25-26-27 mai
- Mise en place d'une nouvelle procédure de suivi des colis : 30 mai
- Information sur un projet d'intéressement du personnel : 31 mai
- Stages d'implication du personnel : 28-29 juin ; 20-21 juillet
- Journées CPAM (caisse primaire d'assurance maladie) « prévention accidents du travail » : 15-16-17 septembre

Fiche ressource 1

Les indicateurs d'un tableau de bord

Dans un véhicule, le tableau de bord informe le conducteur d'une situation particulière : niveau d'essence faible, vitesse, alerte de panne… Correctement informé, l'utilisateur doit adapter son attitude aux indications émises. Le tableau de bord de gestion répond aux mêmes objectifs.

I Qu'est-ce qu'un indicateur ?

Il s'agit d'une **information choisie** dans le but de **mesurer les objectifs** assignés au sein d'une entité (ex. : entreprise, service), d'un processus (ex. : fabrication du produit A), d'une activité ou d'un projet (amélioration de l'accueil téléphonique). Un indicateur mesure la performance du domaine étudié.

> Exemple
> Pour mesurer la qualité de l'accueil téléphonique (critère de performance), on va étudier le taux de satisfaction des interlocuteurs (indicateur).

Les indicateurs d'un tableau de bord permettent à la fois d'analyser la situation au moment où les données sont produites et d'observer les évolutions de la performance à intervalles réguliers.

II La sélection des indicateurs

Pour construire un tableau de bord, il faut sélectionner les indicateurs qui traduisent au mieux la performance à mesurer.

Deux angles d'analyse sont nécessaires :

- les résultats obtenus ;

> Exemple
> Le taux de satisfaction du client.

- les moyens ou ressources mis en œuvre.

> Exemple
> La formation des assistants à l'accueil téléphonique.

Certains indicateurs vont traduire un état, une situation à un instant T. Il donne un ordre de grandeur (nombre d'heures de formation). D'autres sont dynamiques par définition puisqu'ils vont traduire une évolution qui facilite la comparaison (évolution des dépenses de formation consacrées à l'accueil téléphonique).

La qualité d'un indicateur est conditionnée par sa pertinence ; il doit être représentatif de la « chose » à apprécier et sensible à ses évolutions. Il doit également être facile à interpréter par tous les acteurs concernés, ce qui suppose un consensus. Il faut enfin qu'il soit rapide à obtenir pour agir en cas d'écarts par rapport aux prévisions.

III La variété des indicateurs

1. Une valeur le plus souvent quantitative

Un indicateur peut être :

- un simple nombre : comptage ou valeur avec une unité (temps, valeur monétaire…) ;

> Exemple
> Nombre de jours d'absence du personnel.

- une valeur statistique : une moyenne ;

> Exemple
> Salaire moyen des ouvriers.

- un taux : un rapport entre valeurs de même unité ;

> **Exemple**
> Salaires des moins de 30 ans / total des salaires du personnel de la période = 9 % de la masse salariale.

- un ratio : un rapport entre valeurs d'unités différentes ;

> **Exemple**
> Nombre de jours d'absence / effectif de l'atelier = 3,5 jours par salarié.

- une note : évaluation obtenue à l'aide d'une grille.

> **Exemple**
> Niveau de motivation : 16/20.

La matérialisation d'un indicateur par un taux ou un ratio présente l'avantage d'obtenir une évolution relative.

2. Des exemples d'indicateurs

Objets mesurés : critères de performance	Indicateurs
Niveau de rémunération	– Salaires versés éventuellement par catégorie de salariés – Taux d'évolution des rémunérations
Motivation du personnel	– Taux d'absentéisme – Turnover : (entrées + sorties) / effectif – Évolution de la participation aux activités du comité d'entreprise
Qualité du travail	– Nombre de réclamations clients – Nombre de pièces défectueuses – Taux de retour des produits
Retombées de salons professionnels	– Nombre de visiteurs – Nombre de commandes passées / visiteurs – Note sur la qualité de l'accueil – Nombre de contacts / nombre de commerciaux

3. Une représentation souvent imagée

Il est fréquent d'utiliser une représentation graphique des indicateurs dans un tableau de bord : nuage de points, courbe, histogramme, diagramme à secteurs. Des symboles représentatifs peuvent aussi être intégrés :

Symboles	Signification
→	Stabilité d'un état
↘ 👎	Baisse, diminution, décroissance, ralentissement
↗ 👍	Hausse, augmentation, croissance, accélération
☺	Constat satisfaisant
😐	Constat de stabilité
☹	Constat inquiétant

Fiche ressource 2

L'utilisation d'un tableau de bord : conception et interprétation

Un tableau de bord doit être facile à lire et à interpréter. Le choix des indicateurs est essentiel mais la mise en forme est centrale dans son interprétation.

I Les étapes de conception d'un tableau de bord

Des logiciels spécialisés existent, souvent couplés aux modules RH-Paie (Ciel, Sage, Cegid). Dans de nombreuses entreprises, les tableaux de bord sont **réalisés avec un tableur**. On distingue trois phases dans la conception d'un tableau de bord :

- la collecte des données brutes par saisie, extraction ou exportation d'une base de données d'un logiciel spécialisé vers le tableur ;
- le traitement des données brutes afin de les synthétiser dans un tableau (ces données peuvent faire l'objet d'une feuille de calcul séparée et ne sont pas obligatoirement communiquées) ;
- la mise en forme du tableau des indicateurs.

II Exemple de tableau de bord pour une société prestataire de formations

Activité des formateurs - Groupe 1 bureautique

Formateurs	Objectif moyen par mois (jours de formation)	Janvier	Février	Mars	Avril	Mai	Juin	Cumul réel	Objectif en jours de formation	Écart	Atteinte des objectifs
Christophe	12	12	*9*	14	18	13	12	78	72	6	108 %
Brigitte	16	*12*	*12*	*13*	16	*15*	16	84	96	–12	88 %
Sylvain	18	*17*	*16*	18	19	19	20	109	108	1	101 %
Anna	10	*8*	10	11	12	11	13	65	60	5	108 %
TOTAL groupe 1	56	69	65	75	81	84	87	336	336	0	100 %

Mise en forme conditionnelle des cellules dont la valeur est inférieure à l'objectif

Jeu de couleurs

Jours de formation en bureautique à fin juin 2016

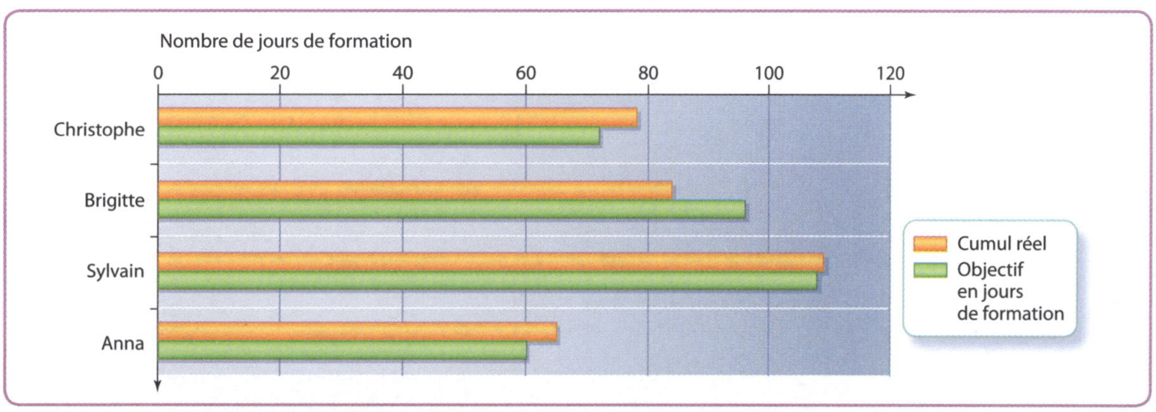

III Interprétation d'un tableau de bord

1. Une lecture analytique

Un tableau de bord de qualité est en mesure de communiquer des tendances de façon visuelle. Toutefois, le reporting RH nécessite des analyses dans le temps (comparaison entre différents mois ou exercices) et dans l'espace (mesure des valeurs d'une entreprise par rapport à une autre ou au regard des valeurs moyennes de la profession). L'approche doit être dynamique. Une valeur n'a pas de signification en soit ; elle doit être comparée.

Pour commenter un tableau de bord, il convient :

- de dégager dans un premier temps les tendances générales ;
- de souligner les informations marquantes ;
- d'expliquer l'origine certaine ou probable des faits relatés dans le tableau de bord.

Dans bien des cas, l'explication des phénomènes requiert l'éclairage d'un spécialiste. Par exemple, la valeur forte du taux d'absentéisme visualisé pour un service va justifier la recherche d'informations complémentaires auprès des cadres de ce service.

2. Le compte-rendu de l'analyse

La forme de l'analyse dépend du ou des destinataires. Il peut s'agir d'un simple courriel pour un reporting courant, de la préparation d'une réunion, avec diaporama en appui, ou d'un rapport d'étude dans le cas d'une demande formelle émanant de la direction ou d'une société-mère.

Dans tous les cas, une structure claire des commentaires est indispensable pour une communication efficace.

Fiche ressource 3

Les représentations graphiques dans un tableau de bord

Le graphique est une représentation visuelle de données chiffrées qui se suffit à elle-même et permet de bannir tout texte. Il est particulièrement utile pour mettre en valeur les indicateurs d'un tableau de bord. La principale difficulté réside dans le choix du type de graphique.

Pour choisir le graphique adéquat, il suffit de répondre à une seule question : doit-on visualiser une évolution, une répartition ou une comparaison ?

I Le graphique d'évolution

La courbe permet de visualiser l'évolution d'un paramètre.

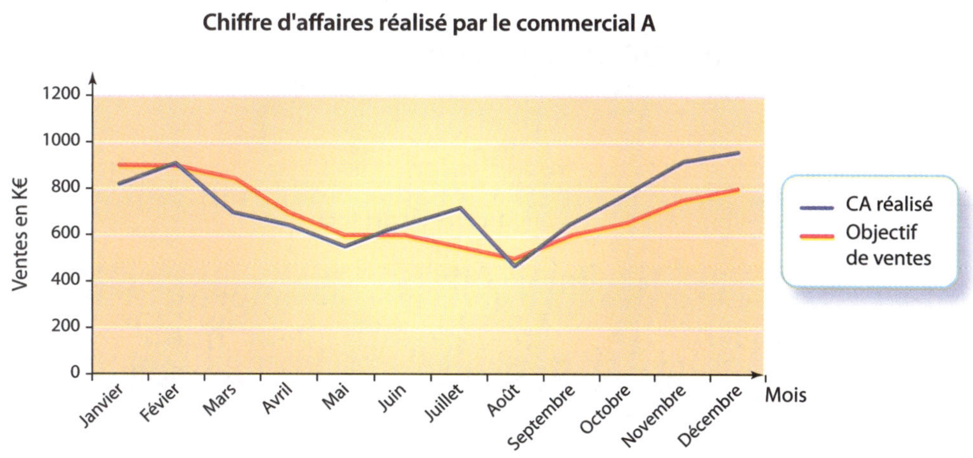

II Les graphiques de répartition

Ces diagrammes montrent une répartition entre différents critères. Les données sont exprimées en pourcentages.

1. Le diagramme à secteurs (plus communément appelé « camembert »)

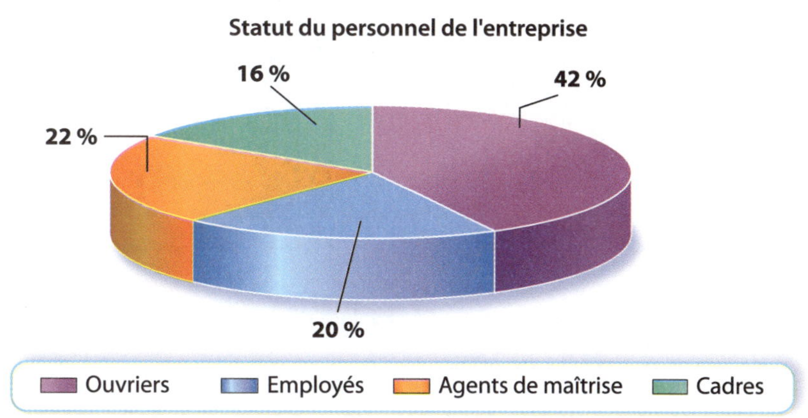

2. Le diagramme à colonnes ou tronçons

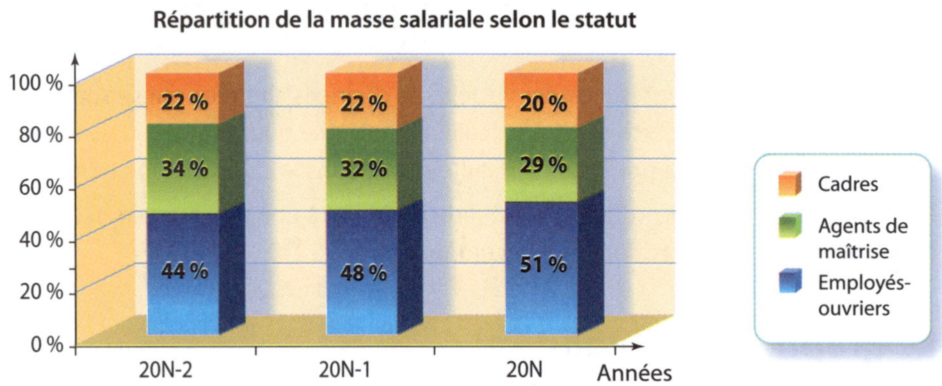

III Les graphiques de comparaison

1. L'histogramme

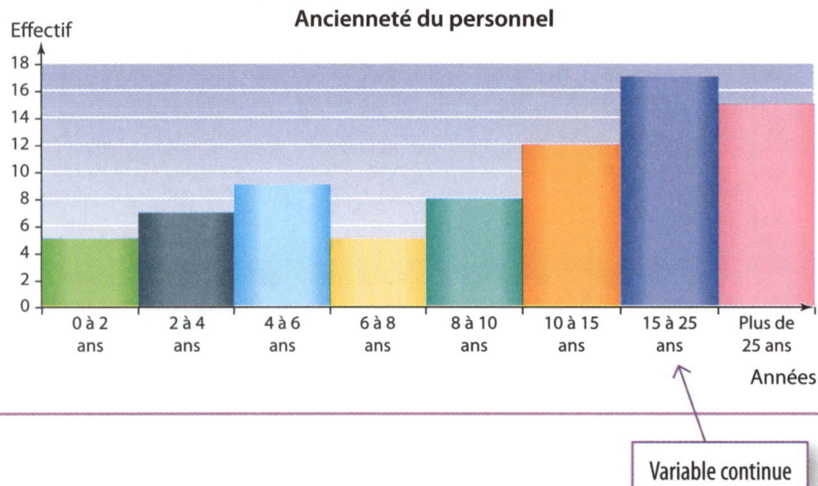

2. Le diagramme en bâtons

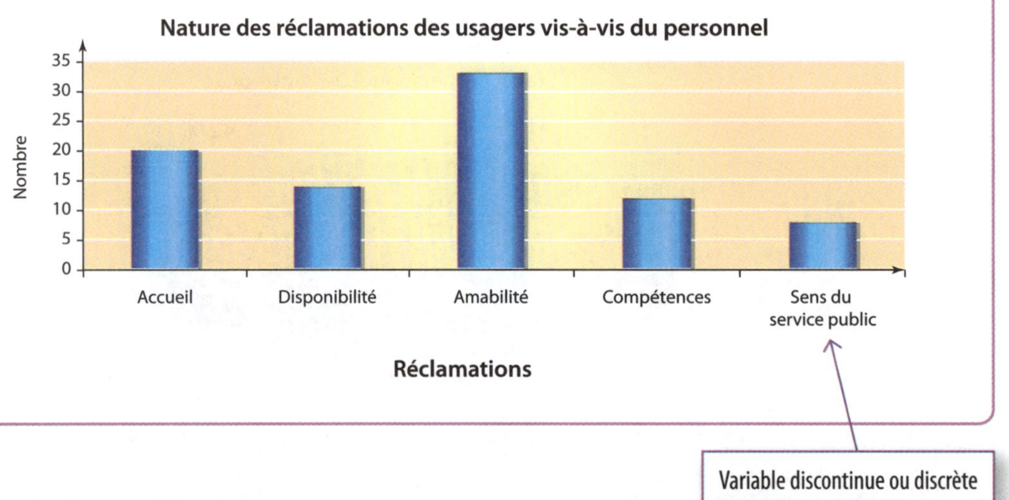

Fiche ressource 4

Un exemple de tableau de bord des RH : le bilan social

Le bilan social est une obligation prévue au Code du travail dans ses articles L. 2323-68 à L. 2323-77 et R. 2323-17. Il a été créé par la loi 77-769 du 12 juillet 1977 qui le rend obligatoire dans les entreprises d'au moins 300 salariés. Pour les entreprises en deçà de ce seuil, il constitue un tableau de bord social intéressant.

I Les contenus du bilan social

1. Définition

Le bilan social récapitule en un document unique les principales données chiffrées permettant d'apprécier la situation de l'entreprise dans le domaine social, d'enregistrer les réalisations effectuées et de mesurer les changements intervenus au cours de l'année écoulée et des deux années précédentes.

Il est à noter qu'une organisation qui atteint pour la première fois le seuil de 300 salariés n'a pour obligation que la production des données pour l'année écoulée.

2. Une structure en « chapitres »

Il comporte 7 chapitres :

- l'emploi ;
- la rémunération ;
- l'hygiène et la sécurité ;
- les conditions de travail ;
- la formation ;
- les relations professionnelles ;
- les conditions de vie dans l'entreprise.

II Les obligations de diffusion du bilan social

Les entreprises ou établissements dont l'effectif est supérieur à 300 personnes ont l'obligation de publier leur bilan social. Il ne devient définitif qu'après consultation du comité d'entreprise (dans un délai maximal de 4 mois après la clôture annuelle de l'exercice).

Chaque salarié ou actionnaire peut obtenir gratuitement un exemplaire du bilan social. Ce document est également envoyé à l'inspecteur du travail (avec le procès-verbal du comité d'entreprise) et remis aux commissaires aux comptes qui ont pour mission de vérifier la sincérité des données.

III L'utilité du bilan social : un outil de suivi et de gestion des ressources humaines

1. Un outil d'information pour les représentants du personnel

Les données du bilan social constituent un support d'information précieux pour les représentants du personnel (délégués du personnel, syndicats et comité d'entreprise).

Cette synthèse est exploitable pour les négociations de la direction avec les partenaires sociaux en matière de rémunération, d'évolution des effectifs, d'égalité hommes/femmes ou encore dans le cadre de politiques de formation et d'évolution des compétences.

2. Un outil de gestion sociale

Au-delà des aspects légaux, les managers doivent s'approprier ce tableau de bord social pour analyser les particularités des ressources humaines de l'organisation.

Une pyramide des âges, pour mettre en évidence le vieillissement des effectifs, justifie la mise en œuvre d'actions de renouvellement des collaborateurs. Un écart entre la rémunération moyenne des salariés cadres masculins et leurs collègues féminins constitue également une indication sur la nécessité d'initier des actions correctives de ce dysfonctionnement.

3. Une conception collective

La diversité des champs d'étude des 7 chapitres du bilan social requiert la collaboration de nombreux services de l'organisation. Les données brutes servant à concevoir le document sont issues de nombreux processus mais les services comptables et financiers sont logiquement les plus sollicités pour ce projet.

Des extractions des progiciels de paie et de GRH sont nécessaires pour disposer des salaires, des embauches et des départs, de l'évolution de l'absentéisme ou encore des actions de formation.

La centralisation et la mise en forme du document reviennent aux services de gestion des ressources humaines qui utiliseront, le plus souvent, une mise en page privilégiant tableaux et graphiques.

Exemple

Contenu d'un bilan social d'une entreprise industrielle.

CHAPITRE 2 – La rémunération

Rémunérations mensuelles brutes moyennes

Statut des salariés	Moyenne salariés	Hommes	Femmes
Cadres	4 507 €	4 830 €	2 894 €
Agents de maîtrise	2 856 €	2 953 €	2 224 €
Employés	2 105 €	2 521 €	1 957 €
Ouvriers	2 155 €	2 163 €	1 993 €

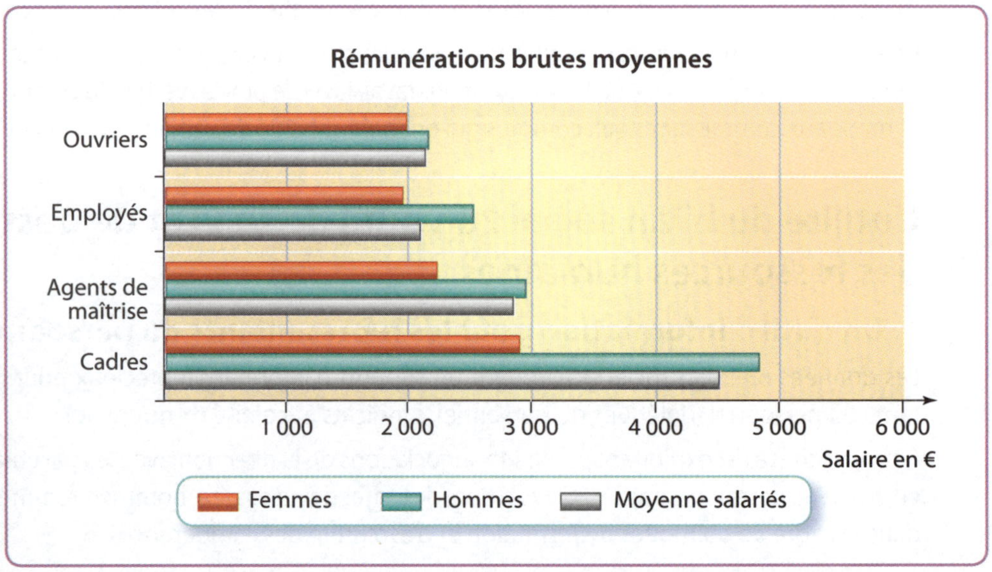

Applications

1 Proposer des indicateurs

Vous réalisez votre stage dans les services administratifs de la communauté de communes de Nerval. Il s'agit d'un EPCI (établissement public de coopération intercommunale) qui regroupe cinq communes adhérentes afin de mutualiser leurs moyens. Cet établissement couvre une population de 12 250 habitants mais les évolutions législatives récentes (loi MAPTAM de 2014) l'obligent à franchir le seuil de 15 000 habitants en s'associant à une nouvelle commune.

Les fonctions de gestion des ressources humaines sont déjà assurées par les services administratifs de l'actuel regroupement.

Compte tenu de la croissance imposée par la loi pour la communauté de communes, les cadres de la structure ont des interrogations sur le climat social dans l'établissement et vous confient la mission d'impulser la création d'un tableau de bord et de réfléchir à un certain nombre d'indicateurs. Cette réflexion a pour but d'intégrer de nouveaux collaborateurs dans de bonnes conditions.

La première réunion sur le sujet a permis de dégager quelques pistes de réflexion pour orienter vos propositions :

- la motivation du personnel ne semble pas optimale ;
- la formation des agents est-elle suffisante au regard de ce qui se pratique dans les structures publiques semblables à la nôtre ?
- les agents ne se sentent pas toujours reconnus dans l'exercice de leurs fonctions ;
- la politique de rémunération est-elle suffisamment valorisante ?

Le responsable des ressources humaines précise que les services administratifs disposent de nombreuses données liées aux mouvements du personnel, aux rémunérations et à la politique de formation. Il vous assure également qu'il est tout à fait envisageable de réaliser des enquêtes en interne. Des données globales pour l'ensemble des établissements communautaires de taille similaire sont également disponibles auprès du centre de gestion de la fonction publique du département.

1. **Précisez les éléments qui sont à mesurer (critères de performance).**
2. **Pour chaque élément mis en évidence, proposez des indicateurs possibles en justifiant brièvement vos choix dans la perspective d'une présentation aux décideurs.**
3. **En supposant que des tableaux de bord soient conçus, pourquoi serait-il intéressant de se référer aux données sociales globales détenues par le centre de gestion de la fonction publique du département ?**

2 Interpréter un tableau de bord social

Vous disposez d'un extrait du tableau de bord social d'une jeune entreprise spécialisée dans le conseil en gestion et en informatique à destination de PME. Son effectif est de 95 salariés.

À partir de ces éléments (document), analysez la situation sociale de l'entreprise.

Document Tableau de bord social

Effectif par année

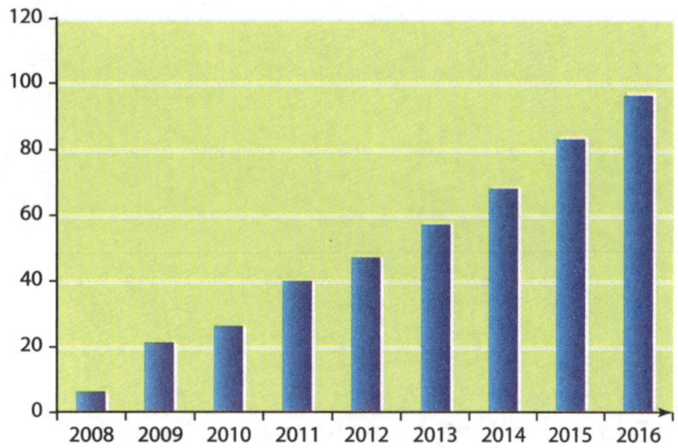

Effectif par service

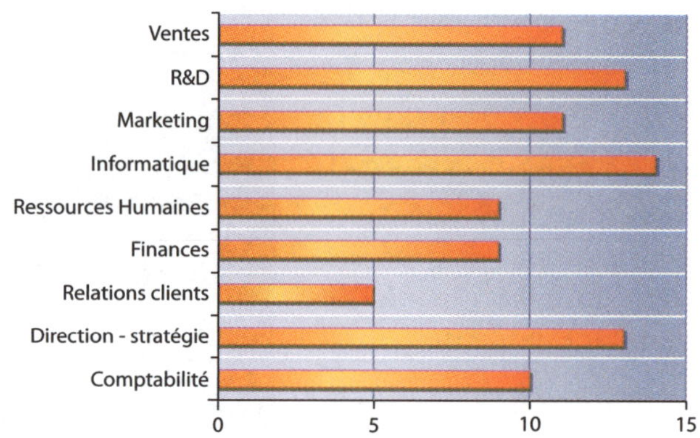

Répartition des salaires annuels

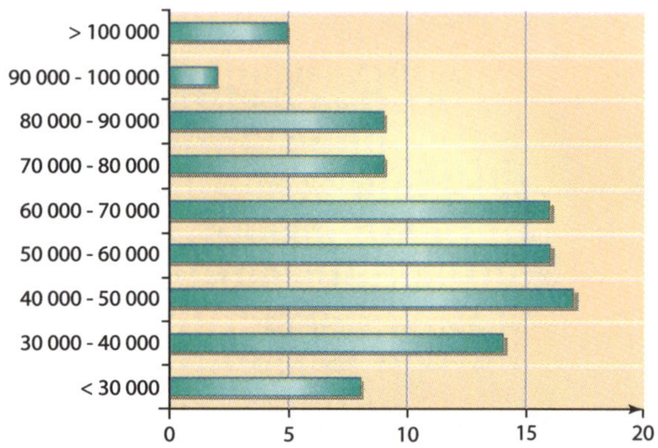

Répartition de la masse salariale

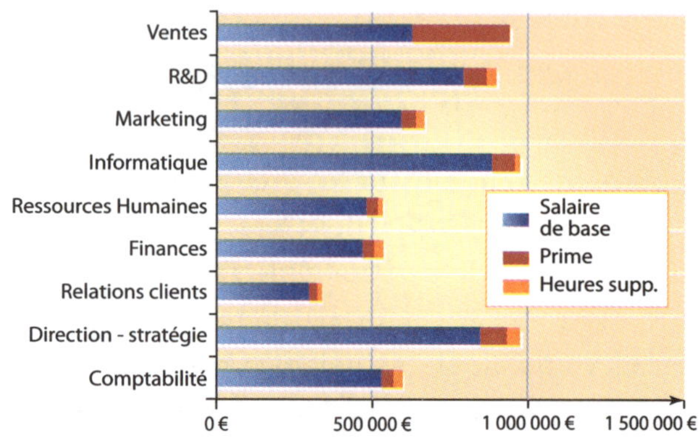

Données sur les services

Services	Salaire base	Prime	Heures supp.	Total	Nombre salariés	Rémunération moyenne	Jours maladie	Jours moyen de maladie par salarié
Comptabilité	532 000 €	40 040 €	28 890 €	600 930 €	10	60 093 €	62	6,2
Direction - stratégie	852 000 €	84 870 €	39 940 €	976 810 €	13	75 139 €	78	6
Relations clients	297 000 €	28 670 €	12 010 €	337 680 €	5	67 536 €	21	4,2
Finances	470 000 €	41 010 €	24 920 €	535 930 €	9	59 548 €	60	6,7
Ressources Humaines	481 000 €	38 870 €	12 570 €	532 440 €	9	59 160 €	50	5,6
Informatique	885 000 €	73 480 €	13 170 €	971 650 €	14	69 404 €	88	6,3
Marketing	594 000 €	51 560 €	17 720 €	663 280 €	11	60 298 €	54	4,9
R&D	792 000 €	78 950 €	27 980 €	898 930 €	13	69 148 €	48	3,7
Ventes	632 000 €	308 430 €	0 €	940 430 €	11	85 494 €	99	9

3 Utiliser et enrichir un tableau de bord social

L'entreprise Kolkiva est un prestataire de services dans le domaine de l'installation, l'entretien et la sécurité d'équipements publics urbains. Cette entreprise emploie en moyenne 200 salariés sur l'agglomération lyonnaise.

La direction des ressources humaines a lancé un projet de création de tableaux de bord. À ce jour, certains indicateurs ont été arrêtés et le directeur souhaite voir avancer le projet pour couvrir les principaux domaines de la gestion sociale de l'entreprise.

Trois missions vous sont confiées :
- interpréter le tableau de bord relatif à la mobilité interne du personnel à partir du support récemment conçu par la DRH (document 1) ;
- proposer les indicateurs de suivi de la politique de formation qui composeront le tableau de bord « Formation » (document 2) ;
- proposer un tableau de bord simple pour assurer le suivi de l'obligation d'emploi de salariés handicapés pour laquelle on vous fournit des pistes de réflexion (document 3).

Réalisez les travaux qui permettent de répondre aux besoins de la DRH.

Document 1 Tableau de bord sur la mobilité interne du personnel

Situation et objectifs

– Implication moindre du personnel dans leur poste de travail : signes de démotivation, absentéisme en hausse, objectifs non atteints de façon plus fréquente.

– Besoins de recrutement en hausse : 25 créations de poste et 10 remplacements pour départs sur les 3 années à venir.

– Évolution des compétences à la hausse.

→ Favoriser la promotion interne pour éviter l'effet « d'usure » professionnelle et développer les progressions de carrière.

Indicateurs

Mobilité interne	N-2	N-1	N	Objectif N	Écart
Ratio de mobilité interne (nombre de recrutements internes/effectif moyen)	4/195	6/202	9/212	20/212	–11
Taux de recrutement en interne (part de la mobilité interne / nombre annuel de recrutements)	15 %	18 %	25 %	60 %	–35 %

Mobilité interne par catégorie	Nombre promotions en N	Taux de mobilité par catégorie en N	
Cadres	4	4/30	13,3 %
Agents de maîtrise	3	3/56	5,4 %
Employés	2	2/126	0,8 %

Document 1 (suite)

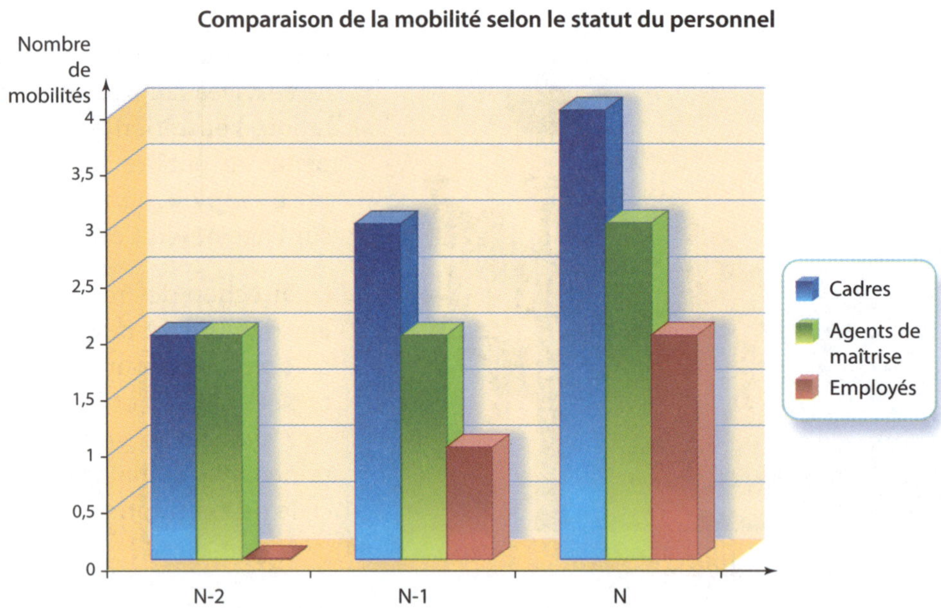

Document 2 Attentes en matière de suivi de la formation

Lors de la dernière séance du comité de pilotage « Un tableau de bord social pour Kolkiva », deux aspects ont été évoqués au sujet de la formation du personnel :

– la formation est inégalement répartie entre les salariés ;
– l'effort de formation est jugé insuffisant et inadapté par certains chefs de service.

Une étude du système d'information RH a permis de recenser les données disponibles sur le thème de la formation :

– les demandes sont saisies pour chaque salarié de l'entreprise ;
– les formations accordées ou refusées sont récapitulées dans le module RH du PGI ;
– les formations suivies, leur thème et leur durée en jours sont disponibles dans nos bases de données ;
– un questionnaire d'évaluation de la formation suivie est complété par le salarié et son chef de service à l'issue du stage.

Document 3 Obligations d'emploi de salariés handicapés

Base juridique

Tout employeur occupant au moins 20 salariés depuis plus de 3 ans est tenu d'employer à plein temps ou à temps partiel des travailleurs handicapés dans une proportion de 6 % de l'effectif total de l'entreprise. Les établissements ne remplissant pas ou que partiellement cette obligation doivent s'acquitter d'une contribution à l'Agefiph, le fonds pour l'insertion professionnelle des personnes handicapées.

Objectifs du tableau de bord

Proposer des indicateurs simples pour :

– dénombrer les salariés répondant à l'obligation légale ;
– distinguer les catégories de handicap du personnel : salariés reconnus handicapés, salariés inaptes reclassés, titulaires d'une allocation temporaire d'invalidité, victimes d'une maladie professionnelle, collaborateurs rattachés à un centre d'aide par le travail (CAT) ;
– évaluer l'atteinte de l'obligation et/ou l'effort à fournir.

agefiph
ouvrir l'emploi
aux personnes handicapées

4 Participer à la réalisation d'un tableau de bord social

La société XHP Papers est spécialisée dans la production de pâte à papier et de ramettes de feuilles. Elle appartient à un grand groupe américain et emploie 950 salariés sur le site de Limoges.

Le responsable d'un service de production est confronté à un problème d'absentéisme. 33 salariés, en majorité masculins, travaillent selon une organisation en 3 × 8 pour une fabrication en continu.

Vous disposez de l'état des absences sur les quatre derniers semestres (document 1), de l'organisation du service (document 2) et des indicateurs d'absentéisme de la profession (document 3).

Afin de mieux visualiser le problème de l'absentéisme dans le service et son évolution sur les deux dernières années, vous devez améliorer la présentation des tableaux de bord disponibles sur un fichier au format de votre tableur (fichier disponible sur le site compagnon du livre).

1 Sur poste informatique :

a) complétez l'état des absences du service afin de calculer les indicateurs d'absentéisme utiles ;

b) visualisez les données sous la forme de graphiques pertinents.

2 Après avoir mis en page le tableau de bord, rédigez un commentaire pour diagnostiquer le problème du service et notamment les causes probables de cette situation.

Document 1 Détail des absences du service

Jours d'absence semestre 1 Année N 1

MOTIFS	Janvier	Février	Mars	Avril	Mai	Juin	TOTAL
Formation	-	5	3	-	2	6	**16**
Maladie	28	35	10	6	67	51	**197**
Accident du travail	10	-	-	-	-	3	**13**
Convenance personnelle	10	9	2	12	24	18	**75**
TOTAL	**48**	**49**	**15**	**18**	**93**	**78**	**301**

Jours d'absence semestre 2 – Année N-1

MOTIFS	Juillet	Août	Septembre	Octobre	Novembre	Décembre	TOTAL
Formation	-	-	15	8	2	7	**32**
Maladie	30	29	23	26	22	61	**191**
Accident du travail	3	-	31	31	9	16	**90**
Convenance personnelle	7	2	12	12	11	7	**51**
TOTAL	**40**	**31**	**81**	**77**	**44**	**91**	**364**

Document 1 (suite)

Jours d'absence semestre 1 – Année N

MOTIFS	Janvier	Février	Mars	Avril	Mai	Juin	TOTAL
Formation	2	3	3	3	8	12	**31**
Maladie	60	59	51	32	29	44	**275**
Accident du travail	3	6	30	-	18	-	**57**
Convenance personnelle	10	-	12	3	-	4	**29**
TOTAL	**75**	**68**	**96**	**38**	**55**	**60**	**392**

Jours d'absence semestre 2 – Année N

MOTIFS	Juillet	Août	Septembre	Octobre	Novembre	Décembre	TOTAL
Formation	-	-	7	6	12	4	**29**
Maladie	64	39	62	28	42	48	**283**
Accident du travail	8	11	22	2	5	8	**56**
Convenance personnelle	12	6	12	17	11	11	**69**
TOTAL	**84**	**56**	**103**	**53**	**70**	**71**	**437**

Document 2 Organisation du travail dans le service

– Le personnel du service travaille 45 semaines par an.
– La durée moyenne du travail est de 35 heures par semaine sur 5 jours.
– L'effectif moyen du service est de 33 personnes.
– Le nombre de jours théoriquement travaillés à l'année pour le service est égal à : 7 425 (33 salariés × 45 semaines × 5 jours)

Document 3 Indicateurs d'absentéisme dans la profession

→ **Taux d'absentéisme (jours d'absence / jours normalement travaillés) :**
• Global : 7,20 %
• Par nature :
  - Maladie 4,40 %
  - Formation 1,40 %
  - Accident du travail 0,12 %
  - Convenance personnelle 1,28 %

→ **Répartition des absences selon le motif :**
• Maladie : 56,50 %
• Formation : 24,00 %
• Accident du travail : 1,50 %
• Convenance personnelle : 18,00 %

5 Contribuer à la réalisation du bilan social

L'entreprise Serfal industries, implantée à proximité de Périgueux en Dordogne (24), fabrique des pièces et des ensembles techniques de précision pour les industries de haute technologie (aéronautique, énergie, médical et défense). L'entreprise a dépassé, pour la première fois depuis sa création, le seuil de 300 salariés cette année. Elle est donc soumise à l'obligation de produire un bilan social.

Un groupe de projet a été créé pour élaborer ce document RH. La conception des 7 chapitres a été répartie entre différents collaborateurs et votre service a en charge la production du chapitre 1 « L'emploi ».

Une requête a été réalisée sur le fichier de paye (document 1) et les données obtenues sont disponibles au format Excel. Le service ressources humaines a récapitulé les mouvements du personnel pour l'exercice écoulé (document 2) et a synthétisé les informations sur les absences (document 3). (Fichier des données disponible sur le site compagnon du livre).

1 À l'aide de la fonction « Tableau croisé dynamique » du tableur, élaborez les tableaux de bord qui constitueront le bilan social pour visualiser :

a) **la répartition des effectifs permanents et temporaires selon leur statut ;**

b) **la situation de la parité hommes/femmes dans l'entreprise ;**

c) **l'âge et l'ancienneté du personnel.**

Vous disposez de toute latitude pour le choix et la mise en forme des informations que vous jugerez utiles mais l'analyse doit être détaillée.

2 Traitez ensuite les mouvements du personnel et les données sur l'absentéisme pour les intégrer au bilan social.

Document 1 Extrait de la requête sur la base de données du personnel au 31/12/2016

Matricule	NOM	PRÉNOM	Sexe	Date de naissance	Statut	Type contrat	Date d'entrée
135	MALVEC	Anna	F	20/05/1961	Employé	CDI	17/08/1996
137	FOURET	Joël	H	18/10/1982	Ouvrier	CDI	29/11/2010
140	DORENO	Aurélie	F	10/11/1988	Cadre	CDI	14/12/2015
145	COURIN	Christian	H	01/05/1961	Cadre	CDI	06/02/1985
147	NOMINET	Yvon	H	21/04/1982	Ouvrier	CDI	20/02/2010
150	CONCALVES	Martha	F	08/07/1994	Agent de maîtrise	CDI	07/01/2016
155	PERINE	John	H	30/09/1962	Cadre	CDI	20/12/1988
157	LEYMARIE	Roland	H	23/10/1981	Ouvrier	CDI	14/05/2009
160	MADOUL	Leila	F	28/05/1984	Agent de maîtrise	CDI	09/12/2006
170	ROMI	Ornella	F	08/03/1997	Agent de maîtrise	CDD	03/09/2016
175	MORUCHON	Jérôme	H	15/07/1990	Cadre	CDD	09/05/2016

Document 2 Données sur les mouvements du personnel

Appels aux travailleurs intérimaires en 2016

Mois	Nombre de contrats	Durée moyenne de la mission
Janvier	33	32
Février	27	25
Mars	22	24
Avril	23	28
Mai	21	25
Juin	26	45
Juillet	28	39
Août	22	44
Septembre	24	45
Octobre	28	40
Novembre	31	32
Décembre	34	30

Embauches en 2016

Catégorie d'emploi	CDI	CDD	Apprentissage
Cadres	4	3	
Techniciens et agents de maîtrise	1	2	
Employés		1	1
Ouvriers	44	6	9

Départs en 2016

Cause	Cadres	Techniciens et agents de maîtrise	Employés	Ouvriers
Démission	1	2		6
Licenciement	2	1	2	4
Fin CDD ou apprentissage	3	2	1	3
Retraite				3
Décès				1
Inaptitude		1	1	2
Transfert	1			1

Document 3 Données sur les absences du personnel

Jours d'absence maladie et accidents du travail en 2016

Catégorie d'emploi	Nombre de jours
Cadres	83
Techniciens et agents de maîtrise	972
Employés	53
Ouvriers	3 076

Chapitre 12

Le contrôle du processus de gestion des relations sociales

Activité	Situations de travail	Compétences
4.4. Contribution à la performance du processus « Gestion des relations sociales » et à la recherche de la sécurisation des opérations	**4.4.1.** Présentation des caractéristiques de l'organisation du processus « Gestion des relations sociales » **4.4.2.** Analyse du processus « Gestion des relations sociales »	– Présenter les principales caractéristiques de l'organisation de la gestion des relations sociales – Analyser le processus « Gestion des relations sociales » et repérer les dysfonctionnements et risques inhérents

Situation professionnelle

Mme Karine, la responsable administrative de l'établissement de Bordeaux, vient d'apprendre à M. Lange qu'elle était enceinte. Pour l'instant, sa grossesse se passe bien et elle peut poursuivre son travail, mais son congé maternité l'éloignera de l'entreprise pour plusieurs mois. Cet « heureux » événement inquiète M. Lange. Il souhaite remplacer Mme Karine par un CDD qui prendra en charge toute la gestion sociale dont elle s'occupe jusque-là.

Mais le travail de Mme Karine n'a jamais fait l'objet d'une formalisation : elle a organisé ses tâches, mais rien n'est écrit et il se demande comment transmettre tout ce savoir au remplaçant.

De plus, l'établissement de Nice ne semble pas aussi bien géré que celui de Bordeaux. En vue des prochaines ouvertures, il pense qu'il faut revoir les fonctionnements de la gestion sociale et mettre en place des procédures fiables.

Mission

Vous participez à la réalisation de l'audit qu'a demandé M. Lange en matière de gestion des congés payés et des départs de salariés. Une première réunion est organisée en présence de Mme Karine.

Travail à faire

I Prendre conscience de l'importance des procédures et des risques

Lors de la réunion avec M. Lange et Mme Karine, vous leur faites remplir deux grilles (annexes 1 et 2) pour analyser l'organisation du processus et en évaluer les risques.

1. **Que peut-on constater à propos des procédures et du contrôle interne dans le questionnaire d'analyse ?**
2. **Les fonctions vous semblent-elles suffisamment séparées dans le processus de gestion de la paie ?**
3. **Quels sont les risques de cette situation ?**
4. **Que peut-on conseiller à M. Lange en matière d'organisation de la gestion sociale d'Esthétique & Santé ?**

Fiche ressource 1
Annexe 1
Annexe 2

En fait, l'entreprise n'a formalisé aucune procédure et les risques de problème sérieux existent. Pour mieux faire comprendre à M. Lange l'importance d'une bonne organisation, vous décidez de prendre comme exemple la procédure de licenciement pour faute.

5. **Présentez les étapes de la procédure et les délais à respecter.**
6. **Quels sont les risques si cette procédure n'est pas respectée ?**
7. **Proposez une formalisation efficace de cette procédure.**

Fiche ressource 1
Annexe 3

II Participer à l'audit de la procédure de gestion des congés payés

La gestion des congés payés inquiète M. Lange. Un audit a été réalisé à ce sujet. Un entretien avec Mme Karine vous permet de vous interroger sur l'application de la loi et sur les problèmes d'organisation. Vous consultez la convention collective à propos des congés payés.

8. **Sur le plan légal, vous constatez deux problèmes dans l'entretien mené. Rédigez des fiches de révélation et d'analyse de problème.**
9. **Sur le plan de l'organisation, quel problème décelez-vous ?**
10. **Que faudrait-il changer pour rendre la procédure plus efficace ?**

Fiche ressource 2
Annexe 4
Annexe 5
Annexe 6

III Mettre en œuvre la procédure de gestion de la durée du travail

M. Lange souhaite que vous prépariez une procédure de gestion de la durée du travail pour le remplaçant de Mme Karine. Jusqu'ici, aucune méthode n'a été formalisée. Il s'agit de décrire les différentes étapes nécessaires pour recueillir et traiter les informations concernant les heures effectuées par les salariés afin d'élaborer les bulletins de paie.

11. **Quels sont les risques en cas d'absence d'une telle procédure ?**
12. **Quels sont les résultats attendus ?**
13. **Décrivez les étapes possibles pour cette procédure.**

Données de la situation

Annexe 1 Questionnaire d'analyse du contrôle interne

Date : 28 février N	Questionnaire d'analyse du contrôle interne (processus paie)

Évaluation du risque	Oui	Non	Observations
Existe-t-il une procédure d'embauche du personnel ?		X	M. Lange se charge de cette tâche, mais il n'a pas formalisé de procédure.
Les heures de présence sont-elles correctement suivies et validées ?	X		Il existe un suivi oral des heures effectuées par les salariés. Il n'y a pas de validation.
Les paramètres du bulletin de paie sont-ils contrôlés par une personne indépendante ?		X	Mme Karine se charge de répertorier et calculer tous les éléments.
Les éléments de paie et les charges sociales sont-ils correctement comptabilisés ?	X		Les enregistrements comptables sont réalisés par Mme Karine.
Le montant de la paie versée au salarié est-il contrôlé par une personne indépendante ?		X	Aucun contrôle n'est réalisé.

D'après la Chambre régionale des commissaires aux comptes de Paris.

Annexe 2 Questionnaire de séparation des fonctions

Date : 28 février N	Questionnaire de séparation des fonctions

Opérations	Mme Karine	M. Lange	Expert-comptable
Instructions de paie		X	
Établissement des bulletins	X		
Comptabilisation	X		
Paiement	X		
Déclarations sociales	X		
Attribution des primes	X		
Contrôle annuel de la comptabilité			X

D'après la Chambre régionale des commissaires aux comptes de Paris.

Annexe 3 La procédure en cas de licenciement pour motif personnel

Tout employeur qui envisage de rompre [...] le contrat de travail à durée indéterminée d'un salarié pour un motif personnel doit pouvoir justifier d'une cause réelle et sérieuse et suivre une procédure de licenciement précise :
- convoquer le salarié à un entretien préalable avant toute décision ;
- rédiger et lui envoyer une lettre de licenciement ;
- respecter un préavis.

En quoi consiste l'entretien préalable ?

Avant toute décision, l'employeur doit convoquer le salarié à un entretien préalable de licenciement par lettre recommandée ou remise en main propre contre décharge. La convocation mentionne :
- l'objet de l'entretien (c'est-à-dire le projet de licenciement) ;
- la date, le lieu et l'heure de l'entretien : la date de l'entretien doit être fixée au moins 5 jours ouvrables après la présentation de la lettre recommandée ou la remise en main propre ;
- la possibilité pour le salarié de se faire assister lors de l'entretien par une personne de son choix.

Le défaut d'indication dans la lettre de convocation de la possibilité de se faire assister par un conseiller du salarié est sanctionné par le versement au salarié d'une indemnité au plus égale à un mois de salaire. [...]

Quel est le contenu de la lettre de licenciement ?

Après l'entretien, l'employeur doit attendre au moins 2 jours ouvrables pour envoyer – en recommandé avec avis de réception – la lettre de licenciement.

Son contenu : les motifs précis du licenciement. La nature des faits reprochés doit en effet apparaître très clairement. Sinon, le licenciement est considéré comme sans cause réelle et sérieuse. [...]

Quelles sont les règles applicables au préavis ?

Sauf faute grave ou lourde, un préavis doit être observé d'une durée au moins égale à :
- 1 mois, si l'ancienneté du salarié est comprise entre 6 mois et 2 ans ;
- 2 mois, pour une ancienneté de 2 années ou plus.

Le préavis débute le jour de la première présentation de la lettre de notification, que le salarié en accuse réception ou non.
Pendant le préavis, le salarié continue de :
- travailler normalement ;
- percevoir la rémunération habituelle.

Mais l'employeur peut toujours dispenser le salarié d'exécuter – totalement ou partiellement – le préavis. [...]

Quelles sont les sanctions encourues ?

Si le licenciement d'un salarié survient sans que la procédure requise ait été observée, mais pour une cause réelle et sérieuse, le juge impose à l'employeur d'accomplir la procédure prévue et accorde au salarié, à la charge de l'employeur, une indemnité qui ne peut être supérieure à 1 mois de salaire. [...]

http://travail-emploi.gouv.fr/droit-du-travail/rupture-de-contrats/licenciement/article/la-procedure-en-cas-de-licenciement-pour-motif-personnel, mise à jour : 08/12/2015

Annexe 4 Extrait d'un entretien avec Mme Karine

Question : Respectez-vous la période de prise de congés payés de la convention collective ? Cette période est-elle portée à la connaissance des salariés 2 mois avant son début ?

Mme Karine : Je n'ai jamais entendu parler de période de prise de congés. Les salariés font leurs vœux de congés et j'organise le planning en fonction de leurs demandes et des besoins de l'entreprise.

Question : Quand informez-vous les salariés de leurs dates de congés ?

Mme Karine : J'essaye de faire les plannings le plus à l'avance possible, mais j'admets que certaines fois, je n'ai pu les avertir que 2 ou 3 semaines à l'avance.

Question : Que se passe-t-il en cas de conflit avec un salarié sur ses dates de départ ?

Mme Karine : M. Lange m'a chargée de régler ce genre de problème.

Question : Les bulletins de paie indiquent-ils les dates de congés payés et les indemnités versées aux salariés ?

Mme Karine : Oui, je reporte le nombre de jours et j'indique le nombre de jours restant à prendre. L'indemnité de congés payés figure aussi sur le bulletin.

Question : Comment calculez-vous les droits des salariés en jours de congés ?

Mme Karine : J'applique la règle des 2,5 jours ouvrables par mois travaillé.

Question : Dans ce calcul, tenez-vous compte des périodes de congés maladie ?

Mme Karine : Non, j'ignorais qu'elles avaient de l'influence sur les droits.

Annexe 5 Extrait de la convention collective de l'esthétique-cosmétique

Article 10 : Durée du travail – Organisation du temps de travail

4. Absences et congés

4.1. Congés payés

Les congés payés seront attribués comme suit, compte tenu des articles L.3141-1 et suivants du Code du travail.

La durée de congé normal est de 2,5 jours ouvrables par mois de travail effectif accompli dans les entreprises au cours de la période de référence (1er juin au 31 mai), soit 30 jours ouvrables.

Toutefois, lorsque le début effectif du contrat de travail intervient avant le 15 du mois, il sera accordé un jour ouvrable de congé payé pour le mois concerné. [...]

Les congés payés seront attribués soit par la fermeture de l'entreprise, soit par roulement, sur décision de l'employeur prise après consultation du comité d'établissement ou, à défaut de comité, des délégués du personnel.

Les conjoints travaillant dans la même entreprise prendront à leur demande leurs congés simultanément.

Si les congés sont fractionnés, il sera attribué 2 jours de congé supplémentaire si le congé est supérieur à 6 jours et 1 jour supplémentaire si le congé est compris entre 3 et 5 jours ; ce bénéfice n'étant acquis que dans le cas où cette fraction est prise en dehors de la période légale des congés (du 1er mai au 31 octobre).

Les demandes de congés seront déposées au plus tard le 15 janvier auprès de l'employeur par écrit.

L'ordre des congés devra être porté à la connaissance du personnel au plus tard le 1er mars. Si l'entreprise ne ferme pas, il sera tenu compte de la situation familiale des intéressés, notamment des possibilités de congé du conjoint et de l'ancienneté dans l'entreprise. [...]

L'indemnité de congés payés est égale à 1/10e de la rémunération totale perçue par le salarié pendant la période de référence ; cette rémunération ne pourra toutefois être inférieure au montant de la rémunération qui aurait été perçue pendant la période du congé si le salarié avait continué à travailler.

La prise de congé principal payé est fixée du 1er mai au 31 octobre.

Lorsque le contrat de travail est résilié avant que le salarié ait pu bénéficier de la totalité du congé annuel auquel il avait droit, il doit recevoir, pour la fraction du congé dont il n'a pas bénéficié, une indemnité compensatrice de congés payés.

Annexe 6 Feuilles de révélation et d'analyse de problème

FEUILLE DE RÉVÉLATION ET D'ANALYSE DE PROBLÈME	
Date	
Nom de l'auditeur	
Description du problème	
Évaluation des causes	
Conséquences et risques	
Recommandations	

FEUILLE DE RÉVÉLATION ET D'ANALYSE DE PROBLÈME	
Date	
Nom de l'auditeur	
Description du problème	
Évaluation des causes	
Conséquences et risques	
Recommandations	

Fiche ressource 1

L'organisation du processus

Un processus est un ensemble d'activités regroupées autour d'un objectif commun. La gestion des relations sociales est un processus centré autour des rapports entre l'entreprise et ses salariés. Il nécessite une organisation précise et rigoureuse car les risques sont nombreux.

I Les principes d'organisation

1. La définition des responsabilités

Chaque action du processus doit être attribuée à une personne qui en a la responsabilité. Cette répartition des tâches, décidée par le chef d'entreprise, s'accompagne des moyens de réalisation (matériels, humains, financiers).

2. La séparation des fonctions

Pour mieux contrôler le processus et pour éviter les erreurs, il faut que les différentes fonctions du processus soient séparées les unes des autres. Cela signifie qu'elles doivent être confiées à des personnes différentes dans l'entreprise.

> **Exemple**
>
> L'élaboration des bulletins de paie doit être séparée de leur enregistrement. Si ce n'est pas le cas, il faut établir un contrôle de ces deux opérations par une autre personne.

II La mise en place des procédures

Les procédures sont la manière de mettre en œuvre un processus. Elles décrivent des suites d'actions qui mènent à un objectif du processus.

> **Exemple**
>
> On peut trouver des procédures d'embauche, de gestion des heures supplémentaires…

1. L'utilité des procédures

Il s'agit en premier lieu de mieux organiser l'entreprise. Les opérations de gestion sociale sont souvent complexes et la mise en place d'une procédure adaptée permet d'être plus efficace. À partir d'une certaine taille, ces procédures sont indispensables. Elles permettent aussi la transmission du savoir-faire d'un salarié à l'autre en cas de remplacement. Elles permettent enfin de limiter les risques importants liés à ce processus.

2. La formalisation

Pour gagner en efficacité, il est nécessaire de formaliser ces procédures : on trouve des manuels de procédure, des bibles de paie… qui décrivent les différentes étapes à réaliser et les délais et échéances à respecter.

III Les risques

1. La variété des risques

Ils sont principalement de deux ordres : la non-conformité aux règles légales ou conventionnelles et la désorganisation de l'entreprise. Dans les deux cas, les conséquences pour l'entreprise peuvent être très dommageables : coûts, réputation, dialogue social…

2. La gestion des risques

Il faut identifier et évaluer les risques. Il est ensuite nécessaire de mettre en place une stratégie de gestion (évitement, acceptation, réduction, transfert ou partage du risque). Une fois la stratégie mise en œuvre, un contrôle est indispensable.

> **Exemple**
>
> Vu la complexité de la tâche, le risque d'erreur dans la réalisation des bulletins de paie est assez grand. On peut choisir d'éviter ce risque en externalisant ce travail.

Fiche ressource 2

L'audit et le contrôle interne

L'audit est une procédure de contrôle de la gestion d'une organisation. Il s'agit d'une étude des conditions de fonctionnement qui peut porter sur un service, sur un objectif particulier, sur un domaine d'action (fiscal, social…). Il doit être mené par une personne indépendante pour garantir la fiabilité de l'étude. L'existence d'un contrôle interne est une condition essentielle de la fiabilité du processus. L'auditeur apprécie les procédures de contrôle et leur application par les responsables.

I L'utilité du contrôle

Sur le plan social, l'audit permet le contrôle des procédures de l'entreprise en matière de gestion des relations sociales (embauche, durée du travail, congés payés…). Il permet l'amélioration du fonctionnement de l'organisation. Il s'agit de faire le point sur l'existant, de faire apparaître les points faibles et de proposer des modifications qui permettront d'améliorer les procédures et d'éviter les risques liés au processus social.

II Les objectifs de l'audit

On peut en dégager trois principaux :

1. La fiabilité

L'audit d'efficacité permet d'évaluer si les résultats des procédures sont conformes à ce qu'attend l'entreprise. On mesure la performance des pratiques dans l'organisation. L'auditeur cherche aussi à s'assurer que les pratiques se font à moindre coût pour l'entreprise.

> Exemple
> La procédure de recrutement permet-elle d'embaucher des salariés au niveau de compétence correspondant au poste de travail qui leur est attribué ?

2. La légalité

Il s'agit de s'assurer que les procédures mises en place sont conformes aux règles légales et conventionnelles (accords d'entreprise, conventions collectives). On parle d'audit de conformité. C'est une partie importante du contrôle, en particulier pour les opérations de paie.

> Exemple
> L'auditeur s'assure, par exemple, de la bonne application de la loi en matière de décompte des heures supplémentaires et des compensations auxquelles elles donnent droit. On peut aussi contrôler la bonne application d'un accord d'entreprise.

3. La logique managériale

L'audit de stratégie permet de s'assurer que les procédures respectent la stratégie mise en place pour l'entreprise, en particulier en matière de rémunération. Le contrôle porte ici sur la traduction dans les faits des grands objectifs de l'entreprise.

> Exemple
> L'analyse de la structure des salaires dans l'entreprise permet de s'assurer que les objectifs sociaux de l'entreprise sont bien tenus.

III Les outils

1. Les questionnaires

Ils permettent en premier lieu la détection des anomalies et des dysfonctionnements. Mais il s'agit aussi de comprendre les causes et d'envisager des corrections dans le fonctionnement du processus.

Les méthodes de questionnement sont nombreuses. On peut citer les cinq questions fondamentales : qui, quoi, où, quand, comment.

> **Exemple**
>
> Au sujet du traitement des heures supplémentaires, on peut demander : Qui les autorise ? Quelles heures sont décomptées ? Où sont stockées les données avant l'établissement des bulletins de paie ? Quand effectue-t-on le décompte ? Comment celui-ci est-il transmis à celui qui réalise les bulletins ?

Les méthodes de sondage aléatoire peuvent aussi être très utiles. Si l'on ne peut contrôler tous les éléments, quelques contrôles effectués au hasard donnent de bons résultats.

2. Les grilles et tableaux d'analyse

Il existe de nombreux outils d'audit sous la forme de tableaux ou de grille. Ils permettent de formaliser les constats fait par le contrôleur et de formuler des recommandations.

> **Exemple**
>
> La feuille de révélation et d'analyse de problème (FRAP) est une grille de constat et de recommandation construite sur le modèle suivant :

FEUILLE DE RÉVÉLATION ET D'ANALYSE DE PROBLÈME	
Date	
Nom de l'auditeur	
Description du problème	
Évaluation des causes	
Conséquences et risques	
Recommandations	

On peut aussi utiliser les outils de gestion des risques : il existe de nombreux tableaux ou grilles qui permettent d'apprécier l'importance du risque, la probabilité qu'il survienne, les conséquences pour l'entreprise...

3. Les logiciels

Des logiciels d'aide au contrôle sont disponibles. Ils permettent de confronter les pratiques de l'entreprise avec les règles légales et conventionnelles. Cela assure à l'entreprise la légalité de ses procédures. L'actualisation des données est aussi une force de ces programmes : cela évite au gestionnaire un suivi de l'actualité sociale. Le logiciel est à jour et cela garantit l'application des règles dans tous les documents et dans tous les calculs sociaux de l'entreprise.

> **Exemple**
>
> On peut citer le logiciel SocialExpert ou AuditPaie.

Fiche ressource 3

Le contrôle interne du processus de gestion sociale

Opérations	Objectifs du contrôle interne	Exemples de moyen de contrôle
Embauche	Efficacité et respect des règles légales	✓ Formalisation d'une procédure de recrutement ✓ Liste des formalités d'embauche
Congés et absences	Décompte correct et bonne gestion des retenues et indemnités	✓ Outil de gestion des repos compensateurs liés aux heures supplémentaires ✓ Tableau de suivi des congés payés ✓ Procédure de gestion d'une absence prévue ou non prévue
Bulletins de paie	Régularité et conformité	✓ Contrôle du temps de travail ✓ Suivi des éléments exceptionnels (primes, heures supplémentaires) ✓ Suivi des congés et absences ✓ Contrôle du respect des minimas légaux et conventionnels ✓ Contrôle des calculs de cotisations (bases, taux)
Versement des rémunérations	Respect des montants et des échéances	✓ Rapprochement des bulletins et des virements ✓ Échéancier numérique ✓ Contrôle des paiements
Enregistrement comptable des opérations de paie	Réduire les erreurs de comptabilité, respect des principes comptables (indépendance des exercices, fidélité des comptes)	✓ Vérification des liens PGI ✓ Rapprochement des comptes Salariés avec le compte Banque
Déclarations sociales	Respect des montants et des échéances	✓ Rapprochement entre déclarations et enregistrements comptables ✓ Outil de gestion des échéances
Départ d'un salarié	Respect des procédures et formalités	✓ Liste des formalités de départ ✓ Procédure de calcul du solde de tout compte
Fichier salarié et paie	S'assurer de la confidentialité des informations	✓ Existence de code d'accès ✓ Gestion des droits d'accès du PGI ✓ Sécurisation de la conservation des données

Application

Externalisation de la paie

BikeMove est une entreprise française située à Marseille et dirigée par M. Sellier. Elle propose aux collectivités locales de mettre en location des vélos en libre-service (VLS). Elle est présente dans les grandes villes françaises et s'exporte même à l'étranger. Son développement est tel que le gérant, M. Sellier, s'interroge sur la nécessité de faire évoluer la gestion des bulletins de paie. En effet, àsa création en 2014, l'entreprise éditait 16 bulletins de paie contre plus de 200 aujourd'hui, qu'elle envoie par courrier. Au niveau matériel et logiciel, l'entreprise utilise un PGI et dispose d'un serveur où elle stocke toutes ses données, qu'elle protège avec un antivirus. La gestion des notes de frais est assurée par le service RH, qui vérifie les justificatifs au moment où le salarié les amène, puis les transmet au service comptable. Les salariés amènent généralement leurs notes de frais tout au long du mois.

1 Analysez les procédures de gestion des absences, des notes de frais et des bulletins de paie (document 1) en complétant le tableau ci-dessous.

Procédures	Description	Risques
Absences		
Note de frais		
Bulletins de paie		

2 Pour chacune des procédures, proposez les améliorations possibles.

M. Sellier souhaite dématérialiser les bulletins de paie et éventuellement externaliser la gestion de leur stockage. Il vous transmet les documents 2 et 3 et sollicite votre avis.

3 À quelles conditions M. Sellier peut-il remettre à ses salariés des e-bulletins ?

4 Comment l'entreprise peut-elle assurer aux salariés un accès sécurisé à leur bulletin de paie ?

5 Quels sont les risques d'externaliser le stockage et la mise à disposition des e-bulletins pour l'employeur et les salariés ?

Document 1 Processus Gestion des bulletins de paie

Étape 1 : Service RH	Étape 2 : Service comptable
• Récupérer les justificatifs d'absences et les notes de frais apportés par les salariés • Vérifier les absences justifiées • Décompter des heures de présence • Transmettre au service comptable le listing des heures de présence et notes de frais	• Vérifier les mises à jour sociales à appliquer • Contrôler les listings transmis par le service RH • Calculer les retenues sur salaire • Calculer les avantages en nature et indemnités • Réaliser et contrôler les bulletins de paie • Virer les salaires • Imprimer les bulletins et les envoyer • Envoyer par courrier les bulletins aux salariés

Document 2 Article L.3243-2 – Dématérialisation du bulletin de paie

Lors du paiement du salaire, l'employeur remet aux salariés une pièce justificative dite bulletin de paie. Avec l'accord du salarié concerné, cette remise peut être effectuée sous forme électronique, dans des conditions de nature à garantir l'intégrité des données. Il ne peut exiger aucune formalité de signature ou d'émargement autre que celle établissant que la somme reçue correspond bien au montant net figurant sur ce bulletin.

Document 3 Dématérialisation, le bulletin de paie papier fait de la résistance

[...] Dans l'absolu, la dématérialisation des fiches de paie apparaît comme idéale : pour les employeurs, elle est synonyme de simplification et d'économie, pour les salariés, elle rime avec gain de temps, fluidité et sécurité. Et pourtant ! [...]. La confidentialité des données électroniques est en effet le sujet d'inquiétude principal. Et, pour les employeurs, un tel changement demande de former les équipes RH, mais aussi, et surtout, de déployer des efforts importants de sensibilisation des collaborateurs. Quelles sont donc les solutions pour entrer de plain-pied dans l'ère numérique professionnelle tout en rassurant les différentes parties prenantes ? [...]

Le multicanal est très probablement la réponse pour en exploiter tout le potentiel.

Les entreprises pourraient proposer des prestations hybrides : éditer des bulletins papier, doublés ou non, de leurs versions électroniques, ou seulement des formats électroniques pour ceux qui le souhaitent. Pour les formats « print », il est également envisageable d'en externaliser la diffusion pour réaliser des économies. Il faut avoir à l'esprit que la dématérialisation des bulletins de paie peut générer des économies substantielles : de 20 à 42 centimes par document. Quant aux inquiétudes sur la fiabilité, la pérennité et la sécurité des données électroniques, des garde-fous existent pour les dissiper. Les coffres-forts numériques, tels que Digiposte Pass de La Poste ou CDC Arkhinéo de la Caisse des dépôts, assurent l'intégrité des documents et ce, sans limite de temps. De plus, ce type de solutions est certifié par des normes garantissant leur inviolabilité. Des coffres-forts bien plus fiables en définitive que des clés USB ou autres disques durs qui, avec l'évolution rapide du matériel informatique, risquent une obsolescence rapide !

Nadia Amal, *Journaldunet.com*, 27/11/15

MIXTE
Papier issu de sources responsables
FSC www.fsc.org FSC® C022030

N° de projet 10212465
Dépôt légal: Avril 2016
Imprimé en ESPAGNE par ROTÄBOOK, S.L., Añover de Tajo (Toledo)